首师考古集

——首都师范大学考古学专业成立二十周年纪念文集

主　编　袁广阔

副主编　钱益汇　王　涛

科学出版社

北京

内 容 简 介

　　本书是首都师范大学考古学专业成立二十年的纪念文集，共收录该专业 14 名教师的 23 篇文章，内容涉及旧石器时代、新石器时代、夏商周、汉唐宋元等时段，包括考古学文化、古文字、玉石器、陶瓷器、青铜器等专题研究，还涉及博物馆学、科技考古、公众考古、文化遗产等方面研究。

　　本书可供考古学、博物馆学、文化遗产相关领域学者和学生阅读。

图书在版编目（CIP）数据

首师考古集：首都师范大学考古学专业成立二十周年纪念文集／袁广阔主编；钱益汇，王涛副主编. -- 北京：科学出版社，2024.11. -- ISBN 978-7-03-079338-6

Ⅰ. K870.4-53

中国国家版本馆 CIP 数据核字第 2024Y8G711 号

责任编辑：张亚娜　周艺欣／责任校对：张亚丹
责任印制：张　伟／封面设计：北京有道文化传播有限公司

科学出版社 出版
北京东黄城根北街 16 号
邮政编码：100717
http://www.sciencep.com

北京汇瑞嘉合文化发展有限公司印刷
科学出版社发行　各地新华书店经销
*
2024 年 11 月第　一　版　　开本：787×1092　1/16
2024 年 11 月第一次印刷　　印张：23
字数：545 000

定价：208.00 元
（如有印装质量问题，我社负责调换）

编 委 会

岁月如歌：首都师范大学考古学专业二十年的回顾与展望（代　序）

袁广阔

首都师范大学考古学专业是在原历史学（文物鉴定与保护）的基础上建立的，至今已二十年了。在庆祝专业建立二十周年之际，我们为专业所取得的成绩骄傲，也始终铭记二十年来我们所走过的艰苦历程。历史学院历史学及考古学界的老前辈留下的文物和为保护文物的无私奉献精神，是我们考古学专业及历史博物馆最大的物质和精神财富。经过二十年来的努力，考古学专业在教学和科研方面都取得了可喜的成绩，目前拥有考古学一级学科和本硕博齐备的培养体系。回顾过去，我们踌躇满志，展望未来，我们满怀信心，首都师范大学考古学专业（以下简称首师考古）将迎来新的发展机遇。

一

二十年，首师考古走过了光辉的路程，前辈和同仁们为专业的发展做出了卓越的贡献，有的甚至贡献了毕生的精力。他们的努力和奋斗给我们留下了宝贵的知识财富和难忘的回忆。

首都师范大学历史学院前身为北京师范学院历史系，创建于 1954 年。历史学院创建之初，著名历史学家齐世荣、宁可、戚国淦、谢承仁先生等创建者们就十分关注收集文物，并成立文物室，为后来的博物馆和考古学专业的建设打下了坚实的基础。

2003 年，在学校及历史系的大力支持下，首都师范大学历史学专业（文物鉴定与保护方向）成立，同年历史博物馆建馆，历史博物馆馆长和专业负责人为侯毅老师。专业建设和博物馆的建立与历史系领导的远见卓识是分不开的。

我们难以忘记，侯毅老师刚参加完博物馆的成立典礼，便匆匆去北校区上专业课的场景。我与他多次在一起谈论学科发展和专业田野考古实习的问题，他对专业的大小事情都特别关心。2005 年我还没有入职首师大，他就要求我在河南为学生安排 2006 年的实习工地。第二年专业学生顺利参加了河南平顶山叶集遗址的考古实习。同学们骑着自行车或乘坐三轮车上工的艰辛情景时常浮现在我的眼前。

2008 年，为配合南水北调中线工程文物保护工作，我们参加了河南淅川龙山岗遗址的发掘。本年度共发现屈家岭、龙山文化房基 6 座，龙山文化墓葬 2 座以及灰坑、灶等，发掘面积 800 多平方米。2009—2010 年，我和钱益汇老师又带领学生发掘了淅川张岗汉墓群。2014 年由王涛老师指导 2011 级学生在河南濮阳戚城遗址进行实习。2015 年，朱光华老师带领 2012 级学生在汝州进行整理实习。

在大家的共同努力下，2016 年，我校获批国家考古发掘资质，专业发展进入一个新阶段。当年 4—5 月，在陕西省考古研究院大力支持下，2013 级同学在王涛和陈宥成老师带领下，参加了陕西汉中龙岗寺遗址的发掘工作，本年度共发现不同时期墓葬 10 座、灰坑 9 座，灶 3 处，房址 3 座，出土仰韶时期、龙山时期和两周至唐宋时期的各类遗物，累积发掘面积 300 多平方米。

2016 年 10—12 月，我系与山东省文物考古研究院合作开展山东章丘宁家埠遗址的发掘与整理工作。2014 级本科生和部分研究生在此实习指导教师包括袁广阔、王涛、朱光华、钱益汇。山东省文物考古研究院张溯老师全程参与学术指导。发掘自 10 月 4 日开始，沿济青高速南侧路基狭长区域布设探方 24 个，共发现灰坑 139 处，墓葬 17 座，瓮棺葬 4 座，沟 22 条，房址 2 座及陶窑 1 座；发现一批龙山文化晚期和商周时期的文化遗存，对于探讨该地区考古学文化面貌具有重要意义。

2017 年 10—11 月，2015 级本科生考古实习，由我系与河南濮阳文物考古研究所合作，开展濮阳市金桥遗址发掘与整理工作。参加实习本科生 8 人，研究生 5 人；指导教师包括袁广阔、朱光华、陈宥成。

2018 年，2016 级本科生实习，指导教师为袁广阔、王涛和朱光华。经国家文物局批准，我系和山东省文物考古研究院、菏泽市历史与考古研究所、定陶区文物局联合组成何楼考古队，于 2018 年 5—7 月和 10—11 月先后两次对遗址进行发掘。本年度发掘面积 600 余平方米，共发现灰坑、墓葬、灶址、陶窑等遗迹 200 多处；出土一批新石器时代、汉代、金元时期的文化遗物，对于探讨该地区考古学文化面貌具有重要意义。

2020 年，配合 2017 级本科生实习，我系和郑州市文物考古研究院组成联合考古队，对河南中牟业王遗址进行发掘，指导教师为袁广阔、王涛和朱光华。2021、2022、2024 年，配合 2018、2019、2021 级本科生实习，我系和郑州市文物考古研究院组成联合考古队，对河南荥阳楚湾遗址进行发掘，指导教师为袁广阔、王涛、朱光华、李文成、戴向明等。

2023 年，配合 2020 级本科生实习，我系和河南省文物考古研究院、中国社会科学院考古研究所、商丘市文物考古研究院组成联合考古队，对河南永城王庄遗址进行发掘，指导教师为袁广阔、朱光华、戴向明、王涛。本次发掘获得重大收获，发掘出大汶口时期大批高等级墓葬，先后入选 2023 年度河南省十大考古新发现和全国十大考古新发现，实现我校相关领域零的突破。

二

经过二十年来的努力，我们在师资队伍建设、科研教学、人才培养等多方面取得了成绩。

1. 师资队伍

本学科现有教师 16 人，均具有博士学位，分别毕业于英国牛津大学、北京大学、西北大学、山东大学、郑州大学、中国社会科学院等高校及科研机构；其中教授 7 人、副教授 5 人、讲师 4 人；博士生导师 6 人，硕士生导师 16 人。我校 2016 年获得国家文物局考古团体发掘资质，教师中 9 人具有国家文物局发掘项目负责人资格。经过二十年来积极开展考古教学和科研工作，本校形成的优势研究方向包括中国古代文明起源与早期发展、古文字与出土文献、手工业考古、北京地区考古与文化遗产、博物馆学、公众考古学等。

我们的师资团队是一个团结的集体、战斗的集体，团队及支部先后获得学校师德先进集体、北京高校先进党组织、全国党建样板支部，入选全国高校"双带头人"教师党支部书记"强国行"专项行动。

2. 实习基地建设

近年来，围绕考古教学与研究，我校先后在河南濮阳、山东定陶、河南荥阳、河南永城等建立考古实习基地。

1）河南濮阳考古实习基地

濮阳是国家历史文化名城，历史悠久、文化灿烂。2010 年我校田野实习基地暨中国古代文明研究中心设立于此，此后多年，我校与濮阳市文物研究所围绕中国文明起源与早期发展，展开一系列的合作研究，我和朱光华、王涛老师分别承担了铁丘、金桥、戚城等遗址的田野考古实习指导工作，我校 2010 级、2011 级和 2015 级本科生及多名研究生在此基地参加发掘和整理工作。

2）山东菏泽定陶考古实习基地

为进一步探索河济文明，拓展研究领域，与山东省文物考古院、菏泽市历史与考古研究所等机构合作，2017 年开始在定陶区建立考古实习基地，开展发掘与研究工作。2018 年 4 月，我校 2016 级本科生及多名研究生对定陶何楼遗址先后两次对遗址进行科学发掘。

3）河南荥阳考古实习基地

为了深入发掘郑州地区仰韶文化遗存，我校与郑州市考古研究院在荥阳市崔庙镇建立考古实习基地，于 2021—2024 年对楚湾遗址进行发掘和整理工作。2018、2019 和 2021 级本科生和多名研究生在此实习。

4）河南永城王庄实习基地

在商丘市和永城市的大力支持下，我校在永城市苗桥镇建立考古实习基地。地方政府在原有的曹楼小学基础上进行升级改造，学校投入仪器设备，建立了融师生住宿生活、文物保存修复整理、考古科学研究为一体的考古实践教学和科研基地。2020 级本科生和多名研究生在此实习。

3. 博物馆的建设和发展

历史博物馆于 2003 年建馆，面积 500 多平方米，从建馆时间来讲仅次于北京大学赛克勒考古与艺术博物馆和中央民族大学民族博物馆。由于历史和政治原因，我校馆藏文物数量虽然比不上前两所高校，但精品颇丰，也非常有特色，有几种较为系统的文物，如青铜器、钱币、瓷器、敦煌文书等，都是其他博物馆所不能比拟的，在北京高校博物馆中独树一帜。博物馆现有文物近 4000 件，分为玉器、青铜、陶瓷、雕塑、字画、钱币等六大类。展品按类别和时间顺序进行排列，历史博物馆主要承担历史文物收藏、展览、研究和历史及考古教学研究基地的重要任务。历史博物馆的藏品中有不少是历史、科学与艺术价值的珍品，如新石器时代的五孔玉刀、堪称镇馆之宝的"利"鼎，高36厘米，鼎上有铭文100余字等。另外收藏从殷周时期的"齿贝"到清代乾隆年间的古代钱币，其系统性、完整性、在其他高校博物馆中并不多见。

4. 参与重大课题与相关科研开展

自考古学专业成立以来，我们始终围绕学科前沿和国家需求，积极开展各项研究。承担国家社科基金重大项目3项、国家社科基金重点和冷门绝学项目4项，国家社科基金一般和青年项目及教育部等省部级相关项目十余项，积极围绕中华文明起源和早期发展、考古中国等国家战略开展研究。

5. 社会公共服务

在开展教学与科研的同时，本专业师生还开展了形式多样、内容丰富的考古知识普及，积极服务社会与公众。

目前本学科建有首都师范大学公众考古学中心，每年均组织开展多次面向不同受众的公众考古活动，在学术界和社会上均有一定影响。

中心及下设的学生社团青年考古人学社定期组织面向校内师生的年度中国文化遗产日庆祝活动、面向首都高校及社会的年度考古文博系列讲座（每年度20余场）、面向本校本科生的考古研学学术考察、针对首师大附小和附中、清华附小、北大附中等中小学生的考古兴趣课程等。每年还会结合学生考古实习，在当地及校园开展社区考古宣传活动，为普及考古知识、保护文化遗产、传承中华文明作出自己的贡献。

三

展望未来，我们希望再用十年左右时间，在北京地区的区域考古实现新的突破。

我们目前对于北京考古学文化的分布已有了基本的了解，但各考古学文化具体的分布范围和其所处的自然环境所产生的影响，其本身的特征及其与周边考古学文化的关系，还需要努力。

在专业建设上还有很多问题。我们希望今后在断代考古方向形成 2—3 个在国内外上具有重要影响力的研究领域，实践型领域的人才培养条件和质量上新的台阶，争取位于全国同类高校前列，使考古学专业的整体水平得到提升。持续培育一批年龄、学历、职称、学缘结构合理的国内外具有重要影响的教师队伍，力争培育 2—3 位具有国际化视野、达到国际一流科研与教学水平的名师。争取持续发表一批高水平标志性成果，争取获得一批国家和省部级科研和教学奖励，培养出一批包括学士、硕士、博士、博士后等不同层次的满足社会需求的高质量人才，努力把考古学专业建成国内外优势方向突出、整体办学水平和科研能力位于国内前列的学科。

（1）学科队伍：未来三年有计划的引进田野考古、文物修复与保护、博物馆展览设计、科技考古、文化遗产保护规划方面的师资，引进具有优秀国际学术背景和科研能力强的高层次人才。

（2）科学研究：争取获得新的国家级项目，教育部及其他各级课题；出版高水平著作、教材和译著，发表高水平论文。

（3）人才培养：培养和凝聚特色，加大实践教学的比重，拓宽国际视野，全面提高本科生和研究生的培养质量，培养适合国家需要的不同层次、不同类型的实践型高水平人才。提高生源质量，进一步规范研究生培养，拓展国际化视野，提高研究生科研能力。

（4）社会服务：本学科的建设与发展将为学校、北京乃至全国文博事业的发展提供有力的支撑。继续加强与文博单位和传媒单位的合作，通过合适方式，做好考古学、博物馆学和文化遗产保护等宣传与人才培训工作。

（5）基地建设：本学科将充分发挥考古学研究的优势，继续推动和文博事业单位的合作，巩固已有实践基地，再开辟 2—3 处新实践基地，在合作方式和合作机制上积极探索新思路，联合培养人才，达到人才培养目标。

四

考古学专业的发展与首都师范大学校领导的关怀、历史学院领导帮助是分不开的。历史系主任宋杰老师和周兴旺书记对专业初创设计和历史博物馆建设，做出了巨大贡献；专业的快速发展与郝春文院长、董增刚书记的鼎力支持密不可分。现任的刘屹院长、付冉书记为专业的提升一直不懈努力，在此，我们一并表示感谢！

这本论文集为庆祝首都师范大学考古专业成立二十周年而编辑。撰文者均系考古学专业的老师。这些文章都是大家的代表作，文章主要是中国考古学各个时期的专题研究，也涉及科技考古、博物馆学、公众考古学等广泛领域，在一定程度上反映了目前我们的研究方向和达到的水平。因为首都师范大学大学考古专业建设只有二十年，作者除我以外大家都比较年轻，科研潜力很大。当前，中国考古学界迎来了新的机遇，我们要珍惜机遇，继续努力取得新的成绩，迎接首师大考古下一个十年、二十年、五十年，为建设中国特色、中国风格、中国气派的考古学贡献力量。

目　录

青海高原三江源通天河流域石核—石片工业与早期人类向青藏高原扩散的"东南路线"

陈宥成[1]　侯光良[2、3]

（1. 首都师范大学历史学院，北京，100089；2. 青海师范大学地理科学学院，
西宁，810016；3. 高原科学与可持续发展研究院，西宁，810008）

一、引　　言

人类最早什么时间、通过什么路线和携带什么技术扩散至青藏高原一直是激烈争论的学术问题。近年来新发现的考古材料显示青藏高原海拔 3000 米以上东北部早在中更新世晚期距今 16 万年前曾被持有石核—石片技术丹尼索瓦人开发占据[①]，石核—石片技术人群在高原东南部海拔 3000 米以上边缘区域长期适应生存（距今至少 13 万年前），其间阿舍利人群也曾扩散至高原东南部边缘[②]。晚更新世晚期相对温暖湿润的 MIS3 阶段（距今 4 万—3 万年左右）携带石叶技术早期现代人群曾扩散至高原腹地海拔 4000 米以上区域[③]。这些发现说明人类到达青藏高原的中海拔地区

---

① Chen F H, et al. A late Middle Pleistocene Denisovan mandible from the Tibetan Plateau. Nature, 2019 (569): 409-412; ZHANG D J, et al. Denisovan DNA in Late Pleistocene sediments from Baishiya Karst Cave on the Tibetan Plateau. Science, 2020 (370): 584-587.

② 四川省文物考古研究院、北京大学考古文博学院：《四川稻城县皮洛旧石器时代遗址》，《考古》2022 年第 7 期。

③ Zhang X L, et al. The earliest human occupation of the high-altitude Tibetan Plateau 40 thousand to 30 thousand years ago. Science, 2018 (362): 1049-1051.

（海拔 3000—4000 米）①，甚至高海拔地区（海拔 4000 米以上），远比我们以往的认识要早。

据现有考古证据，甘肃甘南白石崖遗址石核—石片工业应当与中国北方长期盛行的石核—石片工业有密切关联。西藏那曲尼阿底遗址石叶工业应当与西伯利亚、蒙古高原等地区携带石叶技术早期现代人群联系紧密②。此外，青藏高原上分布广泛的全新世时期细石叶工业更加显示出与北方地区的亲缘关系③。因此，大多数考古学家认为最早的占据者是狩猎采集人群从高原北部和东北部扩散到该地区的④。但是值得注意的是，四川稻城皮洛遗址的石核—石片工业与阿舍利工业的发现，表明青藏高原东南部边缘在中更新世晚期以来曾存在人类活动。这些早期人群究竟来自哪里并是否通过高原东南部路线进一步扩散至高原腹地，是需要我们进一步解决的问题。

在青藏高原发现的石器组合为不同史前人群的剥片序列提供了重要的信息。这些剥片序列可以作为技术传统⑤，保持数万年不变⑥。因此，石器工业所蕴含的剥片模式信息不但具有一定程度上的年代学意义，而且在大区域的视角下可以帮助我们标记不同史前人群，进而有希望帮助我们追踪人类登上青藏高原的时间和路线。本文将介绍青藏高原东南腹地通天河流域新发现的石核—石片工业组合。这些新发现对于我们认识早期人类向青藏高原扩散的东南路线具有重要意义。

---

① Brantingham P J, et al. Late occupation of the high-elevation northern Tibetan Plateau based on cosmogenic, luminescence, and radiocarbon ages. Geoarchaeology, 2013 (28): 413-431.

② Zhang X L, et al. The earliest human occupation of the high-altitude Tibetan Plateau 40 thousand to 30 thousand years ago. Science, 2018 (362): 1049-1051.

③ 安志敏、尹泽生、李炳元：《藏北申扎、双湖的旧石器和细石器》，《考古》1979 年第 6 期；吕红亮：《更新世晚期至全新世中期青藏高原的狩猎采集者》，《藏学学刊》2014 年第 11 期。

④ Brantingham P J, Gao X. Peopling of the northern Tibetan Plateau. World Archaeology, 2006 (38): 387-414; Brantingham P J, Olsen J W, Schaller G B. Lithic assemblages from the Chang Tang Region, northern Tibet. Antiquity, 2001 (75): 319-327; Brantingham P J, et al. Late occupation of the high-elevation northern Tibetan Plateau based on cosmogenic, luminescence, and radiocarbon ages. Geoarchaeology, 2013 (28): 413-431; Madsen D B, et al. The late Upper Paleolithic occupation of the northern Tibetan Plateau margin. Journal of Archaeological Science, 2006 (33): 1433-1444; Madsen D B, et al. Early foraging settlement of the Tibetan Plateau highlands. Archaeological Research in Asia, 2017 (11): 15-26; Zhang D J, et al. History and possible mechanisms of prehistoric human migration to the Tibetan Plateau. Science China Earth Sciences, 2016 (46): 1007-1023; Zhang D J, Xia H, Chen F H. Early human occupation of the Tibetan Plateau. Science Bulletin, 2018 (63): 1598-1600.

⑤ Lyman R L, O'Brien M J. The goals of evolutionary archaeology: History and explanation. Current Anthropology, 1998 (39): 615-652; Shennan S. Evolution in archaeology. Annual Review of Anthropology, 2008 (37): 75-91.

⑥ Bar-Yosef O, Belfer-Cohen A. Following Pleistocene road signs of human dispersals across Eurasia. Quaternary International, 2013 (285): 30-43; Bar-Yosef O. Chinese Paleolithic challenges for interpretations of Paleolithic archaeology. Anthropologie, 2015 (53): 77-92.

二、通天河流域新发现石核—石片
工业的环境背景

通天河玉树一称多河谷段地处高原 3500 米以上区域，气候是典型的冷湿高原气候。现今年平均降水量为 500—528mm，年平均气温为 0—2℃，通天河河谷植被为高山草甸和高山灌丛，属于高原上较为适宜人类生存的地带。2018 年和 2019 年夏季，科考队在通天河流域玉树段开展系统科学考察，在青海省玉树藏族自治州玉树市通天河阶地上发现 2 处含有丰富打制石器的遗址，分别命名为塘达遗址和歇格遗址。

塘达遗址（33° 16′ 1.092″ N，97° 0′ 48.8268″ E 和海拔 3670 米）位于通天河右岸一条支流河口处，该地点保留了通天河的 1—4 级阶地，其中 4 级阶地拔河高度约 40 米。科考队在该地点 2—4 级阶地面上均发现了打制石器，共计 67 件。科考队同时在 2 级阶地面上还采集到了陶片 19 片（陶片特征属于历史时期，距今约 2000—1000 年）。

歇格遗址（33° 19′ 29.01″ N，96° 50′ 37.2048″ E 和海拔 3585 米）位于通天河右岸，该地点仅保留了通天河的 1—2 级阶地，科考队在 2 级阶地面上（海拔约 29 米）发现了打制石器 43 件，同时也发现了一定数量的陶片（陶片时代大概为青铜时代—历史时期，距今约 4000—1000 年）。

我们试图在两个遗址的每个阶地面上寻找和试掘地层堆积，不过由于青藏高原强力的侵蚀作用，在所有的阶地面上均未发现早期文化层位，仅在巨厚的砾石层上发现残留较薄且疏松的历史时期—近现代文化堆积。塘达遗址 4 级阶地上 2 件石核表碳酸钙沉积物进行 ^{14}C 测年，结果为 1894—1733 cal BP（实验室编号为 Beta-521873）和 1884—1728 cal BP（实验室编号为 Beta-521874）。不过，石器表面碳酸钙沉积的年代不能代表石器的年代，石器的年代可能远早于碳酸钙沉积物的年代。

我们知道较高的阶地上可能保留晚期的遗址，而较低的阶地也可能埋藏早期的遗址[①]。两个遗址的陶片的年代处于全新世晚期，表明遗址所在区域在阶地形成以后被青铜时代至历史时期人群利用。考虑到两个遗址的 2—4 级阶地均缺乏细颗粒的河

---

① Bar-Yosef O. Chinese Paleolithic challenges for interpretations of Paleolithic archaeology. Anthropologie, 2015 (53): 77-92.

漫滩沉积物，无法明确地表采集石器与青铜时代至历史时期人群之间的关联。但是，值得关注的是塘达遗址3—4级阶地没有发现陶片，这表明塘达遗址3—4级阶地上的石器与2级阶地上的陶片来自不同的埋藏环境。由于石器边缘缺乏显著磨蚀特征，石器可能是被更早的人群生产，并且在阶地形成过程中被埋藏于河漫滩相堆积之中，而后在较晚的时期被暴露至地表。

因此，塘达与歇格遗址石器的真实年代不能根据所在的地貌部位（如阶地的高度）判断。由于文化层的缺失也无法提供石器与陶片的层位早晚关系。塘达与歇格遗址不同阶地上发现的石器大多由相同的优质原料生产，并显示出较为一致的剥片序列，表明这些石器可能重叠并且有较大的时间跨度。由于绝对年代的缺失，我们将重点关注两个遗址石器的剥片序列，并通过与青藏高原周边地区石器组合的比对探讨石器生产者的年代与身份。

三、通天河流域新发现石核—石片 工业的基本面貌

1. 塘达遗址石器工业

塘达遗址2—4级阶地面上共发现石制品67件，由于不同阶地面发现的石制品具有一致的技术属性，这里我们将它们统一描述分析（图1）。66件（98.5%）石制品的原料来自河滩砾石。石制品的岩性以绿色硅质岩为主体（62件，93.9%），另有3件千枚岩（4.5%）和2件辉绿岩（3.0%）。这种绿色硅质岩的硬度、脆性及均质程度显示其为一种非常适合打制石器的优质原料。该原料在附近河床中存在，但是比例并不高（小于10%）。所以塘达遗址石制品中绿色硅质岩占主体是石器生产者有意选择优质石料的反映。

塘达遗址共发现石核30件（占石制品44.8%），不见预制石核台面和剥片工作面的现象。本文根据石核组织结构不同，将石核分为单面剥片石核（Unifacial cores）、双面剥片石核（Bifacial cores）与多面剥片石核（Multifacial cores）。单面剥片石核（图1，1、10），共4件（占石核13.3%），有1个剥片工作面，可以进一步分为单向剥片石核（3件）与对向剥片石核（1件）。双面剥片石核（图1，2—6），共22件（占石核73.3%），有2个剥片工作面，且2个剥片工作面互为台面。多面剥片

石核（图 1，7—9 ），共 4 件（占石核 13.3% ），包括上述单面与双面剥片石核之外的、拥有 2 个以上剥片工作面的石核。石核的平均长、宽、厚、重依次为 81.5mm、77.8mm、48.9mm、442.6g。此外，石核保留的砾石面的比例平均约 50%，显示石核的适度利用。

塘达遗址发现石片 9 件（占石制品 13.4%；图 1，11—13 ）。根据 Nicholas Toth（1985）的动态分类法，可以将石片分为 1—6 共 6 型。塘达遗址石片包括 2 型石片 4 件，3 型石片 1 件，4 型石片 2 件，5 型石片 1 件，6 型石片 1 件。石片的平均长、宽、厚、重依次为 52.1mm、50.2mm、22.3mm、66.2g。

塘达遗址发现工具 27 件（占石制品 40.3% ）。工具组合中刮削器为主体（20 件，占工具 74.1%；图 1，14—20 ），其中单刃刮削器 14 件（占刮削器 70% ），双刃刮

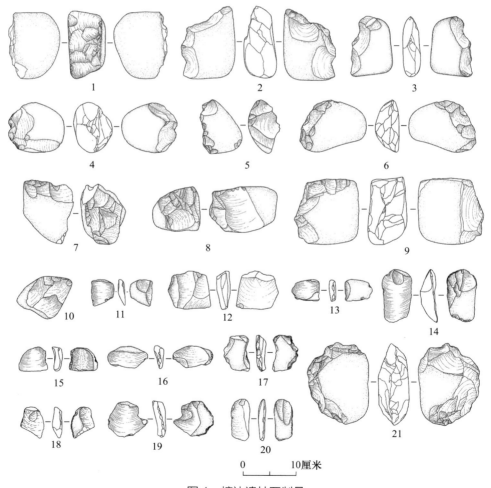

图 1　塘达遗址石制品

1、10. 单面剥片石核　2—6. 双面剥片石核　7—9. 多面剥片石核　11—13. 石片　14—20. 刮削器　21. 砍砸器

削器 6 件（占刮削器 30%）。所有刮削器的毛坯均为片状，正向修理 15 件（75%），复向修理 5 件（25%）。刮削器的平均长、宽、厚、重依次为 63.8 mm、47.9 mm、18.2 mm、69.3 g。砍砸器 3 件（占工具 11.1%），毛坯为砾石（图 1，21）。刃部见有多层级剥片修理刃缘的特征，修理方式包括两面修理（1 件）和单面修理（2 件）。砍砸器的平均长、宽、厚、重依次为 151.8 mm、117.5 mm、52.8 mm、1755.5 g，平均刃角为 61°。石锤 4 件（占工具 14.8%），毛坯均为扁平砾石，一端或两端有明显的粉碎性破裂痕迹及小疤，平均长、宽、厚、重依次为 100.5 mm、72.2 mm、35.6 mm、386.8 g。

2. 歇格遗址石器工业

歇格遗址 2 级阶地面上共发现石制品 43 件，该遗址石器工业特征与塘达遗址相似，故石器分类方案与塘达遗址保持一致（图 2）。歇格所有石制品的岩性均为绿色硅质岩，原料选择策略与塘达遗址相似。歇格遗址共发现石核 29 件（占石制品

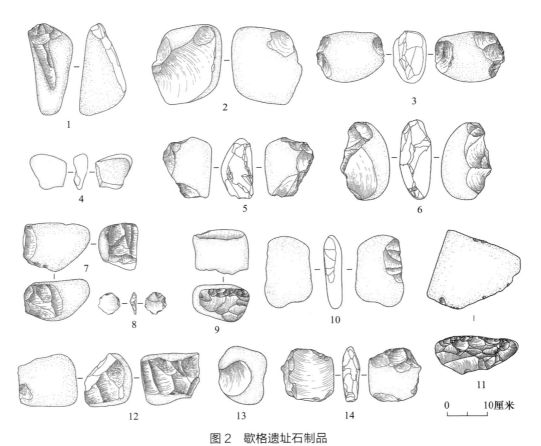

图 2　歇格遗址石制品

1、4、10、13. 单面剥片石核　2、3、5、6. 双面剥片石核　7、9、12. 多面剥片石核　8、11、14. 刮削器

67.4%），不见预制石核台面和剥片工作面的现象。单面剥片石核（图 2，1、4、10、13），共 11 件（占石核 37.9%）。双面剥片石核（图 2，2、3、5、6），共 12 件（占石核 41.4%）。多面剥片石核（图 2，7、9、12），共 6 件（占石核 20.7%）。石核的平均长、宽、厚、重依次为 106.5mm、94.4mm、75.8mm、303.9g。歇格遗址发现石片 7 件（占石制品 16.3%），包括 1 型石片 1 件，2 型石片 3 件，4 型石片 1 件，5 型石片 2 件。石片的平均长、宽、厚、重依次为 64.3mm、41.4mm、31.2mm、81.2g。

歇格遗址发现工具 6 件（占石制品 14%）。刮削器 4 件（占工具 66.7%），均为单刃刮削器（图 2，8、11、14）。3 件刮削器的毛坯均为片状，另有 1 件为断块。正向修理 3 件（75%），反向修理 1 件（25%）。刮削器的平均长、宽、厚、重依次为 90.5mm、83.4mm、51.4mm、124.2g，平均刃角为 50°。石锤 2 件（占工具 33.3%），毛坯均为扁平砾石，平均长、宽、厚、重依次为 165.3mm、139.5mm、106.6mm、653.9g。

四、通天河流域新发现石核—石片工业特征及与周边地区的技术关联

塘达—歇格遗址石器分布面积大，均超过 1000 平方米。石片与工具的比例较低的原因之一是大部分的石片与工具可能被石器打制者带走。塘达—歇格石器组合大体属于石核—石片石器工业[1]，主要目标是生产石片。石制品尺寸较大，工具类型以刮削器为主体，存在少量砾石砍砸器。塘达与歇格遗址发现的石核—石片工业不见细石器或磨制石器，此前在青藏高原全新世时期遗址中尚未发现，结合遗址所在地理位置显示出与东亚更新世时期模式 1 工业的关联[2]。

张森水先生以秦岭—淮河为界线将中国旧石器时代石器技术划分为南、北两个主工业区[3]。"北方主工业"以小石片工具（刮削器和尖状器等）为特点，"南方主工业"以大型砾石砍砸器为特点[4]。塘达—歇格遗址石核—石片工业虽然以砾石为原料，

[1] Clark G. World prehistory: A new outline (2nd edition). Cambridge: Cambridge University Press, 1969.
[2] 高星、裴树文：《中国古人类石器技术与生存模式的考古学阐释》，《第四纪研究》2006 年第 4 期；Gao X. Paleolithic cultures in China: Uniqueness and divergence. Current Anthropology, 2013 (54): 358-369; Gao X, et al. New progress in understanding the origins of modern humans in China. Science China Earth Sciences, 2018 (48): 30-41; Bar-Yosef O, Wang Y P. Paleolithic archaeology in China. Annual Review of Anthropology, 2012 (41): 319-335.
[3] 张森水：《中国北方旧石器工业的区域渐进与文化交流》，《人类学学报》1990 年第 4 期。
[4] 张森水：《管窥新中国旧石器考古学的重大发展》，《人类学学报》1999 年第 3 期。

但剥片序列似乎更接近北方主工业。

中国北方石核—石片工业从更新世早期到晚更新世中期（ca. 2.12 Ma—30 ka）有广泛的分布。近年来学术界相继报道了一批经过系统测年且地层、石器工业特征明确的遗址。早更新世代表性遗址包括以河北泥河湾盆地[①]的马圈沟（1.66—1.55Ma）[②]、小长梁（1.36 Ma）[③]、东谷坨（1.1 Ma）[④]等遗址和陕西上陈（2.12—1.26 Ma）[⑤]、龙岗寺遗址第 3 地点（1.2—0.7 Ma）[⑥]等。中更新世遗址以北京周口店第 1 地点（0.7—0.2 Ma）[⑦]和陕西龙牙洞（0.4—0.25 Ma）[⑧]为代表。晚更新世遗址主要包括河北板井子（108—74 ka BP）[⑨]、河南老奶奶庙（41—40 ka BP）[⑩]，以及与青藏高原东北部邻近的甘肃徐家城遗址（43—36 ka BP）[⑪]、宁夏水洞沟遗址第 2 地点上层（33—27 ka cal BP）[⑫]等。

北方主工业最早的石器工业上陈[⑬]、马圈沟遗址[⑭]剥片模式整体较为简单且不规则；稍晚的早更新世小长梁[⑮]、东谷坨[⑯]等遗址已经通过多样化策略开发石核的一个面或多个面。中更新世时期周口店第 1 地点[⑰]、龙牙洞[⑱]遗址以多面剥片为特征，在

---

① 谢飞、李珺、刘连强：《泥河湾旧石器文化》，花山文艺出版社，2006 年。

② Zhu R X, et al. New evidence on the earliest human presence at high northern latitudes in Northeast Asia. Nature, 2004 (431): 559-562.

③ Zhu R X, et al. Earliest presence of humans in Northeast Asia. Nature, 2001 (413): 413-417.

④ 侯亚梅：《"东古坨石核"类型的命名与初步研究》，《人类学学报》2003 年第 4 期。

⑤ Zhu Z Y, et al. Hominin occupation of the Chinese Loess Plateau since about 2.1 million years ago. Nature, 2018 (559): 608-612.

⑥ 夏文婷、王社江、夏楠，等：《汉中盆地龙岗寺遗址第 3 地点出土的石制品》，《人类学学报》2018 年第 4 期。

⑦ 裴文中、张森水：《中国猿人石器研究》，科学出版社，1985 年。

⑧ 陕西省考古研究院、洛南县博物馆：《花石浪（Ⅱ）：洛南花石浪龙牙洞遗址发掘报告》，科学出版社，2008 年；Wang S J, Lu S J. Taphonomic and paleoenvironmental issues of the Pleistocene loessic Paleolithic sites in the Qinling Mountains, central China. Science China Earth Sciences, 2016 (59): 1519-1528.

⑨ 中国科学院古脊椎动物与古人类研究所、中国科学院大学、河北省文物研究所：《河北阳原县板井子旧石器时代遗址 2015 年发掘简报》，《考古》2018 年第 11 期。

⑩ 王幼平、汪松枝：《MIS3 阶段嵩山东麓旧石器发现与问题》，《人类学学报》2014 年第 3 期；陈宥成、曲彤丽、张松林，等：《郑州老奶奶庙遗址石核类型学初步研究》，《人类学学报》2019 年第 2 期。

⑪ 李锋、陈福友、王辉，等：《甘肃省徐家城旧石器遗址发掘简报》，《人类学学报》2012 年第 3 期。

⑫ Li F, Chen F Y, Gao X. 'Modern behaviors' of ancient populations at Shuidonggou locality 2 and their implications. Quaternary International, 2014 (347): 66-73.

⑬ Zhu Z Y, et al. Hominin occupation of the Chinese Loess Plateau since about 2.1 million years ago. Nature, 2018 (559): 608-612.

⑭ 谢飞、李珺、刘连强：《泥河湾旧石器文化》，花山文艺出版社，2006 年。

⑮ Yang S X, et al. The lithic assemblages of Donggutuo, Nihewan Basin: Knapping skills of Early Pleistocene hominins in north China. PLoS ONE, 2017 (12): e0185101.

⑯ 侯亚梅：《"东古坨石核"类型的命名与初步研究》，《人类学学报》2003 年第 4 期；Yang S X, et al. The lithic assemblages of Xiaochangliang, Nihewan Basin: Implications for Early Pleistocene hominin behavior in north China. PLoS ONE, 2016 (115): e0155793.

⑰ 裴文中、张森水：《中国猿人石器研究》，科学出版社，1985 年。

⑱ 陕西省考古研究院、洛南县博物馆：《花石浪（Ⅱ）：洛南花石浪龙牙洞遗址发掘报告》，科学出版社，2008 年。

剥片的过程中频繁转动石核，这样的剥片策略也是晚更新世时期徐家城[①]和水洞沟第2地点[②]的主要特征。在晚更新世时期，板井子[③]和老奶奶庙遗址[④]的剥片程序更为结构化，石核的几何结构更为复杂多样。与上述遗址比较，塘达—歇格遗址不见北方主工业多样化的剥片策略，而是以北方主工业相对少见的双面、单面剥片为特征。

已有学者指出青藏高原东南侧的云贵高原是北方主工业的另一个分布区[⑤]。四川富林遗址是典型的小型石核—石片工业[⑥]，包含似石叶产品[⑦]。同时，云贵高原石器工业存在一些地域性技术特点，如贵州猫猫洞遗址（ca. 14.6 ka）盛行使用砸击法将砾石一分为二、生产尺寸多样的椭圆形石片[⑧]。最近有学者分别指出贵州观音洞（ca. 170—80 ka）[⑨]和云南天华洞（ca. 95—50 ka）[⑩]的石器工业中存在勒瓦娄哇技术或近似勒瓦娄哇技术的预制石核剥片技术，但另有学者认为观音洞遗址不含勒瓦娄哇等预制剥片技术[⑪]。云贵高原的石器工业总体上属于北方主工业，以富林遗址小石片工具和观音洞遗址多种操作程式为代表，但有别于塘达—歇格遗址石器工业。

与此同时，学者们注意到晚更新世时期中国南方地区曾经历由砾石石器工业向石片石器工业过渡的阶段[⑫]。近年来学者们在中国南方地区发现一批具有北方主工业性质的遗址，其中地层明确、年代清楚的遗址包括湖南条头岗遗址上文化层和长江三峡井水湾等。湖南条头岗遗址上文化层（ca. 100—50ka）石器工业以砾石为原料生

---

① 李锋、陈福友、王辉，等：《甘肃省徐家城旧石器遗址发掘简报》，《人类学学报》2012年第3期。

② Li F, Chen F Y, Gao X. 'Modern behaviors' of ancient populations at Shuidonggou locality 2 and their implications. Quaternary International, 2014 (347): 66-73.

③ 中国科学院古脊椎动物与古人类研究所、中国科学院大学、河北省文物研究所：《河北阳原县板井子旧石器时代遗址 2015 年发掘简报》，《考古》2018年第11期。

④ 陈宥成、曲彤丽、张松林，等：《郑州老奶奶庙遗址石核类型学初步研究》，《人类学学报》2019年第2期。

⑤ 张森水：《中国北方旧石器工业的区域渐进与文化交流》，《人类学学报》1990年第4期；王幼平：《中国远古人类文化的源流》，科学出版社，2005年。

⑥ 张森水：《富林文化》，《古脊椎动物与古人类》1977年第1期。

⑦ 浣发祥、杨石霞、陈苇，等：《四川汉源富林遗址石制品再研究》，《人类学学报》2023年第2期。

⑧ Zhou Y D, et al. Cobbles during the final Pleistocene-early Holocene transition: An original lithic assemblage from Maomaodong rockshelter, Guizhou Province, southwest China. Archaeological Research in Asia, 2022 (32): 100411.

⑨ Hu Y, et al. Late Middle Pleistocene Levallois stone-tool technology in southwest China. Nature, 2019 (565): 82-85.

⑩ 阮齐军、刘建辉、胡越，等：《云南鹤庆天华洞旧石器遗址石制品研究》，《人类学学报》2019年第2期。

⑪ Li F, et al. A refutation of reported Levallois technology from Guanyindong Cave in south China. National Science Review, 2019 (6): 1094-1096; Li Y H, et al. Lithic technology, typology and cross-regional comparison of Pleistocene lithic industries: Comment on the earliest evidence of Levallois in East Asia. L'anthropologie, 2019 (123): 769-781.

⑫ Wang Y P. Human adaptations and Pleistocene environments in south China. Anthropologie, 1998 (36): 165-175；王幼平：《中国远古人类文化的源流》，科学出版社，2005年；王幼平：《华北晚更新世的石片石器》，《人类学学报》2019年第4期。

产石片为主体，石核结构灵活多样，包括盘状、漏斗形、似楔形等多种结构[①]，不同于塘达—歇格遗址石器工业，显示出与晚更新世北方主工业板井子和老奶奶庙等遗址的相似性。

最值得关注的是，我们发现塘达—歇格石器工业与长江三峡遗址石器剥片模式具备较近的亲缘关系。考古学者在重庆长江三峡两岸的2—4级阶地调查并发掘了多处旧石器遗址，其中烟墩堡遗址位于4级阶地，冉家路口、高家镇遗址位于3级阶地，井水湾和枣子坪遗址位于2级阶地[②]。位于2级阶地的井水湾遗址文化堆积的光释光年代数据约为距今7万年[③]，位于3级阶地冉家路口遗址文化堆积的光释光年代数据为距今7.8万—14.3万年[④]。不同河流阶地的遗址发现石器工业具有较强的相似性，以附近河床砾石为原料硬锤剥片，剥片策略以单面剥片和双面剥片为主，工具类型多为单面加工的刮削器，另有部分砾石砍砸器[⑤]。

五、讨论与结语

通天河流域塘达与歇格遗址的发现属于青藏高原东南部腹地首次发现典型且单纯的模式1石器工业，进而帮助我们填补了理解该地区早期人类占据活动进程的空白。该地区新发现的石核—石片工业揭示了青藏高原全新世之前的早期人类扩散事件。与模式2至模式5石器工业相比，塘达与歇格遗址模式1简单的石核—石片工业的技术组织显示出当时占据者的低流动性，行为模式明显有别于东亚旧石器末期高流动性的石叶与细石叶人群，而更接近旧石器时代早中期狩猎采集者[⑥]。

限于四川稻城皮洛遗址石核—石片工业的剥片序列尚未详细公布，为塘达—歇格遗址与三峡地区石器工业的相似性为我们进一步追踪通天河石器生产者的身份、

---

① 湖南省文物考古研究所、临澧县文物局：《湖南临澧县条头岗旧石器时代遗址发掘简报》，《考古》2019年第3期。

② Pei S W, et al. Middle to Late Pleistocene hominin occupation in the Three Gorges region, south China. Quaternary International, 2013 (295): 237-252.

③ Pei S W, et al. Lithic assemblage from the Jingshuiwan Paleolithic site of the early Late Pleistocene in the Three Gorges, China. Quaternary International, 2010 (211): 66-74.

④ Pei S W, et al. Middle to Late Pleistocene hominin occupation in the Three Gorges region, south China. Quaternary International, 2013 (295): 237-252.

⑤ Pei S W, et al. Middle to Late Pleistocene hominin occupation in the Three Gorges region, south China. Quaternary International, 2013 (295): 237-252.

⑥ Gao X, Norton C J. A critique of the Chinese 'Middle Paleolithic'. Antiquity, 2002 (76): 397-412.

年代及来源问题提供了契机。两个地区虽然相距约 1000 公里且海拔高度相差大于 3000 米，但属于同一流域的 2—4 级阶地上，两地区石器生产者均开发利用的是相似的"峡江"环境。塘达—歇格遗址与三峡地区石器工业的相似性并非确认塘达—歇格遗址石器生产者直接来自三峡地区，而是为我们追踪塘达—歇格遗址石器生产者的来源与年代提供了方向。比较研究显示塘达—歇格中型石核—石片工业与中国北方主工业存在差别，而更接近中国南方地区（以三峡为代表）的晚更新世早中期石核—石片工业。据此，我们推断塘达—歇格石器生产者的活动年代大约为晚更新世，可能由长江中上游地区（或其他邻近的河流）沿"东南路线"河谷路径扩散至青藏高原。该扩散的驱动力可能源自高原东南邻近地区晚更新世间冰期人口压力的增大。

　　未来虽然还需要进一步的研究，但通天河流域塘达和歇格遗址新发现的石器工业为了解青藏高原的早期人群与石器技术，以及他们到达高原的路线和相关驱动力提供了重要的视角。现有考古证据表明，史前青藏高原不是孤立的，而是由不同的地理单元组成的广阔区域，连接欧亚大陆的不同部分。在晚更新世时期，来自东亚不同地区的狩猎采集者可能在不同的驱动力下，使用不同的石器技术，通过不同的路线占据了青藏高原。青海高原通天河流域石核—石片工业所揭示的早期人类向青藏高原扩散的"东南路线"，初步描绘出东亚长江流域腹地本土人群对于青藏高原早期开发利用的壮丽图景。

　　附记：本文是在考古学英文专业学术期刊《古物》（*Antiquity*）2021 年 95 卷 381 期发表的论文 New perspectives on the Late Pleistocene peopling of the Tibetan Plateau: the core-and-flake industry from the Tongtian River Valley 基础上补充修改而成。青海高原三江源地区史前考古新发现是青海师范大学地理科学学院、青海省文物考古研究院与首都师范大学历史学院长期合作的成果，作者向参加科考工作与研究工作的陈晓良、高靖易、金孙梅、刘云飞、周琼月、汪静怡、韩洲怡等表示衷心感谢！本研究是国家社科基金冷门绝学研究专项 23VJXG001（欧亚视野下青海高原三江源地区史前石器技术与人群扩散适应研究）阶段性研究成果。

青藏高原东北部全新世人群扩散与互动的新启示：中石器时代晚期冬给措纳湖狩猎采集人群石器技术与遗址结构

陈宥成[1]　　侯光良[2、3]

（1. 首都师范大学历史学院，北京，100089；2. 青海师范大学地理科学学院，
西宁，810016；3. 高原科学与可持续发展研究院，西宁，810008）

一、引　　言

　　青藏高原是世界上海拔最高、中国面积最大的高原，是研究人类演化的热点。青藏高原寒冷、干燥和缺氧的严酷自然环境限制了人类对高原的占据[1]。但现有考古证据显示，更新世中晚期以来青藏高原周边地区的狩猎采集人群曾多次进入高原中、高海拔地区活动（中海拔指海拔 3000—4000 米，高海拔指海拔 4000 米以上）。占据青藏高原的早期狩猎采集者虽然曾使用了石核—石片[2]、阿舍利[3]与石叶[4]等多种不同

①　陈发虎、夏欢、高玉，等：《史前人类探索、适应和定居青藏高原的历程及其阶段性讨论》，《地理科学》2022 年第 1 期。

②　四川省文物考古研究院、北京大学考古文博学院：《四川稻城县皮洛旧石器时代遗址》，《考古》2022 年第 7 期；Zhang D J, et al. Denisovan DNA in Late Pleistocene sediments from Baishiya Karst Cave on the Tibetan Plateau. Science, 2020 (370): 584-587.

③　四川省文物考古研究院、北京大学考古文博学院：《四川稻城县皮洛旧石器时代遗址》，《考古》2022 年第 7 期。

④　Zhang X L, et al. The earliest human occupation of the high-altitude Tibetan Plateau 40 thousand to 30 thousand years ago. Science, 2018 (362): 1049-1051.

石器技术，但末次冰盛期之后细石叶技术最成功地适应了高原条件。青海湖边缘的江西沟 1 号遗址（14.6 ka cal BP）[①]、黑马河 1 号遗址（13.1 ka cal BP）[②]、昆仑山口地区的西大滩 2 号遗址（9200—6400 BP）[③]、玉树代曲遗址（9270 cal BP）[④] 和玉树参雄尕朔遗址（8000—7000 cal BP）[⑤] 等及众多细石器地点表明，细石叶技术人群在高原上的占据强度和活动范围远远超越前人。

    长期以来，学界对于青藏高原细石叶技术人群最终去向的认识是模糊不清的。青藏高原细石叶人群延续至何时并是否是高原上最后的狩猎采集人群？青藏高原最后狩猎采集人群的聚落结构及所反映的社会结构如何？他们又与高原周边低海拔地区的狩猎采集人群及早期农业人群存在怎样的关系？本文将要关注关于青藏高原腹地高海拔地区冬给措纳湖畔的全新世中期狩猎采集人群的新材料。这批新发现蕴含了丰富的狩猎采集人群的技术、行为与年代信息，为我们追踪青藏高原最后的狩猎采集者提供了新的契机。

二、冬给措纳地点群的概况、年代与环境背景

    冬给措纳湖位于青藏高原东北部玛多县，海拔约 4090 米，约 6.8 ka cal BP 以来一直为开放性淡水湖。该地区冬季寒冷干燥，夏季相对温暖湿润，年平均气温约零下 3℃，年平均降水量约 311mm。湖泊流域植被主要为高山草甸和草原，野生动物资源主要有野牦牛、藏野驴、藏原羚和喜马拉雅旱獭等。此前考古工作曾在该区湖岸阶地发现细石叶工业遗存[⑥]，但未进行系统的年代学与石器研究。在前人工作基

---

① Madsen D B, et al. The Late Upper Paleolithic occupation of the northern Tibetan Plateau margin. Journal of Archaeological Science, 2006 (33): 1433-1444.

② Madsen D B, et al. The Late Upper Paleolithic occupation of the northern Tibetan Plateau margin. Journal of Archaeological Science, 2006 (33): 1433-1444.

③ 汤惠生、周春林、李一全，等：《青海昆仑山山口发现的细石器考古新材料》，《科学通报》2013 年第 3 期。

④ Jin S M, et al. Prehistoric human occupation and adaptation on the hinterland of the Tibetan Plateau in the Early Holocene. Progress in Physical Geography, 2023, 47 (6): 931-949.

⑤ 青海省文物考古研究所、四川大学考古学系、成都文物考古研究院：《青海玉树州参雄尕朔遗址 2013 年发掘简报》，《考古》2021 年第 10 期；Han F, et al. Technological strategy and mobility of Middle Holocene hunter-gatherers in the high-altitude Qinghai-Tibetan Plateau: A case study from Tshem gzhung kha thog. Archaeological and Anthropological Sciences, 2020 (12): 242.

⑥ 高星、周振宇、关莹：《青藏高原边缘地区晚更新世人类遗存与生存模式》，《第四纪研究》2008 年第 6 期。

础上，2017—2018 年夏季我们在冬给措纳湖北岸开展了系统科考工作，并在湖滨级阶地上黄土堆积中发现了 4 处含有细石器的史前人群活动地点，分别是 DJCN 3-1、DJCN 3-2-2、DJCN 4 和 DJCN 5 地点。

DJCN 3-2-2（35.358° N，98.515° E，4136 masl）是本次科考发现的最为重要的地点，分布面积达 1600 平方米。由于较强侵蚀作用影响，该遗址火塘和石器直接暴露在黄土表面，未发现动物骨骼。主要的考古遗迹包括原地埋藏且保存较好的 10 处火塘（H1—H10）和一个较为独立的石器生产区域。遗址上火塘处于较好的保存状况，石制品的风化与磨蚀程度较低，此外小于 2cm 的石制品（包括石片、细石叶及碎屑等）占比超过 70%，均说明遗址受到的后期风力、流水扰动是有限的。

我们在 DJCN 3-2-2 石器分布区边缘清理剖面厚度约 100 cm，发现了一个原生文化层，系含炭屑和石制品的浅黄色粉砂质黄土层。文化层深 24—32 cm，文化层之下深 32—88 cm 为不含炭屑和人类文化遗物的黄土堆积，88 cm 以下为青灰色湖相沉积。我们在剖面上采集 6 个 OSL 系列样品，文化层内 2 个 OSL 测年结果约为 5.5 ka BP（表 1）。同时，我们在文化层烧土、H5 和 H8 的保留堆积中分别采集了炭屑测年样品，^{14}C 测年结果校正后分别为（5370 ± 47）cal BP、（5024 ± 64）cal BP 和（5168 ± 129）cal BP，校正年代范围约 5400—5000 cal BP，与文化层 OSL 年代数据较为一致。DJCN 3-2-2 剖面记录的木炭、磁化率和真菌孢子序列显示，史前人类活动证据始于约 5.8 ka BP，在约 5.6—5.5 ka BP 期间显著增强，随后逐渐减弱。综上，我们认为 DJCN 3-2-2 的占据时间为 5400—5000 cal BP。遗址剖面孢粉组合表明植被以高寒草原为主，大约 5.8—5.0 ka BP 期间气候条件相对温暖湿润[①]。

表 1　DJCN 3-2-2 地点 ^{14}C 与光释光测年数据（据 Gao et al., 2020[②]）

实验室编号	取样位置	测年材料	测年方法	年代
Beta-493233	文化层	炭屑	AMS	（5370 ± 47）cal BP
Beta-493234	H5	炭屑	AMS	（5024 ± 64）cal BP
Beta-493235	H8	炭屑	AMS	（5168 ± 129）cal BP
OSL-1	10 cm	地层堆积	OSL	（2.04 ± 0.25）ka BP
OSL-2	文化层 -25 cm	地层堆积	OSL	（5.50 ± 0.45）ka BP
OSL-3	文化层 -32 cm	地层堆积	OSL	（5.54 ± 0.40）ka BP

---

① Gao J Y, et al. Prehistoric human activity and its environmental background in Lake Donggi Cona basin, northeastern Tibetan Plateau. The Holocene, 2020, 30 (5): 657-671.

② Gao J Y, et al. Prehistoric human activity and its environmental background in Lake Donggi Cona basin, northeastern Tibetan Plateau. The Holocene, 2020, 30 (5): 657-671.

续表

实验室编号	取样位置	测年材料	测年方法	年代
OSL-4	49 cm	地层堆积	OSL	（6.48±0.65）ka BP
OSL-5	65 cm	地层堆积	OSL	（5.73±0.50）ka BP
OSL-6	86 cm	地层堆积	OSL	（8.06±0.71）ka BP

此外，DJCN 3-1（35.358°N，98.516°E，4137 masl）位于 DJCN 3-2-2 以西约 40 米，二者间仅一条冲沟相隔，拔河高度与地貌部位一致，显示出二者间非常密切的关系。我们在 DJCN 3-1 地点未发现火塘或其他遗迹现象，发现石制品 21 件。DJCN 4（35.379°N，98.428°E，4137 masl）和 DJCN 5（35.361°N，98.374°E，4116 masl）位于冬给措纳湖西北部湖滨阶地上的黄土堆积中，分别发现了 3 件和 8 件石制品，未发现其他文化遗存及测年材料。

本文将重点关注上述 4 个地点发现的打制石器，运用石器生产操作链的理念揭示石器组合所蕴含的剥片模式信息[①]，并通过上述剥片信息所蕴含的技术传统（通过社会教授与学习传递）[②]，在东亚视角下追踪青藏高原史前狩猎采集者的身份及与其他人群的关系。此外，DJCN 3-2-2 遗址保存了完整的遗址结构及年代测定条件，为探究青藏高原中石器时代细石叶人群的行为策略提供了绝佳材料。

三、冬给措纳地点群的石器工业与石器技术组织

（一）DJCN 3-1 石器工业

DJCN 3-1 地点 2017 年的调查工作共采集石制品 21 件（表 2，图 1）。石制品的原料包括黑色、灰黑色、灰绿色和红褐色至少 4 种燧石。所有石制品表面未见石皮。石制品的尺寸总体较小，不见大块原料或石制品，显示出对原料的高强度利用。

---

① Bar-Yosef O, PEER P V. The Chaine Operatoire approach in Middle Paleolithic archaeology. Current Anthropology, 2009, 50 (1): 103-131. Shott M J. Chaîne Operatoire and reduction sequence. Lithic Technology, 2003, 28 (2): 95-105.
② Lyman R L, O'brien M J. The goals of Evolutionary Archaeology: History and explanation. Current Anthropology, 1998, 39 (5): 615-652; Shennan S. Evolution in Archaeology. Annual Review of Anthropology, 2008 (37): 75-91; Bar-Yosef O, Belfer-Cohen A. Following Pleistocene road sighs of human dispersals across Eurasia. Quaternary International, 2013 (285): 30-43; Bar-Yosef O. Chinese Paleolithic challenges for interpretations of Paleolithic archaeology. Anthropologie, 2015, 53 (1-2): 77-92.

表 2　冬给措纳地点群石器工业的技术类型

	DJCN 3-1	DJCN 3-2-2	DJCN 4	DJCN 5
楔形细石核	6	4	0	2
柱形细石核	0	2	0	0
锥形细石核	2	0	0	1
不完整细石核	0	2	0	0
石片	4	76	3	3
残断	2	115	0	1
石叶	1	3	0	0
不完整石叶	0	12	0	0
细石叶	0	5	0	0
不完整细石叶	1	53	0	0
端刮器	0	5	0	0
边刮器	4	8	0	1
钻	1	0	0	0
合计	21	285	3	8

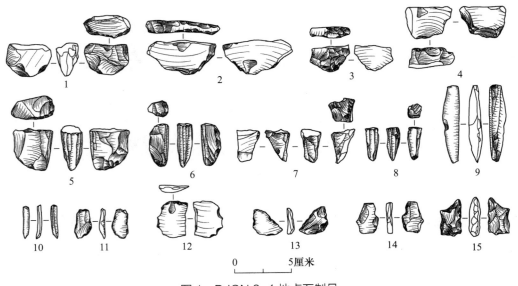

图 1　DJCN 3-1 地点石制品

1—4. 预制阶段楔形细石核　5、6. 生产—废弃阶段楔形细石核　7. 预制阶段锥形细石核
8. 生产—废弃阶段锥形细石核　9. 冠状石叶　10. 细石叶　11—14. 边刮器　15. 钻

石器组合中细石核比例较高（8 件，占 38.1%），以楔形细石核为主体（6 件，包括预制阶段 4 件，剥片—废弃阶段 2 件），另有 2 件锥形细石核（包括预制阶段者

1 件，剥片—废弃阶段者 1 件）。楔形预制石核中有 3 件保留了毛坯的原始形态，毛坯均为石片，沿石片近端修理底缘，沿石片远端修理台面。楔形预制石核的核身均处于单面修理的阶段，另外一面没有修理或修理程度较低。2 件楔形石核使用了相同的台面预制策略，为先在石片远端纵向打下削片进而创造出台面基础面，然后沿台面周缘或半周横向修理。另外有 1 件楔形细石核的台面仅为横向修理。剥片—废弃阶段楔形细石核台面窄长，沿与台面前缘相邻的窄长剥片面生产细石叶，片疤向下汇聚至两面修理的底缘，石核后部存在两面修理的后缘，平均高度为 37.1 mm，平均重 27.5 g。剥片—废弃阶段锥形细石核底部修理出尖部，台面为近圆形，沿台面近一周向下剥片并汇聚至底部，高度为 30 mm，重 6.2 g。

工具组合以边刮器为主体（4 件，占 80%），另有 1 件钻具。工具毛坯均为石片，形态均不规则为权宜工具，平均长、宽、厚、重为 29.5 mm、19.0 mm、6.2 mm、6.1 g。

（二）DJCN 3-2-2 石器工业

DJCN 3-2-2 地点 2017—2018 年的调查工作共采集石制品 285 件（表 2，图 2）。石制品的原料包括黑色、灰黑色、灰绿色、灰褐色、白色和红褐色至少 6 种燧石。所有石制品表面未见石皮。石器组合包括了石核预制、生产细石叶和加工工具的多个操作环节。石制品的尺寸总体较小，全部长度都小于 40 mm，不见大块原料或石制品。

DJCN 3-2-2 地点发现的所有石核均为细石核，主体为楔形细石核（4 件），另有 2 件柱形细石核和 2 件不完整细石核。所有细石核均处于剥片—废弃阶段。细石核总体比较高，楔形细石核平均高度为 32.4 mm，平均重 13.5 g。楔形细石核技术特点与 DJCN 3-1 基本一致。柱形细石核底部不存在底缘而是小平面，可以分为单向剥片和对向剥片两类。柱形细石核平均高度为 25.4 mm，平均重 11.4 g。

石器组合中存在的大量石片（含不完整石片）应是预制和维护细石核过程中产生的副产品。完整石片的尺寸较小，平均长、宽、厚、重为 20.6 mm、19.5 mm、5.1 mm、3.3 g。石器组合中存在少量的石叶（宽度大于 7 mm）、不完整石叶和鸡冠状石叶，它们的平均宽度为 9.5 mm，也可能是细石叶生产过程中的副产品。石器组合中完整细石叶的比例较低（8.6%），完整细石叶平均长、宽、厚、重为 15.9 mm、6.6 mm、2.5 mm、0.2 g。大多数细石叶显示压制或间接法生产特点，具有唇部，但缺乏锥疤和半锥体。工具组合包括边刮器（n=8，占 61.5%）和端刮器（n=5，占 38.5%），其中端刮器为精致修理的工具，边刮器大多为权宜工具。工具毛坯多为尺寸较大的石片或石叶，平均长、宽、厚、重为 28.1 mm、24.4 mm、7.4 mm、6.7 g。

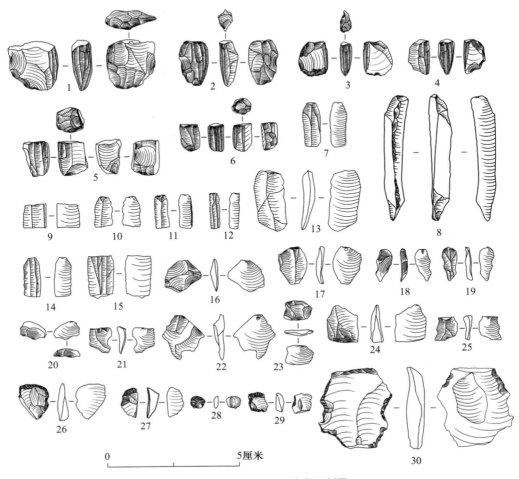

0　　　　　　　　5厘米

图 2　DJCN 3-2-2 地点石制品

1—4. 生产—废弃阶段楔形细石核　5、6. 生产—废弃阶段柱形细石核　7、10—12、14. 细石叶
8、9、13、15. 石叶　16—25. 石片　26—29. 端刮器　30. 边刮器

（三）DJCN 4 与 DJCN 5 石器工业

DJCN 4 在 2017 年调查中仅采集到 3 件石片（表 2，图 3），原料均为灰黑色燧石，平均长、宽、厚、重为 38.4 mm、42.9 mm、9.8 mm、29 g。DJCN 5 在 2017 年调查中采集到 3 件细石核、3 件石片、1 件不完整石片和 1 件边刮器。石制品原料包括灰绿色和灰黑色两种燧石。石核包括 2 件楔形细石核和 1 件锥形细石核，均处于剥片—废弃阶段。细石核平均高度为 37.6 mm，平均重量为 25.5 g。楔形细石核两面修理底缘但不存在后缘。3 件石片平均长、宽、厚、重为 29.6 mm、23.8 mm、5.8 mm、5.9 g。1 件边刮器为权宜工具，毛坯为石片，长、宽、厚、重为 25.9 mm、22.1 mm、5.7 mm、4.4 g。

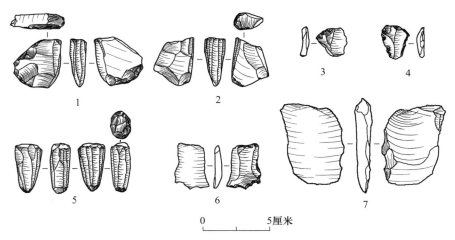

图 3　DJCN 4 与 DJCN 5 地点石制品

1、2. 生产—废弃阶段楔形细石核　3. 石片　4、6、7. 边刮器　5. 生产—废弃阶段锥形细石核

（四）冬给措纳细石器地点群的石器技术组织

冬给措纳湖畔发现的 4 处地点的所有石制品表面几乎不见石皮，说明石制品是在原料产地经过初步加工带到遗址上的。调查显示冬给措纳湖畔及阶地堆积中不见砾石层，遗址所见的原料并非来自附近。冬给措纳地点群发现的石核均为典型的细石核，显示出单纯的细石叶技术工业特点。DJCN 4 地点虽然没有发现细石核，但是发现的薄石片与其他 3 处地点技术特征一致，也应为细石叶工业的产品。DJCN 3-1、DJCN 3-2-2 和 DJCN 5 地点发现的细石核均以楔形细石核为主体，显示出相似的细石叶生产策略。另外在 DJCN 3-1 和 DJCN 5 存在锥形细石核，DJCN 3-2-2 存在柱形细石核。冬给措纳地点群工具组合以边刮器为主体，但是在 DJCN 3-2-2 地点还存在相当数量端刮器。

DJCN 3-2-2 地点石器原料种类、工具类型和剥片数量最为丰富，空间结构呈现出清晰的以线状排列的火塘为中心的特点，显示出小规模人群季节性占据营地的特点。其他 3 处地点未发现明确的遗迹现象，且石器技术组织结构显示出临时性活动的特点。冬给措纳湖畔细石器地点群的地貌部位、石器原料和剥片技术具有较强的一致性，显示它们大体处于同一时期，构成了包括中心营地和临时活动地点的流动网络。冬给措纳地点群没有发现陶器、石磨盘、房基等人群流动性降低的证据，以细石叶技术为核心的石器组织结构显示出高度流动的狩猎采集经济的特点。特殊任务小组可能会离开中心营地获取食物资源和其他原材料，然后回到中心营地共享资源。遗址虽然没有保留下动物遗存，但是我们推测冬给措纳人群的主要生计方式是狩猎冬给措纳湖畔的大中型食草动物获取肉类资源。

四、冬给措纳 DJCN 3-2-2 遗址结构

　　青藏高原目前发现了一些与细石叶工业组合共存的火塘，包括 151 地点
（15400—13100 cal BP）、湖东种羊场地点（13428—13729 cal BP）、晏台东 1 号地点
（12116—12569 cal BP）和下大武 1 号地点（11758—12137 cal BP）等。然而，大多
遗址揭露的火塘数量较少，往往是火塘周围分布着石器和动物骨骼，除了晏台东 1
号地点见到 6 个火塘以"圈状"模式组织在一起。相比之下，DJCN 3-2-2 遗址的考
古记录呈现出一种新的遗址结构格局。

　　DJCN 3-2-2 遗址有 2 个火塘区（图 4，A），分别包括 8 个火塘（H1—H8）和 2
个火塘（H9—H10）。这 10 个火塘略高出地面，结构一致，均为较为规则的圆形，所
有火塘均被花岗岩岩块合围，内径 60—70 cm，外径 70—80 cm（图 4，B、C）。这
10 个火塘可以分为 2 组：第 1 组为 H1—H8，自西南向东北大体呈直线状分布，彼此
间显示出相同的结构和密切的联系；第 2 组为 H9—H10，自东南向西北呈线状分布。
我们在第 1 组火塘西南 10 米之外的区域发现了丰富的细石器分布区。DJCN 3-2-2 遗
址这种"线状"火塘分布模式，与此前在青藏高原所见的"零星"或"圈状"模式
不同，与青藏高原之外河南郑州老奶奶庙遗址晚更新世狩猎采集者"半环状"火塘
分布模式 [①] 也有所不同（图 4）。

　　DJCN 3-2-2 遗址的火塘处于同一个活动面上，彼此没有叠压打破关系且平均距
离均在 2—3 米，显示所有的火塘是统一规划的。因此，我们认为这些系统组织的火
塘很可能是在同一时期建造和使用的。然而，遗址见到的 2 个火塘分布区是分离的，
也可能代表了大体同一时期的 2 次占据事件。遗址的石器生产区域没有近距离围绕
火塘而是距离火塘有相当距离，同样显示出一种新兴的空间模式。这个新兴结构可
能表明火塘周围有限的空间提供给更为依赖火塘的生产生活行为，如休息取暖、睡
觉或分享食物等，尽管由于埋藏条件限制动物骨骼未能保存下来。

　　我们认为 DJCN 3-2-2 遗址发现的"线状"火塘分布模式与相对独立的石器生产
区对于理解遗址的人群规模及中石器时代人群适应策略具有重要启示意义。更多火

---

① 　王幼平：《嵩山东南麓 MIS3 阶段古人类的栖居形态及相关问题》，《考古学研究》（十），科学出版社，
2016 年；陈宥成、曲彤丽、汪松枝，等：《郑州老奶奶庙遗址空间结构初步研究》，《中原文物》2020 年第
3 期。

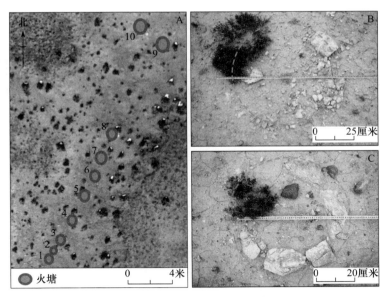

图 4　DJCN 3-2-2 遗址火塘分布图

A. 火塘平面分布　B. H7 平面结构　C. H1 平面结构

塘的规划与建造可以满足更多个人的同时用火需求。与此同时，把石器生产区与火塘区分离可以满足更多个体在火塘周围进行更为丰富的日常活动。此外，"线状"火塘分布可能显示新兴的人群组织结构，当然这种新兴关系与群体规模增大密切相关。青藏高原全新世的气候波动和社会变迁都可能影响种群的规模和迁移。DJCN 3-2-2 遗址的空间结构反映了中石器狩猎采集者对流动性、觅食和原材料供应等压力的适应策略。

DJCN 3-2-2 遗址剖面的孢粉组合表明，在约 5.8—5.0 ka BP 时期，植被以高寒草原为主，气候条件相对温暖湿润，有利于种群规模的增加。同时，如本文后半部分所述，青藏高原东北部马家窑人口的扩张也可能将中高海拔的狩猎采集者推向冬给措纳湖盆地，造成冬给措纳湖盆地人口的暂时性增长。这一假设有待未来有更多的考古记录来证明。

五、讨　　论

（一）青藏高原细石叶工业与周边地区的技术关系

青藏高原周边地区的细石叶工业主要分布在中国华北、西北与西南地区，大概从距今 27—24 ka cal BP 延续至全新世中期。整体来看，青藏高原周边地区使用细石叶技术狩猎采集人群的文化内涵比青藏高原细石叶工业更为丰富多样。本文根据细石器器物组合不同，认为青藏高原周边地区细石叶工业至少包括如下 2 组。

A 组，以河北西沙河（27 ka cal BP）[1]、陕西龙王辿第 1 地点第 6—5 层（26—21 ka cal BP）[2]、山西柿子滩第 29 地点第 7 层（26—24 ka cal BP）[3]、河南西施遗址（25 ka cal BP）[4]、宁夏水洞沟第 12 地点（12—11 ka cal BP）[5]、贵州牛坡洞第 2 期遗存（10200—8700 BP）[6]、四川中子铺遗址（全新世中期）[7] 等为代表，细石核包括楔形、（半）锥形、（半）柱形等类型，工具组合主要包括边刮器、端刮器和尖状器等类型。

B 组，以山西柿子滩第 29 地点第 3—2 层（20—18 ka cal BP）[8]、甘肃石峡口遗址第 1 地点（18.5—17.2 ka cal BP）[9]、山西薛关遗址（13.5 ka uncal BP）[10]、河南灵井遗址第 5 层（13.5 ka cal BP）[11]、河南李家沟遗址（10.5—9 ka cal BP）[12] 等为代表，细石核组合包括船形、楔形、柱形、锥形等多种类型，工具组合包括边刮器、端刮器和两面器等类型。

上述 B 组与 A 组的不同主要体现于 B 组存在船形细石核与小型两面器。船形细石核与楔形、锥形和柱形细石核的不同之处在于前者更为低矮化且预制更为简单。

[1] Guan Y, et al. Microblade remains from the Xishahe site, North China and their implications for the origin of microblade technology in Northeast Asia. Quaternary International, 2020 (535): 38-47.

[2] 王小庆、张家富：《龙王辿遗址第一地点细石器加工技术与年代：兼论华北地区细石器的起源》，《南方文物》2016 年第 4 期。

[3] Song Y H, et al. Environmental reconstruction and dating of Shizitan 29, Shanxi Province: An early microblade site in north China. Journal of Archaeological Science, 2017 (79): 19-35；山西大学历史文化学院、山西省考古研究所：《山西吉县柿子滩遗址 S29 地点发掘简报》，《考古》2017 年第 2 期。

[4] 王幼平、汪松枝：《MIS3 阶段嵩山东麓旧石器发现与问题》，《人类学学报》2014 年第 3 期；Zhao C, et al. The emergence of early microblade technology in the hinterland of North China: A case study based on the Xishi and Dongshi site in Henan Province. Archaeological and Anthropological Sciences, 2021 (13): 98.

[5] Yi M J, et al. The significance of Shuidonggou Locality 12 to studies of hunter-gatherer adaptive strategies in North China during the Late Pleistocene. Quaternary International, 2014 (347): 97-104.

[6] 中国社会科学院考古研究所华南一队、贵州省文物考古研究所、贵安新区社会事务管理局：《贵州贵安新区牛坡洞遗址》，《考古》2017 年第 7 期。

[7] 中国社会科学院考古研究所四川工作队：《四川广元中子铺细石器遗存》，《考古》1991 年第 4 期。

[8] Song Y H, et al. Environmental reconstruction and dating of Shizitan 29, Shanxi Province: An early microblade site in north China. Journal of Archaeological Science, 2017 (79): 19-35；山西大学历史文化学院、山西省考古研究所：《山西吉县柿子滩遗址 S29 地点发掘简报》，《考古》2017 年第 2 期。

[9] 任进成、周静、李锋，等：《甘肃石峡口旧石器遗址第 1 地点发掘报告》，《人类学学报》2017 年第 1 期。

[10] 王向前、丁建平、陶富海：《山西蒲县薛关细石器》，《人类学学报》1983 年第 2 期。

[11] Li Z Y, Ma H H. Techno-typological analysis of the microlithic assemblage at Xuchang Man site, Lingjing, central China. Quaternary International, 2016 (400): 120-129.

[12] 北京大学考古文博学院、郑州市文物考古研究院：《河南新密市李家沟遗址发掘简报》，《考古》2011 年第 4 期；北京大学考古文博学院、郑州市文物考古研究院：《河南新密市李家沟遗址南区 2010 年发掘简报》，《中原文物》2018 年第 6 期。

小型两面器是东亚旧石器时代晚期细石叶工业中出现的一类修理极为精致的工具[①]。因此，B 组石器工业中船形细石核与小型两面器的出现可能反映了一种新的细石器技术传统，而 A 组石器工业不见船形细石核与小型两面器则可能代表了较为古老的细石器传统。

我们进一步认为东亚地区上述 2 组细石叶工业至少代表了 2 组不同的狩猎采集人群，A 组出现于 LGM 之前并延续至全新世中期，B 组出现于 LGM 之后并延续至全新世早期。这 2 组细石器人群的活动区域一定程度上是有重叠的，但是 A 组主要活动于中国北方的北部和西部，B 组主要活动于中国北方的南部和东部。冬给措纳细石器组合中不存在船形细石核与小型两面器，与上述东亚 A 组更为接近。与此同时，青藏高原前农业阶段的西大滩第 2 地点（ca. 9200—6400 cal BP）[②]、江西沟 2 号遗址上文化层（ca. 6800—5000 cal BP）[③]和参雄尕朔遗址（8000—7000 cal BP）[④]等相关细石器组合等，也都显示出与上述 A 组更为密切的联系，而与 B 组关系较远。

基于上述分析，我们认为青藏高原的更新世末期细石器人群应该来自上述东亚 A 组细石器人群中的一支。大约 18—11.6 ka cal BP 末次冰消期间，中国北方地区环境由此前末次冰盛期的寒冷干燥环境向温暖湿润方向发展，当地狩猎采集人群人口增加并导致人口压力增大[⑤]。在这种情况下任何气候波动则为中国北方西部持有细石叶技术的狩猎采集人群向资源密度较低的高原扩散提供动力。大约 11.5—8 ka cal BP 全新世早期，东亚地区整体的社会发展趋势是狩猎采集人群流动性降低[⑥]，早期耕作行为出现[⑦]。在这种社会背景下，中国北方的狩猎采集人群一部分转化为农业人群，另一部分被日益扩大的农业人群挤压至中国东北、西北、西南等相对边缘地区，如贵州牛坡洞第 2 期和四川中子铺遗址细石叶人群的突然出现正是在这个社会背景下发生的。

---

① 陈宥成、曲彤丽：《旧大陆视野下的中国旧石器晚期小型两面器溯源》，《人类学学报》2020 年第 1 期。

② Brantingham P J, et al. Late occupation of the high-elevation northern Tibetan Plateau based on cosmogenic, luminescence, and radiocarbon ages. Geoarchaeology: An International Journal, 2013 (28): 413-431.

③ 侯光良、杨石霞、鄂崇毅，等：《青藏高原东北缘江西沟 2 号遗址 2012 年出土石制品的初步研究》，《人类学学报》2018 年第 4 期；仪明洁、高星、张晓凌，等：《青藏高原边缘地区史前遗址 2009 年调查试掘报告》，《人类学学报》2011 年第 2 期。

④ 青海省文物考古研究所、四川大学考古学系、成都文物考古研究院：《青海玉树州参雄尕朔遗址 2013 年发掘简报》，《考古》2021 年第 10 期；Han F, et al. Technological strategy and mobility of Middle Holocene hunter-gatherers in the high-altitude Qinghai-Tibetan Plateau: A case study from Tshem gzhung kha thog. Archaeological and Anthropological Sciences, 2020 (12): 242.

⑤ 陈胜前：《中国北方晚更新世人类的适应变迁与辐射》，《第四纪研究》2006 年第 4 期。

⑥ 陈宥成、曲彤丽：《试析华北地区距今 1 万年左右的社会复杂现象》，《中原文物》2012 年第 3 期。

⑦ Yang X Y, et al. Early millet use in northern China. Proceedings of the National Academy of Sciences of the United States of America, 2012, 109 (10): 3726-3730.

这些狩猎采集人群受农业人群扩张压力生存空间逐步缩小，理论上存在继续向青藏高原扩散的驱动力①。结合青藏高原全新世早中期细石叶工业与宁、川、贵地区细石叶技术的相似性，我们认为以青藏高原全新世中期狩猎采集者与高原周边地区全新世早中期以水洞沟第 12 地点、牛坡洞第 2 期和中子铺遗址等为代表的持有细石叶技术的狩猎采集者保持密切联系。

（二）青藏高原东北部中石器时代向新石器时代的过渡

在中国北方地区，距今约 11000—9000 年出现早期陶器和磨制石器，狩猎采集人群流动性降低，出现了黍的驯化现象②；距今约 9000—7000 年期间出现定居聚落和初级农业生产③；距今约 7000—6000 年仰韶早期文化农业继续发展④，并分布至青藏高原东北部邻近地区⑤；大约距今 6000—5000 年，马家窑文化农业人群已经扩散至青藏高原东北缘黄河谷地、湟水谷地及洮河流域⑥，建造定居程度较高的半地穴房屋，生产和使用彩陶⑦。

考古记录表明，在 5400—5000 cal BP 前后，青藏高原东北部至少同时存在 3 个

---

① Brantingham P J, Gao X. Peopling of the northern Tibetan Plateau. World Archaeology, 2006 (38): 387-414.

② Yang X Y, et al. Early millet use in northern China. Proceedings of the National Academy of Sciences of the United States of America, 2012, 109 (10): 3726-3730; Wang Y P, et al. Lijiagou and the earliest pottery in Henan Province, China. Antiquity, 2015 (89): 273-291; 陈宥成、曲彤丽：《试析华北地区距今 1 万年左右的社会复杂现象》，《中原文物》2012 年第 3 期。

③ Lu H Y, et al. Earliest domestication of common millet (*Panicum miliaceum*) in East Asia extended to 10,000 years ago. Proceedings of the National Academy of Sciences of the United States of America, 2009, 106 (18): 7367-7372; Zhao Z J. New archaeobotanic data for the study of the origins of agriculture in China. Current Anthropology, 2011, 52 (S4): 295-306.

④ 安志敏：《中国西部的新石器时代》，《考古学报》1987 年第 2 期；Barton L, et al. Agricultural origins and the isotopic identity of domestication in northern China. Proceedings of the National Academy of Sciences of the United States of America, 2009, 106 (14): 5523-5528; 赵志军：《仰韶文化时期农耕生产的发展和农业社会的建立：鱼化寨遗址浮选结果的分析》，《江汉考古》2017 年第 6 期。

⑤ 戴向明：《黄河流域新石器时代文化格局之演变》，《考古学报》1998 年第 4 期；Zhang D J, et al. Archaeological records of Dadiwan in the past 60 ka and the origin of millet agriculture. Chinese Science Bulletin, 2010, 55 (10): 887-894.

⑥ Yitzchak J, Flad R K. Prehistoric globalizing processes in the Tao River Valley, Gausu, China? Ancient Globalizations and people 'without' history, edited by BOIVIN N. & M. FRACHETTI. Cambridge: Cambridge University Press, 2018: 131-161.

⑦ 侯光良、许长军、樊启顺：《史前人类向青藏高原东北缘的三次扩张与环境演变》，《地理学报》2010 年第 1 期；Dong G H, et al. Mid-Holocene climate change and its effect on prehistoric cultural evolution in eastern Qinghai Province, China. Quaternary Research, 2012 (77): 23-30; Dong G H, et al. Spatial and temporal variety of prehistoric human settlement and its influencing factors in the upper Yellow River valley, Qinghai Province, China. Journal of Archaeological Science, 2013 (40): 2538-2546; Zhang D J, et al. History and possible mechanisms of prehistoric human migration to the Tibetan Plateau. Science China Earth Sciences, 2016, 46 (8): 1007-1023.

族群，包括当地的中石器狩猎采集者、宗日文化人群和外来的马家窑文化农民。青藏高原 3000 米以上中高海拔地区在全新世早中期总体被狩猎采集人群占据，直到距今 5400—5000 年的冬给措纳细石器人群没有生产或使用陶器，没有定居，人群规模较小，保持高频率和大范围的流动性。据此，我们认为青藏高原全新世早中期细石器人群处于典型的"中石器时代"，而本文所关注的冬给措纳人群则是处于中石器时代末期的狩猎采集者。更为重要的是，在这两个人群之间还存在处于黄河河谷盆地的宗日文化人群①。宗日文化一方面拥有与马家窑文化相似的彩陶，进行农业生产，另一方面石器组合中细石器比例明显比较高，显示出外来农业人群与土著狩猎采集人群融合的特点②。

上述证据显示，青藏高原狩猎采集人群在全新世中期距今 6000—5000 年受到了来自东方马家窑文化人群的显著冲击，特别是海拔较低的河谷与盆地大范围被农业人群占据。而土著狩猎采集人群一部分与外来农业人群融合，形成宗日文化为代表的新兴社会，另一部分则退居至水热条件较差的 3000 米以上中高海拔地区。与此同时，青海湖畔江西沟第 2 地点上文化层（ca. 6800—5500 cal BP）发现细石器工业与陶器共存的现象，显示出持有细石叶技术狩猎采集人群与生产陶器的农业人群之间的文化交流③。不过，由于狩猎采集人群总数量大规模减少，生活空间压缩且高海拔地区生存条件较差，严重影响了人群的繁殖与延续。现有证据显示，冬给措纳是我们目前所知青藏高原最后的中石器人群。

六、结　　语

综上所述，冬给措纳湖距今 5400—5000 年细石器工业的发现为我们追踪青藏高原最后的狩猎采集者的技术与行为信息提供了重要记录。DJCN 3-2-2 遗址结构表明

---

① 青海省文物管理处、海南州民族博物馆：《青海同德县宗日遗址发掘简报》，《考古》1998 年第 5 期；陈洪海、格桑本、李国林：《试论宗日遗址的文化性质》，《考古》1998 年第 5 期。

② Hou G L, et al. Codependent and exchange: the source analysis of prehistoric pottery in the northeast Tibetan Plateau. Journal of Earth Environment, 2016, 7 (6): 556-569; Gao J Y, et al. Prehistoric human activity and its environmental background in Lake Donggi Cona basin, northeastern Tibetan Plateau. The Holocene, 2020, 30 (5): 657-671.

③ Hou G L, et al. The earliest prehistoric pottery in the Qinghai-Tibetan Plateau and its archaeological implications. Quaternary Geochronology, 2015 (30): 431-437; Hou G L, et al. Codependent and exchange: The source analysis of prehistoric pottery in the northeast Tibetan Plateau. Journal of Earth Environment, 2016, 7 (6): 556-569.

是一处系统规划的季节性大本营。该遗址"线状"分布的火塘与独立的石器生产区显示出复杂的遗址结构及相对较大的占据人群规模。石器技术分析表明青藏高原细石叶技术人群可能来自中国西北使用锥形与楔形细石核但不使用船形细石核与小型两面器的细石叶技术人群，并且在早中全新世青藏高原细石叶技术人群可能与周边地区细石叶保持密切关联。

全新世的考古记录对我们了解世界各地最后的狩猎采集者的演化起着至关重要的作用。全新世中期有利的气候条件增加了资源的可获性，这可能使农民和狩猎采集者人群都得到了扩张，这将进一步导致不同人群之间的冲突和竞争。随着马家窑群体的扩大，青藏高原东北部中石器时代的部分狩猎采集者与农民密切互动，并可能在互动过程中转向农民。剩余的没有转化为农民的青藏高原中石器时代专业狩猎采集人群不得不在从低、中海拔地区向高海拔地区收缩，并可能在距今 5000 年左右在青藏高原东北部退出历史舞台。

附记：本文是在专业学术期刊《国际第四纪》（*Quaternary International*）2021年第 574 期发表的论文 Microblade technology and site structure of the Late Mesolithic hunter-gatherers in Donggi-Cona Lake Basin: new implications for human dispersals and interactions in the northeastern Tibetan Plateau during the Holocene 基础上修改和补充而成。青海高原三江源地区史前考古新发现是青海师范大学地理科学学院、青海省文物考古研究院与首都师范大学历史学院长期合作的成果，作者向参加科考工作与研究工作的高靖易、陈晓良、鄂崇毅、兰措卓玛、赵雪菲等同仁表示衷心感谢！本研究是国家社科基金冷门绝学研究专项 23VJXG001（欧亚视野下青海高原三江源地区史前石器技术与人群扩散适应研究）阶段性研究成果。

考古学视野下的中华文明起源与早期发展

戴向明

（首都师范大学历史学院，北京，100089）

2021 年 10 月 17 日，习近平总书记致信祝贺仰韶文化发现和中国现代考古学诞生 100 周年，指出："100 年来，几代考古人筚路蓝缕、不懈努力，取得一系列重大考古发现，展现了中华文明起源、发展脉络、灿烂成就和对世界文明的重大贡献，为更好认识源远流长、博大精深的中华文明发挥了重要作用。"[1] 本文就百年考古学揭示中华文明起源和发展脉络的历程及其成果，略谈一点心得体会。

一、百年考古与中华文明探源

一般认为，中国现代考古学诞生于 1921 年河南渑池仰韶遗址的发掘。仰韶文化的发现填补了中国史前文化空白。然而，当时"中国文化西来说"颇为盛行，主持发掘的瑞典学者安特生认为，仰韶彩陶与中亚、东欧地区的彩陶相似，进而提出"中国史前文化西来说"[2]。20 世纪 20 年代后期至 30 年代，留学回国的李济、梁思永以及一批本土成长起来的学者，先后主持发掘山西夏县西阴村、河南安阳殷墟等遗址，中国本土的中华文明探索之旅就此开启。殷墟发掘出土的大量甲骨文、青铜器、

---

① 习近平：《致仰韶文化发现和中国现代考古学诞生 100 周年的贺信》，《人民日报》2021 年 10 月 18 日第 1 版。
② 安特生：《中华远古之文化》，《地质汇报》第 5 号，1923 年；《甘肃考古记》，《地质专报》甲种第 5 号，1925 年。

规模宏大的建筑基址和王陵、贵族墓葬，不仅证实了商代历史，而且首次向世人展示了辉煌灿烂的中国青铜文明。30 年代初，山东章丘（时属历城县）龙山镇城子崖遗址的发掘，揭示出一种介于仰韶和殷墟文化之间、以黑陶为特征的"龙山文化"，并有学者提出仰韶与龙山文化东西二元对立说。李济、梁思永等人认为，龙山文化的发现为商文化找到了一个源头，代表着中国黎明期更早一个阶段的文化。尽管这种认识不十分准确，但在一定程度上否定了"中国文化西来说"[①]。

从 20 世纪 50 年代到 80 年代，在不断积累新资料的基础上，中国史前考古的研究重点是确立各地区新的考古学文化，探讨文化的分期和类型，构建"文化发展史"的时空框架和谱系关系。其中具有代表性和总结性的成果是 1981 年苏秉琦发表的"区系类型"学说[②]。这一学说极大推动了我国各区域考古学文化发展体系的建立。在此过程中，随着对仰韶文化内涵认识的逐步丰满，以及对新石器时代较早阶段遗址的持续发掘研究，学界确认仰韶文化是本土起源的，其来源于黄河中游的前仰韶文化[③]。随着对中国境内各区域从旧石器到新石器时代、再到历史时期文化发展序列建构的不断完善，"中国文化西来说"也不攻自破。

这一时期，通过对一些遗址的大规模揭露，史前社会发展史的研究也取得了突破，有关仰韶社会的成果最为显著。经大规模发掘的半坡、庙底沟、姜寨、北首岭、大地湾等遗址，完整揭露的元君庙、横阵、史家等早期墓地，为研究仰韶社会提供了丰富而宝贵的资料。严文明对仰韶早期聚落与墓地的研究[④]，为此后的中华文明起源研究提供了聚落考古的有效路径与模式。此外，夏商周三代考古有关中国青铜文明的重大发现，如郑州商城和偃师商城确认是早商都邑，偃师二里头遗址确认是夏代都邑[⑤]，为后来兴起的文明起源大讨论奠定了基础。

1985 年夏鼐《中国文明的起源》一书面世，拉开了考古学探索文明起源的大幕。夏鼐指出，文明应具有"城市、文字和青铜冶铸技术"三个要素，并且在政治组织上应该已进入国家社会。限于当时的考古发现，他认为从殷墟到二里岗文化可认定是"商文明"，二里头文化是否属于夏文化，尚不能确定，但二里头文化的晚期应该已进入文明社会。他还进一步指出，"文明是由'野蛮'的新石器时代的人创造出来的"，这使得他有关文明起源的见解形成了一个开放的系统[⑥]。

---

① 参见陈星灿：《中国史前考古学史研究（1895—1949）》，生活·读书·新知三联书店，1997 年。
② 苏秉琦、殷玮璋：《关于考古学文化的区系类型问题》，《文物》1981 年第 5 期。
③ 严文明：《略论仰韶文化的起源和发展阶段》，《仰韶文化研究》，文物出版社，1989 年，第 122—165 页。
④ 参见严文明：《仰韶文化研究》，文物出版社，1989 年。
⑤ 邹衡：《夏商周考古学论文集》，文物出版社，1980 年。
⑥ 夏鼐：《中国文明的起源》，文物出版社，1985 年。

从 20 世纪 70 年代到 90 年代，我国新石器时代考古的一系列重大发现，如甘肃秦安大地湾仰韶文化晚期的"大房子"、辽西红山文化的"坛、庙、冢"、山东大汶口和龙山文化一些贵族大墓、浙江余杭反山和瑶山等良渚文化高级贵族墓地、山西襄汾陶寺龙山早期权贵墓葬，以及黄河中下游、长江中上游等一大批史前城址的相继面世，将中华文明起源时间上推到新石器时代晚期。基于其中一些重要发现，苏秉琦结合"区系类型"学说，在 90 年代提出了中华文明起源"满天星斗"说，将文明起源引向新石器时代，确立了史前区域文明多元化的基本认识。更加具有探索性和前沿性意义的是，苏秉琦进一步探讨中国史前社会演变、国家起源等更深层的问题，提出中国国家起源和发展的"三部曲"（古国一方国一帝国）与"三模式"（原生型、次生型、续生型），阐述了"从氏族到国家"的社会演化过程[①]。

从 80 年代末 90 年代初开始，在夏鼐、苏秉琦等老一辈学者的引领下，更多的考古学家参与探讨中华文明起源问题，很快形成了一股热潮。越来越多的学者认为，从域外文明总结而来的文明"三要素"理论，未必具有普遍的解释力，中华文明起源可以上溯到尚未发现文字和大规模金属冶铸遗迹的新石器时代晚期，并提出相应的文明判断标准。比如，高端玉器的广泛使用、礼制的形成、城址的大量出现等。依据不同标准，有学者认为中华文明形成于"万国（邦）林立"的龙山时代；还有学者认为中华文明起源可以追溯到距今 5000 年前后甚至更早，如仰韶中晚期、红山晚期、大汶口中晚期、崧泽一良渚文化和屈家岭一石家河文化时期。

在众多讨论者中，严文明等学者独树一帜，主张从"文明化"的角度来探讨文明起源，将文明起源视为一个渐进的过程。严文明认为，公元前第四千纪前期属于文明化起步阶段，后期是普遍文明化时期，公元前第三千纪的龙山时代已进入初级文明，夏代开始正式进入文明时代[②]。他还提出，中国史前文化具有统一性与多样性特点，形成一种"重瓣花朵式的向心结构"[③]。这与费孝通提出的中华民族多元一体发展格局的认识高度契合[④]。"多元一体"的认识后来也不断被考古新发现、新成果所证实、丰富，被普遍认为是中华文明起源与发展过程中形成的一个总特征。

21 世纪以来，中华文明起源成为社会广泛关注的热点问题。2001 年，"中华文明探源工程"启动。20 余年来，我国新石器时代晚期考古获得了许多惊人发现，包括河南灵宝西坡仰韶中晚期的大房子和贵族大墓、巩义双槐树仰韶晚期大型环壕聚落

① 苏秉琦：《中国文明起源新探》，生活·读书·新知三联书店，1999 年。
② 严文明：《文明起源研究的回顾与思考》，《文物》1999 年第 10 期；《丹霞集——考古学拾零》，文物出版社，2019 年，第 47—54 页。
③ 严文明：《中国史前文化的统一性与多样性》，《文物》1987 年第 3 期。
④ 费孝通：《中华民族的多元一体格局》，《北京大学学报》1989 年第 4 期。

和夯土建筑基址，甘肃庆阳南佐仰韶晚期大型建筑基址，河南龙山文化的一些城址，山西襄汾陶寺龙山期城墙和贵族大墓，陕西神木石峁龙山古城，山东地区一些史前城址，江苏张家港东山村崧泽文化墓地，安徽含山凌家滩大墓，浙江余杭良渚古城和水坝系统，两湖地区天门石家河、沙洋城河、澧县鸡叫城等屈家岭—石家河文化城址，四川新津宝墩古城、广汉三星堆遗址等。这些成果为探索各区域文明起源提供了极为重要的新资料，推动相关研究持续深入。

近年来，中华文明起源研究和考古学学科发展方面，出现了一些新趋势。其一，关注重点逐步从文化转向社会，广泛涉及聚落与社会、环境与生业、经济与技术、艺术与信仰等方面；其二，研究方法不断改进，田野考古水平整体提高；其三，科技考古成为发展最快、成效最显著的领域之一，为古代社会综合研究，提供了丰富信息和新视角；其四，文明起源研究不再仅单纯关注文明标准和起源时间，而是深入到社会结构、文明肌理的研究，以及对中华文明形成机制、发展脉络和总体特征的探研；其五，通过对良渚等早期国家社会的确认，实证了中华文明5000余年持续发展；其六，中华文明"多元一体、连绵不断、兼收并蓄"，已成学界共识。

二、从历史发展脉络中把握早期中华文明

文明是人类文化与社会发展到一定程度的产物。笔者根据自身认识，并结合学界的相关研究成果[①]，简要梳理中华文明形成及早期发展的主要脉络。

如果从直立人出现算起，人类在地球上已经生活了至少200多万年，直到距今一万余年以前，都属于旧石器时代。旧石器时代以打制石器为主要工具，以狩猎采集为主要谋生手段、以流动性的小型血缘群体为主要社会单位。到公元前10000至前7000年左右，是新石器时代早期，人们开始使用部分磨制的石器，陶器有了较多的应用，取食方式趋向通过渔猎和采集获取众多动植物品种的"广谱型经济"。华北和华中（长江中下游）的某些地区出现了初期的作物栽培和家畜饲养，成为世界上农业起源地之一。

大约公元前7000年（或稍晚）至前4000年这段时间，属于新石器时代中期。人类的生存方式发生了很大变化，广泛使用磨制石器和陶器，定居村落广泛出现，

---

① 限于篇幅，不一一注明出处。

农业在生业经济中的比重明显增长，南稻北粟的农业格局基本形成。不过渔猎采集的攫取型经济仍占重要地位。以陶器为主要指征，在长江、黄河、辽河领域初步形成了几大各具特色的文化区。不同地区出现了因地制宜的房屋类型，村落大多有一定的规划和布局，同时出现了规模较大的公共墓地，很多聚落还有壕沟环护。包含几个家族的氏族公社应该是这一时期基本的社会单位。以公元前 5000 年左右为界，该时期还可分为前后两个阶段。前段相当于中原的裴李岗文化阶段，后段相当于仰韶早期阶段。从前往后可以观察到，各地区遗址数量有明显增长，人口增加，农业发展，而且在一些环境较好、经济较发达的地区，如陕西关中、浙江宁绍平原等地，能够看到一些如姜寨、河姆渡那样发育良好的聚落，可能会存在由数个有亲缘关系的氏族组成的胞族公社，显示出发达氏族社会的特征。另外，后段还可见到一些聚落相对集中分布的现象，这很可能意味着一些有婚姻和利益关系的氏族比邻而居，共同组成部落，成为一种较常见的社会组织形式。不过，无论是聚落之间还是聚落内部，都很难见到贫富悬殊、等级分化的现象，总体上尚属于小规模的、较为平等的氏族—部落社会。

从公元前 4000 年到前 1800 年左右，是新石器时代晚期。中国主要农业经济区内，形成了八大文化区，分别是黄河流域的甘青区、中原区和海岱区，长江流域的巴蜀区、两湖区和江浙区，此外还有燕山以北到辽河流域的燕辽区和位于陕、晋、冀北部及内蒙古中南部的北方区①。在此期间，大部分地区农业发展成熟，在生业经济中占据主导地位，各门类手工业的专业化程度也有显著提高。随着生产力发展、财富积累增长和社会竞争加剧，氏族制度开始瓦解，社会基本的生产和生活单元趋于小型化。贫富差别和社会地位等级分化也悄然发生并不断扩大，社会权力越来越向少数人集中，各文化区都相继开启了节奏不一、程度不同、各有特色的"文明化"或社会复杂化进程，并在其中一些区域孕育出了最早的国家。

约公元前 4000 年到前 3300 年，在最适宜农业发展的黄河中下游、长江中下游的几个主要文化区，出现了一些区域性社会组织，也可以说是最初的政治实体，开始出现特权阶层。在宏观层面上表现为大大小小的聚落群，一般在数十到数百平方千米范围内，以一个数十到上百万平方米的大型聚落为中心，大小聚落共同构成二、三层聚落层级。大型聚落内，或有类似原始宫殿的大型建筑，或有随葬精美玉石器、陶器等高级物品的权贵墓葬。如河南灵宝铸鼎原聚落群中的北阳平和西坡、山东泰安大汶口、江苏连云港东山村、安徽含山凌家滩等大遗址均有类似发现。在湖北天

---

① 参见严文明：《农业发生与文明起源》，科学出版社，2000 年，第 148—174 页。

门谭家岭和湖南澧县城头山还出现了早期城址。

公元前3300年到前2300年左右，各主要文化区的社会发展呈现很大差异。其中发展最充分的仍是此前就有较好基础的黄河中下游、长江中下游和燕辽地区。黄河上游的甘青地区和黄土高原的北方地区，以及长江上游的四川盆地，都是受中原等地影响而次生的亚文化区，虽有不同程度的发展，但尚未出现明显贫富、等级分化迹象。黄河中下游代表性大型遗址，如河南巩义双槐树、甘肃秦安大地湾等，都出现了结构复杂、工艺考究、面积较大的高等级建筑。稍后的山西襄汾陶寺龙山早期聚落有随葬玉石器、彩绘陶器、（漆）木器等奢侈品的集中分布的权贵墓葬。山东大汶口文化中晚期的大汶口、邹县野店、莒县陵阳河、章丘焦家和江苏新沂花厅等遗址中，也有随葬陶礼器和玉石器的权贵大墓。这些遗址反映出的社会形态较此前有较大发展，但社会性质尚未发生根本改变，皆属于前国家性质的区域复杂社会。东北燕辽区的红山晚期及其后续文化，则经历了由盛转衰的巨变。辽西牛河梁发现的"坛、庙、冢"，表明红山社会可能拥有统一的信仰和祭祀行为，并有明显的墓葬等级，但其世俗社会的发展状况，尚未确知。红山文化之后的小河沿文化则彻底衰落了。

这个阶段长江中下游呈现出另一番景象。此时在稻作农业区率先出现了规模更大、复杂性更高的区域社会组织。在长江中游的屈家岭—石家河文化分布区，考古学家在长江两岸的平原丘陵地带已发现大小10余座城址，这表明这里早于中原而率先出现了"城邦林立"的局面。其中规模最大的石家河古城占地达180万平方米，外围还有密集分布的聚落群。

该阶段，分布于江浙环太湖地区的良渚文化则显得一枝独秀。考古证据显示，在公元前3000年前后，良渚文化与社会发展进入鼎盛期，出现了占地达300万平方米的古城，城内有面积达30万平方米、主要靠人工堆筑的莫角山高台宫殿区，旁边有反山等高台贵族墓地。西北山区则有高低水坝构成的大型水利系统，稍晚城外又出现近似"外郭城"的环状遗址带。良渚大墓中大量精美的玉石器，不仅表现出高超的制作技艺和高度的专业化，而且以神人兽面为主的精细、规范的纹饰还指向类似"一神教"的统一信仰系统[①]。这些情况都显示出良渚社会强大的、以稻作农业支撑起来的经济实力，以及非凡的组织与调动能力。学界普遍认为良渚已经形成了东亚最早的国家。张忠培甚至认为这是一个"政教合一"的国家[②]。至于其为统一的、

---

① 参见赵辉：《从"崧泽风格"到"良渚模式"》，《权力与信仰——良渚遗址群考古特展》，文物出版社，2015年。

② 张忠培：《良渚文化墓地与其表述的文明社会》，《考古学报》2012年第4期。

涵盖整个良渚文化分布区的广域王国，还是以良渚为宗主的"主从式邦国联盟"，尚需进一步研究。

从公元前 2300 年至前 1800 年的狭义龙山时代，中国境内的文化与社会格局发生了巨大变化[①]。原处于领先地位的石家河和良渚文化相继衰亡（但以良渚玉器为代表的长江流域的一些"文明要素"被中原和北方、西北龙山时代的诸文化所继承）。原来一直沉寂的四川盆地繁荣起来，涌现出以新津宝墩古城（面积达 270 余万平方米）为代表的一批城邑（已发现近 10 座）。黄河流域则呈持续上升的发展趋势，一直比较滞后的甘青地区显露出一些复杂而先进的面貌。齐家文化的一些大型遗址、等级分化明显的墓葬以及一些玉器和小件青铜工具、武器等，一方面表明本地的持续演进，另一方面也显示其与中原、北方以及西北以远的欧亚腹地存在广泛联系。中原和海岱区也涌现出一批城址，以这些城址为中心呈现出古文献所描述的"万邦林立"景象。其中河南境内已发现 10 余座龙山期城址。山东地区的个别城址，如日照尧王城的面积近 400 万平方米，在临朐西朱封、泗水尹家城还发现有这个时期规模最大、多重棺椁、随葬玉器和大量陶礼器的权贵大墓，不过就单个遗址看，还缺少大型城址与大建筑、大墓的完整组合，海岱龙山文化最复杂的社会形态究竟发展到了什么程度，难以备述其详。

龙山时代的黄土地区呈现出更加旺盛的发展势头，其中最发达的区域包括晋南和陕北。晋南襄汾陶寺中晚期聚落有城壕环绕，内部面积近 300 万平方米，"宫城"有成组大型建筑，外围发现有随葬丰富、结构复杂的贵族大墓和功能特殊的大型夯土台基。陕北神木石峁古城则有内外两道石砌城墙环护，面积逾 400 万平方米，中心利用小山修筑的高大"宫城"气势恢宏、结构复杂，而且发现有大量精美的石雕构件。这两处特大型聚落都显现出强大的经济实力、社会组织与建设能力，应当代表了龙山时代黄河中游诞生的两个最早的国家组织。

新石器时代晚期最显著的变化是，各主要文化区内普遍出现地域组织，并不断发展，从而呈现出"万国（邦）林立"的局面，有学者称之为"古国时代"[②]。需特别指出的是，从公元前 3000 年左右到夏代之前，南、北方先后出现了一些"超级聚落"，如长江流域的良渚、石家河、宝墩，黄河流域的陶寺、石峁、尧王城等，这些都是在众多小邦中经过不断兼并、整合而来的"大邦"，应具有更大的政体控辖范围和更复杂的社会结构。综合考察中心聚落和聚落群的规模、超级聚落内已发现的诸如大型宫殿建筑、王者级别的贵族大墓和一些大型工程等，我们初步认为，至少良

① 张弛：《龙山—二里头——中国史前文化格局的改变与青铜时代全球化的形成》，《文物》2017 年第 6 期。
② 赵辉：《"古国时代"》，《华夏考古》2020 年第 6 期。

渚、陶寺、石峁已经进入了早期国家的行列。

约公元前 1800 年到西周时期，中原异军突起。从河南偃师二里头夏代都邑，到偃师商城和郑州商城等商代早期都邑，再到殷墟晚商都邑，直至周原和丰镐西周都邑，夏商周三代此起彼伏，始终以"大中原"为政治和文化中心，向四周不断扩展。西周更是通过分封制将中原文明广播到华北、华东和长江流域。周边地区只有长江上游三星堆文化和其后金沙遗址为代表的十二桥文化，即古蜀国文明，表现出独特性和连续上升的发展势头，成为堪与中原争奇斗艳的一朵奇葩。长江中下游长期处于低迷和缓慢恢复状态。黄河下游的海岱地区，岳石文化不断衰退，逐步为中原文化覆盖。北方和西北地区，继石峁、齐家文化之后，虽然有比较繁荣的青铜文化，但尚未见以"超级聚落"为代表的大型政治集团，而是呈现为群星散落般的众多戎狄小"方"国。而且，青铜时代中原周边各地区，都不同程度地受到中原文化的辐射影响，尤其体现在上层贵族所使用的青铜礼器。青铜礼器及分范合铸技术是中原华夏族群的发明创造，其他地区的铜礼器和复杂的青铜铸造技术无论有怎样的变化，追根溯源都与中原有直接或间接的关联。总之，至夏、商、西周三代，中华文明、中华民族从多元到一体的趋势开始形成并得到初步发展。

三、如何认识早期中华文明

从上述梳理可以看出，经过百年探索，已初步廓清了中国史前到夏商周时期的历史发展脉络。关于中华文明起源，尽管还有不同理解，但分歧逐渐缩小。按照"国家是文明的概括"这一定义，现在已经能够将中华文明起源上推至距今五千年的良渚文化。此外还有学者主张，文明是文化、社会发展到较高程度的结晶，着重从文明发生、形成的过程来看文明起源，认为仰韶中期晚、大汶口早中期、大溪—油子岭文化和崧泽—凌家滩文化等为代表的社会分化初期，就已形成了规模较大、结构复杂的区域社会组织，在大型中心聚落里就已出现许多建筑、手工业以及宗教信仰、文化艺术等方面的惊人成就。因此在公元前第四千纪的前、中叶就已经是"文明初现"了。这正是考古学持续不断的发现和研究实证出来的。

史前时期，中华文明表现出多元发展的特征，在上述几个主要文化区先后绽放出绚丽的文明之花，彼此间又有密切交流互动，汇集成了巨大的"文明丛体"。在距今 5000 年前，中原和海岱地区，江汉和环太湖地区，以及燕辽地区，就已发展出程度不同的区域文明，各自都有从低到高逐层递进的轨迹，属于"原生文明"。其中长江中下游的稻作文明更是呈现出领先势头，而且良渚率先孕育出中国最早的国家社会。到距今 4000 年前后的龙山时代，长江中下游和燕辽地区走向衰微，黄河流域则持续发展，特别是在黄河中游的黄土地带也形成了以陶寺、石峁为代表的"雏形国家"。此外，北方地区（石峁文化）、西北甘青地区（齐家文化）和长江上游的四川盆地（宝墩文化），此时都呈现出跳跃式发展，从长期滞后的小规模的简单社会，爆发式地跃入复杂的分层社会，有的还产生了早期国家。但这些文化区都可以说是从中原文化区分离出去的，受中原等外界的强烈刺激和影响（四川盆地及周边还直接受到西北地区和长江中游的影响），可谓"次生文明"。所以，在新石器时代末期，中华文明就已经蕴涵着一种有中心、有外围的圈层结构，以中原为中心的发展趋势已经显现。

到二里头文化时期，特别是二里头文化后期，各地大型社会集团纷纷解体，几乎只有中原腹地的夏王朝强势崛起。此后商周王朝接续发展，文明持续繁荣，成为东亚文明中心。夏商周三代经碰撞而凝聚成一个整体，奠定了华夏族群和汉民族的根基。而周边地区，或如齐、鲁、燕等地被中原文明所覆盖，或如荆楚、吴越那样受到中原强烈辐射，或如西南的巴蜀虽偏居一隅但同时也有中原文化的深刻影响。中原文明因其居中而优越的地理位置，能够不断地汇聚、融合不同的族群和文化，不断迸发创造力，既能广泛吸收周边长处，又向四周辐射影响，具有包容与开放的双重特征，从而表现出更高的文明形态和更强的发展势头，成为整合中华文明从多元到一体的主导力量。

在中华文明早期发展历程中，良渚和二里头是两座里程碑。前者代表着中国史前文明发展的第一个高峰，是中国境内出现的最早的国家社会，而且与五千年前西亚和古埃及文明东西并列、交相辉映，是人类早期灿烂文明的代表。后者所代表的夏王朝是中原三代王朝的开启者、中国青铜文明的开创者，也是当时汇聚各种文化、经济与社会成就的集大成者，为以中原为中心的华夏早期文明的形成与发展、进而为整合中华文明于一体奠定了坚实基础。

此前学界总结，中华文明具有多元一体、连绵不断、兼收并蓄的基本特点。这些特点的形成都与中国独特的地理环境有关。中国周边被海洋、草原、荒漠和高山环绕，形成了一个与外界相对隔离的地理单元，其中最适宜农业发展、经济最发达的区域位于东半部。同时，北方欧亚大草原、丝绸之路、南部多条山间河谷以及海上航路等诸多通道，使得中国在各个时期都与世界其他文明保持着一定的交流和联系，从而保持了开放包容的特点。

中国古代文明最本质的特征是农业文明。东部二、三阶梯的河谷平原是最适合农业发展的区域。先是长江文明领先，然后是黄河文明主导。中国两大河流域，再加上其间的淮河流域，总面积近300万平方公里，而西亚两河流域面积只有约100万平方公里，中国的两河流域具有更广阔的发展空间。而且与西亚紧凑相邻的"小两河"不同，中国的"大两河"有足够宽的间隔、多样化的气候和生态环境，在早期容易形成多个区域文明。同时两大河的中下游没有不可逾越的地理障碍，便于不同族群和文化的交流交融，并最终形成一个整体。此外，南北农业互补，回旋余地大，这使得中华文明具有非常强的抗击天灾人祸的能力，拥有很高的强度与韧性，这也是中华文明能够连绵不断地延续、发展的重要因素之一[①]。

另外我们还应看到，从龙山时代到历史时期，黄土地区和中原腹地文明的兴起，与从西亚传入的羊、牛、马等大型家畜和小麦等高产作物关系密切，这也体现了中华文明开放包容、兼收并蓄的特点和优势。中原早期冶金术很可能也是来自西亚、中亚一带。但从二里头时期开始，华夏民族就创造发明了陶范浇筑、分范合铸的青铜铸造技术，并广泛应用于青铜礼器的制作，创造出了世界上最辉煌的青铜文明。这些都是中华民族海纳百川、富有创新精神的体现。

从一万年前农业起源，延续发展到五千年前孕育出人类最早的文明，再到历史时期接连不断演进。世界上只有中华文明和环地中海文明经历了这样一个完整的过程。环地中海文明体系中，陆地呈条块分割状环列四周，包括西亚、北非、伊比利亚半岛、欧洲南部诸多半岛和岛屿，地势分离、地理单元多样，互不统属，但海上交通便利，商贸发达。这一文明体系内部，产生了一系列有亲缘关系的区域文明：从美索不达米亚和古埃及早期国家的不断兼并扩大，到古希腊城邦国家和波斯帝国的兴起，再到罗马帝国建立和灭亡，直至中世纪之后西欧的崛起。环地中海文明展现出如下特点：文明中心不断移动转变、此起彼伏，相互征服替代，而且每个单一文明体都因后来者的冲击而中断，只是某些文明因素被征服者所继承、传递。中华文明则呈现出相反的特点。自青铜时代开始，中华文明长期以中原华夏族群、华夏文化为主体，形成了一个连续而稳定的文明中心和"重瓣花朵"式的向心格局。与此同时，中原地区不断吸纳、融合周边族群与文化，形成一个周边不断向中心汇聚、内部足以更新循环的文明体系。此后，不管政治地理中心有过怎样的变化，承载"天下"的文化内核从未丧失，中华文明也得以绵延不断、生生不息。

对中华文明起源的探索，是与现代中国的觉醒和民族复兴之路相伴而生的。1840

[①] 参见严文明：《农业发生与文明起源》，科学出版社，2000年，第148—174页；《中华文明的始原》，文物出版社，2011年，第2—21页。

年鸦片战争以后，中国逐步沦为半殖民地半封建社会，国家蒙辱、人民蒙难、文明蒙尘。为了拯救民族危亡，一辈辈仁人志士前赴后继、孜孜不倦地探索复兴中华民族、重振中华文明之路。新文化运动中，一些知识精英开始重新审视自己的文化和历史，在史学领域影响最大的就是"古史辨派"。疑古派学者对传说时代的上古史体系提出诸多质疑乃至否定。恰逢此时，现代考古学在中国应运而生，当时学界将重建中国上古史的希望，寄托在了新兴的考古学身上。

　　经过百余年的持续努力，中国考古学在重建中国上古史、揭示中华文明起源和早期发展脉络等方面，已取得了令人瞩目的成就。当然，相对于博大精深、源远流长的中华文明，这些成就仍然是初步的，仍有待深入和细化。可以预期，随着考古新发现的不断增多和研究的不断推进，将来一定会取得更加辉煌的成果。

（原载《历史研究》2022 年第 1 期）

晋南盐业资源与中原早期文明的生长：问题与假说

戴向明

（首都师范大学历史学院，北京，100089）

一

盐被称为"百味之王"。盐不光是最基础的调味品，而且是人体维持生存之必需。这种须臾不可缺少的日常消费品，又不像其他食物那样随处可得，因此一直是一个国家、一个社会必须重视的最基本的战略资源。

中国古代开发、利用的盐业资源主要有海盐、井盐和池盐三种（另外还有西北地区少量的岩盐）。海盐当然分布在东、南沿海一带，井盐主要分布在峡江到重庆、四川等西南地区，而池盐则散布在中原、北方和西北的广大地区。海盐和井盐在古代主要是靠煎煮卤水制盐，宋元以后又发明了海水晒盐法；而池盐产于内陆的咸水湖，大多属于自然结晶生成，只是后来加进了垦畦晒盐的人工助力。中原地区最大的咸水湖就是位于晋南运城盆地南部的盐湖（又称河东盐池、解池），在古代一直是中原最重要的产盐地[1]。

我们知道，从夏商周三代王朝直至北宋，中国的政治、文化中心主要游移于豫陕晋河谷平原所在的大中原地区。从史前末期到青铜时代及后来秦汉帝国大范围的统一，中国文明从多元趋向一体的过程中，中原文明发挥了主体性的整合作用，奠

---

① 郭正忠主编：《中国盐业史·古代编》，人民出版社，1997年。

定了中华文明的基础与核心 [1]。中原文明的形成与成长，除了河谷平原广袤沃土利于发展农业、山林川泽便于渔猎采集，以运城盐湖为主所提供的盐业之利恐怕也是一个重要的支撑。

　　我国对盐的开发、利用，目前从古文献上最早可追溯到商周时期。甲骨文、金文中就有一些有关"卤、斥（盐）"的记载 [2]。在殷墟甲骨文中还有"卤小臣其有邑"这样的卜辞（《甲骨文合集》5596），表明最晚在殷商时期就已经设置了专门司掌盐业的职官。而与河东池盐有关的记载，最早则见于西周青铜铭文。最近有学者考证，山西翼城大河口墓地出土的西周霸伯簋铜器铭文"惟十又一月，丼叔来奉盐，蔑霸伯历"一句 [3]，所记为丼叔来霸国经办盐事，霸伯参与其事。与盐事有关的内容（丼叔来奉盐）或释为丼叔主持祈求盐卤丰产之事 [4]，或释为丼叔亲至霸国鉴定盐卤的种类和等级 [5]。无论怎样，都表明了西周王室对解池盐业的重视，也说明解池盐业的生产和分配都应有官方的介入。

　　近些年在临汾、运城所属晋南地区，已发现多处与翼城大河口相似的墓地。大河口西南方向距运城盐湖约 100 公里 [6]，该遗址往南 30 余公里处还发现有绛县横水墓地 [7] 和雎村墓地 [8]，后两处墓地东西相距只有 15 公里。这些墓地年代相近、规格相似、分布集中，如果都属西周小封国，那么每个封国领地不过现今一县之地，有的可能更小些；另有一种看法认为这些墓地代表的是隶属于晋国的"怀姓九宗" [9]。西周时期晋国都城和晋侯墓地所在的翼城、曲沃交界处的天马—曲村遗址 [10]，也与上述几处墓地相去不远。这几处墓地中，绛县的横水、雎村在绛山之南、运城盆地东北部，比起山北的大河口距离盐湖更近一些。因此，若霸伯参与了经办盐事，那么像横水墓地的倗伯等其他邦伯，特别是晋侯本身，应当也都不会置身事外。至于西周时期晋侯和有关邦伯（或怀姓九宗）到底是怎样参与解池盐业生产和分配等各项事务管理的，周王室是直接管控还是通过晋侯或其他邦伯掌管解盐，仅凭寥寥数字的铜器铭

---

① 戴向明：《史前社会的阶段性变化与早期国家的形成》，《考古学报》2020 年第 3 期。
② 冯时：《古文字所见之商周盐政》，《南方文物》2009 年第 1 期。
③ 山西省考古研究所等联合考古队、山西大学北方考古研究中心：《山西翼城大河口西周墓地 1017 号墓发掘》，《考古学报》2018 年第 1 期。
④ 黄益飞、谢尧亭：《霸伯簋铭文考》，《郑州大学学报（哲学社会科学版）》2018 年第 1 期。
⑤ 冯时：《霸伯制盐与西周井田》，《中原文物》2020 年第 1 期。
⑥ 山西省考古研究所大河口墓地联合考古队：《山西翼城县大河口西周墓地》，《考古》2011 年第 1 期。
⑦ 山西省考古研究所、运城市文物工作站、绛县文化局：《山西绛县横水西周墓地》，《考古》2006 年第 7 期。
⑧ 段双龙、王金平：《绛县雎村西周墓地》，《中国考古学年鉴（2018 年）》，中国社会科学出版社，2018 年。
⑨ 田伟：《试论绛县横水、翼城大河口墓地的性质》，《中国国家博物馆馆刊》2012 年第 5 期。
⑩ 北京大学考古学系商周组、山西省考古研究所：《天马－曲村（1980—1989）》，科学出版社，2000 年；该遗址北赵晋侯墓地的第一至第六次发掘简报分别见：《文物》1993 年第 3 期、1994 年第 1 期和第 8 期、1995 年第 7 期、2001 年第 8 期。

文以及其他后世简略的记载，目前还难以认识周详。

东周以后有关各地区盐业生产和分配的文献资料就比较丰富了。除了生产技术上的进步，另一显著的变化就是官方对盐业管理越来越趋于严密。概因盐为民之日常所需，垄断经营可得厚利，因此历代统治者都非常重视盐政，自春秋时期齐国管仲推行"食盐官营"，后世诸王朝皆效法而行，使之成为官府的重要财源之一[①]。

从考古发现看，我国近些年开展的盐业考古，主要在三个方向取得了突破性进展。一是在山东沿海发现了商周时期生产海盐的大量遗存[②]，往前到龙山文化时期似乎也有一些迹象，在莱州湾南岸滨海地区发现有较多龙山文化遗址，有学者认为可能与制盐有关[③]；二是在重庆东部到长江三峡一带发现很多早期盐业遗存，从商周往上至新石器时代晚期（约公元前 2500—前 1800 年），皆有取盐井、盐泉之卤水煎煮制盐的遗迹与遗物，其中以忠县中坝遗址最丰富；三是在东南沿海宁波大榭岛史前遗址揭露出有钱山漾文化时期制作海盐的遗迹，并据此推测东南沿海制盐至少可前推至良渚文化时期[④]。

内地池盐的早期开发利用，前述文献记载只有中原的盐事可推至商周，但在考古发现直接证据方面还没有取得实质进展。这与盐湖产盐的方式有关。我们知道，制海盐、井盐需经过制卤储卤、做盐灶、以特制陶器或其他器物盛卤水进行煎煮等工序，从而能够留下丰富的与制盐有关的遗迹和遗物。池盐的生产则不然。运城盐湖是中原最大、最重要的池盐产地，上古时期，河东池盐全凭自然结晶生成，人工收取即可；每年夏季凭借来自中条山的"南风"吹拂，太阳暴晒，使得解池沿岸盐水迅速蒸发，凝结成盐，"朝收暮取，暮取朝复"，取之不竭，从而流传下了相传为舜所做的《南风歌》："南风之薰兮，可以解吾民之愠兮；南风之时兮，可以阜吾民之财兮。"至春秋以后或许已有"盐田"发明，开始人工助力晒盐；大概到秦汉或汉魏时期，正式创置"盐田"，引卤晒盐；到隋唐时期开始"划畦灌水"，创建了一套复杂的"垦畦晒盐"设施、技术与工序[⑤]。但无论怎样变化，池盐始终依靠自然之力生成，人工设施与技术只是助力提高生产效率而已。而"盐田"技术不管怎样改进，也始终是在湖岸滩地实行，历代皆在此地反复"种盐"，后者不断扰动前者，特别是还有近现代工业活动的大规模破坏（20 世纪 80 年代后期开始解池已停止产盐，主要

① 郭正忠主编：《中国盐业史·古代编》，人民出版社，1997 年。

② 燕生东：《商周时期渤海南岸地区的盐业》，文物出版社，2013 年。

③ 燕生东：《莱州湾南岸地区发现的龙山时期制盐遗址》，《考古》2015 年第 12 期。

④ 李水城：《中国盐业考古 20 年》，《中国考古学年鉴（2017 年）》，中国社会科学出版社，2018 年。

⑤ 郭正忠主编：《中国盐业史·古代编》，人民出版社，1997 年。

生产硝等化工原料^①），使得古代盐田、沟渠等设施难以保留下来；此外在盐田这种生产场所中也少有相关生活遗物的存留，即便发现古代盐田等设施也很难准确断代。秦汉以后的盐田等生产遗迹难以发现、确认，那么在没有盐田、纯靠天产的更早的商周和史前时期，也就更难以在湖岸产地发现与盐业相关的遗存了。

我们以往数次开展的解池古代盐业考古调查，除了在湖岸以内的滩地几无所获，在盐池周边 5 公里范围内也罕见早期遗址。在我们完成的运城盆地东部区域系统调查中，安邑是距离盐湖最近的遗址，位于湖北岸约 3 公里处，年代属二里冈时期；只在地表采集到少许陶片，面积至多不过数万平方米，且多年前大部分就已被现代村镇所占压。该遗址也许会与早商时期解池的盐业生产有关，但要找到相关遗存已非易事。更早时期和其他商周时期的遗址基本都在距盐湖 5 公里之外^②。

上述情况意味着，我们要想在解池边找到古代盐业生产的直接证据是非常困难的，而要在附近找到史前和先秦时期与池盐有关的其他证据，也只能到离湖边较远的地方去做工作。

一

河东盐池，早期产盐的直接证据难以寻觅，间接的证据则有迹可循。这样的迹象出现在夏县东下冯遗址。除部分龙山及更早时期的遗存，东下冯遗址的文化堆积以二里头和二里冈时期为主^③。二里冈时期东下冯聚落出现夯土城墙，在城内西南角揭露出一片圆形房址，排列较整齐，根据发掘和钻探结果估计有 40 至 50 座之多。这些房址结构很特殊，房面高出当时地面 30—50 厘米，下有夯土地基，四周有密集的小柱洞，房内都有十字形埋柱沟槽，将房内空间一分为四，且都没有发现门道。关于这些房子的功能用途，很早就引起了学界的关注，早期多认为是粮仓。后来刘莉、陈星灿先生到东下冯做了实地考察，将原来发掘的个别房址做了局部清理，并在房面上下取了系列土样，然后经过实验室分析，结果显示贴近地面的土壤中钠离子、钙离子、氯离子、硫酸根离子浓度明显高于远离地面的其他土壤样品，更高于

① 唐仁粤主编：《中国盐业史·地方编》，人民出版社，1997 年。
② 中国国家博物馆田野考古研究中心、山西省考古研究所、运城市文物保护研究所：《运城盆地东部聚落考古调查与研究》，文物出版社，2011 年。
③ 中国社会科学院考古研究所、中国历史博物馆、山西省考古研究所：《夏县东下冯》，文物出版社，1988 年。

生土层中的离子浓度，与现代盐池地表土壤样品分析结果基本一致，从而证明东下冯这些圆形建筑很可能储存过盐类；并且经过计算，推算东下冯所有盐仓储盐总量约为12000吨，应不少于盐池一年的产量，据此认为东下冯作为一个地区中心，其功能应与早期国家控制河东盐业生产和分配密切相关[①]。

再往前，二里头时期东下冯聚落存在"回"字形双道环壕，环壕西南部分有较大面积的发掘，发现在内壕两侧沟壁上较密集地分布着一些9—13平方米的小房子和更小的储藏室，两者都是从沟壁向里掏挖成窑洞式；在外壕沟壁上也有少量发现。已揭露部分共发现这样的房子20余座、储藏室10余个，实际当有更多；另外在壕外一些大坑中也发现有从坑壁向里掏挖的窑洞式小房子。对这些房子和储藏室虽然没有做过土壤样品分析，但从二里冈期圆形房址的分析结果来反观二里头时期这些窑洞式小房子，尤其是形制很特别的储藏室，不排除当时也有储存盐的功能。早商王朝对解池盐业的控制与利用应承自之前的夏王朝，这是一个合乎逻辑的推断；当然要验证这样的推断需要将来再次发掘出此类窑洞房址和储藏室，并像二里冈期圆形建筑那样进行土壤样品检测和分析。

总之，东下冯是迄今所知解池附近区域最可能与盐业直接相关的最早遗址。二里头、二里冈时期的东下冯作为一个面积相对较大的区域中心聚落[②]，很可能担负着替夏商王朝收集和储存盐、向王朝中心输送食盐的重任。此外，东下冯在为王朝中心获取和输送重要战略资源方面还应包括铜。东下冯遗址出土过一些二里头、二里冈时期的铜炼渣和石工具范、镞范，说明这里能够冶炼铜并可铸造一些小件工具和武器[③]。另外我们在中条山北部东、西两侧的调查还发现较多的矿冶遗址[④]，特别是近年在绛县西吴壁遗址揭露出丰富的二里头和二里冈时期的冶铜遗存[⑤]，都表明中条山铜矿是夏和早商王朝重要的铜料来源地。而作为夏商王朝控制、开发和输送晋南铜、盐等重要战略资源的据点，应该还有垣曲古城南关二里头期环壕聚落和二里冈期城

① 陈星灿、刘莉、赵春燕：《解盐与中国早期国家的形成》，《盐业考古（二）》，科学出版社，2009年；赵春燕、陈星灿、刘莉：《东下冯遗址圆形建筑土壤的化学成分分析》，《考古学集刊》（18），科学出版社，2010年。
② 中国国家博物馆田野考古研究中心、山西省考古研究所、运城市文物保护研究所：《运城盆地东部聚落考古调查与研究》，文物出版社，2011年。
③ 中国社会科学院考古研究所、中国历史博物馆、山西省考古研究所：《夏县东下冯》，文物出版社，1988年。
④ 调查资料待刊。部分资料可参见中国国家博物馆田野考古研究中心、山西省考古研究所、运城市文物保护研究所：《运城盆地东部聚落考古调查与研究》，文物出版社，2011年。
⑤ 中国国家博物馆考古院、山西省考古研究院、运城市文物保护研究所：《山西绛县西吴壁遗址2018—2019年发掘简报》，《考古》2020年第7期。

址①。古城南关与东下冯从环壕聚落到城址的演变惊人地同步。只是在古城南关遗址没有发现可能储存过盐的遗迹，但有少量二里冈期的铜炼渣和工具范。该地点主要功能一方面作为附近铜原料的集散地，另一方面则是凭借其险要位置（位于亳清河入黄河夹角处的高台地）控扼南向黄河渡口和东向交通要道，作为从晋南向中原王朝转运铜、盐等物资的战略据点和军事城堡。从这里经东滩渡口过黄河再穿越山谷可抵达涑池，折而向东则达洛阳；或者从此处继续向东经王屋山南麓通达济源，继而可南下过黄河到洛阳和郑州地区，此即古代"太行八陉"之"轵关陉"②。

夏人对晋南的占据与经营非常早，二里头文化东下冯类型的形成当与夏人北进有直接关系，而该类型的出现可早到二里头一期晚段，是二里头文化在洛阳盆地形成后最早向外扩张占据的地区之一③，很可能就是因为晋南有盐这种重要战略资源。根据已知资料，二里头聚落规模扩大、出现大型院落式宫殿建筑和随葬铜礼器的贵族墓葬，皆是在二期之后（二期只见绿松石龙形器、镶嵌绿松石铜牌饰等礼仪用器，三期以后才开始出现铜容器）；一期只发现很少的小件铜工具、武器④。由此可以推断，夏人在崛起的过程中征服、占据和开发晋南，首先是奔着日常亟须的盐去的。铜器是在稍晚的二期特别是三期之后才开始凸显出重要性的，随着复杂的国家社会的形成，配合"明身份、序等级"的礼制建设的需要而发明了青铜礼器，青铜冶铸技术被运用到了高端物品上，晋南铜矿的重要性才开始突出并得到较大规模的开发。最近我们发掘的绛县西吴壁遗址，初步判定成规模的冶铜遗存的出现是在二里头三期之后，与二里头遗址铜礼容器出现的时间相对应，正可证明此种推断⑤。

从历史地理和资源控制的角度来推断晋南盐、铜与夏商王朝中心的关系，早有学者做过研究⑥。晋南素有"夏虚"之称，对此史家有不同解读。我们理解这并非指

① 中国历史博物馆考古部、山西省考古研究所、垣曲县博物馆：《垣曲商城——1985—1986年度勘查报告》，科学出版社，1996年；中国国家博物馆田野考古研究中心、山西省考古研究所、垣曲县博物馆：《垣曲商城（二）——1988—2003年度考古发掘报告》，科学出版社，2014年。
② 田建文：《轵关陉绛县段的考古学考察》，《史志学刊》2016年第1期；高江涛：《洛阳盆地与晋南早期交通道路之"轵关陉道"》，《中原文物》2019年第3期。
③ 戴向明：《晋南龙山到夏商时期考古学文化的演变》，《庆贺徐光冀先生八十华诞论文集》，科学出版社，2015年；《中原龙山到二里头时期文化与社会发展阶段的两个问题》，《庆祝张忠培先生八十岁论文集》，科学出版社，2014年。
④ 赵海涛：《二里头都邑聚落形态新识》，《考古》2020年第8期。
⑤ 中国国家博物馆考古院、山西省考古研究院、运城市文物保护研究所：《山西绛县西吴壁遗址2018—2019年发掘简报》，《考古》2020年第7期。
⑥ 刘莉、陈星灿：《城：夏商时期对自然资源的控制问题》，《东南文化》2000年第3期；《中国早期国家的形成——从二里头和二里岗时期的中心和边缘之间的关系谈起》，《古代文明（1）》，文物出版社，2002年。

夏都所在，而是说晋南为夏王朝重要的直辖地。夏代对晋南直辖，除了地理上临近王都所在的伊洛盆地，更重要的应与物产之利有关，特别是铜、盐两种在当时可称为国家重要战略资源的物产。根据我们完成的运城盆地东部区域系统调查[①]，从龙山到二里头时期，运城盆地内的遗址数量、规模大幅降低，其缘由很可能与夏王朝对晋南的武力征服有关；到二里冈时期遗址数量再次骤减，又应与商克夏有关。这两次中原王朝对晋南的征服和占据，都应与攫取铜、盐资源密切相关[②]。

到晚商时期，晋南豫西遗址数量呈断崖式下降，非常稀少，其原因令人难以捉摸，学界有不同的推测，认为同战争或瘟疫有关。另有一说认为，晚商时期中条山表层氧化铜矿已被开采殆尽，商人转而向南方寻求铜的来源，同时还向山东沿海地区扩展以获取新的、更加稳定的盐业资源，这两大资源取向的转移则伴随着晋南地区人口的大规模外迁，从而导致本地的"空心化"[③]。此说与目前相关考古发现相符，即随着晚商时期晋南遗址的遽减，长江中游临近铜矿产区的冶铜遗存在增加，而山东殷墟文化遗址的数量也在显著增长并持续向滨海地区扩展[④]。

另一方面我们也应注意到，近些年晋南发现的晚商遗址略有增加，运城地区集中分布在绛县、闻喜境内的中条山西北麓山前台地上[⑤]，与此前的东下冯、西吴壁等中心聚落位置相近，皆在盆地东北部靠近山区的高地，扼守交通要冲。这或许说明晚商王朝并未彻底放弃对本地区的占据与经管，尽管其区位的重要性已大不如前。最近发现的闻喜酒务头商末墓地，出有数座带墓道、随葬很多青铜礼器的大型墓，旁边还有车马坑[⑥]；如果该墓地确属殷商而非其他方国或戎狄，那就说明商人在此地设有高级贵族管理的聚落，也许反映了殷商王朝在较晚时期重返晋南设置重要据点，其目的除了巩固边塞之防，很可能还意在重新强化对本地区铜（此时当具备了开发深层硫化铜的技术）、盐资源的攫取甚至控制。

① 中国国家博物馆田野考古研究中心、山西省考古研究所、运城市文物保护研究所：《运城盆地东部聚落考古调查与研究》，文物出版社，2011 年。
② 刘莉、陈星灿：《城：夏商时期对自然资源的控制问题》，《东南文化》2000 年第 3 期；《中国早期国家的形成——从二里头和二里岗时期的中心和边缘之间的关系谈起》，《古代文明（1）》，文物出版社，2002 年。
③ 刘莉、陈星灿：《城：夏商时期对自然资源的控制问题》，《东南文化》2000 年第 3 期；《中国早期国家的形成——从二里头和二里岗时期的中心和边缘之间的关系谈起》，《古代文明（1）》，文物出版社，2002 年。
④ 燕生东：《商文化后期在东方地区的发展》，《海岱考古（第十辑）》，科学出版社，2017 年。
⑤ 田伟：《商代晚期的东西对峙》，《中国国家博物馆馆刊》2021 年第 2 期。
⑥ 马昇、高振华、白曙璋：《闻喜酒务头商代墓地》，《中国考古学年鉴（2018）》；白曙璋、高振华：《山西闻喜酒务头商代墓地》，《中国重要考古发现（2018）》，文物出版社，2019 年。

三

　　从夏商往前的龙山时代，是晋南最繁盛的一个时代，出现了多处特大型遗址。从庙底沟二期到狭义的龙山时期，临汾盆地内的陶寺经历了持续发展壮大的过程，至少在"陶寺中期"这个阶段，作为一个"超级聚落"显示出了早期国家社会的形态[①]。另一个特大型聚落是我们发掘的绛县周家庄，位于运城盆地的北端，该聚落是在陶寺晚期才扩展到最大规模的[②]。然而无论是陶寺还是周家庄，或是在晋南发掘过的其他龙山时代遗址，都没有发现与盐有关的遗存（包括用来储存盐的遗迹或遗物），当然即便有也是不易分辨出来的。但这不等于说这样的大型区域中心聚落就真的与解池盐业无关。

　　晋南还有一处龙山时代大型遗址，即芮城的寺里—坡头[③]，这里的清凉寺墓地出有一批随葬玉器且有殉人的高规格墓葬[④]。该遗址位于中条山南麓，地理位置偏僻，地形复杂，不像是单纯依靠农业发展起来的区域中心。由于它恰好处在运城盐湖往南穿过中条山到黄河渡口的便捷交通线上，因此清凉寺墓地的发掘者认为，这里很可能存在一个外销食盐为主的管理机构或集团[⑤]；或者也可以说，该聚落因控制了解池食盐外运的交通要冲而获厚利，暴发成了一个高等级富贵集团。这是一种合理的推断。如果此推断成立，那就说明在龙山时代（包括庙底沟二期和狭义龙山时期）解池盐业已经得到了较大规模的开发，并向区域外输送食盐，由此便会凭借资源优势而惠及晋南及周边地区的社会发展，并形成一种对外的吸引力和影响力。从解池盐业获利的当不只寺里—坡头一处，北面的周家庄、陶寺等"超级聚落"所代表的区域集团也会或多或少、或直接或间接地从中得利，至少都可以因较近便的地利而较容易地获取解池食盐，从而对本地区龙山时代迅猛的发展势头起到强有力的支撑作用。

---

① 戴向明：《中原地区龙山时代社会复杂化的进程》，《考古学研究》（十），科学出版社，2012 年。
② 戴向明、田伟：《山西绛县周家庄遗址聚落考古的主要收获》，《区域、社会与中国文明起源》，科学出版社，2019 年。
③ 山西省考古研究所、运城市文物工作站、芮城县博物馆，等：《山西芮城寺里—坡头遗址调查报告》，《古代文明》（3），文物出版社，2004 年。
④ 山西省考古研究所、运城市文物工作站、芮城县旅游文物局：《清凉寺史前墓地》，文物出版社，2016 年。
⑤ 王晓毅、薛新明：《有关清凉寺墓地的几个问题》，《文物》2006 年第 3 期；薛新明：《山西芮城清凉寺墓地与潞盐的初期外销》，《东方考古》（12），科学出版社，2015 年。

从文献记载看，前边引述的《南风歌》相传为舜所作，反映的是夏季高温时从中条山吹下的南风与盐湖结晶生盐的关系。舜多被学界认作是龙山时代的人物，其相关传说又集中在晋南的运城地区。如《史记·五帝本纪》说"舜，冀州之人也"，张守节《正义》说此冀州即"蒲州河东县"；《孟子·离娄下》说"舜生于诸冯，迁于负夏，卒于鸣条"，有人考证这些地方都在运城地区。学界多有指认临汾陶寺为"尧都"者，虽不能确证，但确有此可能性。同样地，我们在运城盆地北部发掘的龙山期特大聚落周家庄，虽尚无充足证据可与"舜都"相关联，但其时代、地望和考古所揭示的社会背景亦有相符之处。尤其值得指出的是，陶寺鼎盛期在"陶寺中期"阶段，而周家庄鼎盛期紧接其后在"陶寺晚期"阶段，与传说中尧舜接踵禅继的世次恰好相符；不过这反过来也正好说明尧舜的传说属性——其二人不可能活得那么长久而覆盖整个龙山时期，最多只能是两个地域相邻、前后相继的大型社会集团的代表。总之，《南风歌》反映的是解池盐业生产的某种景象，而考古与文献相对照，这种景象又确乎可追溯到龙山时期；不管其歌作于何时，其背后流传下来的历史情景应该是真实的。

前边还提到，目前在山东沿海、东南宁波沿海以及内地重庆地区，都已发现甚至确认有龙山时期生产海盐和井盐的证据（皆可早到公元前2000多年）。那么，根据上述分析而将中原池盐的开发、利用推至龙山时代，也是合乎时代特征的合理推论。

如上所述，寺里一坡头、周家庄、陶寺，以及前述夏商时期的东下冯、古城南关等中心聚落，都会以不同方式、不同程度地与运城盐湖存在各种联系，但它们的位置又都远离盐湖。即便是与解池盐业关系最近、距离也最近的东下冯，仍处于青龙河上游，距盐湖约30公里，临近东北部山区。那么这些中心聚落的选址为何没有靠近盐湖更近一些呢？或者说在盐湖附近区域为何没能发展起大型中心聚落呢？

一个明显的事实是，盐湖附近区域缺乏水源充足的地表径流（青龙河为很小的溪流，近些年已干涸），而受盐湖影响，本地地下水苦咸，也不宜靠打井饮用，因此上古时期在不能有效解决适宜水源的情况下，这里很难聚集起众多人口、发展出大型聚落或城市。时至今日，坐落于盐湖北侧的运城市区及周围村镇的生活用水主要靠从外部引入。

据《左传·成公六年》，晋景公时"晋人谋去故绛。诸大夫皆曰：必居郇瑕氏之地，沃饶而近盬，国利君乐，不可失也。"郇瑕氏之地一般认为在今运城北部的临猗一带，这里地势开阔，呈北高南低的缓坡状，从北部的峨嵋岭向盐湖倾斜。但此提议遭到了大夫韩献子的反对，他认为"郇瑕氏土薄水浅，其恶易觏"，景公从其议而最终迁都新田。这段记载明白显示，盐湖周围的土地虽有"近盐"之利，但也有盐分过重而带来的"土薄水浅"之弊，在古代并不适合大都市的生存发展。

运城盆地呈东北—西南走向，东北高西南低，东部中条山与西北峨嵋岭之间纵贯一条鸣条岗，岗的北侧为涑水河，南侧为较小的青龙河，两者在永济境内的伍姓湖汇聚后再流入黄河。青龙河故道原本从东北向西南直接通入盐湖。据史书记载，北魏正始二年（公元 505 年）都水校尉元清主持开挖了一条永丰渠，将北部诸水引导从西北绕过盐湖向西南流过。隋大业年间（公元 605—618 年）都水监姚暹主持重新整修疏通此渠，故永丰渠又称"姚暹渠"[1]。北魏和隋朝修建水渠，主要目的就是将青龙河及各支流水源集中疏导，绕经盐湖西北面而汇入涑水河，避免流水直接入盐湖而冲淡、稀释里面的盐分，以此来保护盐池之利，保障盐业生产；同时该水利工程大概还可为本地城镇居民提供合适的饮用水。由此也可推知盐湖西北侧、现运城市区一带作为历代州郡府道等行政辖区的治所，包括在此设置专门的盐业管理机构，当皆在北魏之后。

根据我们在运城盆地东部的区域系统调查、以往的专门调查和文物普查资料[2]，运城地区史前及先秦时期遗址集中分布在三个区域。一是中条山南麓，即从芮城到平陆一带黄河北岸的台塬阶地，与豫西从灵宝到三门峡一带的黄河南岸相呼应，形成"黄河走廊"地带的遗址密集分布区；二是处于中条山、王屋山和黄河南岸山岭之间环抱的垣曲小盆地（包括河南渑池黄河沿岸部分）；三是运城盆地东北部高地，即涑水河、青龙河中上游两岸阶地和黄土台塬，主要包括从运城往北到夏县、闻喜、绛县一带，其中各时期规模较大的遗址尤其偏北。涑水河和青龙河下游所在的运城盆地中部及西南部低地，即从盐湖区到临猗一线往西至永济以东一带，属于盆地的"盆底"，因地势低平、水质差而少有早期遗址分布，尤其少见大遗址。

以上运城特殊的地理形势、土壤和水质及历史时期的改造，与遗址分布状况相对照，可解释不同时期大型中心聚落和城邑的地理区位与地点的选择。

四

龙山时代再往前是仰韶时代，有关这个时期解池的盐业生产，乃至整个中原是

① 唐仁粤主编：《中国盐业史·地方编》，人民出版社，1997 年。
② 中国国家博物馆田野考古研究中心、山西省考古研究所、运城市文物保护研究所：《运城盆地东部聚落考古调查与研究》，文物出版社，2011 年；中国社会科学院考古研究所山西工作队：《晋南考古调查报告》，《考古学集刊》（6），中国社会科学出版社，1989 年；国家文物局主编：《中国文物地图集（山西分册）》，中国地图出版社，2006 年。

否已开始开发和利用自然界中的盐，迄今除了古史传说中一点虚无缥缈的记载，在考古发现方面还没有任何的证据。因此以下的推论全是由问题而提出的假说。

从世界范围看，目前所知人类制盐的最早考古迹象发现于中欧，那里的制盐遗存似可早到公元前第六千纪，属于新石器时代的较早阶段①。那么在我国最早可以上溯到何时呢？

人类对盐的需求是天然的。一般认为，在以渔猎、采集为主要谋生手段的时代，人类主要依靠动物血液中的盐分来供应自身需要，但到了农业社会以植物性食物为主的阶段，必须要有专门的外部盐分的摄入才能维持正常生存。因此，进入农业社会以后，就必须要解决盐的来源问题；反过来也可以说，人类对盐的大规模开发利用最迟应不晚于以农业为主体经济的形成时期。

综合近些年动植物考古和稳定同位素分析的成果，我国自万年前后开始发生作物种植和家畜饲养，经新石器时代早中期，农业在生业经济中的比重逐渐增加，直到步入以农业为主体经济的社会，农业的发展成熟、农业社会的建立经历了一个漫长的过程。我们推测，在此过程中人类对食盐的需求也应该是逐步增长的，而非从无到有短期内的遽变。就中原地区而言，农业成为主体经济或在仰韶早期，或迟至仰韶中期②；由于目前系统的个案分析和相关数据尚不充分，还难以给出确定的判断。仰韶早期（约公元前5000—前4000年），各区域已发现的遗址数量总体不多，人口密度较低，而此时正处于全新世大暖期的气候最适宜期，自然界有丰富的野生动植物作为重要的食物来源，因此农业与渔猎采集相比在生业经济中孰重孰轻，往往还不好断定，或者不同环境中的不同聚落存在各有千秋的情况。不过说仰韶早期农业已经在生业经济中占有重要地位是没有问题的，由此我们推测人类应当已开始经常性地食用盐，并开始寻求较稳定的盐的来源。到仰韶中期（约公元前4000—前3300年），考古发现表明农业经济已占有绝对优势（或许在此期的后半段），那么我们同样可以推测，此时先民对盐业资源已经开始较大规模地开发利用，而在盐产地附近，不同社群为争夺资源的获取与控制还会产生对抗性竞争，从而加剧社会复杂化的发展。这也正是我们在下面要论述的重点问题。

仰韶早期在广义的大中原地区，存在两个覆盖面很广的强势文化，即半坡文化和后岗一期文化。它们分别以陕西关中和豫北冀南为中心向周围扩展，往北相交于

① 托马斯·塞勒：《中欧早期的制盐业：新石器时代食盐生产模式与贸易模式》，《盐业考古》（二），科学出版社，2010年；李水城：《考古视角：人类早期制盐出现的时间和地点》，《南方文物》2020年第1期。
② 赵志军：《中国古代农业的形成过程——浮选出土植物遗存证据》，《第四纪研究》2014年第1期；《仰韶文化时期农耕生产的发展和农业社会的建立——鱼化寨遗址浮选结果的分析》，《江汉考古》2017年第6期。

晋中北和内蒙古中南部，中间交会于豫中南。在两者之间则是局限于晋南豫西及关中东部边缘的枣园文化[①]。豫北冀南等地的后岗一期文化人群如何获得食盐，目前还不清楚，但据史料可知，在河北西北部、晋北、内蒙古河套等北方地区早期曾存在过一些小的池盐产地[②]，后岗一期文化人群向这一带的迁徙扩散或许与追踪盐迹有些关联。而晋南枣园文化中有明显的以柱足盆形鼎等器物为代表的后岗一期文化因素，后者向此地的渗透也可能与获取解池食盐相关。只不过限于当时混合性的经济类型、有限的人口规模和对盐有限的需求，以追逐盐业为目的的扩张力度还不是很大。

根据唐代史料，关中东部也曾有过一些小型盐湖，分布在今铜川、蒲城、大荔、渭南、临潼一带[③]。我们有理由认为这些盐湖早在史前时期就存在，半坡文化先民可就近获得必需的少量食盐。另外半坡文化向东的扩展也是明显的，晋南枣园文化就有一些与半坡文化相似的因素，而且到半坡晚期即史家期这个阶段，这里还形成了取代枣园文化的"东庄类型"[④]，河东池盐很可能也是半坡人群觊觎获取的对象。从目前的考古发现看，在上述几个文化当中，关中盆地的半坡文化又似乎最发达，这里聚落发育最好、遗址相对较多而密集，此种状况应与其邻近丰富盐业资源有一定关系。

但令人诧异的是，坐拥中原最大盐湖的晋南地区，特别是运城盆地，这里的枣园文化反而显得比较平庸，遗址数量少而稀疏，人口密度低，对外文化影响也有限。这一方面或许说明此地水土状况还不适合早期农业发展，另外就是本地尚未发现此前的新石器时代文化，不像关中和豫北冀南那样有老官台文化和磁山文化所奠定的深厚的文化与人口基础，所以发展相对较慢。

然而这种情形到仰韶中期发生了巨大改变，除了关中东部，原本弱势的晋南豫西也突然繁荣起来，甚至成了庙底沟文化的发源地和中心区域，遗址数量多、密度较高，且多呈集群分布，在陕晋豫邻境地区出现了像华县泉护村[⑤]、华阴西关堡[⑥]、

① 戴向明：《黄河流域新石器时代文化格局之演变》，《考古学报》1998 年第 4 期；《陕晋豫地区仰韶早期文化的有关问题》，《仰韶和她的时代——纪念仰韶文化发现 90 周年国际学术研讨会文集》，文物出版社，2014 年。

② 唐仁粤主编：《中国盐业史·地方编》，人民出版社，1997 年；郭正忠主编：《中国盐业史·古代编》，人民出版社，1997 年。

③ 郭正忠主编：《中国盐业史·古代编》，人民出版社，1997 年。

④ 戴向明：《陕晋豫地区仰韶早期文化的有关问题》，《仰韶和她的时代——纪念仰韶文化发现 90 周年国际学术研讨会文集》，文物出版社，2014 年。

⑤ 北京大学考古学系：《华县泉护村》，科学出版社，2003 年；陕西省考古研究院、渭南市文物旅游局、华县文物旅游局：《华县泉护村——1997 年考古发掘报告》，文物出版社，2014 年。

⑥ 中国社会科学院考古研究所陕西工作队：《陕西华阴西关堡新石器时代遗址发掘》，《考古学集刊》（6），中国社会科学出版社，1989 年。

灵宝西坡和北阳平[①]、夏县辕村和西阴村、闻喜店头堡、绛县峪南[②]等面积达数十到百万平方米以上的大型遗址；而在庙底沟文化的其他分布区，虽然遗址数量较前也有显著增加，但就目前所知像这样的大遗址则是非常稀少的。例如在同样经过区域系统调查，紧邻三门峡和运城的洛阳盆地中东部，遗址数量较前也有大幅增长，但却罕见三五十万平方米以上的大遗址[③]。以上情形说明此期农业技术和农业社会已发展成熟，各地聚落与人口增长迅速，有些地区开始出现等级分化并整合成区域组织[④]；同时人们开始大量开发利用食盐，陕晋豫邻境地区因坐拥陕东一些小盐湖和中原最大的河东盐池，相较其他地区更有发展的优势，形成了一些规模更大、更加强盛的中心聚落。这是对陕晋豫相邻地区在仰韶中期爆发式繁荣发展最合理的解释。

一个社会文化繁荣、文明发达、对外影响大，肯定是以富裕的经济为基础，而拥有先进的生产力并能控制重要资源往往又对经济发展起到举足轻重的作用。庙底沟文化遗存几乎遍布整个黄河中游和上游的部分地区，其彩陶更是影响深远，扩散至黄河下游、东北燕辽和长江中游等地区，在史前可谓无远弗届，其背后一定是庙底沟文化核心区发达的经济所支撑起来的社会与文化的影响力。但与中原其他地区相比，又看不出庙底沟文化核心区在诸如土地、环境、生产技术等方面有什么特别的优势。唯一显著不同的就是陕晋豫邻境地区拥有中原其他地区缺乏的丰富的盐业资源，这对当地早期农业社会的兴盛和早期复杂社会的勃兴应当起到了至关重要的作用。

晋南运城及临汾盆地、豫西三门峡、关中平原东部，这三个区域皆临近运城南部的盐湖和关中东部那些小盐湖，是与盐湖距离最近、交通最便利的地区。运城不必说，本身就是解池的依托之地，临汾盆地则与其无障碍相通；三门峡就在黄河南岸，往北经大禹渡、茅津渡等黄河渡口，再穿越中条山便捷通道可直抵解池，往西更是有经潼关直通关中的大道；关中东部除自己就有几个小盐湖，也有通过风陵渡、蒲津渡、龙门渡等渡口过黄河而直达解池的方便之道。还有学者对从晋南到黄河南

① 河南省文物考古研究所、中国社会科学院考古研究所河南一队、三门峡市文物工作队，等：《河南灵宝铸鼎原及其周围考古调查》，《华夏考古》1999 年第 3 期；中国社会科学院考古研究所河南一队、河南省文物考古研究所、三门峡市文物工作队，等：《河南灵宝市北阳平遗址调查》，《考古》1999 年第 12 期。

② 中国国家博物馆田野考古研究中心、山西省考古研究所、运城市文物保护研究所：《运城盆地东部聚落考古调查与研究》，文物出版社，2011 年。

③ 中国社会科学院考古研究所、中澳美伊洛河流域联合考古队：《洛阳盆地中东部先秦时期遗址：1997—2007 年区域系统调查报告》，科学出版社，2019 年。

④ 戴向明：《中原地区早期复杂社会的形成与初步发展》，《考古学研究》（九），文物出版社，2012 年。

岸通往洛阳盆地的几个主要通道做过专门考证^①。这些交通要道大概自史前时代就形成了，也应是解盐外运（当然还有青铜时代的铜）、各地彼此往来的主要通道。

前文谈到，因水土方面的原因，在解池附近区域史前到先秦时期的遗址都较稀少，运城盆地东部各期遗址特别是大型中心聚落，大多集中在盆地东北部的涑水河与青龙河中上游地区。但在仰韶中期阶段，从解池沿青龙河故道往东北约5公里处出现了一处大型遗址，即夏县辕村，地表陶片分布面积达90余万平方米，调查显示随后的仰韶晚期、庙底沟二期、龙山、二里头和二里冈等时期遗存仍连续存在，但皆集中在青龙河故道两岸狭窄区域，面积都很小。在二里冈期之前这是距离盐湖最近的一处遗址。在盐湖区地下水难以饮用的情况下，辕村及附近聚落大概主要依靠青龙河地表径流获取生活用水。仰韶中期这里突然发展成为一个近百万平方米的大聚落（不过堆积不厚，说明使用时间较短或居住形态较分散），推测很可能与开发解池的盐业资源有关；也许正是得以利用附近的盐业之利，辕村才能够兴盛一时，聚集了相对较多的人口。2006年秋季，我们在辕村遗址进行了小规模发掘，共揭露约500平方米，获得一批仰韶中期、二里头和二里冈等时期的遗存，可惜都没发现明显与盐业有关的直接证据^②。大概还是受水源和土质的制约，辕村作为大型聚落没能持续长久，仰韶晚期以后就变成了小聚落；尽管如此，后来不断有小规模人群坚持在此居住，很可能还是与解池盐业有关。

盐业资源尽管非常重要，但也不会是决定一个地区、一个文化兴衰的唯一因素。陕晋豫邻境地区在仰韶中期繁盛一时之后，到仰韶晚期阶段开始趋于平淡，甚至有所衰落，罕见大型遗址。与此相对照，其外围的西北甘青、北方河套、晋中北、豫北冀南及豫中等地区开始呈现程度不同的繁荣局面，都各自形成了特色不同的地域文化。尤其是关中西部到陇东一带以及郑州嵩山地区，皆有大型中心聚落出现，显示出更加突出的发展势头。这或许说明，随着各地农业的发展和对各种资源的开发利用，各地人群也都获得了较稳定的食盐来源，那么其他因素就会更多地影响区域社会的发展，导致区域社会此起彼伏的兴衰波动。至于在史前时期这些因素都是些什么，则是需要我们进一步努力探索的课题。

不过从长时段观察，中原地区在后来龙山时代的发展，特别是晋南在龙山时代的突出表现，以及随后中原夏商周王朝的兴起，还有各历史时期汉族和北方少数民

① 高江涛：《洛阳盆地与晋南早期交通道路之"中条洼津道"》，《中原文物》2019年第1期；《洛阳盆地与晋南早期交通道路之"虞板巅軨道"》，《中原文物》2019年第2期；《洛阳盆地与晋南早期交通道路之"轵关陉道"》，《中原文物》2019年第3期。
② 中国国家博物馆田野考古研究中心、山西省考古研究所、运城市文物保护研究所：《山西夏县辕村遗址发掘简报》，《考古》2009年第11期。

族统一时期的政治与文化中心长久徘徊在大中原地区，恐怕也都有解池等盐业资源的巨大支撑和贡献。

五

本文以倒叙方式，追溯了河东池盐开发、利用的历史，以及与中原文明化进程的关系。其中有关此地盐事确实的文献记载最早可见于出土的商周时期的文字资料。但因盐湖特有的天然结晶生盐和人工助力晒盐的生产方式，再加上缺乏专门的田野工作，考古上一直没发现与早期池盐生产有关的直接证据。因此关于早期特别是史前时期获取和利用解池食盐的历史，现在还只能提出一些假说。尽管池盐开发不易留下生产遗存，但假以时日多做工作，相信将来会有所突破。东下冯早商盐仓的存在，以及寺里一坡头这种可能与控制池盐外输通道密切相关的遗址，提示我们可以寻找更早的与盐业储存、运输有关的遗存；另外还可考虑在湖边可能的盐田产地进行适当考古发掘，尝试寻找早期的生产痕迹及相关遗存。

晋南铜、盐两大资源都与中原早期文明的发展密切相关。不过在文明发生的初期，铜的作用有限。如果我们将中原文明起源时间推至复杂社会初现的仰韶中期，则铜尚未正式进入"文明构建"的视野，尚未成为社会的战略资源。即便到了龙山时代，铜的作用仍不突出，其在中原文明生长过程中发挥关键作用还是始于夏王朝的建立。而盐作为农业社会发展成熟之后不可或缺的基本生活资料，同时又是一种相对稀缺的资源，在文明发生的初期就应起到了举足轻重的作用。那些临近盐产地、方便控制盐的生产和分配的社会群体就会很快聚集起众多人口和强大的能量，如果再辅之以优越的农业等生产条件，则这样的区域或社群就会率先走上"文明之路"，发展出富裕、强大、对外有影响力的，同时内部又有鲜明等级分化的复杂社会。不过这样的社会是否能够持续发展，并进一步孕育出早期国家，则还要取决于多种综合因素。

（原载《中原文物》2021 年第 4 期）

陶冶中国：从陶器看中华文明的传承与创新

王 涛 崔明旻

（首都师范大学历史学院，北京，100089）

"中华优秀传统文化有很多重要元素，共同塑造出中华文明的突出特性。"习近平总书记在文化传承发展座谈会上发表的重要讲话中指出了中华文明具有连续性、创新性、统一性、包容性和和平性五个突出特征。"埏埴以为器""水火既济而土合"，作为水、火、土三者的结晶，陶器的发明是人类社会进程中的重大事件，是史前先民的创造性突破，彻底改变了古人的生活方式和生存状态。中国作为世界上最早发明陶容器的地区之一，陶器的发明创造、传承演变伴随着中华文化史到文明史的全过程，也集中体现了中华民族坚持创新与交流、开放与变革、勇于接受新生事物的品格特性。

一、最早的陶器——一枝独秀"埏埴"万年

中国是世界范围内最早创造和利用陶器的国家之一。根据现有的考古发现与研究，世界范围内有六个早期陶器发明中心——中国南方、中国北方、俄罗斯远东地区、日本、西亚和北非，中国居其二。根据碳十四年代测定和交叉断代可知，江西万年仙人洞遗址出土的陶器距今20000—19000年，是目前世界上最早的陶容器制品。中国南方发现早期陶器的遗址还有：湖南道县玉蟾岩（距今18000年），广西桂

林甑皮岩（距今 12000 年）、桂林庙岩（距今 15000 年）和临桂大岩（距今 15000—12000 年），浙江浦江上山遗址（距今 10000 年）等。中国北方发现早期陶器的遗址包括：河北徐水南庄头、阳原于家沟、尚义四台遗址，北京门头沟东胡林、怀柔转年，河南新密李家沟、许昌灵井，山东沂源扁扁洞、临淄赵家徐姚遗址，吉林大安后套木嘎、白城双塔等遗址，这些遗址的早期陶器的年代也集中在距今 13000—10000 年。

　　整体看来，中国早期陶器的发生与初步发展的时间大约为距今 20000—9000 年之间，出现在更新世向全新世的转变过程中。这一时期正处在末次冰期最盛期逐步结束、冰后期开始的阶段，气候总体来说由冷变暖；但在这期间，干冷—暖湿的频繁变化是气候的主要特征。在生存环境尤其是自然环境相对恶劣的情况下，人类必须要寻找一种更高的能量获取方式和食物供应模式来维系生存。正是在这样的背景中，不同地区的中国先民利用黏土遇水可塑、遇火定型的特性，有意识地将泥土捏塑出一定形状，陶器也就应运而生。作为火、土与水结合的产物，陶器具备了耐火而又不溶于水的特征，为食物的烹饪提供了空间和热的传导。陶器发明后，掀起一场熟食革命，既能够帮助先民将生食改进为熟食，又能够进一步通过熟食改变人体的饮食结构，对于儿童的成长、肉类的消化和能量的转化有重要的意义；而在中国南方，螺、蚌等水生资源也可通过陶器烹煮得到了更好的食用。

　　早期陶器的诞生，是先民适应生存环境的产物，也是在资源利用、技术探索、文化传统之下的一种创举。自诞生之日起，陶器就随着中华文明的发展而不断发展，影响着我们的日常生活、塑造着我们的行为习惯。

二、彩陶与蛋壳陶——史前陶器的巅峰之作

　　陶器在中国大地诞生后，随着时代的发展和技术的进步，其器类愈发丰富、应用更加广泛，逐步融入先民的生活中，成为了解和探索史前人类文化、生活与历史进程的主要遗存。随着历史的推进，陶器不仅成为史前时期最主要的生活用器、礼仪用器，还被先民们创造性地赋予了更多意义；其中，尤以在陶器表面饰以各类纹样和彩绘的彩陶为突出代表。

　　在距今 9000 年左右，迄今世界上最早的彩陶在上山文化中期出现，主要包括乳白点彩和条纹红彩两种形式。彩陶的出现表明史前先民已经开始有意识地对陶器进

行装饰，并且有了一定的审美观念，是将生活用器赋予艺术性的重要体现。

到了距今 7000 年左右的仰韶文化时期，各类丰富多样的彩陶在中原大地风行，成为史前艺术浪潮中的第一个"黄金时代"，其多彩的图案、精美的纹样、和谐的色彩和流畅的笔法充分展现出史前先民赋生活予艺术的创造性，因此，仰韶文化也被称为彩陶文化。在仰韶文化半坡类型时，流行的各类彩陶纹样主要反映了先民们对生活的记述和凝练，既有一些简单的几何纹样，又有一些象形图案；其中以鱼纹为最典型代表，从写实到写意，从具象到抽象，逐渐演变为抽象和规范的几何形态，体现出先民在形象艺术中的概念化创造能力。随后的仰韶文化庙底沟类型时期，彩陶的纹样又有了新的气象，一方面彩陶的内容更为丰富，对称和重复排列的各类纹样形成繁复多元的几何形纹饰。由各种直线、曲线和弧线构成各类基础几何形态，进而勾连出弧线三角、钩叶、垂弧等连续状花纹。另一方面，庙底沟时期的彩陶分布范围随着文化的发展而不断外扩，不仅在豫西晋南、关中地区和甘青地区形成了较为相似的典型仰韶彩陶风格，同时还对江汉地区、长江下游地区以及海岱地区都产生了重要的影响，彩陶文化一时覆盖了半个中国，成为中华文明滥觞时期的重要元素，彰显了中华民族早期的艺术成就。

在庙底沟时期结束后，彩陶并没有衰落，相反在不同地区形成了更为多元、更具创造性的彩陶风格，呈现出百花齐放的局面。其中，尤以马家窑文化的彩陶特点鲜明、内涵丰富，尤具创造力和创新性。马家窑文化承继仰韶文化的彩陶风格，又发展出新的特色，各个类型的彩陶都具有各自的特点，既有利用线条图案化的各类动物形象，又有抽象对称的各类几何纹样。总的来看，马家窑文化的彩陶纹样繁缛、纹饰精美、构图复杂、回旋多变，色调和谐又热烈，是史前彩陶艺术的一座高峰。

彩陶不仅体现了史前社会的种种生活面貌，更逐步图案化、规范化、抽象化。从源自生活的象生图案，到抽象化的几何纹样，再到各类反映宇宙观、世界观的太阳纹等，都反映出先民对生活的热爱和在艺术上的创造力。

随着时代的演进，陶器制作技术也逐步成熟和不断突破。从直接捏塑、泥片贴筑、泥条盘筑到模制轮制，在新石器时代末期迎来了制陶工艺的巅峰——山东龙山文化的蛋壳陶。

蛋壳陶制作精致、造型独特、器表漆黑黝亮、陶胎薄如蛋壳。通过现代工艺复制程序可知蛋壳陶在制作伊始就选用多次淘洗、去杂、沉淀的精细陶土，利用快轮拉坯分段制作再黏结成型，而入窑烧制前还需要对窑炉进行预热以防过薄胎体因受热不均而破碎。蛋壳陶最突出的特点就是极薄的陶胎，最薄可达 0.2 毫米，这是现代手工业技术也难以达到的水平。而因其胎体极薄，对制作工艺提出了极高的要求，在拉坯成型时不仅需要高速转轮，而且要极其平稳，否则难以直立成型，对陶工的操作手法要求熟练且精细。蛋壳陶也因其成品率低、生产周期长、耗费成本高而显得弥足珍贵，这些轻薄素雅的陶器多见于大型墓葬中，应是一种重要的礼器。

蛋壳陶的发明创造，是史前先民在长期历史发展中的智慧结晶，从制陶的各个程序上来看都显示出极高的手工业生产技艺，凝聚了从早期陶器诞生以来关于制陶技术的智慧，是史前文明高度发展的生产力与先民创造力的重要体现。

三、绵延不断——中国古代陶器的传承与发展

从考古发现和研究来看，陶器的产生和发展伴随着整个中华文明的发展进程，陶器的传承与发展也集中体现了中华文明的突出特性。随着环境变化、社会发展和技术成熟，陶器的形制和功能更趋于多元化和复杂化，各类陶器的不同组合形式构成了文明各方面的内容。陶器形制的多元化、功能的复杂化都体现出中华文明和中华民族的创造性。

陶器技术的发展和成熟是史前社会从文化到文明进程中社会生产力发展的集中体现。技术上的不断突破和形制上的复杂演化不仅是对社会生活需求的功能性适应，亦是早期中华文明在手工业生产和精神文化领域不断创新与突破的重要方面。为了获得足够的温度，史前陶工不断地摸索和改进烧成方法，由最初的平地堆烧发展到平地封泥烧，再逐渐发展到后来半地下式的横穴窑和竖穴窑，即开始出现固定的陶窑。通过反复实践，先民们认识到固定地点烧造的优点，将窑床固定，从而大幅提高烧成温度，并提高燃料使用效率。陶器的高温烧制技术、陶范铸模工艺和拼接制陶理念也成为后来青铜冶铸业中铸铜技术的重要组成部分，为后来夏商周时期高度发达的青铜文明奠定了基础。

自早期陶器在中国的南北方诞生之后，又不断演变发展，以陶器为基础构建起来的文化体系是史前文明从形成到发展各个阶段的重要体现。在广袤的中国大地上，东北地区后套木嘎遗址一期遗存所见的筒形罐，后来与之字纹结合，构成了辽西地区兴隆洼至红山文化系统中最重要的特征之一，并且对朝鲜、日本和俄罗斯远东地区产生了重要的影响；中国北方地区南庄头、东胡林、转年等遗址早期陶器多以平底器为主，后来为磁山文化等所传承，并发展出陶支脚补足器物本身的功能属性；中国南方地区仙人洞、玉蟾岩、甑皮岩等遗址早期陶器以圜底釜为主要器类，与后

来彭头山等遗址亦有承续。早期陶器的发展随着更新世的到来而迎来了新的图景，到新石器时代中晚期逐渐形成多支文化系统，以代表性陶器概括，则包括中原的彩陶文化圈、东方的用鼎文化圈、北方的筒形器文化圈和长江流域等诸多文化圈。

到了新石器时代晚期，各个文化支系不断发展，形成了各自的特色，其中尤以仰韶文化庙底沟类型、仰韶晚期黄土高原的诸遗存、江汉地区屈家岭—石家河文化、海岱地区的大汶口—龙山文化、长江下游的良渚文化、辽西的红山文化最为突出，形成了新石器时代晚期"满天星斗"的繁荣格局。这些文化系统之间各有特色，在史前中国的大地上竞相迸发出绚烂的光芒，同时又相互交融相互影响，在长期的互动与交流中形成了文明起源的不同模式。其中中原地区由于其地理位置和地理环境的特殊性，对周边诸文化多有吸纳融合，最终在史前文明发展的基础上诞生了早期的广域王权国家。

进入历史时期，陶器迸发出更多光彩，烧制技术更先进，种类更趋丰富。夏商周时期，技术方面的突破使印纹硬陶、原始瓷应运而生，为从陶向瓷的升级转变打好基础；殷墟、周原等都邑性大遗址所在地出现专门的制陶工业园区。器类方面，仿铜陶礼器等新的器类出现，建筑类陶器增加。

汉唐时期，技术方面，铅釉陶等出现。器类方面，除生活用器（饮食器、贮藏器等），还有建筑用器（如砖、瓦、瓦当、各类构件）、陶明器（如各类模型器、家禽家畜模型、陶俑等）；秦砖汉瓦等建筑类陶器成为时代标志，举世闻名的秦兵马俑、唐三彩也是这一时期陶器的代表作。汉唐及其后，瓷器大兴，成为陶瓷手工业的另一新高峰，开启瓷器之国 China 的新时代。

四、陶器——我国一万年文化史、五千多年文明史的实证

陶器是破译中华文化的一把钥匙。一部中国考古史，也是一部陶器研究史。从1921 年发掘仰韶村开始，从李济、梁思永、吴金鼎、夏鼐、苏秉琦到严文明、张忠培等先生，一代一代中国考古学家立足不同时代不同遗址所出陶器等遗存，认真研究、接续努力，用陶器研究成果擘画中华文化谱系，书写中华民族文化史、文明史，为建设中国特色中国风格中国气派的考古学构建文化图景。

陶器与中华文明的形成与发展息息相关。从目前考古发现来看，中国南北方早期陶器的诞生早于农业的发生，正是陶器的发明创造为史前先民转向定居、发展农业提供了重要的条件，为史前文化从旧石器时代转向新石器时代提供了重要基础。陶器诞生的始源极有可能就是史前先民在生存挑战下的创造性产物，在史前社会的漫漫长河中，陶器始终伴随着中华文明从起源、形成到发展的整个过程，是一万年文化史和五千多年文明史的实证。

陶器是文化、科学、技术和艺术的综合体。陶器在形制上丰富多彩、技术上不断突破、艺术表达上多元系统，融于社会生活的方方面面，又反映出古代文明的基本形态。陶器的演变发展是从社会生活中汲取经验不断突破、进一步应用于实践的过程，是中华民族性格塑造的重要体现。陶器的发明、传承和演变的脉络，亦是史前先民因地制宜、应时而变的过程，在内容上丰富多彩，在形式上不断突破，在理念上因时顺势立足实际，同时兼容并蓄、传承有序，在继承中创新，在融合中突破。

一部中国陶器发展史，也是一部中华文明不断创新、连绵不绝的活态发展史。从发明世界上最早的陶器，到创造出彩陶、白陶、蛋壳陶，及至印纹硬陶、釉陶，直到瓷器的诞生，先民不断积累、发明、创造、扬弃，革故鼎新。应当说，陶器的发展源自于实践需求，又不断创新应用于实践，中华民族和早期文明正是在这样螺旋式上升的社会进程中凝聚出了守正不守旧、尊古不复古的进取精神和不惧新挑战、勇于接受新事物的无畏品格。

从发明世界上最早的陶容器、最早的彩陶，到"高精尖"技术的蛋壳陶，先民制陶技术不断进步提升。仰韶文化半坡时期的人面鱼纹盆、庙底沟时期的花瓣纹彩陶、汝州阎村鹳鱼石斧图陶缸、郑州大河村的彩陶双联壶、马家窑文化的多人舞蹈纹盆、陶寺文化的蟠龙纹陶盘等，不同地区先民创造出不同的代表器物，这些无一不是时代的精品，也成为中华大地上不同区域文化的重要表征。正是这种连绵不断的创新性保障了中华文明发展的连续性，使得中华民族能够连续不断地发展和进步。总之，中国古代陶器的发明、发展和逐渐进步，能够鲜明地表现出中华文明突出的创新性，并促进中华文明的连续性、统一性、包容性、和平性的不断发展。

（原载《中国民族报》2023 年 7 月 7 日第 5 版）

二里头文化的文字符号与礼制文明

袁广阔

（首都师范大学历史学院，北京，100089）

前　　言

　　二里头文化是中原地区第一支强大而又空前统一的考古学文化，它改变了之前该区域不同类型考古学文化并存的格局。其分布中心在河南省中、西部的洛阳、郑州一带；辐射范围向西突入陕西关中东部、丹江上游地区，南及豫鄂交界地带，往东至少到达开封地区，北部抵达晋南垣曲盆地一带。二里头遗址位于伊洛河下游，遗址面积约 3 平方公里，内有宫城、宫殿、居民区、铸铜作坊等遗迹，最近发现的井字形道路系统表明，这是一座规划有序的大型都邑。二里头文化以二里头遗址为中心，周边有聚落和方国城邑围绕，形成周边拱卫中央的格局。二里头文化因其存在时间和分布范围与《史记》《国语》等文献记述的夏朝晚期的年代与活动区域相符，学术界一般认为二里头文化为晚期夏文化，二里头遗址为夏代晚期都城[①]。

　　长期以来，文字的存在与否一直是学界探讨早期文明的重要观察点。目前早商文字的发现和研究有了新进展，从郑州发现的甲骨文、金文和小双桥的朱书陶文都可以证明此时文字已经发展到成熟阶段。如郑州二里冈遗址出土一段牛肋骨，上刻有 3 行 10 字[②]。郑州小双桥的祭祀坑中发现一些小型陶缸的表面或内壁有朱书文字，

---

① 王震中：《论二里头乃夏朝后期王都及"夏"与"中国"》，《中国社会科学院大学学报》2022 年第 1 期。

② 河南省文化局文物工作队：《郑州二里冈》，科学出版社，1959 年，第 38 页。

其文字内容可分为数目字、徽记类和祭祀短语类[①]，其陶文与殷墟甲骨文对比，可以看出二者存在明显的承继关系。种种迹象表明，商前期的文字展示出中国文字至此经历了较长时间发展，已是相对成熟的文字符号体系。正如黄德宽所说，小双桥遗址的文字展示出"写者已相当纯熟地掌握了书写技巧，表明当时文字发展和书写的整体水平较高，早已脱离原始状态"[②]。

早商文字的发现与研究为寻找更早的文字打下了基础，二里头文化考古新发现也为文字的研究引入了源头活水。近年来，随着一批二里头文化相关报告的集中刊布[③]，人们发现这些二里头文化遗址均出土了一定数量且具有象形文字特征的符号。这些符号虽然往往单独出现，缺乏特定的文段语境，但字形多数已完全具备象形文字的特征，可与后期的甲骨文、金文相互对照。这些发现，对研究二里头文化晚期已使用的符号与文字的关系十分重要。

在早期文字的研究方法上，学界通常遵循上下沿承的研究理路。考虑到早期文字遗存相对缺乏，考古学界摸索出以殷墟文字为基础，利用象形文字追溯早期文字起源的方法论构想。"象形"是中国早期文字最主要的造字方法，苏秉琦曾说："象形字的创造者只能是模仿他们亲眼看到、生活中实际使用的器物形态。因此，甲骨文实物虽出自晚期商人之手，它们却为我们留下中国文字初创时期的物证。"[④] 近年刘一曼又提出可以利用考古遗迹、遗物来印证商代文字的设想，并指出甲骨文字中可与考古材料对读者不乏其例，考古学与甲骨学相结合的研究对甲骨文字释读是一种有效的方法[⑤]。曹定云[⑥]、杜金鹏[⑦]、王晖[⑧]也从金文、甲骨文构形入手，运用考古类型学的对比法，在比较二里头出土青铜器与晚商铭文方面，取得了可喜成绩。

新的考古发现和研究表明，二里头时期已形成完备的礼制，能够制造成套的礼器。这一阶段礼制仪轨的渐趋完备和文字系统的互文出现，应不是偶然，而是恰恰

---

① 河南省文物考古研究所：《郑州小双桥——1990—2000 年考古发掘报告》下册，科学出版社，2012 年，第 710—712 页。

② 黄德宽：《殷墟甲骨文之前的商代文字》，《中国文字学报》2006 年第 1 期。

③ 中国社会科学院考古研究所：《二里头 1999—2006》（壹至伍），文物出版社，2014 年；河南省文物考古研究所：《伊川考古报告》，大象出版社，2012 年；郑州市文物考古研究所：《郑州大师姑：2002—2003》，科学出版社，2004 年；郑州大学历史文化遗产保护研究中心：《登封南洼——2004—2006 年田野考古报告》，科学出版社，2014 年；洛阳市文物工作队编：《洛阳皂角树——1992—1993 年洛阳皂角树二里头文化聚落遗址发掘报告》，科学出版社，2002 年。

④ 苏秉琦：《华人·龙的传人·中国人——考古寻根记》，辽宁大学出版社，1994 年，第 89 页。

⑤ 刘一曼：《殷墟车子遗迹及甲骨金文中的车字》，《中原文物》2000 年第 2 期。

⑥ 曹定云：《夏代文字求证——二里头文化陶文考》，《考古》2004 年第 12 期。

⑦ 杜金鹏：《关于二里头文化的刻画符号与文字问题》，《中国书法》2001 年第 2 期。

⑧ 王晖：《古文字与中国早期文化论集》，科学出版社，2017 年。

提供了二里头与商代文字的使用与礼制活动、礼器系统的关联性的重要线索[①]。有鉴于此，我们认为目前寻找早期文字的研究理路，有两个可行的切入点：一是二里头文化考古遗存所见象形符号与商代象形文字的比较；二是晚商器物类象形文字与二里头时期青铜器、玉器以及陶礼器等器物的形态学比较。

一、二里头文化考古发现的符号

二里头文化的符号多刻画于陶器表面，2000 年以前学界已确认出二里头文化字符 64 个，2014 年《二里头》新报告又公布了 40 个字符。李维明对二里头文化陶器上的字符进行了量化分析，发现二里头遗址出土二里头文化符号基本字形不少于 50 种，约占所公布二里头文化陶字符基本字形总数的 78%[②]。这些符号大体可分作数字类、文字类、图画类、印章类等。二里头文化的数字符号发现较多，符号位于大口尊口沿内壁，内容多为一、二、三、五、十，数字符号不是本文讨论的重点。下文主要讨论文字类符号。

（一）二里头文化的文字类符号

二里头文化发现的文字类符号又可细分为象形类、会意类、合文类和印章类。

1. 象形类

目前象形符号共发现 50 多例，依内容可分为七类。

（1）自然类。如山形，二里头遗址Ⅱ·VT104 ③：31 作"▨▨▨"[③]。形状为三个连续相连的山丘。

（2）遗迹类。如城形，二里头遗址作"▥"[④]。这一象形符号与二里头文化时期多

---

① 严志斌：《漆觚、圆陶片与柄形器》，《中国国家博物馆馆刊》2020 年第 1 期；李春华：《从二里头遗址的主要发现看夏代礼器的几个特点》，《文物春秋》2006 年第 5 期。
② 李维明：《二里头文化陶字符量化分析》，《考古与文物》2012 年第 6 期。
③ 中国社会科学院考古研究所：《偃师二里头——1959 年—1978 年考古发掘报告》，中国大百科全书出版社，1999 年，第 304 页。
④ 杜金鹏：《关于二里头文化的刻画符号与文字问题》，《中国书法》2001 年第 2 期。

处城址形状相符，如二里头遗址中部发现宫城。该符号明显作城邑之形，四边城墙上还有城门示意。如井形，二里头遗址ⅣH99：3作"口"①。曹定云认为它是"井"的象形字②。井在龙山时期就被普遍使用，河南汤阴白营遗址发现的水井用木棍砌出井形，与该符号的特征一致③。如庐形，二里头遗址ⅧT13⑥：20作"▬"形。蔡哲茂认为它是"庐"字的初文，与"六"同字，"六"为借字④。王晖亦持此说⑤。二里头文化中不少浅半地穴式房子，均与此字形相似。但曹定云认为应释为"皿"⑥。

（3）工具类。如镞形，二里头遗址ⅤH52：4作"↑"，为一矢的象形，也有的作"↑"⑦。二里头文化发现大量的骨、石、蚌以及青铜镞，其形状多为三角形，与陶器上的镞形符号特征一致。如车形，洛阳皂角树遗址陶盆F4：8上的刻符作"⊶"⑧。两侧的圆较规整，中贯横轴，制如一轴二轮，顶部还有一扁椭圆形制表示车厢。如尊形，二里头遗址2005ⅤT114④：1作▬，图案位于大口尊类器物的肩部，小口长颈，平肩，平底近圜，从剖面的角度表现二里头文化早期小口尊的形态⑨，线图形状如图"凵"。如平底盆，二里头遗址ⅣH73：12▬图案为二里头文化平底盆"凵"⑩。大口，斜壁，浅腹，平底，从剖面的角度表现平底盆的形态。如罐形，登封南洼遗址陶器上的罐2004 H 224：5▬。大口，鼓腹，圜底。从剖面的角度表现的是二里头文化最常见的大口深腹罐。如龙形，▬，二里头遗址出土一块陶片（采：26），上刻有铜牌饰的"龙"的形象⑪。二里头遗址"龙纹"铜牌饰，分作圆角近似方形和圆角方形：两侧各有两个带孔的纽，龙形的绿松石小片镶嵌成兽面纹样，圆眼圆睛。该陶片"龙"形作为图案，简化突出首部、眼部特征，臣字目吻部两侧有似龙须的弯曲弧线。

① 中国社会科学院考古研究所：《偃师二里头——1959年—1978年考古发掘报告》，中国大百科全书出版社，1999年，第203页。
② 曹定云：《夏代文字求证——二里头文化陶文考》，《考古》2004年第12期。
③ 安阳地区文物管理委员会：《汤阴白营发现一处龙山文化晚期聚落遗址》，《中原文物》1977年第1期。
④ 蔡哲茂：《说金文"陆"、"睦"二字——兼论六、八、宀、夫为一字》，《"故宫"学术季刊》（台北）1988年第1期。
⑤ 王晖：《古文字与中国早期文化论集》，科学出版社，2017年，第80—81页。
⑥ 曹定云：《夏代文字求证——二里头文化陶文考》，《考古》2004年第12期。
⑦ 中国科学院考古研究所洛阳发掘队：《河南偃师二里头遗址发掘简报》，《考古》1965年第5期。
⑧ 洛阳市文物工作队编：《洛阳皂角树——1992—1993年洛阳皂角树二里头文化聚落遗址发掘报告》，科学出版社，2002年，第74页。
⑨ 中国社会科学院考古研究所：《二里头1999—2006》（贰），文物出版社，2014年，第515页。
⑩ 中国社会科学院考古研究所：《偃师二里头——1959年—1978年考古发掘报告》，中国大百科全书出版社，1999年，第203页。
⑪ 中国社会科学院考古研究所：《偃师二里头——1959年—1978年考古发掘报告》，中国大百科全书出版社，1999年，第302页。

（4）人体局部类。如目形，■（二里头遗址ⅣT22⑥：11），为竖直、对称双目。报告人称为眼纹[1]。如手形，在郑州大师姑遗址二里头文化陶片（H39：17）上的手形绘符，虽然稍有残缺，但可以看出是个手形，而且是个线条造型类符号[2]。

（5）动物类。如鱼形，伊川南寨遗址发现了多例鱼形符号，如陶器（YPNT86③：29）上的多条鱼形"■"[3]。如鱼鳔形，伊川南寨遗址陶器（YPNT82H118：16）上的符号"■"形，似一只葫芦，与鱼肚子里那个控制俯冲和上浮的气囊——鱼鳔形象一致[4]。如蝉形，登封王城岗遗址二里头文化遗存内发现一件陶簋，耳部外侧堆塑蝉纹。如龟形，二里头遗址（2000ⅢT2⑤A：25），为一龟[5]。如鸟形（2002ⅤT29剖D6夯：3）[6]。

（6）植物类。如禾形，二里头遗址陶器（采：28）上的陶符，作"■"。从形态特征来看，明显是禾苗之态[7]。王晖认为是"叶"的初文[8]。

（7）其他类。如族徽类，但具体含义不明。"■"偃师二里头遗址（ⅧT14④B：13）符号为三角形[9]。■（2003ⅤT34④：13）符号似舟形。■（2005ⅤT102③：1）符号半弧状似"虹"。■（2003ⅤH215：4）符号位于细砂酱釉原始瓷盉的颈部，"私"形[10]。这些符号刻画清晰，位置十分醒目。

2. 会意类

（1）"箙"。二里头陶符号作"■"形（ⅧH72：32），曹定云认为它是由"□"和"↑"构成的，即"井"和"矢"，均与捕获动物有关。这个组合符号如释作陶文，应当是个会意字，为箭盛放入箭袋之义。古代箭袋以竹木或兽皮为之，即后来汉字中的"箙"。《玉篇》："箙，矢器也。"商代后期金文中也有相似字形，一支箭的如■、

① 中国社会科学院考古研究所：《偃师二里头——1959年—1978年考古发掘报告》，中国大百科全书出版社，1999年，第48页。
② 郑州市文物考古研究所：《郑州大师姑：2002—2003》，科学出版社，2004年，第109页。
③ 河南省文物考古研究所：《伊川考古报告》，大象出版社，2012年，第75页。
④ 河南省文物考古研究所：《伊川考古报告》，大象出版社，2012年，第75页。
⑤ 中国社会科学院考古研究所：《二里头1999—2006》（壹），文物出版社，2014年，第176页。
⑥ 中国社会科学院考古研究所：《二里头1999—2006》（贰），文物出版社，2014年，第510页。
⑦ 中国社会科学院考古研究所：《偃师二里头——1959年—1978年考古发掘报告》，中国大百科全书出版社，1999年，第304页。
⑧ 王晖：《古文字与中国早期文化论集》，科学出版社，2017年，第81页。
⑨ 中国社会科学院考古研究所：《偃师二里头——1959年—1978年考古发掘报告》，中国大百科全书出版社，1999年，第203页。
⑩ 中国社会科学院考古研究所：《二里头1999—2006》（贰），文物出版社，2014年，第510、539、1054页。

两支箭的如▨、三支箭的如▥。

（2）"丰"。二里头遗址陶符"⅄"（ⅣT8 ③：7），曹定云、王晖都认为应释为"丰"字，并指出"丰"字的本义原指树木或树枝，后来引申为分封，成为"封"的初文。所以二里头陶符应该就是古"封"字①。

（3）"道"。二里头遗址出土陶符"ⵌ"，曹定云认为是从"大"从"彳"的字，所从的"大"是甲骨文中的"大"字，即正面站立的人形；"彳"像道路，所以，"ⵌ"表示人在路中，是会意字。甲骨文中有"ⵌ"字（《合集》4910）②，从侧身站立的人形"⼈"和道路之形"彳"，是古"道"字。二里头遗址出土的这个符号可能是甲骨文"ⵌ"的初文，是更古的"道"字③。

（4）"射"。二里头▪（ⅡVT103 采：19），陶片上刻画为在弦上的箭，箭头为三角形，弦为一斜线④。

（5）"钓"。▨（2004VH312：4）⑤，符号位于大口尊颈肩部，刻画出鱼钩和鱼的头部，身体残缺。复原后应为▨形。

3. 合文类

（1）"▨"。二里头遗址陶器符号中，一件大口尊肩部烧前刻出"目"形⑥，而在使用过程中又在"目"的前面加两个"L"形符号，组成三个字符，即▨、▨、▨。

（2）"▨"。二里头矮领尊（2002VH73：5）肩部残片上保存有两个字符，其中一个为镞形⑦。

（3）"▨"。陕西商县紫荆遗址出土的一件二里头文化陶瓠上刻画出"▨、▨"二字形，"▨"下部类似月牙形，月牙形的上面有一块用闭合曲线构成的不规则的形体⑧。

---

① 曹定云：《夏代文字求证——二里头文化陶文考》，《考古》2004 年第 12 期。

② 郭沫若主编，中国社会科学院历史研究所编：《甲骨文合集》第 1—13 册，中华书局，1978—1982 年。简称《合集》。

③ 曹定云：《夏代文字求证——二里头文化陶文考》，《考古》2004 年第 12 期。

④ 中国社会科学院考古研究所：《偃师二里头——1959 年—1978 年考古发掘报告》，中国大百科全书出版社，1999 年，第 203 页。

⑤ 中国社会科学院考古研究所：《二里头 1999—2006》（壹），文物出版社，2014 年，第 355 页。

⑥ 中国社会科学院考古研究所：《二里头陶器集粹》，中国社会科学出版社，1995 年。

⑦ 中国社会科学院考古研究所：《二里头 1999—2006》（贰），文物出版社，2014 年，第 851 页。

⑧ 王宜涛：《商县紫荆遗址发现二里头文化陶文》，《考古与文物》1983 年第 4 期。

4. 印章类

渑池郑窑遗址出土的陶戳属泥质红褐陶，火候较高，方柱形，长 5.5 厘米、宽 2.3 厘米、高 20 厘米，三面有刻画符号，其正面的戳记刻画结构清晰，其中一面符号相当于甲骨文中的"田"字。在该戳的两端各有一圆窝，圆窝的周围亦有刻画的圆弧线或直线。此戳形器当具有印章的性质[①]。

（二）二里头文化象形类字符与商代文字的承续关系

1. ""与"山"。二里头遗址的象形符号""，在郑州商城遗址第八区商代宫殿区出土的陶符上作""形，甲骨文中作""形，展现出极为相似的字形与一脉相承的造字理念。

2. ""与"墉"。二里头遗址的象形符号""，甲骨文中与之最相近的象形文字为""[②]，均作四方城郭、每边开城门之状，仅城门样态略有差异：二里头刻符是平头突出；甲骨文是屋顶尖形突出，类似建筑物的顶部。学者将""释为"墉"字。

3. ""与"车"。二里头皂角树遗址象形符号""，与殷墟出土陶符中的象形文字""[③]十分接近；只是皂角树的""顶部多出扁椭圆，似伞盖；而殷墟陶符""展现出更多的细节刻画，多释为"车"字。

4. ""与"眪"。二里头遗址的 （ⅣT22 ⑥：11），为竖直的对称双目；郑州商城杨庄出土爵的腹部一侧也发现了相似的对称双目形符号。曹淑琴认为是商周金文中常见的"眪"字[④]。

5. "龟"。二里头遗址的刻符""，与郑州商城大口尊（C8T11 ③：152）[⑤]、商城白家庄墓葬出土青铜尊颈部三个等距离的龟形图像都接近。唐兰释为"黾"，也有人认为是龟徽，应为族徽文字[⑥]。

6. "鸟"。二里头遗址的鸟形符号 （2002ⅤT29 剖 D6 夯：3），在郑州商城大口尊（ZFH1：45）口沿内侧也能找到相似字形 [⑦]。

① 张居中、王良启：《渑池县郑窑遗址发掘报告》，《华夏考古》1987 年第 2 期。
② 〔日〕岛邦男：《殷墟卜辞综类》，汲古书院，1977 年，第 266 页。
③ 李济：《殷墟陶器研究》，上海人民出版社，2007 年，第 273 页。
④ 曹淑琴：《商代中期有铭铜器初探》，《考古》1988 年第 3 期。
⑤ 袁广阔、马保春、宋国定：《河南早期刻画符号研究》，科学出版社，2012 年，第 108 页。
⑥ 唐兰：《从河南郑州出土的商代前期青铜器谈起》，《文物》1973 年第 7 期。
⑦ 袁广阔、马保春、宋国定：《河南早期刻画符号研究》，科学出版社，2012 年，第 109 页。

7. "射"。二里头遗址的 ■，陶片上刻画为在弦上的箭。郑州商城大口尊（97ZSC8ⅡT158⑤）口沿内也是如此；而在殷墟器物上的"射"则为弓箭完整形象 ■（射妇桑鼎1378）。

8. "尊"。二里头大口尊肩部刻画的 ☐（2005VT114④：1），直口，广肩，底部近圜，与金文中的尊的形体特征接近，都是小口、圜底，二者承袭关系明显：☐（2005VT114④：1）→ ■（亚酉斝9160）→ ■（酉已鼎E188）。

9. "箙"。二里头陶符中有作"■"形者（ⅧH72：32），应为金文中的"箙"字。这一字形变化由夏历商脉络清晰：二里头的只有箭头和箭匣 ■，殷代早期只是多了箭杆 ■（箙贝卣4882）、殷代晚期变成三个箭杆 ■（箙戈册父辛卣5169）。

10. "钓"。甲骨文也是手持鱼钩钓鱼的形象，二里头遗址的图像虽然残缺，但构图中钓鱼表现手法 ■ 与甲骨文 ■（《殷虚书契前编》5.45.4）一致[1]。

这些生动的字符比较实例，充分展示出部分二里头文化象形符号与商代象形文字间极强的相似性。这一相似现象的普遍性，表明二里头文化象形符号与商代象形文字间存在有序且稳定的传承关系。换言之，商代的很多象形文字的字源，很可能来自二里头文化时期，二者一脉相承，展现出文字系统的连贯性。

（三）二里头文化象形类字符的思考

1. 象形类字符与人群标志

二里头文化族徽的来源有二：一是与手工业生产作坊有关的工匠族徽，二是与氏族标志有关的族徽。

（1）工匠族徽。二里头文化遗址出土的尊、罐、镞、箙等字符均与手工业作坊族徽有关。登封南洼遗址陶器上的罐（2004H224：5）可能与制作陶器或陶罐有关。该遗址的发掘区正是手工业生产地，共清理出9座陶窑。发掘者认为"应是一个白陶专业化制作中心"[2]。镞、璋、箙等符号的发现与手工业人群的关系，也可在晚商和西周族徽中得到验证。

安阳殷墟苗圃北地、孝民屯铸铜作坊、大司空制骨作坊等区域内发现有墓群，

---

① 罗振玉、罗福颐类次：《殷虚书契（五种）》，中华书局，2015年，第471页。
② 韩国河、赵维娟、张继华，等：《用中子活化分析研究南洼白陶的原料产地》，《中原文物》2007年第6期。

随葬品证明死者多与手工业生产相关。如刘家庄北地发现 10 座陶窑①，2011 年又发现 20 座陶窑②。由此可确认这是一处大型制陶作坊。陶拍 2010AGDDⅡF21∶9，柄部一侧刻 ♣ 字。陶拍 2010AGDDⅡM77∶01 柄部刻 ♈ 字，应释为"羊"。陶拍 2008AGDDⅡH40∶9③，柄部刻 ♈ 及 ▮ 两字，这些都与商代晚期族徽有关。

周原遗址"齐家制石作坊的产品以石块为主，作坊与制块遗存共存的遗迹单位中，出土包括'璋'、'爻'、'璋爻'等三类族徽，其中璋即为石璋形象，与该作坊生产的石块均为典型玉石器中的一种。齐家北漆木器作坊中发现的陶文族徽'箙'字，在卜辞、金文中是该器的复体象形字。由此可知齐家北漆木器作坊族徽也与作坊产品性质相同"④。同时考古工作者发现周原的这批工匠是由殷墟迁过去的，"璋""箙"等工匠族徽在殷墟也有发现，且徽标基本相同。二里头、安阳殷墟、周原等遗址发现的这些工匠族徽，更证明二里头文化与商周的文字体系具有明显的沿承性，它们使用的符号文字属于同一体系。

（2）氏族标志。与二里头氏族标志有关的族徽，有 ◓、▦ 等，这类标志历史悠久。如江陵荆南寺陶罍（T1④C∶42）上的符号 ▦ 与二里头小口尊（81YLⅢT22⑤∶2）上的符号一致。陈昭容说："对于史前陶器上的刻划记号，宜放置于汉字演进的历史轨迹上来看……有一部分则经过约定俗成的过程，向文字的路途演化，和汉字的孕育发展有相同的步调，因而不同时期的陶文中可看出汉字发展的痕迹。"⑤

2. 二里头与安阳殷墟符号的比较

将大家公认的殷墟文字与二里头的符号比照，对于认识二里头的符号是否为陶文具有一定的意义。第一，我们发现二里头文化及商代前期郑州商城、偃师商城和郑州小双桥乃至殷墟出土的数字和象形符号特征一致，不论是在形体特征还是内容上都有传承，属于同一系，不少符号与殷墟陶文一样，如车、鱼、镞等。第二，

① 中国社会科学院考古研究所安阳工作队：《河南安阳市殷墟刘家庄北地制陶作坊遗址的发掘》，《考古》2012 年第 12 期。
② 中国社会科学院考古研究所安阳工作队：《河南安阳市殷墟刘家庄北地制陶作坊遗址的发掘》，《考古》2012 年第 12 期。
③ 中国社会科学院考古研究所安阳工作队：《河南安阳市殷墟刘家庄北地制陶作坊遗址的发掘》，《考古》2012 年第 12 期。
④ 郭士嘉、雷兴山、种建荣：《周原遗址西周"手工业园区"初探》，《南方文物》2021 年第 2 期。
⑤ 陈昭容：《从陶文探索汉字起源问题的总检讨》，《"中研院"历史语言研究所集刊》第 57 本第 4 分，"中研院"历史语言研究所，1986 年，第 669—762 页。

二里头文化和殷墟都多为单字（符号），一般一器一字（符号），多为族徽、人名。第三，陶器并非当时书写文字的载体。正如李孝定指出："小屯殷墟：出土陶片近 25 万片，有字陶片计 82 片，其百分比为 0.0328 强，这种统计方法虽然很粗疏，但可以确定一点：即有字陶片所占的百分比都极低。"[①]

二、二里头文化器物与商代后期铭文"器物字"

据统计，目前殷墟二期至四期的有铭青铜器共 5730 余件，其中单字铭文的青铜器接近 2000 件，2—4 字铭文的青铜器约为 3300 件[②]。殷墟青铜器铭文在书体特征、铸造部位及意涵功能方面与商代前期基本相类，但族徽类文字数量更丰富、内容更多样。

晚商族徽文字中"器物字"作为象形字，字形多取自早期的器物形象，尤其是礼器造型，简洁、古雅、写实，展现出先民在文字初创阶段对现实器物直观的造字理念。参考考古类型学及年代分期，我们发现晚商器物字中爵、牙璋、钺、鬲、甗、尊、爵、豆、觚、盉、鼓形壶等字在字形上表现出较为明显的二里头文化器物特征，早于其所属青铜器的年代。下文将撷要对晚商铜器上的"器物字"铭文形象与二里头时期至晚商时期的器物进行对比，以出土文物器形为主要依据，探讨这些"器物字"的创造时间。

（一）"爵"

二里头文化铜爵制作规整，器壁厚薄均匀，形体瘦高，流尾间距较长，窄长流尖尾，束腰平底或呈椭圆形底，下腹突出，下接三足，足外撇，如VKM8：1、YLⅢM2：2[③]。早商铜爵器身变宽，平底，流口增高，尾变圆，流有二柱。晚商铜爵卵形腹，圜底，柱加长并后移。殷墟金文中的"爵"字（《集成》10.4988）[④]为长流尖尾、形体较高、无柱，与二里头时期的铜爵特征一致（图 1，2、7）。

---

① 李孝定：《小屯陶文考释》，《汉字的起源与演变论丛》，联经出版社，1986 年，第 305—335 页。
② 毕秀洁：《商代铜器铭文的整理与研究》，华东师范大学博士学位论文，2011 年，第 1 页。
③ 中国社会科学院考古研究所：《偃师二里头——1959 年—1978 年考古发掘报告》，中国大百科全书出版社，1999 年，第 252 页。
④ 中国社会科学院考古研究所编：《殷周金文集成》，中华书局，2007 年。文中《集成》均出自该著。

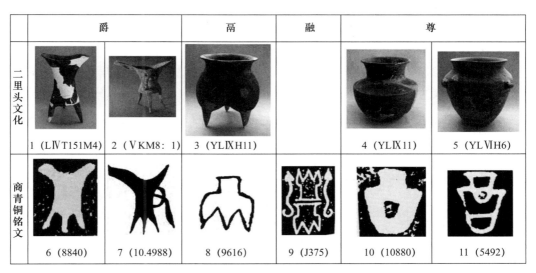

	爵		鬲	融	尊	
二里头文化	1（LⅣT151M4）	2（ⅤKM8：1）	3（YLⅨH11）		4（YLⅨ11）	5（YLⅥH6）
商青铜铭文	6（8840）	7（10.4988）	8（9616）	9（J375）	10（10880）	11（5492）

图 1 二里头出土器物与商代"器物字"比较

二里头文化早期陶爵流尾较长，无柱，深腹，实足纤细。例如，二里头遗址的 LⅣT151M4、伊川南寨 T82M3：4 爵口部有冲天流，近流处无短柱，流口间附小圆饼，深腹，平底，无尾，圆锥状足外撇[①]。早商时期陶爵口部开始出现柱，尾部变短（图 1，1、6）。殷墟金文（新收 1301、《集成》14.8840）"爵"字与二里头文化早期伊川南寨陶爵特征一致（图 4，2、6）。但甲骨文中爵字都表现出了高柱、长流的特征，显然殷墟甲骨文中的"爵"字是取象于商代的青铜爵，其来源要比金文"爵"字晚一些。

（二）"璋"

二里头文化发现较多牙璋，其形体较大、器身较平直，下部有较长的扉齿，首部较宽并下凹，锋呈牙状，较为尖锐，无使用痕迹。此类器物在二里头时期较为盛行，并作为礼器常出土于大型墓葬中，如玉璋 YLⅤM3：4，出土时器体涂满朱砂[②]，但至商代早期二里冈文化的墓葬中同类形制的牙璋已经不见出土，殷墟时期也已完全不见踪迹。但殷墟铁三路 M89 青铜器觚的圈足内铭文"璋"字[③]与《集成》14.8707

---

① 河南省文物考古研究所：《伊川考古报告》，大象出版社，2012 年，第 94 页。
② 中国社会科学院考古研究所二里头队：《1980 年秋河南偃师二里头遗址发掘简报》，《考古》1983 年第 3 期。
③ 中国社会科学院考古研究所安阳工作队：《河南安阳市殷墟铁三路 89 号墓的发掘》，《考古》2017 年第 3 期。

铭文"璋"字皆为歧首弧刃、扉齿较长。殷墟铁三路 M89 觚上铭文"璋"字形特征与二里头文化牙璋一致，但再向后延伸如《集成》上的铭文文字化的特征更加明显（图 2，1、3、5），但其粗短形状有铸钟形，扉牙出现在器身而非器柄。学者多认为该字仍为"璋"①。甲骨文的"璋"只有形而无扉齿了，因此，杨州推测"甲骨文的章（璋）形的最初象形字是《花东》29.4、149.2 中的（璋）形"②，实际上是《集成》14.8707 铭文"璋"字省去扉牙的再简化（图 2，1、3、5）。

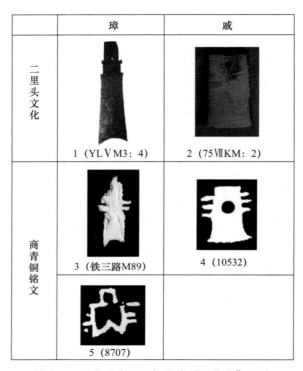

	璋	戚
二里头文化	1（YLⅤM3：4）	2（75ⅦKM：2）
商青铜铭文	3（铁三路M89）	4（10532）
	5（8707）	

图 2　二里头出土玉器与商代"器物字"比较

（三）"戚"

二里头的玉戚刃部为平弧形，刃角上翘，在内部有两条凸弦纹，在两弦纹之间的凹槽中有两个成中心对称的圆穿孔，两侧有对称的扉棱③。《集成》16.10532 铭文"戚"的器身较为瘦长，刃部略弧并大于器体，刃角上翘，扉棱夸张，突出分三牙，中部有一较大圆穿孔，形制规整，与二里头的同类器在形体、弧刃等主要特征上相

---

① 　何毓灵：《试析殷墟一座玉匠墓》，《三代考古》（七），科学出版社，2017 年，第 426 页。

② 　杨州：《说殷墟甲骨文中的章（璋）》，《首都师范大学学报》2009 年第 3 期。

③ 　偃师县文化馆：《二里头遗址出土的铜器和玉器》，《考古》1978 年第 4 期。

一致（图2，2、4）。该类戚在殷墟也有发现，因延续时间可以至商代晚期，目前也不能排除为晚期所造的可能性。

（四）"鬲"

鬲是商文化的常用炊器，先商至晚商长盛不衰，更成为青铜时代的固定礼器组合。其在二里头文化中晚期即已出现；从形态来看，二里头文化三、四期（YLⅨH1）与先商文化阶段陶鬲流行长颈高领、高袋足、细绳纹等特征，如鹤壁刘庄的鬲（M94∶1；图3，夏）[1]。早商时期陶鬲主要表现为卷沿矮领、高袋足，如二里冈鬲（C9T124②∶98；图3，早商）[2]；晚商为折沿无领、矮裆近平等，如安阳大司空鬲（T0707H349∶7；图3，晚商）[3]。

殷墟金文中鬲仍然保留早期的高领特征（9616；图1，3、8）。殷墟金文中"鬲"与从鬲的"融"字，在字形上的典型特征都是长颈高领、高袋足，形态与二里头文化或先商时期同类器物极为相似。值得注意的是，"鬲"字这一高领高足的形体特征在商周文字中一直保留下来，直到小篆中高领部分才简化为"口"，并沿用至今（图3）。

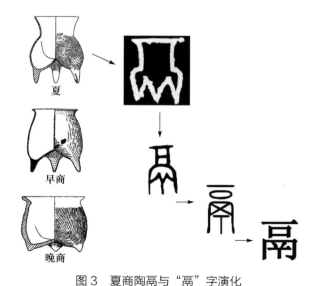

图3 夏商陶鬲与"鬲"字演化

① 河南省文物局：《鹤壁刘庄——下七垣文化墓地发掘报告》，科学出版社，2012年，第114页。
② 河南省文物考古研究所：《郑州商城——1953—1985年考古发掘报告》（中），文物出版社，2001年，第627页。
③ 中国社会科学院考古研究所：《安阳大司空——2004年发掘报告》，文物出版社，2014年，第88页。

（五）"鬲"

鬲是商文化的主要炊具，先商时期开始大量发现，二里头文化陶鬲数量不多。先商阶段与二里头文化三期，陶鬲的甑部为敞口深腹，或有平沿，束腰，鬲部分裆，袋足瘦长，实足跟较高，如安阳鄣邓遗址的鬲（H32∶46）；早商时期则转为卷沿，矮裆，袋足变肥；晚商时期特征为折沿，矮裆近平，三实足较矮。《集成》13.8283金文"鬲"字中的器物形态，宽平沿敞口，瘦腹呈桶状，束腰，袋足较瘦，实足尖较高，与安阳鄣邓遗址出土的先商时期同类器物一致（图4，1、5）①，说明金文"鬲"字的时代较早。而甲骨文中也有大量"鬲"字，如《合集》629宾组，其特征是有立耳、深腹、袋足，形体特征与商代早期青铜鬲一致，显然殷墟甲骨文中的"鬲"字是取象于商代早期有耳的青铜鬲，其造字的时代要比金文"鬲"字晚一些。

（六）"尊"

大口尊起源于二里头文化二期，兴盛于商代早中期，消亡于殷墟时期。就器物特征而言，二里头文化时期口径小于肩径，直腹，小平底或带圈足；早商时期大口尊，口部较大，逐渐大于肩径，圆肩，直腹；晚商时期口为喇叭形，无肩，形体变长。此外，二里头文化时期的高领小口尊也较为典型②。二里头和早商阶段陶器符号多刻画在大口尊的口沿上。

晚商金文中的"尊"亦分大口、小口两类，《集成》7591铭文中的"大口尊"呈"酉"形体，大口，高领，鼓肩，小平底；《集成》10880铭文中的"小口尊"高领小口，形制特征分别与二里头文化早期的大口尊、小口尊一致（图1，4、5、10、11）；这也与文字学家认为"尊"字初文如长颈盛酒器形的观点相合。也有学者提出商代甲骨文和金文中从"酉"的字，如奠、酒、尊等，字形上都与二里头时期大口尊形细节接近③。

（七）"盉"

陶盉是二里头文化典型的酒器，始见于二里头文化二期，盛行于二里头文化三、

---

① 河南省文物考古研究所：《安阳鄣邓》，大象出版社，2012年，第209页。
② 袁广阔：《二里头文化研究》，线装书局，2013年，第69页。
③ 杜金鹏：《关于二里头文化的刻画符号与文字问题》，《中国书法》2001年第2期。

四期，至商代以后基本不见，其形制主要表现为弧形顶，短流，直腹，三袋足，一侧有较宽的鋬①。二里头文化早、晚期整体形态从瘦高向矮胖发展。晚商金文中的"盉"字的形象即为陶盉的侧面之形，器身中部有一方形小框，从与金文中的盾牌和甲骨文中"爵"的比较可知，该方框为器物的扳手，其形体的瘦长袋足和圆形冲天管状流的特征十分接近于二里头文化早期同类器的形制（图4，3、7）。

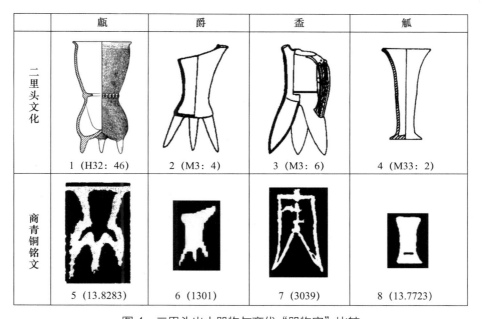

	甗	爵	盉	觚
二里头文化	1（H32：46）	2（M3：4）	3（M3：6）	4（M33：2）
商青铜铭文	5（13.8283）	6（1301）	7（3039）	8（13.7723）

图4 二里头出土器物与商代"器物字"比较

（八）"觚"

二里头文化陶觚一般为桶形，形体瘦高，口较大，口以下弧形内收，直腹，底沿外突，如南寨T93M33：2陶觚为喇叭口，平底，深筒腹，束腰②。晚商铭文《集成》13.7723"觚"的形态与二里头文化陶觚特征一致（图4，4、8）。

（九）"鼓形壶"

鼓形壶为模仿木鼓形状而制作的容器。二里头ⅦH9：7，细颈圆口，扁圆体，边

---

① 中国社会科学院考古研究所：《偃师二里头——1959年—1978年考古发掘报告》，中国大百科全书出版社，1999年，第134页。
② 河南省文物考古研究所：《伊川考古报告》，大象出版社，2012年，第87页。

缘有三周象征鼓钉的小泥饼，下有二足[①]；驻马店杨庄遗址出土的同类器为圆口细颈，扁腹，圈足，腹面边缘饰三周联珠纹象征鼓钉，中央饰斜方格纹象征鼓面的皮革[②]。晚商金文中的"鼓"字与杨庄遗址发现的鼓形壶特征最为接近。

（十）"豆"

二里头文化发现的豆数量较多，分深浅盘、高矮柄等形制。早期深盘较多，盘壁较直，晚期沿较宽，豆盘上鼓下平。晚商铭文中的"豆"（《集成》10.5395.2）与二里头时期喇叭状高柄豆形体特征接近。

比较晚商金文中的部分"器物字"与二里头时期的对应器类，可以发现四类情形：其一，晚商器物字中的"爵""璋""鬲""甗""尊"等字的构型体现出二里头文化典型器的器形特征，字形与二里头文化的器物高度契合；晚商器物字中的"盉""觚""壶"等字在字形上有变异，这部分字有的可能不是其原始形态，因此字形既表现出二里头器物特征但又同殷墟同类青铜器近似。商代后期铭文中有不少的建筑类、动物类铭文也不排除属于此类。其二，二里头等遗址出土少量的器物字如"尊"（"酉"）"盆"多采用剖视手法体现与殷墟金文"尊""皿"等字剖视的特征一致。其三，"鬲""甗"器物字的造型多与先商文化典型器一致。其四，金文所示器物曾流行于二里头文化与先商文化。这些金文器物字展现出来的器形细节，与其依附的铜器年代特征明显不同；它们作为文字虽然广泛使用于晚商时期，但字形特征却取象于年代更早的二里头文化或先商文化时期。

器物字在二里头文化与商文化使用的连续性与稳定性，还与这些文字的使用功能相关。象形字的创制过程，就是先民对于现实事物的摹绘、提炼与记录过程，而其中族徽文字承载的部族观念和群体认同，礼器类"器物字"承载的国家权力与秩序，字形上展现出明显的承续感，这也为晚商部分甲骨、金文的创制年代或可早至二里头时期提供了重要佐证。由此，借由商代"器物字"与二里头时期考古文物的比较研究，我们或可弥补夏代文字实例阙如的缺憾。

---

① 袁广阔：《二里头文化研究》，线装书局，2013年，第74页。
② 北京大学考古学系：《驻马店杨庄：中全新世淮河上游的文化遗存与环境信息》，科学出版社，1998年，第171页。

三、二里头礼制文明与器物字的关系

　　学界一般将文字与铜器、城市、礼仪祭祀中心一并作为文明的标志或要素。而二里头文化作为中国早期文明的重要一环，文字与礼制这两大要素在文化发展中的作用尤为突出，且彼此连契，密不可分。本文以器物字为切入点，尝试观察文字与二里头文化礼制文明互为表里的关系，从考古学资料中梳理二里头文化与商周书同源、礼同轨的文化连贯性与沿承性，勾勒中国早期礼制文明格制渐具的发展脉络。

（一）器物字与礼器组合

　　前文通过观察商代铜器上的"器物字"，我们发现商周时期作为权力与秩序象征的礼乐祭器组合，实际上在二里头时期已渐具规制；这些"器物字"所代表的鼎觚爵豆尊等礼器类型，在二里头文化遗存中已有集中出土，包括陶礼器、青铜器、漆器和玉器等。而最核心的青铜礼器只在具有都邑性质的二里头遗址出现，如二里头遗址墓葬中的铜爵、盉等酒礼器，在其他大中型遗址均不见。以爵、盉为代表的铜器群的出现反映了酒礼在二里头文化统治阶层中的重要地位。而这一文化现象，均可从二里头和商代"器物字"符号中找到线索。

　　以裸礼为例。裸礼是先秦时期的重要礼仪，一般是指以降神为目的的祭祀形式。《诗经·文王》正义："裸者，以鬯酒灌尸，故言灌鬯也。"[1]《尚书·洛诰》孔颖达疏："裸者，灌也。"[2]可见裸礼是商周时期重要的礼仪活动，施行于宗庙祭祀及宾客飨燕诸礼之中。《礼记·祭统》："夫祭有三重焉，献之属莫重于裸。"在已出甲骨文和金文材料中，晚商和西周裸礼的记载都十分丰富。那么，用于裸礼的代表性礼器又是什么呢？

　　《礼记·明堂位》："灌尊：夏后氏以鸡夷，殷以斝，周以黄目。"郑玄注："夷读为彝。"[3]邹衡认为："鸡彝这种灌尊，就是夏文化的封口盉，也是龙山文化中常见的

---

① 毛亨传，郑玄笺，孔颖达等正义：《毛诗正义》卷16《文王》，《十三经注疏》，中华书局，1980年，第505页。

② 王肃、孔安国传，孔颖达等正义：《尚书正义》卷15《洛诰》，《十三经注疏》，中华书局，1980年，第217页。

③ 郑玄注，孔颖达等正义：《礼记正义》卷31《明堂位》，《十三经注疏》，中华书局，1980年，第1490页。

陶鬶。"① 而从考古资料观察，裸礼和"鸡彝"在二里头遗址已经出现，二里头文化墓葬中的漆觚就与裸礼相关。考古研究表明，裸礼在二里头遗址已经出现。严志斌发现二里头文化墓葬中的圆陶片应该是漆觚底部塞孔用的，其功能应与良渚文化漆觚底部出现的木塞或圆玉片相同。良渚文化的漆觚使用制度，很可能就是二里头文化漆觚器用制度的来源。可见裸礼的来源相当古老，良渚文化时期就在江南地区流行。在二里头文化时期进入中原后，裸礼一直被接受、应用并随早商文化的开拓而广布，传承至西周时期。洛阳—郑州一带是裸礼的核心使用地域，《集成》05444 所录殷墟四期的铜尊铭文，有作人形，手持觚形器，觚形器中放置一物，或为觚中置瓒（玉柄形器榫于木棒之上）的商周裸礼场景②。邹衡认为，觚、爵、盉、三足盘等是"夏文化中最主要的礼器，它们的存在，体现了夏朝的部分礼制"③。在二里头文化一期中，可以看出以陶爵、陶觚为核心的酒礼器组合初具雏形，二期以后增加了盉、杯、壶等。陶质酒礼器与青铜礼器相比而言其种类更齐全、形体特征更稳定，并具有较强的连贯性与继承性，因此学者多认为二里头文化的青铜礼器爵、盉等是模仿陶礼器而来。

既然考古发现二里头墓葬中出土的漆觚、陶觚为裸礼器，那么与之一起成为组合的爵、盉、觚、鬶、尊、豆、平底盆等应都为当时的重要酒礼器。而且这些礼器类型，既是当时"器物字"的主要构成，也符合《说文》以酒灌地以祭祀祖先的酒礼器组合。二里头文化青铜礼器的鼎、爵、觚、壶等被商人所接纳，在此基础上商文化又创制了青铜斝，开始使用觚、爵、斝组合，而舍去了二里头文化人群所重视的陶盉。二里头文化陶礼器组合爵、盉、觚、鬶、尊、豆、平底盆等，在商代被鬲、爵、盆、豆取代。"殷因于夏礼，所损益可知也"（《论语·为政》），器物字在夏商之际使用的连续性，恰恰反映了这些文字代表器形使用功能的稳定性。"器物字"的传续发展，见证了夏商礼器组合的规制沿承和国家礼乐秩序的有序发展。

考古发现证明，早期文字与制礼作法的巫师阶层关系密切。小双桥的文字主要出土于宫殿建筑附近祭祀坑内④，说明器物上的文字与祭祀活动相关。

（二）礼制实践与以器造书

从考古发掘资料分析，二里头时期就已经有了关于"礼""乐"的实物体现，作为一种社会准则和行为规范，礼制已经成为中国早期文明社会秩序的主要支柱，在

---

① 邹衡：《试论夏文化》，《夏商周考古学论文集》，文物出版社，1980 年，第 149 页。
② 严志斌：《漆觚、圆陶片与柄形器》，《中国国家博物馆刊》2020 年第 1 期。
③ 邹衡：《试论夏文化》，《夏商周考古学论文集》，文物出版社，1980 年，第 165 页。
④ 河南省文物考古研究院等：《郑州小双桥遗址 2014 年 IVA02 区发掘报告》，《华夏考古》2019 年第 5 期。

当时发挥着重要作用 ①。而当时的礼制活动，多与巫觋或"伶官"这一特殊群体的礼仪实践相关；他们不仅是礼制活动的主持和管理者，也是早期器物字的造作和书写者。何驽认为：二里头文化宗庙祭祀时，多由"伶官手持龙牌、系铜铃、戴羽冠跳舞时，它则是萬舞的道具"②。杜金鹏根据二里头遗址大型墓葬随葬的绿松石龙形器以及青铜龙牌饰等，推测二里头文化有一特殊身份群体主导宗庙管理和祭祖活动，"手持'龙牌'列队行礼，或手持'龙牌'边唱（颂扬祖先功德）边舞"③。这些考古发现和研究，表明当时应该存在一个一定规模的巫师集团。其中一些巫师开始结合礼仪需求，在不断使用和实践中，依照礼器的形状创制"器物字"。因此，青铜器中的"龙形"牌，玉器中的璋、戚，陶礼器中反复使用的爵、盉、尊、豆、壶等相关"器物字"率先出现。这些象形文字最初与祭祀、占卜关系密切。也可以说汉字是由分布于多区域的先民们在族徽、计数、祭祀等文明要素的基本需求下，不断地创造着、积累着，最终由夏代国家巫师集团汇集形成了世界上独一无二的象形文字系统。

由是观之，二里头的器物字基本是按照礼器的客观形体，用线条勾画出器物的特征的造字方法。器物字多用正视角度表示，绘画水平极高，把器物的特征表现得十分准确，这应当是有着超高绘图技术的巫师完成的。这些早期器物字的特点是形象逼真、器物与读音一体，每个符号都有相对稳定的书写方式。对比新石器时代刻画在器物底部的符号，二里头文化的"器物字"同礼器组合与礼制活动密切结合，属于真正的文字体系。

结　　论

考古研究表明甲骨文中的"册"，并非龟册，而应为竹简串编的简册 ④。二里头文化目前无大量文字发现，应当与文字载体有关。二里头文化发现的文字符号多在陶器上面，但陶器主要是生活用具，偶尔出现的单体文字多与"族徽"有关。考古研究表明中国古代文字的创制是一个缓慢的过程，每一个重要阶段都有创新和改进，二里头的文字在商代延续使用，但商代早期、晚期都还在不断地创制出新的文字。

通过对二里头文化遗址出土的文字类符号进行分析，可以推测那些刻画在陶大

① 李晓明：《夏代礼文化态势考辨》，《当代法学》2003 年第 11 期。
② 何驽：《二里头绿松石龙牌、铜牌与夏禹、萬舞的关系》，《中原文化研究》2018 年第 4 期。
③ 杜金鹏：《中国龙，华夏魂——试论偃师二里头遗址"龙文物"》，《二里头遗址与二里头文化研究——中国·二里头遗址与二里头文化国际学术研讨会论文集》，科学出版社，2006 年，第 104 页。
④ 袁广阔：《观迹定书：考古学视野下夏商文字的传承与发展》，《光明日报》2021 年 5 月 12 日第 11 版。

口尊口沿内侧的数字符号多是用来做标记的，可能是举行祭礼时表示祭器陈列的位置次序等功用；那些刻画在陶器外侧的"尊""罐""镞"等象形符号当与二里头文化手工业生产作坊有关的工匠族徽或氏族标志有关。这些字符与商代象形文字的相似性极强。商代部分"族徽"象形文字，很可能来自二里头文化时期，二者一脉相承，展现出文字系统的连贯性。研究发现，刻画在陶器上的陶文和以礼器为代表的象形字的使用者不同。二里头文化陶器的符号多出土于作坊区，以及居址和废弃的灰坑中。这些日用陶器上的符号传递的信息多与作坊或者"族徽"有关。二者使用的场景地点不同，而礼器都出土于墓葬中，特别是青铜礼器都出土于大墓中，这与当时举行的裸礼关系密切。与礼制有关的象形字显然与制度、秩序有关。因此二里头文化文字的使用者当是具有沟通神灵资格的帝王与巫师。

通过对考古发现的比较研究，可以梳理出中国早期文字的发展脉络。从文字创制之法来看，中国早期文字是以象形为基础的，商代后期大部分象形文字都经过不断简化与提升，成为突出部分特征的文字。但少量象形文字的图画特征仍可在早期青铜器、陶器、玉器形象中找到原型。考古证据表明，商代甲骨、金文中有一批象形文字取象于二里头时期的器物，这些文字在二里头文化时期已开始出现，并以类似于"活化石"的形式保留在商代文字中。中国古代文明的核心是礼制，中国文明起源走的是一条独立的礼制文明之路。中国早期文字与礼制、礼器关系密切。正如卜工所说："古代中国的精神生活自成体系，别有洞天，别样精彩。那是礼制的天下，礼制的天堂。其发生的年代更早，礼仪活动更有秩序，礼制的观念和意识流淌在社会生活的各个角落，是中国古代文明的核心特色……礼制是中国古代文明的魂魄之所系，根基之所在。"① 汉字作为华夏文明的承载工具，对文化的传承起到了决定性作用，是世界唯一一脉相承的文字体系，对中华文明的传承和发展起到了巨大推动作用。它是人类历史上的伟大成果，也是促成中华文明成为世界上绵延五千年而不断裂、独一无二的文明的主要原因。

要之，通过比较二里头文化器物造型与商代器物字的相似性、梳理象形文字的发展脉络，或可找到一条研析中国早期文字传承脉络的新思路，勾勒出早期文字一脉相承的演变轨迹。由此可以推断，二里头文化的文字在早商时期延续下来，并在殷墟时期得到了发展，从而形成公元前两千纪以来中原地区的文字传统。而华夏早期礼制文明的发展，也在夏商文字的传续发展中，见证着礼器组合的规制沿承和国家礼乐秩序的有序发展。

（原载《中国社会科学》2023 年第 6 期）

---

① 卜工：《文明起源的中国标准——从石峁说开去》，《光明日报》2017 年 1 月 10 日第 12 版。

论三代"居葬合一"及其判断方法[*]

雷兴山¹　蔡　宁²

（1. 首都师范大学历史学院，北京，100089；2. 北京师范大学历史学院，北京，100875）

一、"居葬合一"的提出

在夏商周文化聚落中，常见一种堆积现象：居址类遗存（如灰坑、房址、窖穴及水井等）和墓葬类遗存（墓葬、瓮棺葬及祭祀坑等）紧邻分布，甚至互相叠压打破。以往对于这种堆积状况的形成原因，一般或认为是两类遗存分期年代不同，或认为是两类遗存所属人群不同。

我们过去也持类似认识。1999 年开始重新大规模发掘周原遗址时，意识到在周原遗址西周聚落的多个地点，居址类遗存与墓葬类遗存同处一地，与天马—曲村^①、琉璃河等遗址内居址与墓葬各自成区、相距甚远的聚落形态完全不同。最初我们判断这种堆积状况是"换土易居"的结果。如认为 1999 年发掘的齐家东地点居址与墓葬反复的叠压打破现象，"似乎告诉我们这片土地曾经几易其主的历史真相"^②。2002年发掘的齐家北制玦作坊"遗址与墓葬布局上交叉在同一区域中，年代上相互交错，地层上相互打破"的现象，"反映了西周时期周原地区土地所有权变化的过程，印证

---

*　本文系国家社科基金重大项目"周原遗址凤雏城址区田野考古资料整理与研究"（批准号 21&ZD240）、中央高校基本科研业务费专项资金资助（批准号 2022NTSS24）阶段性成果。
①　北京大学考古系商周组：《天马—曲村（1980—1989）》，科学出版社，2000 年。
②　周原考古队：《1999 年度周原遗址 IA1 区及 IVA1 区发掘简报》，《古代文明》（第 2 卷），文物出版社，2003 年，第 491—538 页。

了裘卫四器中关于土地交换的史实"[1]。2003 年发掘的李家铸铜作坊的这种现象，也"应该是土地使用者更换的结果"[2]。

　　然而，经过深入整理发掘资料后发现，上述发掘地点内居址和墓葬两类遗存都是从西周早期延续到西周晚期，均可分为三期 6 段。换言之，两类遗存在西周一代，一直在陶器分期上同时。如果这种状况是多次"换土易居"的结果，则这种更替未免太过于频繁[3]，有些不太合理。由此我们对传统认识产生了怀疑。

　　我们曾从李家铸铜作坊墓葬随葬品"陶管"分析入手，认为有些墓主应为作坊工匠，墓葬就埋在作坊区内，即生活之地与埋葬之地皆处在一个相对狭小的区域内[4]。种建荣根据齐家北制石作坊内墓葬随葬作坊产品、工具等现象，认为发掘区内的土地所有权并未变更，同一族群或家族"生前与死后均处在一个相对独立的区域单元内"[5]。

　　基于上述认识，我们认为周原遗址西周聚落内，有些地点居葬两类遗存时间同时，人群一致。对于这种堆积状况，我们提出了"居葬合一"这一概念[6]。所谓"居葬合一"，指的是同一人群的居址和墓葬，时段相同，共处一地，甚至有叠压打破关系，并非相距甚远的单纯墓地与单纯居址[7]。

　　此后，对于居葬合一现象，我们持续进行探索。如冉宏林在全面梳理三代大型聚落手工业作坊资料的基础上，认为三代手工业者居葬形态可分两种模式，其中一种是"居葬同地"，存在于夏商和西周时期，是手工业者所独有的居葬方式[8]。再如蔡宁对商系居葬关系进行了全面研究，总结了判断居葬形态的方法，认为在商系聚落内，"居葬合一"模式长期延续，分布广泛，是商周时期商人独有的堆积形态[9]。

---

① 周原考古队：《2002 年周原遗址（齐家村）发掘简报》，《考古与文物》2003 年第 4 期，第 3—9 页。

② 周原考古队：《2003 年秋周原遗址（ⅣB2 区与ⅣB3 区）的发掘》，《古代文明》（第 3 卷），文物出版社，2003 年，第 436—490 页。

③ 种建荣：《周原遗址齐家北墓葬分析》，《考古与文物》2007 年第 6 期，第 31—36 页。

④ 雷兴山：《论周原遗址西周时期手工业者的居与葬——兼谈特殊器物在聚落结构研究中的作用》，《华夏考古》2009 年第 4 期，第 95—101 页。

⑤ 种建荣：《周原遗址齐家北墓葬分析》，《考古与文物》2007 年第 6 期，第 31—36 页。

⑥ "居葬合一"一词，是雷兴山于 2010 年前后，在田野考古及课堂讲授时提出的一个概念，正式在论文中发表则是在 2014 年，见雷兴山、种建荣：《周原遗址商周时期聚落新识》，《大宗维瀚：周原青铜器特展》，文物出版社，2014 年，第 18—30 页。

⑦ "居葬合一"的定义参见蔡宁、雷兴山：《论曲阜鲁故城两种居葬形态》，《保护与传承视野下的鲁文化研讨会论文集》，上海古籍出版社，2018 年，第 101—111 页。该文主要内容曾于 2016 年 11 月在曲阜召开的"保护与传承视野下的鲁文化学术研讨会"上宣读过。

⑧ 冉宏林：《三代手工业者的居与葬》，北京大学学士学位论文，2010 年。

⑨ 蔡宁：《商系墓地形态探索》，北京大学博士学位论文，2020 年。

我们曾结合周原遗址[①]、曲阜鲁故城[②]等遗址的材料，初步认为东周时期也存在"居葬合一"堆积状况，认为西周时期"居葬合一"的族属不是周系族群，而是广义的殷遗民。

近年来，有些研究者也认识到了三代聚落中这种特殊的堆积现象，并且也使用了"居葬合一"概念。如赵海涛等认为"二里头都邑或已出现家族式分区而居、区外设墙、居葬合一的分区格局"[③]，"（二里头）多个区域'居葬合一'的情况，与陶寺文化等新石器时代存在大型公共墓地、居址和墓葬区分开的情况迥然有异，而是与郑州商城、偃师商城、安阳殷墟等早期王朝时期都邑的居住、墓葬制度、社会结构更为接近"[④]。

对于殷墟等商文化聚落的堆积特征，有些研究者也认为是"居葬合一"。如何毓灵等认为殷墟内单个族邑，特别是手工业者为主的作坊，是以血缘为纽带，生产、生活甚至是墓地都相对集中于一处独立的区域范围内，称其为"居葬合一"模式[⑤]。发掘报告《安阳孝民屯·墓葬》认为："除了聚族而葬以外，殷墟时期还应该会聚族而居，而且'居'与'葬'之地相距不远，甚至可以说是在同一区域内……在所谓'殷墟西区'墓地内，也有大量同时期的生活、生产遗迹。此次孝民屯遗址的发掘情况也证实，这种'居葬合一'的模式是殷墟时期最主要的聚落形态。"[⑥]孝民屯的发掘"在一定程度上改变了学术界对殷墟西区的传统观点"[⑦]。安阳市考古研究所的一些研究者认为新发掘的辛店铸铜遗址，"墓葬和手工业遗址没有明显的区域分隔，居址、道路、灰坑等遗迹和墓葬互相叠压，体现了殷墟时期'居、葬、生产'三位一体的社会形态，印证了雷兴山提出的商周时期手工业者'居葬合一'理论"[⑧]。

目前看来，关于夏商周文化聚落内存在"居葬合一"现象，甚至是一种普遍现象的认识，已取得一定共识。但即使如此，还有不少问题尚待深入研究，如："居葬合一"概念的内涵尚未明确，判断"居葬合一"的方法尚未系统论述，"居葬合一"

---

① 蔡宁、种建荣、雷兴山：《周原齐家制玦作坊居葬关系及社会结构再探》，《考古与文物》2022年第2期，第132—137页；蔡宁、雷兴山、种建荣：《周原云塘制骨作坊"居葬合一"论》，《四川文物》2022年第2期，第92—99页。

② 蔡宁、雷兴山：《论曲阜鲁故城两种居葬形态》，《保护与传承视野下的鲁文化研讨会论文集》，上海古籍出版社，2018年，第101—111页。

③ 赵海涛：《二里头都邑聚落形态新识》，《考古》2020年第8期，第119—120页。

④ 赵海涛、许宏：《新探索与新收获：近十年二里头遗址田野考古概述》，《南方文物》2018年第4期，第58—61页。

⑤ 何毓灵：《殷墟近十年发掘的收获与思考》，《中原文物》2018年第5期，第4—8页。

⑥ 中国社会科学院考古研究所：《安阳孝民屯：（四）殷商遗存·墓葬》，文物出版社，2018年。

⑦ 岳洪彬、何毓灵：《新世纪殷墟考古的新进展》，《中国文物报》2004年10月15日第7版。

⑧ 安阳市文物考古研究所：《河南安阳辛店商代晚期铸铜遗址2016年发掘简报》，《文物》2021年第4期，第4—34页。

的文化归属与族群归属的观点仅是初步提及，"居葬合一"在考古学研究中的意义尚未被充分认识。

本文拟对上述"居葬合一"研究中的相关问题，做一初步总结，以期能够引起学界对该问题的关注与共同探索。

二、"居葬合一"的判断方法

居址与墓地共存一地的堆积现象，有可能是两种情况：一种是居址与墓葬两类遗存年代同时，属同一人群，即本文所谓的"居葬合一"；另一种是两类遗存年代有别，或分属不同人群。如何判断两类遗存是"居葬合一"呢？本文认为应符合以下三条标准，简述如下。

其一，两类遗存须在空间上"共处一地"。

本文所谓的"共处一地"，主要是指居址与墓葬紧邻分布，常见叠压打破现象，甚至墓葬就埋在房屋内或院落中。在以往的三代聚落发掘区中，常可以看到居址和墓葬两类遗存并不单独成区，而是二者夹杂分布，呈"插花式"分布形态。

在河北藁城台西商文化聚落中，墓葬就埋在"三合院"内外[1]。郑州商城铭功路制陶作坊内，墓葬一般埋在建筑内或建筑周围[2]。盘龙城居址和墓葬位置也有很强的关联性，在诸多地点都呈现居葬遗存同地且互相打破的现象[3]。

在殷墟遗址内遍地都有居址和墓葬，很难说某区域是单纯的墓地或是单纯的居住址[4]。如大司空C区的多进式院落内外，密集地埋葬墓葬，且高等级墓葬 M303 就叠压在夯土之间[5]。孝民屯等地点的灰坑、窖穴和水井等生活遗迹都分布在房基周围，墓葬也围绕在居住址附近，没有独立墓地。所谓的殷墟西区墓地，实际上也是居址与墓葬夹杂分布[6]。

需要指出的是，在有些发掘区内，居址与墓葬虽然无打破关系，但距离甚近，

---

① 蔡宁：《藁城台西聚落"遗迹组合"初探》，《青年考古学家》（第一辑），科学出版社，2020 年。
② 郭士嘉、方铭璐、雷兴山：《郑州商城铭功路制陶作坊分区研究》，待刊。
③ 张昌平、孙卓：《盘龙城聚落布局研究》，《考古学报》2017 年第 4 期，第 439—460 页。
④ 岳洪彬、何毓灵、岳占伟：《殷墟都邑布局研究中的几个问题》，《三代考古》（四），科学出版社，2011 年，第 248—276 页。
⑤ 中国社会科学院考古研究所：《安阳大司空——2004 年发掘报告》，文物出版社，2014 年。
⑥ 岳洪彬、何毓灵、岳占伟：《殷墟都邑布局研究中的几个问题》，《三代考古》（四），科学出版社，2011 年，第 248—276 页。

不过几米之隔。这种现象有可能属上述形态的局部，只是因为发掘面积较小而已。如在周原遗址李家铸铜作坊等发掘区内，灰坑和墓葬分布相对独立，但两类遗存也仅相距 2 米左右[①]。如果发掘面积较大，仍然见这一现象，则可认为是"居葬合一"的另外一种形态。目前所见这种形态较少。如盘龙城遗址近年发掘的杨家湾 F4，周围发现商代灰坑 17 个，灰沟 5 条及残窑 1 座，其中 G1、G2 和 G5 对 F4 呈环绕之势，在 F4 西北 14 米处发现了 7 座分布密集的商代墓葬[②]，7 座墓葬都属盘龙城第七期，与 F4 年代相同。这种形态也可视为"居葬合一"。

以往研究居葬关系时，对居址与墓葬两类遗存在空间位置上的界定标准并不一致。在多大范围内，或者是在何种层级区域内，居葬两类遗存究竟该相距多远，什么样的居葬分布形态，属于"居葬合一"，都是需要深入讨论的问题。

例如，在同一功能区内，居址与墓葬之间相距远超数十米，往往一边是居址，一边是墓地，并不紧邻或者有叠压打破关系。也许有研究者将这种情况称为"居葬合一"（或居葬同地）。但按我们的界定，这种情况并不属"居葬合一"。

不过，目前在三代聚落中，很少能画出明确范围的功能区，如二里头遗址"九宫格"那样的功能区更是罕见。有些可以明确封闭的"独立空间"，也大小不一，性质有别，所属聚落层级不同，研究者在判断这些功能区或独立空间内的两类遗存是否为"居葬合一"时，肯定会有不同认识。

其二，两类遗存须在时间上"共时"。

属"居葬合一"的居葬两类遗存必须共时。但共时性和历时性一直是聚落考古中一个难题，目前判断遗存是否共时，最主要的方法是依据陶器分期。我们也认为，一般情况下，若居址与墓葬两类遗存陶器分期不同，或两者在整体年代上有早晚关系，或两者整体在层位上有叠压关系，则两类遗存必非"居葬合一"。

本文所谓的"同时"，分为三种情况，即陶器"分期共时""阶段共时""绝对共时"。

（1）陶器的"分期共时"

所谓"分期共时"，是指依据陶器分期标尺，两类遗存属同期段。目前，学界常用"分期共时"来判断遗存的共时性。如有研究者对藁城台西遗址居址与墓葬陶器的分析，认为二者在陶器分期上存在共时[③]。在周原、殷墟等遗址中，墓葬和居址在

---

① 郭士嘉：《周原铸铜业研究》，北京大学博士学位论文，2021 年。

② 武汉大学历史学院、盘龙城遗址博物院：《武汉市盘龙城遗址杨家湾商代墓葬发掘简报》，《考古》2017 年第 2 期，第 15—25 页。此外 F4 西北 5 米、M17 东南 6 米处还有一座高等级墓葬 M13，见盘龙城遗址博物院：《武汉市盘龙城遗址杨家湾 M13 发掘简报》，《江汉考古》2018 年第 5 期，第 41—49 页。

③ 李宏飞：《藁城台西商代遗址再分析——兼论商文化"居葬合一"的特质因素》，《中国国家博物馆馆刊》2019 年第 7 期，第 76—89 页。

陶器分期上共时的情况非常多见。这种情况下，一般可视为居址与墓葬两类遗存同时。但必须强调的是，若两类遗存仅在某一个期、段同时，依然有不共时的可能。

（2）遗存的"阶段共时"

所谓"阶段共时"，是指居址与墓葬两类遗存在不止一个（陶器分期）期段内共存，如周原遗址云塘制骨作坊内的居葬两类遗存，均从西周早期延续到西周晚期，则可认为二者在西周这一阶段共时。这种情况的共时是一种长时段的共时，即在这样一个长时段内，两类遗存一定共同存在过。

（3）遗存的"绝对共时"

我们认为，考古遗存的共时性可分为"绝对共时"和"相对共时"两种。上述"分期共时"和"阶段共时"属于"相对共时"。"绝对共时"[1]是指两类遗存处于明确的、极短的时间段内（或时间相距非常短暂）。

绝对共时是判断两类遗存共时性的最佳证据。虽然它往往可遇而不可求，但应力求之。比如在周原遗址云塘作坊多座灰坑和2座墓葬填土中都发现了较多的、出土时仍然相连的动物关节废料。其中一座墓葬填土中的一块是牛的踝关节，出土时多块骨骼仍然紧密相连。由于韧带和肌肉组织腐烂速度较快，在埋藏后较短的时间内就会腐烂消失，这种埋藏现象表明，这些骨料从牛被屠杀到被填入墓葬中，环节虽多，时间却很短暂，以至于骨头上的筋肉还未腐烂。如此短的时间，足可视为居址遗存与墓葬"绝对共时"。

其三，两类遗存须所属"人群相同"。

本文所谓的"人群相同"包含两种含义，一是居址与墓葬的族属相同，二是居址和墓葬代表同一特定人群。商周时期考古学遗存的族属判断历来是个难题，而特定人群的判断可谓是"难上加难"，相关研究仍需不断探索。我们初步提出四种判断方法。

（1）依据特殊遗物判断

这里所谓的特殊遗物，是指在特定考古背景下可代表人群身份的遗物。如在殷墟孝民屯墓葬中发现了陶鼓风嘴与磨石，研究者一般都认为墓主人是铸铜工匠[2]。西周时期的齐家北制玦作坊内也有多座墓葬随葬石玦和制石工具[3]。云塘、李家作坊各出有与制骨、铸铜相关的器物。这些在作坊之内、作为墓葬随葬品、属于作坊工具

① 蔡宁、雷兴山、种建荣：《陕西周原云塘制骨作坊"居葬合一"论》，《四川文物》2022 年第 2 期，第 91—99 页。
② 中国社会科学院考古研究所：《安阳孝民屯：（四）殷商遗存·墓葬》，文物出版社，2018 年。
③ 中国社会科学院考古研究所：《周原——2002 年度齐家制玦作坊和礼村遗址考古发掘报告》，科学出版社，2012 年。

或产品的遗物，可视为能代表墓主人特殊身份的特殊遗物，由此可判断在这些作坊内居址与墓葬属于同一人群，墓主就是作坊的工匠（或作坊管理者）。

再如在藁城台西遗址探方地层和 F2、F6 内外地面出土了一批植物种子，为桃仁和郁李仁，外形完整，皆为剥掉硬壳后有意识储存。发掘者认为，这批植物种子并非食用，而是作为药用。在 F14 内也发现 50 克大麻籽，也可能为药用。在 M14 二层台带盖的长方形漆盒内，出土了一件石镰，尖端圆钝，内缘锐利，长 20 厘米，最宽处 5.4 厘米，无安装手柄的痕迹。发掘者认为这件石镰的出土情况极为罕见，很可能是一件砭镰，即医疗手术工具。M14 随葬品丰富，有铜器、卜骨，因此墓主有可能是兼具卜人和医生身份[1]。居址与墓葬中都出土了医药遗存，由此可知以 M14 和 F2 为代表的居葬人群中，至少有一部分是属于同一人群。

（2）依据出土文字（族徽）判断

在居址和墓葬中，有时候会出土相同的族徽、人名等有文字的遗物，有较强的人群指征性意义，表明居葬属于同一人群。如殷墟铁三路 M89，出土较多青铜礼器，其中铜觚上的族徽是一个带扉棱的牙璋之形。何毓灵认为，该墓墓主是以牙璋为族徽的制玉贵族，以职业为氏，埋葬在殷墟手工业作坊区内[2]。齐家制玦作坊陶片上刻有"璋"字，为石璋的象形字，更与金文中的"璋"字族徽相同，而该作坊产品主要是石玦，石璋和石玦都是典型的玉石器[3]。

我们在齐家北漆木器作坊发现陶文族徽"箙"字，箙在卜辞、金文中是藏矢器的复体象形字，在东周及秦汉时期，墓葬出土的装箭矢的"箙"有不少都是漆木器。由此可知齐家北漆木器作坊族徽也与作坊产品性质相同。云塘制骨作坊更为明显，它的产品以骨笄为主，墓葬出土铜尊的铭文中也有形似骨笄的族徽[4]。周原遗址制骨作坊出土的族徽为一种骨器，制石作坊出土的族徽为一种石器，漆木器作坊出土的族徽是一种漆木器，这并非偶然巧合，这是三代以职事为氏、"世工世族"的表现[5]。因此，这些出土文字符号可表明居葬遗存所属人群，属于同一特定人群。

① 河北省文物研究所：《藁城台西商代遗址》，文物出版社，1985 年。
② 何毓灵：《试析殷墟一座玉匠墓》，《三代考古》（七），科学出版社，2017 年，第 419—428 页。
③ 雷兴山：《论周原齐家制玦作坊的族徽与社会结构》，《古代文明》（第 10 卷），文物出版社，2016 年，第 215—228 页。
④ 陕西周原考古队：《扶风云塘西周骨器制造作坊遗址试掘简报》，《文物》1980 年第 4 期，第 27—38 页；陕西周原考古队：《扶风云塘西周墓》，《文物》1980 年第 4 期，第 39—55 页。
⑤ 郭士嘉、雷兴山、种建荣：《周原遗址"西周手工业园区"初探》，《南方文物》2021 年第 2 期，第 147—153 页。

（3）依据"族属代码"判断

所谓的"族属代码"，是指可代表考古学遗存族属的特质文化因素[①]。如我们曾提出判断西周时期殷遗民遗存的 11 条标准[②]，并认为在西周时期，"居葬合一"堆积的族属是殷遗民。如果居址和墓葬遗存都符合上述标准，则可判断二者族属都为殷遗民。

目前，对于"族属代码"的认识还相对较少，诸如有关夏遗民，周余民等特定人群的代码还不清楚，今后要努力寻找。同时我们还认为，寻找"族属代码"，是破解三代考古学文化族属判断这一难题的有效方法。

不过，由于族属包含的内涵比较宽泛，同一聚落内相同族属的人可能有很多，未必都属同一特定人群。因此即使居址与墓葬的族属相同，也不能直接断定它们是"居葬合一"。换言之，族属仅是判断"居葬合一"的相对证据。

（4）依据"遗迹组合"判断

所谓的"遗迹组合"，是指几类不同属性遗迹间的时空共存关系，这些遗迹在一定时间段内，空间位置靠近，单位属性相关，分布形态稳定常见，属于同一特定人群。在藁城台西聚落内，房屋、灰坑及墓葬年代相同，分布形态相关，墓向即房向，功能也有内在联系，可按院落为核心划分多组遗迹组合[③]。

遗迹组合反映了遗迹之间的内在联系，是判断"居葬合一"的主位标准。将来如能辨识出更多的遗迹组合形态，判断"居葬合一"将是简单之事。

上文从时间、空间、人群对应三方面讨论了"居葬合一"的判断方法及标准。在此还需强调几点：①如果在进行一项具体研究时，上述三项标准皆能符合，则判断"居葬合一"的结论就最为扎实可靠。②三项标准中，最根本的还是人群对应关系。如果能够确定居址与墓葬属于同一人群，那么即使时空关系资料略有缺失，也可判定为"居葬合一"。③如果居址与墓葬两类遗存只能判断为同时、同地，但无法确定居葬两类遗存属于同一特定人群，则不能下结论为"居葬合一"。不过，如果已有大量明确为"居葬合一"的证据，已经形成类似"定理"的规律性特征，则也可判断。如我们已论证"居葬合一"是商周时期商系族群聚落形态的普遍性现象[④]，那么如果已知其中一类遗存的族属为商人或商遗民，且同时同地，那么就可以初步判

[①] 雷兴山、王洋：《考古学文化因素分析方法新理解》，《学而述而里仁——李伯谦先生从事教学考古 60 周年暨学术思想研讨会文集》，大象出版社，2022 年，第 206—216 页。

[②] 雷兴山、王洋、种建荣：《西周殷遗民族属判断标准简论》，《考古学研究》（十三），科学出版社，2022 年，第 359—368 页。

[③] 蔡宁：《藁城台西聚落"遗迹组合"初探》，《青年考古学家（第一辑）》，科学出版社，2020 年。

[④] 蔡宁：《商系墓地形态探索》，北京大学博士学位论文，2020 年。

断两者为"居葬合一"。

还需提及的是，以往认为的一些单纯墓地，实际可能也是"居葬合一"。产生错误判断的原因可能有：①发掘面积较小，仅发现了墓葬；②选择性钻探发掘或者抢救性发掘，没有发掘居址遗存；③由于堆积被破坏严重，埋藏较浅的居址遗存被破坏殆尽，仅留下了埋藏较深的墓葬遗存；④在发表资料时，仅仅发表了墓葬遗存，对居址遗存忽略不提，这种情况在以往的考古工作中时常遇到。

三、"居葬合一"的研究意义

三代居址与墓葬的对应关系，一直是考古学研究中的难题，以往研究成果很少，专门的理论方法研究成果更是极为薄弱。"居葬合一"是研究居葬关系的积极探索，从这个意义上讲，"居葬合一"不仅是一种观点或结论，更是一种探索居葬关系的理念与方法。不过目前其最重要的学术意义，可能也仅是引起研究者对该问题的关注。

我们认为三代聚落中存在"居葬合一"这种堆积状况，并认为这一崭新的认识，有助于纠正以往一些错误认识，可深化三代考古相关问题的研究。

1. 有助于考古遗存的分期研究

在以往研究中，只要见到居址与墓葬共存一处，有叠压打破关系，就一般认为两类遗存分属不同期，或者是族属人群不同。有时会潜意识地将居址与墓葬划分为不同期。如藁城台西遗址发掘报告，认为遗址分期为"早期居住遗存—第一期墓葬—第二期墓葬—晚期居住遗存"，没有共时关系[①]。又如周原云塘制骨作坊发掘简报将作坊堆积分为：早期墓葬区—中期骨器作坊—晚期墓葬区[②] 等。现在看来，这些认识是错误的。

鉴于此，我们认为，在以后的研究中，若遇到居葬一地的堆积，不应强行将两类遗存分为不同期段，反而应首先考虑是否存在"居葬合一"，应更加深入地分析两类遗存是否"共时"。

---

① 河北省文物研究所：《藁城台西商代遗址》，文物出版社，1985 年。
② 陕西周原考古队：《扶风云塘西周骨器制造作坊遗址试掘简报》，《文物》1980 年第 4 期；陕西周原考古队：《扶风云塘西周墓》，《文物》1980 年第 4 期，第 39—55 页。

2. 有助于聚落形态研究

以往有些研究，将"居葬合一"的堆积，误认为是聚落变迁的证据，误认为是土地功能的转换，甚至误认为是聚落结构与性质发生了变化，导致对聚落形态的理解产生偏差。如认为殷墟聚落形态是"卷心菜"式的布局[①]，认为周原的堆积是"换土易居"的结果等。

"居葬合一"的认识可以纠正上述错误观点，我们已经认识到周原遗址聚落可划分为不同的功能区，其中即包括"居葬合一"的功能区[②]。殷墟考古也已经划分出"族邑"[③]及"手工业园区"[④]，在园区中堆积形态亦为"居葬合一"。凡此表明，"居葬合一"这一新认识可推动聚落形态的深入研究。

有时习惯性的思维会蒙蔽我们的眼睛。一般而言，墓葬不会紧邻居址，但大量的民族志材料与已有的考古研究表明，居址与墓葬紧邻，甚至房旁就埋墓，并非一种罕见的现象。于此再次呼吁，在发掘三代遗存时，若遇到多座墓葬，先不要马上判断这只是一处墓地，甚至对近在几米外的居址遗存"视而不见"，请进一步研判是否有"居葬合一"的可能。

3. 有助于考古学文化研究

以往对于考古学文化内涵的界定，多偏重于遗物，将其概括为器物组合特征，而对遗迹特征关注较少。究其原因，主要是单个遗迹特征在不同考古学文化中不易区分，亦很难发现规律，对判断考古学文化属性意义不大。由此造成我们常说的考古学文化，一般只是指陶器特征，而非应该的遗迹、遗物的总体特征。

于此强调的是，不仅单类遗迹的特征，是一支考古学文化的重要特征，不同类遗迹的组合形态，也是考古学文化特征的有机构成部分。有时甚至可见不同考古学文化的单类遗迹特征基本近同，但各类遗迹组合的形态有别。因此"居葬合一"特征也有助于深化三代考古学文化研究。

---

① 郑振香：《殷墟发掘六十年概述》，《考古》1988 年第 10 期，第 929—941 页；杨锡璋、刘一曼：《80 年代以来殷墟发现的主要收获》，《中国古都研究》（十二），山西人民出版社，1998 年，第 47—61 页。

② 雷兴山、种建荣：《周原遗址商周时期聚落新识》，《大宗维瀚：周原青铜器特展》，文物出版社，2014 年，第 18—30 页。

③ 唐际根、荆志淳：《安阳的"商邑"与"大邑商"》，《考古》2009 年第 9 期，第 70—80 页；何毓灵：《殷墟近十年发掘的收获与思考》，《中原文物》2018 年第 5 期，第 4—8 页。

④ 何毓灵：《论殷墟手工业布局及其源流》，《考古》2019 年第 6 期，第 75—88 页。

4. 有助于人群与社会组织研究

我们对"居葬合一"的研究表明,在商周时期,凡是"居葬合一"的堆积族属皆为商系族群,而周人则居址与墓葬不相混杂,呈现"居葬分离"的形态。甚至东周曲阜鲁国故城的商系族群与周系族群,仍然表现出不同的两种居葬形态[①]。因此,"居葬合一"特征是判断考古学遗存族属的新依据。

以前在研究社会结构等社会问题时,多依据墓葬材料,"居葬合一"的认识,可将居址与墓葬两类遗存有机地串联起来,使居址遗存也成为研究人群结构、社会形态等问题的重要材料,开拓了研究社会问题的新视野与新途径。

（原载《考古学研究》（十六），科学出版社，2023 年）

---

① 蔡宁、雷兴山:《论曲阜鲁故城两种居葬形态》,《保护与传承视野下的鲁文化学术研讨会论文集》,上海古籍出版社,2018 年,第 101—111 页。

西周殷遗民族属判断标准简论[*]

雷兴山[1]　王　洋[2]　种建荣[3]

（1. 首都师范大学历史学院，北京，100089；
2. 武汉大学历史学院，武汉，430072；3. 陕西省考古研究院，西安，710054）

一、研 究 缘 起

本文所谓"殷遗民"，指广义的殷遗民。马赛认为广义的殷遗民，既包括商王族后裔，也包括商文化范围内其他方国人口的后裔[①]。刘绪先生认为殷遗民是相对西周时期周系族群而言的[②]。笔者同意这些认识，认为西周时期广义的殷遗民（亦可称商系族群），是相对于以姬姓周人为代表、灭商前居于关中西部地区的周系族群而言的。

对殷遗民考古遗存的辨识，始于 1952 年郭宝钧与林寿晋先生在洛阳东郊发掘并辨识出的"殷遗民墓"[③]。此观点提出后，立即遭到胡谦盈先生的反对[④]。自此至今，关于殷遗民遗存的判断，一直存在提出标准、对标准反对驳议的两方，本文暂称之"立论方"与"反对方"。

立论方的出现及其发展，是与一些考古发现相关的。其主要依据有以下三点。

---

[*]　本文系国家社科基金重大项目"周原遗址凤雏城址区田野考古资料整理与研究"（批准号 21&ZD240）、教育部人文社科青年基金项目"西周墓地结构与族群关系研究"（批准号 19YJC780005）的阶段性成果。

[①]　马赛：《周原遗址西周时期人群构成情况研究——以墓葬材料为中心》，《古代文明》（第 8 卷），文物出版社，2010 年，第 138—162 页。
[②]　刘绪：《周代墓地族系分析》，《夏商周考古》，山西人民出版社，2021 年，第 73—110 页。
[③]　郭宝钧、林寿晋：《一九五二年秋季洛阳东郊发掘报告》，《考古学报》（第 9 册），1955 年。
[④]　胡谦盈：《关于"殷人墓"的商榷》，《考古通讯》1956 年第 3 期。

其一，自洛阳殷遗民墓的辨识起，立论方就默认物质文化特征与族群存在对应关系，以殷墟文化的墓葬特征来判断殷遗民墓葬。如"殷遗民墓，其版筑、墓制、腰坑、犬骨、陶器、蚌器、画幔等，仍多保持殷俗"[①]。

其二，自洛阳发现殷遗民墓后至 20 世纪 70 年代，在多个地区发现有特征迥然有别的两类西周墓葬，其中一类恰与殷墟文化墓葬特征类同。如北京琉璃河遗址发现并划分出Ⅰ、Ⅱ两区墓葬[②]，曲阜鲁国故城发掘的墓葬被分为甲、乙两组[③]，这两处遗址中的两类墓葬在头向、腰坑殉狗、殉人、随葬陶器组合、陶器形制和随葬品位置等方面存在着明显差异，研究者们普遍认为其族属分别为殷遗民与姬姓周人。

其三，20 世纪 90 年代以后，由随葬铜器铭文等可确认族属为姬姓周人或殷遗民的贵族墓葬，被越来越多地发现或发表。如属姬姓周人的丰镐张家坡井叔墓、北赵晋侯墓等，属殷遗民的鹿邑太清宫长子口墓等。如果说此前对殷遗民墓葬的判断带有不少推测成分，那么这些内证资料的不断发现，终于为商周两系族群的判断提供了可靠的基准，也证明了此前多个地区划分出的两类墓葬确为两系族属的差别。

至此，越来越多的学者认同殷遗民与姬姓周人有着不同的考古学文化特征，表现在腰坑殉狗、殉人、墓向、随葬陶器、车马坑等方面[④]。

反对方中，既有针对族属研究理论方法的质疑，如认为墓葬特征未必能反映族属，或族属就是人群的主观认同，难以从物质文化特征上进行辨识；也有针对具体问题的驳议，集中在腰坑殉狗、殉人是否可与殷遗民画等号[⑤]。具体论证，集中在以下两个方面。

其一，根据周人腹地的丰镐与周原遗址、姬姓诸侯国中，见有甚至是常见立论方提出的殷遗民特征，因此认为这些特征并非殷遗民独有，亦为姬姓周人所用，很有可能是姬姓周人吸收了商文化因素。

① 郭宝钧、林寿晋：《一九五二年秋季洛阳东郊发掘报告》，《考古学报》（第 9 册），1955 年。
② 北京市文物研究所：《琉璃河西周燕国墓地（1973—1977）》，文物出版社，1995 年。
③ 山东省文物考古研究所等：《曲阜鲁国故城》，齐鲁书社，1982 年。
④ 张剑：《洛阳两周考古概述》，《洛阳考古四十年——1992 年洛阳考古学术研讨会论文集》，科学出版社，1996 年，第 14—26 页；任伟：《从考古发现看西周燕国殷遗民之社会状况》，《中原文物》2001 年第 2 期；韩巍：《西周墓葬的殉人与殉牲》，北京大学硕士学位论文，2003 年；郜向平：《洛阳地区西周墓葬研究》，吉林大学硕士学位论文，2003 年；印群：《由墓葬制度看殷遗民文化特色嬗变之不平衡性》，《中国历史文物》2004 年第 4 期；马赛：《周原遗址西周时期人群构成情况研究——以墓葬材料为中心》，《古代文明》（第 8 卷），文物出版社，2010 年，第 138—162 页；张礼艳：《从墓葬材料看丰镐地区西周时期的人群构成》，《华夏考古》2015 年第 2 期；张明东：《商周墓葬比较研究》，中国社会科学出版社，2016 年；刘绪：《周代墓地族系分析》，《夏商周考古》，山西人民出版社，2021 年，第 73—110 页。
⑤ 胡谦盈：《试谈先周文化及相关问题》，《中国考古学研究——夏鼐先生考古五十年纪念论文集》（二），科学出版社，1986 年，第 64—80 页；王恩田：《曲阜鲁国故城的年代及其相关问题》，《考古与文物》1988 年第 2 期。

其二，针对立论方提出的各条族属标准，反对方往往能举出个别反例来进行反驳。如与先周文化相关的碾子坡墓地中有 1 座墓（M163）设腰坑，丰镐遗址有几座先周晚期或西周初期的墓葬设腰坑、殉人，如 67SCCM89、83 沣毛 M1 与 83SCKM1[①]。

在上述两方中，笔者赞同立论方，理由有以下两点。

理由一，丰镐与周原遗址虽属西周文化核心区，但其聚落性质为都邑，族群构成并不单纯。考古发现表明，这里普遍存在族属有别的两类墓葬，也见有明确的殷遗民遗存（如微史家族窖藏）。有些学者根据铜器铭文，甚至认为周原遗址在西周时期主要居住着非姬姓家族[②]。姬姓诸侯国的情况与此相类，文献与考古发现表明其族群构成往往是两分或三分结构，即由姬姓周人、殷遗民与土著族群构成。

因此，在西周族属问题研究中，不可将国别等同于族别，将国文化视为族文化。即使在一处墓地内，所葬族群的构成亦未必单纯[③]，不可将墓地内部分墓葬（即使是最高等级墓葬）的族属等同于整个墓地的族属[④]。常被反对方举证的张家坡井叔墓地中，大墓族属为姬姓周人，但与大墓墓向有别、使用腰坑的墓葬族属未必属周人，至少井叔夫人必非姬姓周人。若将这些族属存疑的墓葬统计在内，是无法对立论方进行有力驳议的。

理由二，1999 年以来，随着大周原考古的深入开展，在周原地区发现了特征差异鲜明的两类西周墓葬。一类以周原遗址齐家北制石作坊、庄李铸铜作坊、齐家东等地点墓葬为代表，与殷墟文化墓葬特征近同；而另一类以岐山周公庙、孔头沟等墓地为代表，与先周时期关中西部地区墓葬或明确的西周姬姓周人墓葬特征近同。两类墓葬特征的鲜明差异贯穿西周始终，成为大周原考古极为突出的一个现象。这使笔者深感商周两系族属标准立论有理，遂不断总结西周各地的考古资料，以期丰富商周两系族群遗存的判断标准。

虽然笔者认可立论方，认为以往判断殷遗民遗存标准的研究已取得丰硕成果，但也尚感这些研究还是存在一些可改进之处，如：①族属判断标准的研究对象集中在墓葬特征上，如葬俗与随葬品等，对居址遗存、器用现象族属特征的辨识关注不

---

① 这几座墓葬的族属是否为周人，尚有争议。见雷兴山：《先周文化探索》，科学出版社，2010 年，第 233 页；路国权、侯级润：《张家坡 M89 年代为西周说——论西周高领袋足鬲》，《文博》2009 年第 4 期。

② 曹玮：《周原的非姬姓家族与虢氏家族》，《周原遗址与西周铜器研究》，科学出版社，2004 年。

③ 如丰镐遗址 1967 年张家坡西区墓地、周原遗址黄堆墓地、姚家墓地、华县东阳墓地、凤翔孙家南头墓地、曲村墓地、荥阳娘娘寨墓地、北京琉璃河墓地等，都包含了殷遗民、姬姓周人等不同族群的墓葬，这些族群共用一处墓地，各自分区埋葬。见王洋：《西周墓地结构研究》，中山大学博士学位论文，2018 年，第 50—92 页。

④ 如周原遗址姚家墓地内，等级最高的带墓道大墓与北区贵族墓葬无腰坑殉狗，其族属可能为周系族群，但等级较低的南区墓葬常见腰坑殉狗，族属可能为殷遗民。见种建荣：《周原遗址姚家墓地结构分析》，《华夏考古》2018 年第 5 期。

多。②除腰坑、殉人等族属标准外，大多数的族属判断标准是由个别典型遗址归纳得出的，尚缺乏对西周各地区相关遗存的全面考察，致使一些重要的族属判断标准未能取得学界共识。③相对于殷遗民文化特征研究成果而言，以往对周系族群文化特征的研究较少，以致有时将不见腰坑、用牲、殉人等殷遗民特征的墓葬，都视作周人墓，扩大了周系墓葬的范畴。

由于考古学文化与族属并不是一一对应的关系①，甚至有学者认为"族属认同是基于自我以及与他者之间变化不定的、因势而异的和主观的认定"②。因此，考古学文化族属判断是三代考古不可回避的难题，从考古学上辨识西周殷遗民遗存，属于考古学文化族属判断的范畴。那么，该如何寻找西周殷遗民遗存的判断标准呢？

本文的理念有以下两点。

一是强调族属判断标准的寻找，需要从古人的族群认同出发，也就是张光直先生所说的"寻找古人的分类"。这个看似难以企及的目标，在中国考古学的研究中是可以部分实现的，因为大量历史文献、墓葬中能表明墓主身份的文字（如铜器铭文），就是绝佳材料③。族属判断标准应是主位标准。

二是强调族属特征，不是指一般的考古学文化特征，而是指能标识古人族属身份的遗存特征，它是被古人有意维持的、最稳定的特质文化因素。笔者曾参考"性别代码"概念，将这些特质因素称为"族属代码"④。本文所谓的殷遗民判断标准，可视为殷遗民的"族属代码"。

下文先简述判断殷遗民遗存的 11 条标准，进而对这些标准的使用方法进行说明，并作简要论证。

二、判 断 标 准

在前人研究的基础上，本文认为，西周殷遗民考古遗存的判断标准，至少包括

---

① 李伯谦：《试论夏家店下层文化》，《纪念北京大学考古专业三十周年论文集》，文物出版社，1990 年，第 150—170 页；李伯谦：《考古学文化的族属问题》，《考古学研究》（七），科学出版社，2008 年，第 452—459 页。
② 〔英〕希安·琼斯著，陈淳、沈新成译：《族属的考古——构建古今的身份》，上海古籍出版社，2017 年，第 18 页。
③ 张光直：《考古学专题六讲》，文物出版社，1986 年，第 64—71 页。
④ 王洋：《论西周的商、周两系陶器组合》，《三代考古（第九辑）》，科学出版社，2021 年，第 414—437 页。

以下 11 条，其中前 6 条为前人明确提出，后 5 条中的部分内容也曾为前人提及，本文更加强调这些内容可作为族属判断标准。

标准 1：使用日名。是指西周青铜器作器者或其祖、父的名字为日名者，则可判断其族属为殷遗民。张懋镕先生明确提出"周人不用日名说"，认为"有无日名是划分周氏族人铜器与非周氏族人铜器的一个标准"①。殷墟时期商人青铜器上常见日名，卜辞所见商王也使用日名，西周时期的殷遗民仍保留这一特征，如周原遗址庄白一号窖藏发现的商王室后裔微史家族铜器上就使用日名。

标准 2：使用族徽。是指西周青铜器上有族徽者，该器的作器者族属为殷遗民。张懋镕先生提出"周人不用族徽说"，认为"族徽文字是殷人的专利，周人则弃而不用"②。虽然目前对族徽是否为族氏名号还有争议③，但这一特征确实不见于姬姓周人所作青铜器。而在殷墟青铜器上，族徽与日名比比皆是，缀有族徽的铜器往往也使用日名，西周殷遗民延续了这一特点，直至西周中期族徽才大量减少。如周原微史家族铜器群中，年代较早的商器、折器、丰器上都普遍缀有族徽，至共王及之后的墙器、痶器罕见族徽。

标准 3：墓葬设腰坑。腰坑是商人墓葬中常见的一种葬俗，自二里岗上层时期开始流行，至晚商时期，殷墟遗址中已有近半数墓葬设有腰坑，尤其是等级较高的墓葬几乎都有腰坑④。这一葬俗也为西周殷遗民继承，如鹿邑太清宫长子口墓等。但明确为姬姓周人的墓葬中均不见腰坑，如晋、燕、卫、应、曾、虢、芮等姬姓诸侯墓葬。先周文化相关墓葬中也几乎不见腰坑⑤。

标准 4：墓内用牲。这里的"牲"指墓内埋葬的动物遗存⑥。商人与殷遗民墓葬有着极为繁杂的用牲方式，根据用牲部位及其放置位置，主要分为：腰坑内的整只全牲，二层台上、椁顶与墓室填土内的整只全牲和局部牲体，容器内的牲体等⑦。所用动物种属繁多，其中全牲以狗为主，局部牲体多为牛、羊、猪等。等级较高的墓葬往往同时使用多种用牲方式，即使是平民墓葬也常见用牲。

但姬姓周人墓葬中罕见用牲，个别用牲者主要为等级较高的贵族墓，用牲方式

① 张懋镕：《周人不用日名说》，《历史研究》1993 年第 5 期。
② 张懋镕：《周人不用族徽说》，《考古》1995 年第 5 期。
③ 曹大志：《"族徽"内涵与商代的国家结构》，《古代文明》（第 12 卷），上海古籍出版社，2018 年，第 71—122 页。
④ 郜向平：《商系墓葬研究》，科学出版社，2011 年，第 74 页。
⑤ 韩巍：《西周墓葬的殉人与殉牲》，北京大学硕士学位论文，2003 年，第 40 页。
⑥ 以往常将墓内埋葬的动物遗存称为"殉牲"，但这些动物的埋葬形式多样，其性质可能有殉、祭、奠等多种，故本文统称为用牲。
⑦ 刘一婷、雷兴山：《商系墓葬用牲初探》，《考古》2020 年第 3 期；Liu Y, et al. Animal sacrifice in burial: Materials from China during the Shang and Western Zhou period. Archaeological Research in Asia, 2020 (3): 1-13.

较同等级殷遗民简单得多，主要限定于二层台上的整只殉狗，如北赵晋侯墓地中的个别晋侯墓①。

标准 5：墓内殉人。既包括通常所说的人殉，也包括人牲。商人贵族墓葬流行殉人，一般置于二层台上、棺椁之间及墓道中，殉人的数量又与墓葬等级密切相关②。这一葬俗被殷遗民所延续，如西周早期双墓道大墓长子口墓的殉人达 15 具之多。但西周不同地区的殉人之风有所差异，如丰镐和琉璃河遗址的殷遗民墓流行殉人，但周原遗址和洛阳地区则很少见，至西周中期以后，殉人习俗大为衰落。周系族群墓葬中则基本不见殉人③。

标准 6：车马坑中马与车的放置位置为驾乘状。晚商至西周时期商系族群的车马坑中，普遍将马杀死后置于车辀前部两侧，似马车使用状态的驾乘状。如 1956—1957 年沣西张家坡第一地点发掘的 4 座车马坑、2003 年周原庄李 M44 车马坑。而姬姓周人的车马坑中，马与车分置，或上下分层放置，或为左右两坑分置，前者如上村岭虢国墓地车马坑，后者如北赵晋侯墓地一号车马坑④。

标准 7：墓葬随葬陶簋、盆（盂）、豆等器类。晚商时期商人墓葬的陶器组合以觚爵为核心，另配有盘、豆、簋、罐、鬲、罍等器类。至西周时期，各地殷遗民墓葬中已不见陶觚爵，但其他诸器类被延续，形成以鬲簋罐、鬲簋豆罐、鬲盆豆罐为主的陶器组合⑤。不同遗址殷遗民流行的器类组合有所差异，如丰镐遗址张家坡东的器类组合以鬲簋罐、鬲盆豆罐为主，其中早期常见含簋的组合，晚期常见含盆的组合，而周原遗址从早至晚都罕见含盆的组合。与殷遗民截然有别的是，周系族群的墓葬，流行随葬 1 鬲或 1 鬲 1 罐，偶见 1 罐的陶器组合⑥。

于此说明，我们认为至少在部分地区，不能以随葬陶器的形制来判断墓葬族属，不能认为随葬商式鬲者为殷遗民，随葬周式鬲者为姬姓周人。如迁入周原与丰镐遗址的殷遗民墓葬几乎都不用典型的商式鬲，而普遍使用关中本地文化因素的周式联裆鬲（包括仿铜鬲）。分封至不同地区的周人，也多有使用所在地文化特征的陶鬲，

① 刘绪、徐天进：《关于天马—曲村遗址晋国墓葬的几个问题》，《晋侯墓地出土青铜器国际学术研讨会论文集》，上海书画出版社，2002 年，第 41—52 页。

② 郜向平：《商系墓葬研究》，科学出版社，2011 年，第 131 页。

③ 韩巍：《西周墓葬的殉人与殉牲》，北京大学硕士学位论文，2003 年，第 41、42 页。

④ 马赛：《周原遗址西周时期人群构成情况研究——以墓葬材料为中心》，《古代文明》（第 8 卷），文物出版社，2010 年，第 138—162 页；张礼艳：《略论丰镐地区西周时期车马埋葬的特点》，《中国历史文物》2010 年第 5 期。

⑤ 雷兴山、蔡宁：《周原遗址黄堆墓地分析》，《古代文明》（第 12 卷），上海古籍出版社，2018 年，第 132—143 页；冉宏林：《西周墓葬的陶簋与殷遗民——以琉璃河墓葬为主》，《四川文物》2019 年第 1 期。

⑥ 关于殷遗民与姬姓周人墓葬陶器组合的分析，详见王洋：《论西周的商、周两系陶器组合》，《三代考古》（第九辑），科学出版社，2021 年，第 414—437 页。

呈现出入乡随俗式的改变。如分封至殷商故地的周人使用商式鬲，这见于淇县杨晋庄卫国墓地、荥阳娘娘寨墓地的平民墓，也见于浚县辛村 M1 卫侯墓。再如分封至南土曾国的周人使用了本地特征的红陶联裆鬲，包括曾侯墓在内的叶家山 M111、M65、M28 等。可见，陶器的形制本身不是族属标准，器类组合才是。

标准 8：墓葬随葬陶器"同形"现象。是指一座墓葬中，若随葬陶器的同一种器类有两件以上，同类器形制近同、大小相若的现象。在周原遗址，"同形"器多为偶数，我们将之称为"偶数同形"[①]。同形特征在西周各地的殷遗民墓葬中普遍存在，并且出现频率极高。

同形现象在适用器类与件数上，都有着规律性的器用特征[②]：①同形特征适用于常见的鬲、簋、豆、罐、盆等各器类，唯独商文化传统的商式簋例外，几乎不见多件同形者。②一个器类同形器的件数一般在 2—4 件，唯独罐类例外，多者可达二十余件同形。并且罐的数量与墓葬等级相关，当同形的罐超过 8 件时，墓葬为铜礼器墓。如长子口墓随葬陶器 197 件，其中仅商式簋（报告称 C 型簋）单出 1 件，其余17 个类型的陶器均是多件同形，而与罐类器相关的罐、尊、罍均在 8 件及以上。

标准 9："丁字形墓位形态"。是指形制相同、规模相若、年代近同的两座墓葬互相靠近，垂直排列成"丁"字形的形态。张长寿先生最早注意到这种墓位形态，指出丰镐张家坡墓地有"两墓一组，排成丁字形"的现象，称其为"两墓一组的家族墓"[③]。

这种墓位形态在殷墟商墓中已常见使用，如殷墟西区、花园庄东地等。至西周时期，在丰镐、周原等遗址的殷遗民墓地中多有发现，如 1956—1957 年张家坡第一地点、1967 年张家坡西区、周原姚家、齐家北等墓地。有时一组两墓附近为明显空白地带，其墓位排列显然是有意为之，而非墓地中不同墓向墓葬的混杂。但在姬姓周人墓地中，基本不见这种形态，如长武碾子坡、岐山周公庙、孔头沟、扶风北吕、崇信于家湾等墓地。这种墓位形态不为较高等级贵族使用，除族属含义外，同组两墓的墓主身份关系还有待进一步探索[④]。

标准 10："居葬合一"的居葬形态。指的是在聚落中，居址与墓葬遗存共处一地，间杂分布，甚至有叠压打破关系，无单纯居址与单纯墓地之分。两类遗存时间

① 雷兴山、蔡宁：《周原遗址黄堆墓地分析》，《古代文明》（第 12 卷），上海古籍出版社，2018 年，第 132—143 页。
② 王洋：《论西周的商、周两系陶器组合》，《三代考古》（第九辑），科学出版社，2021 年，第 414—437 页。
③ 中国社会科学院考古研究所沣西发掘队：《1967 年长安张家坡西周墓葬的发掘》，《考古学报》1980 年第 4 期。
④ 关于"丁字形墓位形态"的分析，详见王洋：《西周墓地结构研究》，中山大学博士学位论文，2018 年，第 38—46 页。

上处于同一阶段，所属为同一人群。过去一般认为商周时期的墓地应与居址相分离，以至于在发现这种居址与墓葬叠压打破的现象时，往往判断为"换土易居"的结果。事实上，居葬合一是商人聚落的典型形态，近年来殷墟小屯、孝民屯、大司空、辛店等地点的发掘中，都注意到了居址与墓葬同地分布的关系，已多次提及居葬合一的概念。这种形态在西周殷遗民聚居地中仍普遍流行，如周原遗址齐家、庄李、云塘等手工业作坊中 ①。然而就目前的资料看，西周时期姬姓周人的居址与墓地普遍不相混杂，呈现出"居葬分离"的形态。

标准 11：使用骨笄。晚商时期商人墓葬中随葬骨笄，居址中亦常见骨笄，而周系族群的墓葬中不见骨笄，居址中很少发现骨笄。两系族群使用的骨笄在形制上也有差异。笄身横截面呈圆形的圆笄，在早商时期已出现，流行于整个商周时期，数量众多，形制多样，主要为商人与殷遗民使用；而笄身扁平的扁笄最早见于先周时期的碾子坡遗址，西周时期数量稀少，多为周系族群使用 ②。

三、标准使用说明

关于这些标准的使用，有七点需要说明。

其一，上述族属标准的判断对象有所不同。第 1、2 条标准，日名、族徽是用来判断青铜器作器者的族属。但器物族属并不等于墓葬族属，西周存在赠赙、分器等现象，墓主可以随葬不同族属人群的铜器，故不能简单地用此标准来判断墓葬族属。第 3 至 9 条标准，是墓葬与墓地的族属特征，可用来判断墓葬族属。第 10、11 条标准，主要是用来判断居址遗存的族属。

其二，上述标准均是判断殷遗民的充分不必要条件。凡符合上述标准任何一项的考古单位（器物、墓葬、灰坑等），其族属可判为殷遗民。但一个殷遗民的考古单位未必同时拥有以上所有特征，如周原姚家墓地南区墓葬流行腰坑、用牲，随葬陶

---

① 关于"居葬合一"形态的分析，详见雷兴山：《论周原遗址西周时期手工业者的居与葬——兼谈特殊器物在聚落研究中的作用》，《华夏考古》2009 年第 4 期；雷兴山、种建荣：《周原遗址商周时期聚落新识》，《大宗维翰：周原青铜器特展》，文物出版社，2014 年，第 18—29 页；蔡宁、雷兴山：《论曲阜鲁故城两种居葬形态》，《保护与传承视野下的鲁文化学术研讨会论文集》，上海古籍出版社，2019 年；蔡宁：《商系墓地形态探索》，北京大学博士学位论文，2020 年，第 17—88 页；蔡宁、种建荣、雷兴山：《齐家制玦作坊居葬关系与社会结构再探》，《考古与文物》2022 年第 2 期；蔡宁、种建荣、雷兴山：《周原云塘制骨作坊"居葬合一"论》，《四川文物》2022 年第 2 期。

② 关于骨笄族属问题的分析，详见任晓霏：《商周骨笄研究》，中央民族大学博士学位论文，2013 年。

簋、豆，其族属为殷遗民，但所处的姚家墓地为单纯墓地，而非居葬合一。需要强调的是，不具备上述特征的考古单位，其族属未必不是殷遗民。

其三，上述标准均与姬姓周人相区别，周系族群的判断标准，与上述标准截然相反。即：不用族徽；不用日名；墓葬不见腰坑、殉人，罕见用牲；车马坑中马与车的位置非驾乘状，而是马与车分置；墓葬随葬陶器为1鬲、1鬲1罐为主，不见簋、盆等器类；墓葬随葬陶器无"同形"现象；墓地不见"丁字形墓位"形态；居葬形态为单纯居址与单纯墓地的"居葬分离"；罕见使用骨笄，所用者多为扁笄而非圆笄。此外，除叶家山墓地外，已知的姬姓周人墓向都是南北向，一般头向北，而殷遗民墓向则多样。

其四，上述判断墓葬族属的标准，仅适用于男性墓葬，未必适用于女性墓葬。上述商周两系族群的族属特征，是专指男性而言。因为西周的女性，尤其是女性平民的葬俗是从夫还是从父，女性是葬入夫家还是归葬本族墓地，都很难确定。从身份明确的贵族女性墓葬可知，其葬俗常常混杂夫家与父家的特征。如宝鸡茹家庄 M2 墓主为㲼伯夫人井姬，该墓随葬的陶深腹罐为夫家葬俗，使用铜鱼与海贝组成的棺饰为父家周文化葬俗。再如北赵 M113 晋侯夫人墓随葬的铜三足瓮与双耳罐，被认为是女性父家文化传统的反映[①]。关于女性墓的族属文化特征，笔者目前尚无规律性认识。

其五，标准的适用时空范围。通过对西周各地的全面考察，上述标准在西周文化分布区域内广泛适用，部分标准甚至到两周之际或东周时期也适用，如郑州娘娘寨遗址、曲阜鲁国故城遗址的墓葬仍然可分为殷遗民与周人两大族群[②]。不过，在非西周时期或非西周文化分布区中，上述标准是否都可适用尚有待进一步确认。

其六，除上述标准外，对殷遗民族属的判断还有一些适用于某些地区、某些遗址的其他标准。如马赛提出在周原遗址中，随葬仿铜陶礼器，很少随葬兵器是殷遗民墓葬的特征；在周原、琉璃河和曲阜鲁国故城遗址中，殷遗民墓葬的陶容器多置于棺椁之间，周人的陶容器则置于二层台上，但晋侯墓地中的情况与此不同[③]。这些标准在西周不同地区是否普遍适用还需进一步确认。

其七，上述标准大都存在例外现象，在实际的族属判断中，综合使用各标准更为稳妥。族属代码具有很强的族别指示性，但不排除被其他族群偶尔使用，特例的

---

① 陈芳妹：《晋侯墓地青铜器所见性别研究的新探索》，《晋侯墓地出土青铜器国际学术研讨会论文集》，上海书画出版社，2002年，第157—196页。

② 张家强、王源、雷兴山：《论郑州娘娘寨遗址墓葬特征与族属》，《中原文物》2019年第6期；蔡宁、雷兴山：《论曲阜鲁故城两种居葬形态》，《保护与传承视野下的鲁文化学术研讨会论文集》，上海古籍出版社，2019年，第101—111页。

③ 马赛：《周原遗址西周时期人群构成情况研究——以墓葬材料为中心》，《古代文明》（第8卷），文物出版社，2010年，第138—162页。

存在并不能否定该族属代码的族别指示性。如张懋镕先生提出"周人不用日名说"时，也指出有少数几件周人使用日名的特例，如滍阳岭应国墓地出土的应公簋及召公后代所作的燕侯旨鼎、伯宪盉、叔遂尊等[①]。再如周人不用殉人，但有时也见例外，北赵晋侯墓地发现的 9 座晋侯墓中就有一座 M114 殉人，刘绪与徐天进先生认为这与年代有关，西周中期以前的晋国周人墓葬不用殉人并不严格[②]。由于这些例外，单独使用一条族属代码判断族属，多少有一些不确定性。故在判断殷遗民遗存时，最好是综合使用上述各条标准。

四、标 准 论 证

立论易，确证难。关于各项族属标准的论证，本文不进行大量统计说明，仅从以下五个方面概要性论述。

其一，上述殷遗民特征常见于殷墟文化，不见或罕见于先周文化[③]。

11 条殷遗民的族属特征，在殷墟文化中均已普遍存在，但在关中西部地区的先周文化里不见或罕见，所以从文化来源上看，这些都是殷墟文化因素。

其二，上述特征见于族属明确的西周殷遗民遗存，不见或罕见于明确的姬姓周人遗存。

根据出土文字材料可明确辨认部分考古遗存的族属，属姬姓周人的晋、燕、应、曾、虢、芮等姬姓诸侯墓葬中，以及作为周公家族采邑的周公庙聚落中，基本不见上述殷遗民特征；但商王室后裔的长子口墓、微史家族窖藏等明确的殷遗民遗存中常见上述特征。

其三，各种殷遗民族属特征有普遍共存现象。

一个族系的诸多族属特征常共存于一个单位中，相伴产生。如随葬簋、盆、豆或同形陶器之墓，常见腰坑、用牲等殷遗民文化特征；而无腰坑、不用牲的姬姓周人墓葬中，也不见陶簋和同形陶器。

---

① 张懋镕：《再论"周人不用日名说"》，《文博》2009 年第 3 期。
② 刘绪、徐天进：《关于天马—曲村遗址晋国墓葬的几个问题》，《晋侯墓地出土青铜器国际学术研讨会论文集》，上海书画出版社，2002 年。
③ 笔者雷兴山认为周原地区碾子坡类遗存的族属包含姬姓周人，本文的先周文化，泛指商时期关中西部地区、以往被研究者认为是先周文化的相关各类遗存，如郑家坡文化、刘家文化等。

其四，上述商、周两族系特征的墓葬，在区位上有"各自集中、彼此分离"的现象。

该现象是：①不同族系特征的墓葬分处不同遗址。比如在周原地区，周公庙、孔头沟遗址的墓葬为较单纯的周系族群特征[1]，但相距不远的周原遗址却分布有大量殷遗民特征的墓葬。②在一处遗址或一处墓地中，不同族系特征的墓葬各自相对集中、彼此分区而葬。如周原遗址姚家墓地、黄堆墓地、华县东阳墓地等[2]。

族属特征分区集中的现象，显示出人群的自我认同。这种区位特征，可证明上述标准是古人自我认同的主位标准，并非当代考古者的客位标准。

其五，不能因为存在个别例外，而完全否定族属标准的成立。

各项族属判断标准中确实存在反例，但极为少见。该如何理解这种现象呢？张懋镕先生针对"周人不用日名说"的例外，认为"历史学科的命题或论断，不同于物理学、化学、数学等自然学科的命题或论断，人文现象较自然现象复杂得多。我们可以用精确的数字、量化的方法来区分自然界各类物质，但是无法将不同的历史或考古现象截然区分开来"[3]。我们认为张懋镕先生的这一见解正确有理，亦可用于解释本文所提各项标准的例外现象。偶然的例外，更显示出规律性的存在，所以不能用偶然现象来否定一般规律。当然，反例应引起研究者的高度重视，对特殊情况进行分析论证。

殷遗民的族属判断标准应还有很多，这些标准的确立还需要更多的讨论。本文仅是对这一问题的初步简论，敬请方家指正。

（原载《考古学研究》（十三），科学出版社，2022年）

① 种建荣：《周公庙遗址陵坡墓地及相关问题》，《中国国家博物馆馆刊》2018年第7期；种建荣、王洋、雷兴山：《孔头沟遗址西周墓地结构管窥》，待刊。
② 种建荣：《周原遗址姚家墓地结构分析》，《华夏考古》2018年第5期；雷兴山、蔡宁：《周原遗址黄堆墓地分析》，《古代文明》（第12卷），上海古籍出版社，2018年，第132—143页；王洋：《华县东阳西周墓地结构研究》，《中国国家博物馆馆刊》2021年第2期。
③ 张懋镕：《再论"周人不用日名说"》，《文博》2009年第3期。

中国早期国家阶段石料来源
与资源选择策略[*]
——基于二里头遗址的石料分析

钱益汇[1]　陈国梁[2]　赵海涛[2]　许　宏[2]　刘　莉[3]

（1. 首都师范大学历史学院，北京，100089；2. 中国社会科学院考古研究所，
北京，100710；3. 斯坦福大学东亚考古中心，斯坦福）

　　二里头遗址于 1959 年发现，是一处以二里头文化为主要内涵，包括二里冈文化的重要遗址，至今已发现包含十余座大型建筑基址、制骨作坊的宫城，拥有青铜器作坊、绿松石作坊等重要遗迹的围垣作坊以及祭祀坑、墓葬、灰坑、窑址等其他遗迹，还发现较为丰富的青铜器、玉器等礼器及数量庞大的陶器、骨器、石器、蚌器、角器等遗物。数十年来，学者们在考古学文化的范围内就该遗址的文化分期、特征、属性等问题进行了深入研究。21 世纪以来，多学科合作及新的技术与方法不断运用于二里头遗址的发掘与研究，并取得了丰硕的成果，为我们复原二里头文化与早商阶段的复杂社会提供了多维视角。

　　中国的早期国家阶段主要是指国家的初步形成阶段，即中国青铜时代的早期阶段。本文材料包括二里头遗址所涉及的二里头文化和二里冈文化。这一阶段，石器仍是最重要的社会生产和生活工具之一，石料也是当时最重要的可获取资源之一。石器生产中，石料是完成生产的基本前提，石料特性也会影响石器的生产技术，石

---

[*]　本文系科技部支撑计划"中华文明探源工程（三）"项目"公元前 3500～前 1500 年间黄河流域技术、生业
　　与经济形态研究"子项目"二里头遗址石器生产技术与经济形态变迁"和国家社科基金项目"海岱地区两
　　周时期文化格局与社会变迁的考古学研究"（11BKG005）阶段性研究成果之一。

料的来源方式与获取策略可以很好地反映古代先民适应自然与改造自然的能力[①]。

　　本文以二里头遗址 1999—2006 年发掘出土的石器资料为基础，并进行了全部整理和鉴定，同时选取 1959—1978 年间出土的部分石器资料（采纳了《偃师二里头》附录中的石料鉴定结果[②]）。在此基础上，我们参考该地区的地质构造情况，结合考古与地质调查结果，进行统计学分析，考察二里头遗址石料利用率、石料来源与获取方式，分析夏商时期人类获取与选择石料资源策略的差异，探讨政治变迁、人口变化和社会需求对资源获取方式、生产组织和选择性策略的影响。

一、二里头遗址石料利用率及其变化

　　根据二里头遗址 1958—1978 年以及 1999—2006 年发掘所获资料的统计，石器共有 1532 件，其中已鉴定石料特性者共 1046 件（表 1）。

（一）石料基本构成

　　由表 1 可以看出，在二里头遗址生活的先民利用周围石料的种类达到 32 种，十分丰富，基本包括了周围可用的所有类型，主要有砂岩、安山岩、英安岩、灰岩、白云岩、泥岩、片岩、石英岩、辉绿岩、辉长岩、铝土矿、玢岩、闪长岩、大理岩共 14 种，共计占比例 96.3%，其余 18 种岩石类型仅占 3.7%。

　　所有石料类型中，以砂岩为最多，达到 382 件，占总数的 36.5%，这些砂岩中，

① Andrefsky W J. Raw-Material Availability and the Organization of Technology. American Antiquity, 1994 (59): 21-34; Doelman T, Webb J, Domanski M. Source to Discard: Patterns of Lithic Raw Material Procurement and Use in Sturt National Park, Northwestern New South Wales. Archaeology in Oceania, 2001 (36): 15-33; Mallol C. The Selection of Lithic Raw Materials in the Lower and Middle Pleistocene Levels TD6 and TD10A of Gran Dolina (Sierra de Atapuerca, Burgos, Spain). Journal of Anthropological Research, 1999 (55): 385-407; Richard A. Gould and Sherry Saggers, Lithic Procurement in Central Australia: A Closer Look at Binford's Idea of Embeddedness in Archaeology. American Antiquity, 1985 (50): 117-136; 钱益汇、方辉、于海广，等：《大辛庄商代石器原料来源与开发战略分析》，《第四纪研究》2006 年第 4 期，第 612—620 页。
② 中国社会科学院考古研究所：《偃师二里头——1959～1978 年考古发掘报告》，附录三，中国大百科全书出版社，1999 年，第 400—404 页；中国社会科学院考古研究所二里头工作队：《河南偃师市二里头遗址宫城及宫殿区外围道路的勘察与发掘》，《考古》2004 年第 11 期；《河南偃师市二里头遗址 4 号夯土基址发掘简报》，《考古》2004 年第 11 期；《河南洛阳盆地 2001～2003 年考古调查简报》，《考古》2005 年第 5 期；《河南偃师二里头遗址中心区的考古新发现》，《考古》2005 年第 7 期；赵海涛、陈国梁、许宏：《二里头遗址 2004～2006 年田野考古的主要收获》，《中国社会科学院古代文明研究中心通讯》2006 年第 12 期。

包括中细粒砂岩、粉砂岩、泥砂岩、石英砂岩等多种；其次是安山岩，比例达到总数的 22.75%；英安岩比例占 3.44%，可以归入安山岩系统；灰岩和片岩也是非常重要的石料，所占比例分别为 7.3% 和 7.65%；泥岩和石英岩比例稍小，分别为 4.5% 和 4.11%；辉绿岩、白云岩、玢岩和辉长岩占有一定比例，但是比例较小，分别为 2.6%、2.1%、1.53% 和 1.24%，而铝土矿、闪长岩、大理岩比例仅占 0.96%、0.76% 和 0.86%。

其余 18 种岩石类型主要包括斑岩、花岗岩、硅质岩、流纹岩、细晶岩、片麻岩、脉石英、基性熔岩、火山岩、滑石岩、绢云母千枚岩、玄武岩、浅粒岩、角闪岩、石英粗面岩、板岩、角闪变粒岩、透辉石岩等。这些岩石类型利用率极低，仅占 3.7%，每种石料类型分布于不同时期，数量极少，但反映了石料选择的多样性。

（二）石料的利用率

1. 二里头文化

由表 1、表 2 可知，二里头文化不同时期的石料利用类型有所差异，部分石料继续沿用，有些石料有所增减，有的被重新利用。一期共有石器 13 件，可利用类型 7 种；二期共有石器 159 件，所利用类型达 19 种，新利用石料有英安岩、片岩、石英岩、辉长岩、玢岩、白云岩等；三期共有鉴定标本 157 件，可利用类型有 16 种，部分石料从多到少或无，例如英安岩、辉长岩等，新增辉绿岩、大理岩、铝土矿等，辉绿岩还达到 14 件；第四期鉴定标本有 505 件，可利用类型达 28 种，新出现石料如英安岩、流纹岩、花岗岩等 12 种。尽管目前还不能完全排除二里头文化四期晚段和二里冈下层早段并存的可能性，但所涉及相关遗存很少，对于我们判定二里头文化四期的石料利用率影响较小。为行文方便，我们仍然采用上述鉴定结论。

表 1　二里头遗址出土石器岩性统计表

质地	英文名称	二里头一期	二里头二期	二里头三期	二里头四期	二里冈下层	二里冈上层	合计	总比例（%）
砂岩	sandstone	4	72	49	198	16	43	382	36.5
安山岩	andesite	3	27	32	115	3	58	238	22.75
英安岩	dacite	0	4	0	22	0	10	36	3.44
片岩	schist	0	17	11	30	2	20	80	7.65
灰岩	limestone	1	11	15	30	0	19	76	7.3
泥岩	mudstone	1	3	8	25	3	7	47	4.5

续表

质地	英文名称	二里头一期	二里头二期	二里头三期	二里头四期	二里冈下层	二里冈上层	合计	总比例（%）
石英岩	quartzite	0	6	10	25	0	2	43	4.11
辉绿岩	diabase	2	0	14	7	2	2	27	2.6
白云岩	dolomite	0	1	2	13	1	5	22	2.1
玢岩	porphyrite	0	3	4	4	0	5	16	1.53
辉长岩	gabbro	0	5	1	5	1	1	13	1.24
铝土矿	bauxite	0	0	2	5	3	0	10	0.96
大理岩	marble	1	0	4	2	1	1	9	0.86
闪长岩	diorite	1	2	1	2	0	2	8	0.76
斑岩	porphyry	0	1	1	2	1	0	5	
硅质岩	silicite	0	1	1	2	0	1	5	
流纹岩	rhyolite	0	1	0	4	0	0	5	
花岗岩	granite	0	1	0	3	0	0	4	
细晶岩	aplite	0	1	1	2	0	0	4	
片麻岩	gneiss	0	0	1	1	0	0	2	
脉石英	veinquartz	0	0	0	1	1	0	2	
基性熔岩	basiclava	0	0	0	1	0	1	2	3.7
火山岩	volcanic rock	0	0	0	1	0	0	1	
滑石岩	talcose rock	0	0	0	1	0	0	1	
绢云母千枚岩	phyllite	0	0	0	1	0	0	1	
玄武岩	basalt	0	1	0	0	0	0	1	
浅粒岩	leptite	0	1	0	0	0	0	1	
角闪岩	hornblendite	0	1	0	0	0	0	1	
石英粗面岩	trachyte	0	0	0	1	0	0	1	
板岩	slate	0	0	0	1	0	0	1	
角闪变粒岩	granulite	0	0	0	1	1	0	1	
透辉石岩	diopsidite	0	0	0	0	0	1	1	
合计		13	159	157	505	34	178	1046	100

考虑到发掘面积对石器出土数量的影响，本文引入出土率的概念，即单位面积内出土标本数量，有利于更为科学地反映石料利用率及其变化。由表 2 可知，二里头文化时期，以二里头四期的石器出土率最高，为 10.2%，三期次之，为 5.61%，一期、二期出土率基本相同，即 3.25% 和 3.02%（表 2）。

表 2　二里头遗址各期石器出土率统计表

项目	二里头一期	二里头二期	二里头三期	二里头四期	二里冈下层	二里冈上层
石料利用类型（类）	7	19	16	28	11	16
石器数量（件）	13	159	157	505	34	178
发掘面积（平方米）	400	5268.4	2798.8	4950.85	135	6790.04
出土率（%）	3.25	3.02	5.61	10.2	25.19	2.62

　　由此可以看出，二里头文化四期石料利用率、数量以及利用种类达到最大化，一定程度上反映了社会生产的发展和人口的增加，人们对资源的数量与种类有持续需求，促使人们尽量寻求更大程度上的可利用资源。

　　据统计材料，在二里头遗址可利用的石料中，以砂岩和安山岩最为丰富，尤其二里头四期为最多（表3）。但二里头三、四期对砂岩和安山岩的实际利用率远远高于这样的比例，这可能与当时建筑技术的变化相关。二里头遗址发现的早期大型建筑中（目前发现的主要是二期），未见使用柱础石（砂岩），而三、四期建筑中才开始使用砂岩质柱础石。二里头遗址三期、四期建造大型建筑基址使用大量石料，例如面积近一万平方米的一号宫殿基址上无论基槽还是柱础都需要大量石块，其主体殿堂的基础部分铺的鹅卵石即达 1500 平方米[①]，这些鹅卵石多为安山岩和砂岩。

表 3　二里头遗址砂岩与安山岩数量统计表

质地	二里头一期	二里头二期	二里头三期	二里头四期	二里冈下层	二里冈上层	合计
砂岩	4	72	49	198	16	43	382
安山岩	3	27	32	115	3	58	238

2. 二里冈文化

　　由表2可知，二里冈下层阶段石器出土率很高，达到 25.19%，这与发掘区域与发掘面积有关，因为近年的发掘集中于二里冈上层遗存相对集中的大型建筑集聚区，即宫城之内，而下层阶段遗存发掘面积小。所以，二里冈下层阶段的石器利用率无法科学地推断。结合遗址文化面貌的变迁，石器数量的减少从侧面反映了二里头遗址的衰落。

---

① 中国社会科学院考古研究所：《偃师二里头——1959～1978 年考古发掘报告》，中国大百科全书出版社，1999 年，第 151 页。

　　二里冈上层阶段石器出土率为 2.62%，较二里头文化各个时期都小。二里冈上层时期有些石料如英安岩、灰岩、石英岩、玢岩和闪长岩等得到了重新利用。考虑到遗址二里冈上层阶段遗存分布广泛，发掘面积较大，遗址制骨作坊中发现有大量二里冈上层时期的骨料，说明二里头遗址在该时期仍有重要地位。但考虑石器出土率、出土数量与种类，遗址在上层阶段的石料利用率不及二里头文化四期。

二、二里头遗址石料来源地与获取方式

（一）洛阳盆地的地质分布与岩石类型

　　洛阳盆地分布范围大致在黄河以南，西起渑池、洛宁、嵩县，东至巩县一带，现代的洛阳盆地基本形成于 2600 万年前后的新近纪（N），河南东部全面陷落，西部断块上升；距今约 300 万—200 万年的第四纪（Q）时，基本继承了新近纪的构造格局和地貌景观，由于豫西地区进一步抬升，盆地中主要为河流洪积和冲击相沉积；到距今 1.2 万—1 万年第四纪全新世（Q4）时，主要为伊河、洛河、涧水等河流冲击相沉积，并形成河漫滩及超河漫滩阶地。二里头遗址即建立在洛河河谷超河漫滩阶地之上。

　　洛阳盆地周围山群的地质构造较为复杂，有年代较近的第四系、新近系，还有较为年长的古近系、三叠系、二叠系、石炭系、寒武系，这些不同地质年代的岩石类型可划分为汝阳群、熊耳群、嵩山群及登封群等（表4）。根据二里头遗址石料的岩性，主要涉及以下不同地质年代的岩石类型[①]。周围方圆几十公里内遍布有第四纪地层，西部和北部地带盛产安山岩、英安岩等，属于熊耳群；西部熊耳群和第四纪交界处存在汝阳群地层，富产砂岩、泥岩等；在南部山区的西边缘，存在登封群的地层，是盛产片麻岩之地；南部山区南部边缘存在嵩山群地层，主要产大理岩和石英岩；南部山区北麓以及北部山区与第四纪交界区域出露寒武纪地层，主要是灰岩和白云岩；洛阳盆地北部丘陵边缘东部出露二叠系地层，盛产砂岩。

---

① 河南省地质矿产局：《中华人民共和国地质矿产部地质专报——河南省区域地质志》（区域地质第 17 号），附图一，地质出版社，1989 年。

表 4　洛阳盆地地质年代与岩石类型分布表

地层单位		地质年代	岩石类型
登封群 Ardn		太古界	片麻岩
嵩山群 Pt1s	花峪组	下元古界	绢云千板岩、白云石大理岩
	庙坡组	下元古界	石英岩夹磁铁矿条带
	五指岭组	下元古界	石英岩、绢云石英片岩夹大理岩
	罗汉洞组	下元古界	底砾岩及石英岩
熊耳群 Pt$_2^1$xn	马家河组	中元古界下部	安山岩夹玄武安山岩、英安岩、凝灰岩
	鸡蛋坪组	中元古界下部	石英斑岩、流纹岩夹火山碎屑岩、大斑安山岩
	大古石组及许山组	中元古界下部	底部砂砾岩，主要为安山岩、夹玄武岩
寒武系 Є	上寒武统	寒武统	泥质条带灰岩、白云岩、薄层灰岩
	中寒武统	寒武统	鲕状灰岩、白云岩
	下寒武统	寒武统	紫红色页岩夹灰岩、白云岩、粉砂岩
二叠系 P	下二叠统	二叠系	砂岩、黄绿色灰色砂岩、长石砂岩、粉砂岩、煤
	上二叠统	二叠系	黄绿色砂岩、粉砂岩泥岩、上部紫红色长石石英砂岩、粉砂岩
汝阳群 Pt$_2^2$ry		中元古界上部	轻微变质的石英砂岩、长石砂岩、粉砂岩、泥岩（页岩）、夹少量白云质灰岩
中上石炭统 C		晚古生界	下部铝土矿、耐火黏土、上部燧石条带灰岩、薄煤层

（二）石料来源地与获取方式

根据研究，古人类在开发利用石料资源上投入与产出之间的比例取决于三个因素：原料的分布、人类相对原料源地的迁徙运动方式和对获得原料所做出的时间和体力上的安排[①]。而原料的分布与质量影响石器工业质量与石器类型。

洛阳平原河流纵横，河南龙山文化晚期，气候温暖湿润，二里头文化时期，属于全新世大暖期后期，气候属于温凉湿润气候[②]。在龙山时代晚期、新砦文化时期，中原地区发生了一场大的洪水，大大影响了本地区考古学文化的变迁，促生了中国

---

① 裴树文、侯亚梅：《东谷坨遗址石制品原料利用浅析》，《人类学学报》2001 年第 4 期，第 271—281 页；Kuhn S L. Mousterian Lithic Technology: An Ecological Perspective. Princeton: Princeton University Press, 1995.

② 宋豫秦、郑光、韩玉玲，等：《河南偃师市二里头遗址的环境信息》，《考古》2002 年第 12 期，第 75—79 页。

的二里头文化和早期国家文明[①]。文献记载传说的五帝时代晚期，中国出现了大洪水的环境变迁事件，如大禹治水等。种种证据表明，二里头文化形成之前，洛阳盆地曾出现洪灾事件。

洛阳盆地南有嵩山，西有熊耳山，北有邙山和黄河，盆地中水系主要是洛河、伊河，二者汇合后形成伊洛河，另有其他大小支流多条，从四周山上发源并汇聚到洛河、伊河和伊洛河中，由西向东流经洛阳盆地。当时的古河道西高东低，有足够的水动力和下切力将石料运输到洛阳盆地的下游，二里头遗址发现的几乎所有石料类型都可在伊洛河两侧出露的地层及岩体中找到，这些出露的岩石经过风化崩解后，经洪水搬运汇聚至洛阳盆地伊洛河及其支流的河床中，为古人就近取材、量材加工提供了便捷的条件。

二里头遗址共利用石料种类达 32 种，基本包括了周围可用的所有类型。安山岩的比例很高，尤其在二里头文化三期、四期使用数量最多，主要发育于古阶地的下部粗碎屑层，现代的安山岩、流纹岩、安山玢岩主要分布于洛阳盆地西部熊耳群，大约位于二里头遗址西 50—80 公里处，距离较远，大规模的运送似乎不大容易。一号宫殿基槽内出土的大量鹅卵石均为安山岩。位于二里头遗址南缘的洛河故道中存在大量的砾石原料，遗址出土的部分石料标本上保留有明显的河流砾石外形及表面特征。可见，二里头遗址所利用的安山岩有极大可能就近取材于遗址周围的河流中，例如古洛河。

二里头遗址中使用砂岩数量最多，比例高达 36.5%，而且用砂岩制作的工具类型广泛。在嵩山北麓分布有连续广泛的汝阳群，与寒武系地层相邻，较致密坚硬的砂岩、石英砂岩（紫红色）、粉砂岩以及浅灰岩、泥灰岩可能来自汝阳群，而结构相对疏松、硬度较低的黄绿色砂岩、泥质砂岩、粉砂岩则可能来自位于洛阳盆地北部山区一带的二叠系，但距离二里头遗址很远，直接获取不易。二里头遗址中蓝灰色与灰黑色晶质灰岩、鲕状灰岩、白云岩在二里头遗址使用率都较高，都较为集中地出露于洛阳盆地北部山麓西南缘和嵩山北麓与东麓的寒武系地层中。洛阳盆地北部山麓西南缘寒武系地层距离二里头遗址近 90—100 公里，采集石料难度较大。从距离和运输可能性的角度，二里头先民们也很有可能向北约 5 公里到达邙山山底直接采集石料，但这一带属于第四纪地层，年代较晚，较少发育可用于制作石器的岩石类型。如果越过邙山到黄河边缘去采集砾石标本，直线距离近 13 公里，如果绕道，最

① 夏正楷、杨晓燕：《我国北方 4kaB.P. 前后异常洪水事件的初步研究》，《第四纪研究》2003 年第 6 期，第 667—674 页；吴文祥、刘东生：《4000 a B.P. 前后降温事件与中华文明的诞生》，《第四纪研究》2001 年第 5 期，第 443—451 页。

近距离也近 20 公里，如果大规模采集和运输石料，成本很高，附近也无发育完善的可利用石料。

除灰岩、白云岩、砂岩主要发育于嵩山北麓外，二里头遗址中个别大理岩或白云石大理岩可能来自嵩山群夹层；石英岩及石英片岩类均可能来自嵩山群中；其他如辉绿岩、闪长岩、花岗岩、脉石英、方解石等在出露的岩体和岩脉中均可找到。可以看出，嵩山北麓主要发育灰岩、白云岩、砂岩、石英岩、辉绿岩、片麻岩等，曾有学者专门做过地质调查与分析[①]。

石料在夏商时期也是十分重要的战略资源。夏商时期，人口的扩张和核心地区的政治中心在周边地区建立的据点或城池，才真正体现了对重要资源的追逐和控制。当时的国家能够通过把人口迁移到生产这些物资的地区，在主要的交通要冲设立据点，控制生产者而达到垄断这些物资的生产和流通[②]。从历年来多次的区域系统调查和发掘可以看出[③]，稍柴遗址和灰嘴遗址都是洛阳盆地二里头文化时期非常重要的二级遗址。稍柴遗址位于坞罗河和伊洛河交汇的台地上，属于二里头文化一期、二期、三期[④]。稍柴遗址距离嵩山东麓广泛分布的寒武系灰岩和白云岩很近，仅 5 公里左右，"很可能是被二里头聚落控制的开采地方资源的地方中心聚落"[⑤]，采集石料后是否在该遗址初步加工再运送二里头遗址目前缺乏证据。

灰嘴遗址西址是单纯的二里头文化时期遗存，主要属于二里头文化二、三期，H1 共出土有各类石制品 8000 多件，多见石料、半成品、石片、石屑等，还有砺石等与石器加工相关的遗物，遗址中少见成品，证明主要供应其他地区居民。灰嘴的石制品原料主要是石灰岩（鲕状灰岩和白云质灰岩）、砂岩和辉绿岩，大多数石器半成品由灰岩制成，而石灰岩和砂岩多从嵩山上开采[⑥]。

由表 5 可知，二里头遗址发现的灰岩和白云岩主要用于石铲的制作，其中鲕状灰岩和白云岩有一定比例。灰嘴遗址灰坑内堆积的大量与石铲加工相关的鲕状白云岩石块、石片、石屑，证明这里也是以石铲加工为主的石器专业生产中心之

① Webb J, Ford A, Gorton J. Influences on selection of lithic raw material sources at Huizui, a Neolithic/Early Bronze Age site in Northern China. Indo-pacific Prehistory Association Bulletin, 2007 (27): 76-86.
② 刘莉、陈星灿：《城：夏商时期对自然资源控制的问题》，《东南文化》2000 年第 3 期，第 58 页。
③ 中国社会科学院考古研究所二里头工作队：《河南洛阳盆地 2001-2003 年考古调查简报》，《考古》2005 年第 5 期，第 18—37 页；陈星灿、刘莉等：《中国文明腹地的社会复杂化进程——伊洛河地区的聚落形态研究》，《考古学报》2003 年第 2 期，第 161—218 页。
④ 河南省文物研究所：《河南巩县稍柴遗址发掘报告》，《华夏考古》1993 年第 2 期，第 1—45 页。
⑤ 刘莉、陈星灿：《中国早期国家的形成：二里头和二里岗时期中心和边缘的关系》，《古代文明》第 1 卷，北京大学出版社，2002 年。
⑥ 陈星灿、刘莉等：《中国文明腹地的社会复杂化进程——伊洛河地区的聚落形态研究》，《考古学报》2003 年第 2 期，第 201 页。

一 [①]。在灰嘴遗址周围 10 公里的范围内，也调查发现 4 个类似的二里头文化时期的石铲专业制造场 [②]。早在二里头文化早期就已经发现双轮车的车辙 [③]，到商代已有交通道路的开辟和修筑，交通道路有陆路和水路之分，陆上交通工具主要是牛车和马车，而马车更多的是应用于狩猎和军事需要 [④]。商代涉河的主要交通工具为舟 [⑤]。根据民族学的调查估算出，大多数农耕群体的开发领域通常是在 5 公里或一小时步行的半径范围内 [⑥]。灰嘴遗址属于二里头遗址的二级聚落，距嵩山北麓仅 5 公里左右。

表5　二里头遗址石铲岩性统计表

岩性	白云岩	鲕状白云岩	鲕状灰岩	灰岩	砂岩
石铲数量	9	6	14	30	14

同时我们又发现，二里头文化二、三期的生产废料和石坯发现较少，而第四期则发现很多，是否说明二里头文化二、三期时大量石器生产主要由周围聚落供应，而第四期因为政治的变迁，二里头遗址地位的变化导致功能的转变，大量的石器生产在遗址内完成。若此，该遗址很有可能承担着灰岩、白云岩、砂岩、辉绿岩等石料采集工作，同时还承担石器尤其石铲的初步加工，"至少部分是从灰嘴及其周围地区石器制造场传播到二里头中心及其他遗址的" [⑦]。尽管二里头遗址南边有洛河故道相隔，考虑运输方式和采集成本，比直接去遗址北边采集标本要容易，成本低很多。

综上，二里头遗址石料的主要获取方式是就地取材，主要来源于周边河流，如古洛河；同时应当部分存在政治控制下的二级聚落石料获取与初步加工模式，而稍柴和灰嘴遗址很有可能承担这样的角色，直接从嵩山东麓和北麓获取石料并进行初

---

① 中国社会科学院考古研究所河南第一工作队：《河南偃师市灰嘴遗址西址 2004 年发掘简报》，《考古》2010 年第 2 期，第 45 页。

② Liu L, Chen X C, Li B P. Non-state Crafts in the Early Chinese State: An Archaeological View from the Erlitou Hinterland. Bulletin of the Indo-pacific Prehistory Association, 2007 (27): 93-102；陈星灿：《从灰嘴发掘看中国早期国家的石器工业》，《中国考古学与瑞典考古学——第一届中瑞考古学论坛文集》，科学出版社，2006 年。

③ 中国社会科学院考古研究所二里头工作队：《河南偃师市二里头遗址宫城及宫殿区外围道路的勘察与发掘》，《考古》2004 年第 11 期，第 3—13 页。

④ 刘志玲：《试论商代的交通》，《四川师范学院学报》1998 年第 3 期，第 118—123 页。

⑤ 吴浩坤：《甲骨文所见商代的水上交通工具》，《陕西师范大学学报》1995 年第 4 期，第 110—113 页。

⑥ Renfrew C, Bahn P. Archaeology: Theories Methods and Practice. London: Thames & Hudson Ltd., 2000: 242.

⑦ Liu L, Chen X C, Li B P. Non-state Crafts in the Early Chinese State: An Archaeological View from the Erlitou Hinterland. Bulletin of the Indo-pacific Prehistory Association, 2007 (27): 93-102；陈星灿：《从灰嘴发掘看中国早期国家的石器工业》，《中国考古学与瑞典考古学——第一届中瑞考古学论坛文集》，科学出版社，2006 年。

步加工。至于在不同时期，各种获取方式所占比例、不同种类石器的制作各有怎样的专业化模式，采用何种方式路径进行传输和配送，按照什么样的原则来分配使用等，我们将专文讨论。

三、二里头先民对石料的选择策略

长期的生产实践中，人们对一些重要石料自然属性的认知度越来越高，开发石料过程中总能根据石器工具的功能需求选择合适的石材，以提高石器工具的生产效率和使用效率。对石料选择性开发体现了二里头先民对自然资源的认知能力和利用度（表6）。

表 6　二里头遗址主要石料材质与工具类型统计表

石材质地	石镞	生产废料	使用废料	石坯	石锛	石铲	石杵	石斧	石钺	石镰	石刀	砺石	石凿	合计
砂岩		50	47	2	4	14	4			15	28	211	3	382
安山岩	24	26	33	9	17	5	3	54	7	40	4		8	238
英安岩	1	1	3		1	2		7		20				36
灰岩	3	4	11	1	3	44	2	1	2	1	1	1		76
片岩		2				6		1		2	64	1		80
泥岩	12	2			1	6		2		9	6		5	47
石英岩		17	1	3	2		1	2				1		43
辉绿岩					2			16	1	4	2		1	27
白云岩		2	1	2		15				1				22
玢岩	1	2	1	3	1			3		3				16
辉长岩								9		2	2			13
合计	41	106	98	20	31	92	10	95	11	97	108	214	17	1046

第一，对石料的开发有选择性。在二里头遗址所开发的石料中，主要集中于几种石材，以砂岩为最多，安山岩次之，其余还有灰岩、片岩、泥岩、石英岩和辉绿岩等。这一现象反映了二里头先民对石料特性已有清楚认识，并能够加以充分利用。

第二，影响工具形态的物理特性主要有硬度、密度、脆度和粗糙度[①]。石料开发和利用过程中，充分结合石材特性和石器功能，一种石料用于制作一种或几种主要石器工具类型。

砂岩在二里头遗址中是被开发和利用最多的石料，鉴定的砂岩中有 55.2% 被用来制作砺石；其次还被用来制作石刀、石镰和石铲等工具，在生产和使用废料中也发现有较多数量的砂岩。砺石作为打磨工具，石刀、石镰属于收割工具，用砂岩来制作能够充分发挥岩性特点。

安山岩在二里头遗址发现数量较多，其主要成分相当于闪长岩，常呈斑状岩理，颜色较深，密度较大，多为基性岩，硬度为 5—6。英安岩是相当于石英闪长岩的喷出物，属火山岩系。二里头遗址发现的安山岩主要用来制作石斧、石镰，所占比重分别为 22.7%、16.8%；其次安山岩用来制作石锛和石镞，所占比例分别为 10.1% 和 7.1%。英安岩主要用来制作石镰，比重为 55.6%。石斧和石锛等对石料的硬度有较高要求，石镰和石镞对石料密度也有一定的要求。

灰岩属于沉积岩系列，有薄页状或薄片层状的节理，一般硬度为 3，颜色多为灰色、浅灰色，在二里头遗址周边的南山、北岭都成片分布，易于取材和制作。在二里头遗址，灰岩使用率不是太高，但遗址出土总数的 57.9% 用来制作石铲。同样性质的白云岩 68.2% 用于制作石铲。

片岩是有片理构造的变质岩，一般为鳞片变晶结构、纤状变晶结构和斑状变晶结构。二里头遗址发现的片岩 80% 用于制作石刀。因为石刀器体较薄，片岩的层理构造有利于制作过程的完成，因而为专业化的生产提供了可能。泥岩和页岩同为泥质岩的一种，是分布最广的一类沉积岩。泥岩成分与构造和页岩相似但较不易碎，具有可塑性、耐火性、烧结性、吸附性、吸水性等。在二里头遗址，其总体利用率也不高，主要用于石镞、石镰、石刀。

辉绿岩多细中粒，含较多填隙石英，相对硬度达到 7—8，具有高度的耐磨性。这种特性非常符合石斧作为工具的要求，所以主要用于石斧的制作。二里头遗址发现的辉绿岩中 59.3% 被用来制作石斧。因辉绿岩分布不如安山岩广泛，所以石斧的制作中主要采用安山岩，其次为辉绿岩。

第三，每一种石器工具都有一种或几种主要岩性构成，对石料有一定倾向性选择，反映二里头先民对石器功能与主要石料特性的认识度较高。在鉴定的石器标本中，石镞主要以安山岩、泥岩制作，石锛主要采用安山岩制作，石铲则主要以灰岩、

---

① Wright K. A Classification System for Ground Stone Tools from the Prehistoric Levant. Paléorient, 1992, 18 (2): 53-81.

砂岩和白云岩制成，石斧主要用安山岩和辉绿岩制成，石镰采用安山岩、英安岩比例较高，细粒砂岩和泥岩比例较低，石刀主要以片岩为主，其次以细粒砂岩制成，而制作砺石的主体岩性为砂岩。

第四，对沉积岩的选择性利用和开发。在石材的总数量中，沉积岩系列的比例达到 50.9%，火成岩比例为 35.5%，变质岩只有 13.6%。不同成因的岩石系列中，沉积岩系以砂岩为最多，火成岩系主要以安山岩为最多；而变质岩系的片岩居半。

以上信息说明，夏商时期的人们已经很好地认识到各种成因、不同种类岩石的物理属性，并能够充分利用石料特点进行高效率的石器制作与生产。人们对石料的选择性开发过程，反映了人们对石料的认知度和选择度的变化。值得注意的现象是，从二里头一期到四期，逐步出现部分石料开发集中的现象，而且不同时期集中开发的石料类型有所变化，尤其二里头四期多种石料类型集中于某类工具生产的比例达到最高，这种现象是否说明二里头先民对石料的认知度、范围和开发程度存在逐步提高的过程尚待分析。

结　　语

中国早期国家阶段的石器生产是社会生产的重要部分，石料资源仍是当时最重要的资源之一。二里头遗址是早期国家阶段最重要的遗址之一，从石料来源、选择策略的角度研究石器生产，有利于认识早期国家阶段人类资源开发与选择能力。

二里头遗址共利用石料种类达 32 种，以砂岩为最多，其次为安山岩、灰岩、片岩、辉绿岩、白云岩等。不同时期的石料种类和利用率差异很大，尤其二里头四期，总量明显增加，石料利用率达到最大化。

就近取材方式应当是二里头人开采石料最方便快捷的资源获取模式，对于那些集中出露且使用率高的砂岩、灰岩、白云岩、石英岩、辉绿岩等，二里头文化三期、四期遗址对石材和石器工具有大量需求，那些被二里头聚落控制的不同等级聚落都有可能承担石材输送和石器初步加工生产的任务，如稍柴、灰嘴遗址。

长期的生产实践中，人们对石料这一重要资源特性的认知度越来越高，开发石料过程中总能根据工具功能特性选择合适的石材，以提高生产效率和使用效率。这种认知度的选择性在中国早期国家时期的不同阶段是否存在较大差异尚需深入分析。对石料选择性开发体现了早期国家阶段先民对自然资源的认知能力和利用度，而政治变迁、人口变化和社会需求都会影响人们对资源的利用方式与选择性策略。

　　附记：感谢科技部支撑计划"中华文明探源工程（三）"项目提供经费支持，使田野和实验室工作得以开展。感谢中国社会科学院考古研究所袁靖教授、王小庆教授，慨允开展二里头遗址的石器技术研究工作，并为项目开展提出许多建设性的指导意见。河南省国土资源厅的屠森先生，欣然接受邀请参与该项目研究，联合开展石料鉴定与二里头遗址的地质调查，对我们的研究贡献良多。美国加州大学洛杉矶分校罗泰（Lothar von Falkenhausen）教授、杰弗里·布兰廷哈姆（Jeffery Brantingham）教授以及李旻先生提出了较多的建议。二里头工作队王宏章、王丛苗、郭淑嫩等先生为本工作提供了很大便利和帮助。首都师范大学考古系研究生王宇、邓晨钰承担了测量工作。特此致谢。

（原载《考古》2014 年第 7 期）

金石学阶段的中国青铜器研究

朱光华

（首都师范大学历史学院，北京，100089）

青铜器研究是现今中国考古学的重要组成部分，但其发端可以追溯到公元 11 世纪前后北宋金石学兴起的阶段。在金石学繁盛的两宋及清代，青铜器研究主要表现为以著录器物图像与摹写传拓铭文为基础的文字考释或古史考证。随着 19 世纪末 20 世纪初的"西学东渐"，中国青铜器研究逐渐步入考古学阶段，其资料获取、研究内容、研究方法与研究目的等方面都发生了根本性的变革，因考古发掘资料的大量出土及理论方法的成熟，相关研究取得了令人瞩目的成就。然而回顾北宋以来金石学发展的历程，其在青铜器研究诸多方面的开创性探索及方法论总结在今天仍具有学术价值并值得思考借鉴，本文试就相关问题略作探讨。

一、金石学阶段的青铜器研究著述

中国地下埋藏的青铜器数量巨大而早在汉代就有发现，《汉书·武帝纪》记载西汉武帝时曾因青铜器出土（"得鼎汾水上"）而改年号为"元鼎"，东汉许慎《说文解字》也提到"郡国往往于山川得鼎彝"。从文献记载来看两汉时期已有收藏青铜彝器的风气，当时的学者对出土青铜器已有初步的认识，甚至可以释读铭文或断定器物年代，但总体而言还未达到研究的层面。北宋时期由于统治者的提倡及文人阶层的喜好，金石学日渐兴起，自此以后名家辈出，各类金石著作相继问世，由此拉开中国青铜器研究的序幕。目前来看流传至今的众多金石学著作体例互异、各有侧重，据内容与体例可将其综合划分为五类①：图录类、款识类、考释类、目录类、字典类。其中与青铜器研究直接相关的是以摹绘图像为主的图录类著作、以摹写铭文为主的款识类著作，以及专注于铭文释读与古史考证的考释类著作。

北宋时期的金石学著作以宋仁宗皇祐三年杨元明所著《皇祐三馆古器图》、宋仁宗嘉祐八年刘敞所撰《先秦古器记》，以及宋神宗时李公麟所作《考古图》《周鉴图》年代较早，但这四部书今皆已失传。目前所见两宋的图录类著作可以《考古图》《博古图录》《续考古图》为代表。吕大临所著的《考古图》十卷成书于北宋元祐七年，是现存最早的金石学著作，其中共收录包括商周青铜器在内的 224 件古器物，每件都记录图形、铭文、重量、尺寸、容量等，其著述体例多为后世承袭。王黼等编著的《博古图录》（或称《宣和博古图》）三十卷成书于宋徽宗宣和五年，该书著述体例较为完备、收录器物数量丰富，是宋代金石学著录的集大成者，全书共收内府所藏青铜器二十八类 839 器，详细记录器物的图形、铭文、重量、尺寸、容量等，并附简单的考释，《四库全书总目》评其曰："其书考证虽疏而形模未失，音释虽谬而字画俱存，读者尚可因其所绘，以识三代鼎彝之制。"南宋时赵九成沿袭《考古图》体例撰《续考古图》五卷，收录青铜、玉石器等 101 件。以上三书虽皆以集录器物见长，但诸书所附考释内容也十分重要，如《考古图》对青铜器的断代、《博古图录》对青铜器的分类都有独到的见解。

宋代较为重要的款识类著作有南宋时期的《历代钟鼎彝器款识法帖》《啸堂集古录》《钟鼎款识》等。《历代钟鼎彝器款识法帖》二十卷由薛尚功所撰，是宋代著录铭文数量最多的著作，全书以摹写形式记录 511 件青铜器、玉石器铭文，按朝代次序编撰并附考释。《啸堂集古录》二卷由王俅编著，全书共收录包括青铜器在内的 354 件器物铭文，摹写款识并加以释读。《钟鼎款识》由王厚之编撰，该书收录 59 件古代青铜器铭文，是较早以拓片形式记录款识的著作，林钧《石庐金石书志》曰："宋人著录金石，如《考古》、《博古》、《款识》等书，皆属摹刻，独此为原器拓片。"宋代的考释类著作以北宋欧阳修所著《集古录跋尾》十卷、赵明诚所著《金石录》三十卷、两宋之际董逌所著《广川书跋》十卷与南宋张抡所著《绍兴内府古器评》二卷较为重要，诸书皆以器物铭文释读与考证为宗旨，对青铜器的定名、断年、礼制等多有阐论，其中不乏有价值的创见。

---

① 朱凤瀚：《中国青铜器综论》，上海古籍出版社，2009 年，第 31 页。

　　元、明两代金石学衰落，金石著作相对较少，部分著作从形式到内容都因袭《考古图》《博古图录》而无创新，金石学没有突出成就。清代是中国金石学的鼎盛阶段，这一时期上层社会十分崇尚古代青铜彝器的收藏与研究，历史考据之学也在"乾嘉学派"的推动下大为兴盛，因此金石学领域研究成就十分突出，大量的著录与研究书籍问世。乾隆敕撰的"西清四鉴"（《西清古鉴》、《宁寿鉴古》和《西清续鉴》甲编及乙编）是清代图录类著作的杰出代表，其中由梁诗正等人编撰的《西清古鉴》四十卷，收录包括青铜器在内的各类文物多达 1529 件，由王杰等人编著的《西清续鉴》甲、乙编各二十卷，以及《宁寿鉴古》十六卷等收录青铜器的数量也都较为丰富。此外清代还涌现很多民间图录类著作，如《怀米山房吉金图》《十六长乐堂古器款识考》《两罍轩彝器图释》《长安获古编》《恒轩所见所藏吉金录》《攀古楼彝器款识》《陶斋吉金录》等。

　　清代的款识类著作主要有阮元编著的《积古斋钟鼎彝器款识》十卷、吴式芬编著的《捃古录金文》三卷、吴大澂编著的《愙斋集古录》二十六卷、方濬益编著的《缀遗斋彝器款识考释》三十卷等，而以阮元的著作最为重要，王国维《国朝金文著录表》序评之曰："海内士夫闻风承流，相与购求古器，汇集拓本，其集诸家器为专书者，则始于阮文达之《积古斋钟鼎彝器款识》。"诸书所录器物铭文资料丰富，除释文外亦多附题跋形式的考证。清代专注于考释的著作可以孙诒让所著《古籀拾遗》《古籀余论》，吴云所著《二百兰亭斋收藏金石记》等为代表，在金文考释方面成就较大，特别是孙诒让的研究订正了前人著述中的不少错误，林钧《石庐金石书志》评曰："孙君研经博学，以经训考释金文，析其形声，明其通叚。凡薛尚功、阮文达、吴荣光之书具有纠正。"

　　民国时期近代考古学已传入中国，青铜器研究正在突破传统的金石学的范畴，但仍有一批较具学术价值的旧式金石学著作出版。图录类著作主要有著录清宫旧藏的《宝蕴楼彝器图录》《武英殿彝器图录》等，著录私人收藏的《澂秋馆吉金图》《善斋吉金录》等，以及著录新出青铜器的《新郑彝器》《浚县彝器》等。款识类著作以罗振玉编著的《三代吉金文存》、刘体智编著的《小校经阁金文拓本》为代表，二者收录铭文资料甚为丰富，是金文著录的集大成之作。研究类著作以罗振玉所著《贞松堂集古遗文》、杨树达所著《积微居小学金石论丛》为代表。民国金石著录体例规范完备，除传统摹绘、墨拓之外还充分利用照相、影印技术，使资料的保存更为全面真实，青铜器与金文考释也很有成就。

二、北宋至清代青铜器研究的成就

宋代金石学的兴起很大程度上源于当时上层官吏及文人雅士的嗜古之风，并因此而开始盛行青铜彝器、玉石碑刻的收藏与著录，但很显然学者的意旨并未止步于此，吕大临《考古图》序说："观其器，诵其言，形容仿佛，以追三代之遗风，如观其人矣。以意逆志，或探其制作之原，以补经传之阙亡，正诸儒之谬误，天下后世之君子有意于古者亦将有考焉。"足见以吕氏为代表的宋代金石学家已视"证经补史"为古器物研究之目的。据统计北宋至清代出版的金石学著作多达九百余部[①]，青铜器研究亦取得十分显著的成就，有关青铜器的分类定名、分期断代、铭文考释与古史考证等都多有创获。

1. 关于青铜器的著录与分类定名

中国古代因偶然发现或发掘古冢而出土的青铜器数量众多，以至此类记载屡见于汉代以降的史籍之中，但历代所出青铜器在流传过程中绝大多数或毁于战火，或熔以铸币，或流落散佚，真正能够保存至今的只是其中很小的一部分。清潘祖荫在《攀古楼彝器款识》序中曾总结中国古代青铜器历经的七次劫难并概曰"七厄"，近人朱剑心所著《金石学》亦列"古器之厄"一章专叙历朝古铜器的毁坏情况，从中不难发现有数次青铜器的批量损毁事件都发生在金石学兴起后的宋至明代，如此则部分已被损毁青铜器的资料可能见载于金石学著作中，"宋代著录之器，今存者百不一二"[②]正是这一现象的反映，因此对后世青铜器研究而言金石著录中的图像资料尤显重要。

金石学著作中青铜器资料占据了较大的比重，就著录方式而言北宋时期青铜器多数为手绘线图、描摹铭文，少数铭文为墨拓，清代除手绘器物图外还发明了立体感较强的全形拓，铭文则多为精细的墨拓，民国时期的著作中青铜器开始以照片的形式展示，并附铭文拓片。金石学家在充分研究的基础上将这些器物的线图与铭文拓片归类，一般首先按时代先后排序，然后按器物类别近似程度归集，有些还附释

---

① 容媛辑，容庚校：《金石书录目》，商务印书馆，1936年，第6页。
② 朱剑心：《金石学》，文物出版社，1981年，第166页。

文、题跋，这种著述体例逐渐成为中国青铜器资料编著的惯例，较为直观地反映出金石学家在青铜器断代与分类定名等方面的研究成果。

总体而言金石学阶段青铜器的著录多按器物形制类比排列，并未形成科学的分类标准，"古代金石学家的分类法，大率以器为类聚，以用途为标准，把器物分为若干大类，类之下更分细目"①，所定青铜器名目虽繁但多详加考证，因此在青铜器定名方面的成就还是值得肯定的，如王国维所说："凡传世古礼器之名，皆宋人所定也，曰钟、曰鼎、曰鬲、曰甗、曰敦、曰簠、曰簋、曰尊、曰壶、曰盉、曰盘、曰匜、曰盦，皆古器自载其名，而宋人因以名之者也。曰爵、曰觚、曰觯、曰角、曰斝，古器铭辞中均无明文，宋人但以大小之差定之。然至今日仍无以易其说，知宋代古器之学，其说虽疏，其识则不可及也。"②中国古代青铜器的定名在宋代已基本完成，其中虽有疏漏但宋人所定的名称大多沿用至今。此外关于青铜器纹饰，如饕餮纹、蟠螭纹、云雷纹、蝉纹、垂鳞纹、夔纹、凤纹、联珠纹、乳钉纹等，也都是宋代金石学家结合考证加以确定，其他如宋《考古图》《博古图录》关于青铜钟细部名称的考证，黄伯思《东观余论》关于青铜戈细部名称的阐释，清钱坫《十六长乐堂古器款识考》对敦与簋的器形的考辨等，都有一定的学术价值。

2. 关于青铜器断代的研究与探索

断定年代是青铜器研究的首要任务，北宋以来的金石学著作对所收录的器物与铭文常常标注时代，其年代结论多为简略地推定朝代，只有少数精确考证到王年，但其实际运用或总结提出的青铜器断代方法对后世的相关研究具有重要价值与意义。

首先，金石学家普遍利用青铜器铭文内容进行断代。青铜器铭文是地下出土的文字资料，其所载人名、称谓、事例都具有重要的史料意义并可据以断定作器年代，对此金石学家有较为清晰的认识。青铜器铭文中常见以"天干"为名（或称"日名"）的现象，其与《殷本纪》中的商王名号相类，因此宋人多将此类青铜器定为商器，如《考古图》卷四"父己足迹卣"跋曰："凡称甲、乙以祖、父加之者疑皆商器也。"这一断代方法亦见于《博古图录》《绍兴内府古器评》等。铭文中记述的人物事件也常可与史籍记载的历史事件相对应，金石学家亦多利用二者之联系考证青铜器的年代，如《历代钟鼎彝器款识法帖》卷十二"伯冏父敦"曰："按欧阳文忠公《集古录》云：'《尚书·冏命》序曰：穆王命伯冏为周太仆正，则此敦周穆王时器

---

① 容庚、张维持：《殷周青铜器通论》，中华书局，2012年，第22页。
② 王国维：《观堂集林》，河北教育出版社，2001年，第245页。

也'。"清方濬益《缀遗斋彝器款识考释》考订"旅鼎"为康王之器也是充分利用了人物事件系联的方法。此外《博古图录》卷九据铭文称年为"祀"的习惯定"商兄癸尊"为商器、孙诒让《古籀余论》据铭文"衣祀于王丕显考文王"之称谓定"大丰敦"为武王之器，都是利用铭文内容断代的实例。

其次，金石学家多注意到青铜器的时代特征并据以断代。不同时代的青铜器在形制、纹饰、铭文风格等方面都会有所变化，对此金石学家已有认识并用于青铜器断代实践，只不过金石学阶段还未形成器物时代特征的科学概括，其运用往往局限于主观推测或不同器物的类比。如吕大临《考古图》"戊鼎"断代曰："按鼎铭一字，奇古不可识，亦商器也。"张抡《绍兴内府古器评》定"周南宫鬲"年代曰："制作文缕，殆与周仲父鬲同，其为周物无疑。"清吴大澂长于文字考释，其所著《愙斋集古录释文剩稿》对"齐侯敦""邾公钟"的断代研究则多运用铭文字体的比较，其结论近于客观。方濬益《缀遗斋彝器款识考释》说："故余纂集以彝器款识，专以书势辨时代之先后为可据也。"由此表明清代学者对铭文书体的断代意义已较为重视。

最后，金石学家开创了青铜器断代研究的历日推勘法。两周青铜器铭文中多有王年、月份、月相、干支等时间信息的记述，据此可结合古代历法推算器物较为准确的年代。此类研究最早见于宋代的金石学著述，即吕大临《考古图》对"散氏敦"年代的考证，吕氏利用太初历并结合《尚书·武成》的记载，推定"散氏敦"铭文"隹王四年八月初吉丁亥"为武王四年历日，其结论虽经证明不确，但其研究思路却有开创之功。清罗士林《周无专鼎铭考》以四分周术与三统历推算"无专鼎"铭文"隹九月既望甲戌"为宣王十六年历日，张石州以四分周术推算"虢季子白盘"铭文"隹十又二年正月初吉丁亥"为宣王十二年历日等 [1]，都是历日断代法研究的例证且结论相对较为正确。

此外金石学家还注意到出土地点信息对青铜器断代研究的意义，并结合古地理知识应用于断代实践。总之金石学阶段青铜器断代研究结论或可商榷，然其关于断代方法的实践与发明却非常值得肯定。

3. 有关青铜器的文字考释与古史考证

现今的学科体系中金文考释属于文字学研究的范畴，古史考证则为狭义历史学的支系，但在金石学发展过程中二者皆与青铜器的研究直接相关，比如在谈到古器

---

① 方濬益：《缀遗斋彝器款识考释》卷七，商务印书馆，1935年，第18页。

物研究宗旨时刘敞《先秦古器记》说："礼家明其制度，小学正其文字，谱牒次其世次。"钱坫《十六长乐堂古器款识考》说："念诸器中有足证文字之源者，有路辨经史之伪舛者，皆有禅于学识。"事实上以青铜器铭文为基础的古史考证与文字考释由来已久，孙诒让《古籀拾遗》说："考读金文之学盖萌柢于秦汉之际，《礼记》皆先秦故书，而《祭统》述孔悝鼎铭，此以金文证经之始。汉许君作《说文》据郡国山川所出鼎铭文款以修古文，此以金文说字之始。"将二者的渊源分别追溯到先秦与东汉，但基于青铜器的金文考释与古史考证真正形成气候则是在金石学开始以后。

在金石著录中凡有款识者多附有释文，在此类研究中金石学家总结提出了多种不同的金文释读方法：第一，两宋学者注意到金文是一种古老的文字，可借助《说文》《广韵》等字书、韵书并与小篆类比加以释读，如《考古图》《历代钟鼎彝器款识法帖》皆有据《说文》释读铭文之例，《考古图释文》有以《广韵》考释铭文之例。清代金石学家不仅熟练掌握了这种释字方法并进一步利用金文校正《说文》疏漏，"寻古圣制字之源，补浍长《说文》之阙"[①]，吴大澂所著《说文古籀补》"取古彝器铭文，择其显而可识者约三千五百字，依《说文》部首汇录成编"，其以金文等出土文字补证《说文》博得学术界的广泛赞誉。第二，从金文的构形分析出发金石学家发现了古文的"形旁通用"现象，并总结提出了金文释读的偏旁分析法。以偏旁分析法释读金文可见于宋《考古图》《历代钟鼎彝器款识法帖》等著作，清末孙诒让利用偏旁分析法并结合字形演变的分析考释金文多有创获，陈梦家评曰："孙氏将不同时代的铭文加以偏旁分析，藉此种手段，用来追寻文字在演变发展中的沿革大例——书契之初轨、省变之原或流变之迹，他对于古文字学最大的贡献就在于此。"[②] 第三，商周青铜器铭文多言辞古奥，其辞例可与早期文献相对照，金石学家因此提出金文释读的辞例推勘法。宋《考古图》《历代钟鼎彝器款识法帖》皆有运用此法释读金文的例证，清刘心源《古文审》对金文辞例有准确概括并用以正确释读"大鼎"等青铜器铭文。同时学者还注意到可用金文辞例校勘古文献，如吴大澂《愙斋集古录释文剩稿》即以金文辞例释《尚书·大诰》"宁王"为"文王"，其说至确。此外学者普遍注意到古文的同声通假现象并用于金文的释读。

青铜器铭文是早期社会的真实记载，其中蕴含了有关人物事迹、家族世系、宗教礼仪等方面的信息，对此在金石学著作中亦多有阐论：其一，金石学家普遍注重金文中人名、族名的考证。金文中有许多日名、私名与史籍记载的人名相同，如金文中的日名多同于《殷本纪》中的商王名号，自宋薛尚功、张抡以来学者将二者直

---

① 方濬益：《缀遗斋彝器款识考释》卷一，商务印书馆，1935 年，第 2 页。
② 陈梦家：《殷虚卜辞综述》，科学出版社，1956 年，第 156 页。

接联系，其考证虽不免有比附之嫌，但综合出土文字与传世文献分析的逻辑有一定的合理意义。相对而言学者关于古族的推证较为客观，如《历代钟鼎彝器款识法帖》"史卣"考曰："史言其官，有以史为氏族者，因官而受氏焉。"《绍兴内府古器评》"商冀父辛卣"考曰："冀者国名，唐虞之都也，昔人受封于此，后世采食于所封之地，故复以为氏。"《积古斋钟鼎彝器款识》"伯爵彝"考曰："伯爵，作器者氏与名……考柳山寨有古城基，即《春秋》之骈邑，《论语》云'夺伯氏骈邑三百'，此器出当地，氏亦为伯，或即伯氏之器欤。"这些考证不仅结合了古代地理、职官等信息，甚至还参照了有关的历史遗迹，实为金石考史的典范之作。其二，学者在利用金文考证古代宗庙礼制方面成就卓著。周青铜器具有丰富的礼制内涵，即阮元所谓"器以藏礼"，对此金石学家亦多有考述，如吕大临《考古图》、吴式芬《捃古录金文》对"宣榭"的考证，张抡《绍兴内府古器评》对"燕射婚聘礼"的解读，薛尚功《历代钟鼎彝器款识法帖》对"亚室"的阐论，方濬益《缀遗斋彝器款识考释》、刘心源《奇觚室吉金文述》对"康宫"的歧见，阮元《积古斋钟鼎彝器款识法帖》对于"大庙""昭穆制"的释读，其中不乏精彩的见解。清代金石学家普遍重视金文的史料价值与意义，如阮元谓金文"与九经同之"，因此在金石考史方面有较多新见。

三、民国金石学与青铜器研究的嬗变

如前所述金石学阶段的青铜器研究取得了令人瞩目的成就，然而在旧学体系下传统学者研究的局限也十分明显，其中的谬说不独为后世学者所诟病，即使同时代学者亦有所指摘，如对金文人名考证中的比附现象，赵明诚《金石录》评曰："凡三代以前诸器物，出于今者皆可宝，何必区区附托《书》、《传》所载姓名然后为奇乎？此好古者之蔽也。"陈振孙《直斋书录解题》评曰："邃古以来人生世多矣而仅见于简册者几何？器物之用于人亦多矣而仅存于世者几何？乃以其姓字名物之偶同而实焉，余尝窃笑之。惟其附会之过，并与其详洽皆不足取信矣。"传统金石学之弊至民国时期有较大改观，这一时期在西方近代学术的影响下，青铜器研究逐渐由金石学阶段过渡到考古学阶段，突出表现为资料获取方法的变化与研究理论的系统化，其成就亦非往日可比。

民国时期中国近代考古学已经产生，这一时期通过殷墟侯家庄、宝鸡斗鸡台、浚县辛村等遗址的正式发掘，出土了一批具有准确埋藏信息的商周青铜器，在资料上逐渐摆脱了以往混沌不清的局面，极大地拓展了青铜器研究的视野与领域。在中国金石学传统与新传入的西方学术的共同影响下，青铜器研究出现繁荣的局面，以理论方法的系统化、科学化为特征，青铜器研究领域涌现一批重要的成果：其一，古史考证历来是青铜器研究的重要宗旨，如杨树达《积微居金文说》自序所言"彝铭之学，用在考史，不惟文字"，民国时期在实证主义影响下王国维创造性地提出"二重证据法"[1]，认为应以"地下之材料"参证"地上之材料"考证古史，其立说虽重于甲骨，但其论断在青铜器研究领域亦有深远的影响，郭沫若所著《两周金文辞大系图录考释》、唐兰所著《西周青铜器铭文分代史征》就是这一时期"二重证据法"用于青铜器研究的典范。其二，在青铜器分期断代研究方面最为突出的成就是"标准器断代法"的提出，以及中国古代青铜器分期框架的初步建立。受近代考古学中"类型学"的启发郭沫若研究提出西周青铜器断代的"标准器断代法"[2]，并以进化史观的视角将中国古代青铜器的发展阶段划分为四期，即滥觞期、勃古期、开放期、新式期[3]。断代标准与分期框架的建立廓清了此前青铜器时代不清的局面，为其他方面的研究提供了良好的基础。其三，在青铜器的综合研究方面成果丰富。这一时期的综合性研究著作首推容庚的《商周彝器通考》，其中关于青铜器分类、纹饰、分期、铸造、辨伪等方面多有新意，并且开创了青铜器综合研究著述的体例。其他如金文考释方面唐兰的《古文字学导论》，在金文族名、人名考证方面吴其昌的《金文氏族谱》等也都在各自的领域取得了超越前人的成就。

民国时期青铜器研究之所以成就卓著原因是多方面的，其中既有对传统金石学成果的汲取，如北宋以来建立的青铜器研究体系、清代乾嘉以来实证主义的治学方法，又有西方唯物史观、进化史观影响下研究理论的形成与理性精神的发扬，如二重证据法、标准器断代法的提出，中国青铜器分期框架的建立，而以近代考古学为代表的学术体系的进化以及研究资料的新发现则是其中最为直接的因素。宋代金石学偏重于青铜器的著录与铭文的研究，近于欧洲文艺复兴后兴起的铭刻学，至清代金石学著录与研究范围明显拓展，除青铜、石刻外还广泛搜集钱币、玺印、造像、度量衡器、陶俑、器范等，"纵观清代金石学的发展历程，不难窥见其在清代学术大背景下的理性诉求及学术自觉，即随着新资料的不断出土，自觉拓展金石学的研究范围"[4]，实际上已从局限于青铜器、石刻的金石学过渡到包罗万象的古器物学。而在

---

① 王国维：《古史新证》，清华大学出版社，1994 年，第 25 页。
② 郭沫若：《两周金文辞大系图录考释》，科学出版社，1984 年，第 303 页。
③ 郭沫若：《两周金文辞大系图录考释》，科学出版社，1984 年，第 64 页。
④ 王雪玲：《论清代金石学的学术自觉与理论价值》，《吉林大学社会科学学报》2013 年第 2 期。

田野考古发掘方法传入中国后，由于研究目的一致性清末民初的古器物学自然汇入中国近代考古学并成为其中重要的组成部分，中国青铜器研究因资料获取与研究方法的改变而完成近代科学化的进程。

从琉璃河和叶家山出土青铜兵器
看西周早期曾国与燕国的交流[*]

李　竹　陈北辰

（首都师范大学历史学院，北京，100089）

燕国和曾国在西周时期的发展和历史演变，经过考古学家近半个世纪的努力逐渐清晰起来，它们的文化面貌内涵丰富、来源多样。其中，两国的青铜器一直是学界研究的重点。但以往的研究多以青铜礼器或车马器为对象，针对兵器或工具类青铜器的专门讨论不多。事实上，青铜兵器是体现西周时期各个诸侯国之间交流情况的重要载体，其时空跨度往往超越了同时期的青铜礼器和车马器。

一、燕国青铜兵器

燕国青铜兵器目前集中出土于北京房山琉璃河西周燕国墓地，在 20 世纪七八十年代发掘的Ⅰ区 M1、Ⅱ区 M205 等 17 座墓和 1986 年发掘的琉璃河 M1193 大墓中均有所发现；在 1984 年发现的河北兴隆商周青铜器窖藏和 1975 年发掘的北京昌平白浮村西周木椁墓 M2、M3 中，也有零星出土。

按类别划分，迄今为止出土的西周燕国青铜兵器主要有短剑、戈、戟、钺、胄五类。

---

①　本文得到"跨区域文化交流视角下的琉璃河燕国青铜器研究"（编号 SM202010028007）项目的支持。

1. 短剑

短剑目前共发现有 11 件，出土于琉璃河 I M52、I M53、II M253，昌平白浮 M2、M3，以及兴隆商周青铜器窖藏中。

主要可以分为圭形剑身和柳叶形剑身两大类。圭形剑身类 7 件，可分为中间起脊、中间起脊且圭形剑身与茎间出两翼、无柱脊且圭形剑身与茎间出两翼三小类。柳叶形剑身 4 件，可分为无柱脊、中间起脊两小类（图 1）。

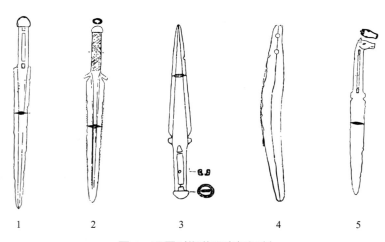

图 1　西周时期燕国青铜短剑

1. 昌平白浮出土短剑（M2：7），圭形剑身，中间起脊　2. 昌平白浮出土短剑（M3：22），中间起脊，且圭形剑身与茎间出两翼　3. 兴隆商周青铜器窖藏出土短剑，无柱脊，且圭形剑身与茎间出两翼　4. 琉璃河 I M52 出土短剑（I M52：28），柳叶形剑身，中间起脊　5. 昌平白浮出土短剑（M3：22），柳叶形剑身，无柱脊

2. 戈

青铜戈目前共发现有 80 余件，主要出土于琉璃河 M1193、I M26，兴隆商周青铜器窖藏和昌平白浮 M2、M3 中，可以分为无胡、短胡、中胡、长胡四大类。此外，还有一个特殊的形制，即昌平白浮 M2 出土的戈（M2：31），其援与胡呈一直线，内呈梯形，胡与援连成三角形，胡上有四穿。

除残损严重无法辨认形制，或无法拼对整合的戈以外，无胡共有 14 件，均无穿，根据援的形制不同，可细分为条形援和三角形援两小类。短胡共有 35 件，根据穿的数量可分为无穿、一穿两小类。中胡共有 10 件，均为一穿。长胡共有 7 件，根据穿的数量可分为无穿、一穿、三穿三小类（图 2）。

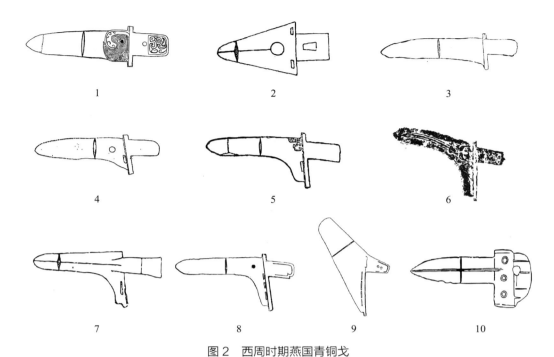

图2　西周时期燕国青铜戈

　　1. 琉璃河ⅠM105 出土青铜戈（ⅠM105：11），无胡，无穿，条形援　2. 兴隆商周青铜器窖藏出土青铜戈，无胡，无穿，三角形援　3. 琉璃河ⅠM52 出土青铜戈（ⅠM52：23），短胡，无穿　4. 琉璃河ⅠM20 出土青铜戈（ⅠM20：1），短胡，一穿　5. 琉璃河ⅡM205 出土青铜戈（ⅡM205：15），中胡，一穿　6. 昌平白浮出土青铜戈（M2：37），长胡，无穿　7. 兴隆商周青铜器窖藏出土青铜戈，长胡，一穿　8. 琉璃河出土青铜戈（ⅠM52：21），长胡，三穿　9. 昌平白浮出土青铜戈（M2：31）　10. 昌平白浮出土青铜戈（M2：20），椭圆形筒状銎，半圆形内

3. 戟

　　戟通常是一种集戈与矛两种兵器功能于一体的兵器，秘顶为矛头，秘端有戈头。但燕国青铜戟是由戈与刀组合而成，即秘端以刀代替了矛，刀的顶端后弯呈钩状。

　　青铜戟目前共发现有 15 件，出土于琉璃河ⅠM52、M1029、M1193，以及昌平白浮 M2、M3 中。除残损严重无法辨认形制的戟外，燕国的青铜戟均为中胡，主要可以分为二穿和四穿两种。其中二穿共有 7 件，四穿共有 5 件；二穿中还有 2 个形制特殊的戟，即昌平白浮 M2 中出土的 M2：33 和 M2：35，二者均戈援下弯，内很长且呈弯钩状（图 3）。

4. 钺

　　燕国的青铜钺目前仅发现 2 件，出土于兴隆商周青铜器窖藏和昌平白浮 M3 中。

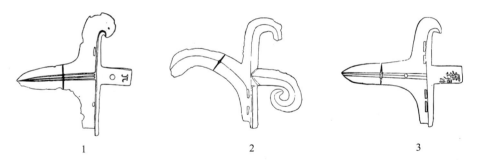

图3　西周时期燕国青铜戟

1. 昌平白浮出土青铜戟（M2：35），中胡，二穿　2. 昌平白浮出土青铜戟（M2：33），
中胡，二穿　3. 琉璃河出土青铜戟（IM52：22），中胡，四穿

二者均为小型斧形钺，钺身较窄长，区别在于内的形制。兴隆商周青铜器窖藏出土钺为梯形内；昌平白浮M3出土钺（M3：17）则内分三义，形制较为少见（图4）。

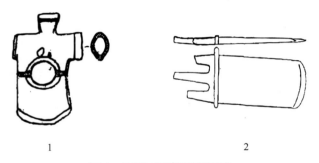

图4　西周时期燕国青铜钺

1. 兴隆商周青铜器窖藏出土斧形钺　2. 昌平白浮出土斧形钺（M3：17）

5. 胄

燕国的青铜胄目前共发现有3件，出土于琉璃河M1193和昌平白浮M2、M3中。这3件胄均为素面、圆顶、顶上作半环钮，前后开有小半圆形口（图5）。

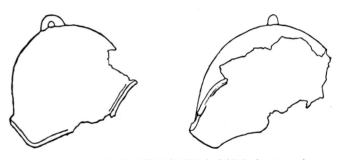

图5　西周时期燕国昌平白浮出土青铜胄（M3：1）

二、曾国青铜兵器

位于湖北随州的叶家山西周早期曾国墓地，是曾国西周时期文化的重要遗址。在叶家山曾国墓地中，青铜兵器集中出土于 M1、M28、M65、M107 和 M111 五座高等级墓葬中。

按类别划分，迄今为止叶家山曾国墓地出土的青铜兵器主要有短剑、戈、戟、钺四类。

1. 短剑

青铜短剑目前共发现有 3 件，出土于叶家山 M28 和 M1 中，均为柳叶形剑身，且中间起脊，其中短剑 M1：24 剑身两面饰有蝉纹和夔龙纹（图 6）。

2. 戈

曾国的青铜戈目前共发现有 115 件，出土于叶家山 M1、M28、M65、M107 和 M111 中。主要可以分为无胡、短胡、中胡、长胡四大类。

除残损严重无法辨认形制，或者仅为戈头的 30 件戈外，无胡共有 20 件，根据援的形制不同，可分为条形援和三角形援两小类。短胡共有 14 件，根据穿的数量可分为一穿、二穿两小类。中胡共有 49 件，根据穿的数量可分为无穿、一穿、二穿、三穿四小类。长胡仅有 1 件，穿为三穿。另外，还有一件戈 M28：212 胡下部缺失，援根部饰有虎纹（图 7）。

3. 戟

曾国的青铜戟目前共发现有 70 余件，出土于叶家山 M28、M65、M107 和 M111

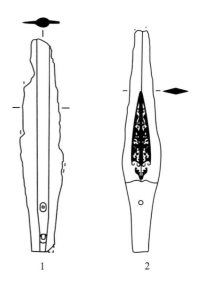

图 6　西周时期曾国青铜短剑

1. 叶家山出土青铜短剑（M28：50）
2. 叶家山出土青铜短剑（M1：24）

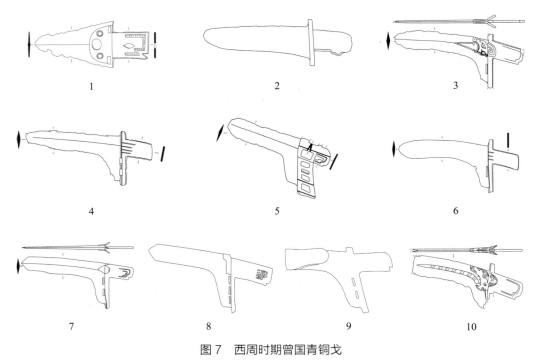

图 7　西周时期曾国青铜戈

1. 叶家山出土青铜戈（M28：215），无胡，三角形援　2. 叶家山出土青铜戈（M111：414），无胡，条形援　3. 叶家山出土青铜戈（M65：70），短胡，一穿　4. 叶家山出土青铜戈（M65：74），短胡，二穿　5. 叶家山出土青铜戈（M28：42），中胡，无穿　6. 叶家山出土青铜戈（M28：232），中胡，一穿　7. 叶家山出土青铜戈（M28：217），中胡，二穿　8. 叶家山出土青铜戈（M111：362），中胡，三穿　9. 叶家山出土青铜戈（M1：1），长胡，三穿　10. 叶家山出土青铜戈（M28：212）

中。根据 M65 的发掘报告，其出土的青铜戟有 3 件置于椁内，其中 1 件在报告中未说明形制；另有数件出于墓室南边二层台上，与戈等整体取出未及清理，故无法对具体数量下定论。

除残损严重无法辨认形制、考古报告中未说明形制的戟外，曾国的青铜戟大多为中胡，主要可以分为二穿、三穿和四穿三小类。四穿中还有一件特殊形制的戟，即 M65：81，戈部缺失，柲端以刀代替矛，且刀的顶端后弯呈钩状。另有一件特殊刀形戟 M111：596（图 8）。

4. 钺

曾国的青铜钺目前共发现有 7 件，出土于 M28、M65 和 M111 中。主要分为斧形和半环形两大类。斧形共有 3 件，可分为无銎和有銎两种。1 件无銎钺（M28：22）出土于 M28，2 件有銎钺出土于 M111 椁室内东北部。半环形共有 4 件，可分为背部

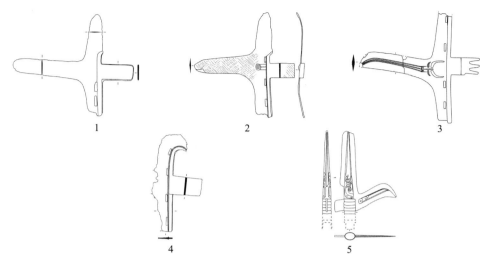

图8　西周时期曾国青铜戟

1. 叶家山出土青铜戟（M28：223），中胡，二穿　2. 叶家山出土青铜戟（M111：17），中胡，三穿
3. 叶家山出土青铜戟（M111：361），中胡，四穿　4. 叶家山出土青铜戟（M65：81），中胡，四穿且戈部缺失
5. 叶家山出土刀形戟（M111：596）

有穿銎和背部无穿銎两种。2件背部有穿銎钺 M65：9、M111：380，形制相同，钺身两面均饰有环状龙纹。2件背部无穿銎钺 M111：375、M111：415，形制相同，钺身内侧背部饰龙纹，饰重环纹（图9）。

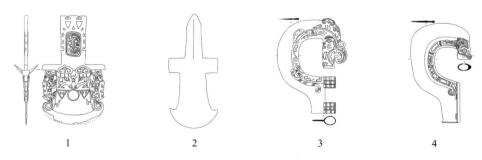

图9　西周时期曾国青铜钺

1. 叶家山出土青铜钺（M28：22），斧形，无銎　2. 叶家山出土青铜钺（M111：364），斧形，有銎　3. 叶家山出土青铜钺（M111：380），半环形，背部有穿銎　4. 叶家山出土青铜钺（M111：415），半环形，背部无穿銎

三、比　　较

燕国作为西周王朝东北边疆地带的重要屏障，不仅与周王畿地区和北方地区在

政治、军事、文化等方面的交流非常密切，周王室对其进行的文化渗透始终占据主流，还与同时代其他地区诸侯国也存在一定的时空关联，同属于姬姓诸侯国的曾国便是其中之一。

作为西周王朝分封在南部边疆地带的诸侯国，曾国位于随枣走廊，有着独特的水陆交通优势，是周王畿地区获取金属资源的重要依靠，也吸引着周王朝北方诸侯国与之进行文化经济上的交流。燕国与曾国作为同处于西周王朝边疆地带的姬姓诸侯国，均有着复杂多样的文化面貌和较为特殊的地理位置。其出土的青铜器，在与中原地区存在着较高一致性的基础上，结合了文化交流状况的复杂性和铸造需求的多样性，能动地进行了改造与创新，逐渐形成了其自身独具特色的青铜文化面貌。在琉璃河燕国墓地和叶家山曾国墓地中，均出土大量青铜兵器。青铜兵器作为戎事的物质代表，既反映了当时各国青铜铸造工艺的水平，对于研究不同文化因素在区域间的传播、发展与融合也有着重要的意义。

根据目前收集到的资料，可以观察到，西周时期燕国青铜兵器和曾国青铜兵器均具有较为丰富的器类，在数量方面则是燕国相对较少。在器物形制和装饰风格上，二者整体看来具有较多的一致性，但同时也存在一定的差异，显示出了多种文化因素的融合。

在器类方面，西周时期燕国和曾国的青铜兵器都有短剑、戈、戟、钺四种，不同之处在于燕国还有胄的发现。在所占比例上，燕国出土的青铜短剑数量多于曾国，但戈、戟、钺的出土数量均少于曾国，二者出土最多的器类均为戈。

在形制方面，西周时期燕国的青铜短剑中相对多见的是属于北方草原青铜风格的圭形剑身，柳叶形剑身较少，但北方草原不见的菱形剑脊出现在绝大部分的燕国青铜短剑上；西周时期曾国的青铜短剑则均为周王朝中心区域常见的扁茎柳叶形，且均中间起脊。

西周时期燕国与曾国的青铜戈整体看来较为一致，均分为无胡、短胡、中胡、长胡四类，且都有无胡三角形援戈；但燕国以短胡戈为主，曾国则多见中胡戈。

西周时期燕国的青铜戟为戈与刀的组合，与曾国出土的由戈与矛组合而成的青铜戟有着较大差异，但在叶家山 M65 出土有一件与燕国钩戟形制一致的中胡四穿戟。

二者出土青铜钺的形制差异较大，燕国仅有 2 件斧形钺的发现，而曾国同时出土有斧形钺和半环形钺。

在纹饰方面，西周时期燕国和曾国青铜兵器上的纹饰种类和数量均较有限，均有浅浮雕牛首装饰发现。燕国青铜兵器的纹饰多见于短剑的剑首和剑鞘，以及戈的援根部、内部末端、銎两面等位置。纹饰种类常见有鸟纹、弦纹、夔龙纹。曾国青铜兵器的纹饰则多见于短剑的剑身、戈的援根部、钺身及其援中部等位置，纹饰种类常见有蝉纹、夔龙纹、虎纹、重环纹（表1）。

表 1　西周时期燕国和曾国青铜兵器上的纹饰

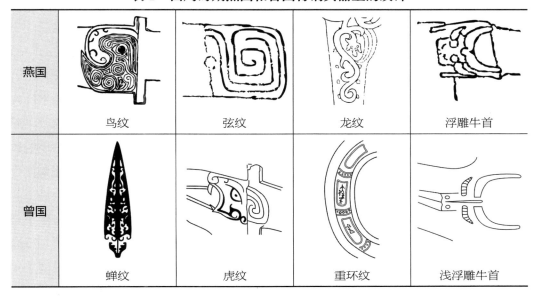

燕国	鸟纹	弦纹	龙纹	浮雕牛首
曾国	蝉纹	虎纹	重环纹	浅浮雕牛首

四、交　　流

通过对出土青铜兵器的梳理可以看出，西周早期燕国和曾国均对其给予了充分的重视，这也是致力于自身军事实力提升的一种表现。燕国早期居民来源构成复杂，且许多居民都与军事活动相关，其所属的族群是在不断向周文化中心接近并在此过程中吸收中原礼制的。燕国贵族也有可能在军事上直接占据一些通向中原的交通据点从而为自身的交流和发展提供便利，在交流接触和军事斗争的过程中掌握更多的主动权，带有目的性地去积极选择吸收对于自身有利的文化因素，以进一步强化军事实力。

位于随枣走廊的曾国与之相比，除了在文化交流的路线上具有一定的地理优势以外，叶家山 M28 中两块铜锭的出土，或许还能够一定程度上反映出曾侯可能对铜矿这一重要战略资源的生产和运输有掌控权。这两块铜锭出土于高等级墓葬 M28 中二层台东北角处，紧邻青铜礼器，其对于墓主曾侯的重要性可见一斑。

西周时期曾国形制和纹饰均较为复杂的青铜钺是其青铜铸造技术及强大军事实

力的象征。叶家山墓地 M65 和 M111 出土的 2 件背部有两个间断式竹节状椭圆形穿銎的半环形钺，是西周早期出现的新形制，往往为国君一级的贵族所用。这种半环形銎内钺的数量不多，除了叶家山墓地以外，还在甘肃灵台白草坡墓地和陕西长安

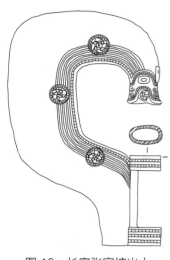

图 10　长安张家坡出土
半环形钺（M170：246）

沣西张家坡墓地中有类似形态钺出土。钺身所装饰的翻体龙纹、虎纹等纹饰，与商周中原风格直内钺常见的兽面纹饰和圆涡蕉叶纹饰并不相同，而更近似于北方草原地带的动物纹饰（图 10）。这种形制和纹饰上的变迁，与实际的战争杀伐功能联系并不明显，显然是艺术性和美观性的体现。因此，与其他类型青铜兵器不断改进满足实用功能的形制变化相比，这种西周早期新出现的纹饰繁缛、具有明显艺术化倾向的青铜钺，更可能是作为军权和威严的象征，显示出此时曾国对自身权力地位的塑造。同样作为边缘地带的姬姓诸侯国，燕国虽然至今并没有此类形制青铜钺的发现，但这并不意味着其没有带有礼仪性质的青铜钺作为地位的象征，而是需要未来更多的考古发现去进一步揭示和证实。

根据西周时期诸侯国墓葬中青铜兵器的组合可以判断出，青铜戈与其他类型的青铜兵器相比，更加普遍，且在组合中最具稳定性和连续性。直内戈是出土最为广泛的类型，形制上遵循了自无胡到有胡、短胡到长胡的演变趋势；同时它也是当时青铜戈中最具实用性的类型，在实际战争中占据了主体地位。燕国和曾国出土的完整直内戈大多长 20—25 厘米，仅有少数长 15—20 厘米和 30 多厘米。

无胡三角形援青铜戈，是直内戈的一种特殊形态，无胡，因其援呈等腰三角形而得名，援原本近阑处多有上下两长方形穿，既用于战争也常用于仪仗。其在西周时期主要分布于关中宝鸡和四川地区，形态上呈现小型化趋势，援身发展为较宽阔的等腰三角形，可以在东周时期当地的青铜兵器组合中找到后继发展类型，与当地文化传统延续有着紧密联系，故将其视为先蜀文化的象征。而其在西周时期的燕国和曾国均有所出土，不排除由四川传入的可能性。20 世纪 80 年代，童恩正先生在《试论我国从东北至西南的边地半月形文化传播带》一文中根据海拔、地貌、气候、降水、土壤、植被等多个方面的一致性，指出了一条从东北至西南的边地半月形文化传播带的存在，即从东北开始，沿华北的北部边缘向西，沿河西走廊，在甘青地区折向西南，经青藏高原东部直达云南西北部的横断山脉地区，形成一个半月形的地带，将中原地区包围其中；后经进一步的分析论证，该文化传播带或向东延伸至

湖北一带。而根据地理位置判断，三角形援戈的传播路线或许与半月形文化传播带密切相关，并能够一定程度上反映出特定地域范围的功能性需求。

　　燕国和曾国出土的完整三角形援戈的长度分别为 21 厘米和 21.7 厘米；宝鸡竹园沟墓地和灵台白草坡墓地中发现的三角形援戈则较短，长度分别为 18.8 厘米和 18.5 厘米（图 11）。相较西周时期燕国和曾国直内戈而言，三角形援戈的援身长度有所缩短，形制为前窄后宽的等腰三角形。一些学者如沈融、井中伟、毛洪东均对此类戈的功能性进行过分析，指出其宽而短的三角形援身，扩大了戈与秘的接触部分，使之更加牢固，在增强前锋啄击力的同时降低了折断的可能性；而且其上下刃不发达，主要靠前锋的啄击杀伤敌人，因此应是步兵使用的近身格斗兵器。新兴的车战在西周早期并不是军队作战的主要方式，故三角形援戈作为必要的步兵武器，很可能会为燕国、曾国这种处于边缘地带且面临边界资源竞争的诸侯国所需要，从而沿半月形文化传播带，进行了物质文化上的互通往来。

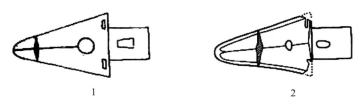

图 11　西周时期燕国和周中心区域青铜三角形援戈

1. 兴隆商周青铜器窖藏出土三角形援戈　2. 宝鸡竹园沟出土三角形援戈（BZM7∶186）

　　燕国和曾国均出土由戈与刀组合的青铜钩戟。钩戟盛行于西周早期，后就不再出现。西周早期燕国青铜戟均为钩戟，曾国青铜戟则多数是由戈与矛组合而成的刺戟，仅在叶家山 M65 出土有一件钩戟。梳理西周早中期中原地区出土的青铜戟可以看出，其常见的形制为刺戟，同时有少数钩戟发现，集中出土于高等级墓葬中，多与其他青铜兵器及车马器同出，这显示出其与西周时期的车战或存在密切关联，且在军事作战中具有一定的重要性（表 2）。

表 2　西周时期燕国、曾国和周中心区域青铜戟

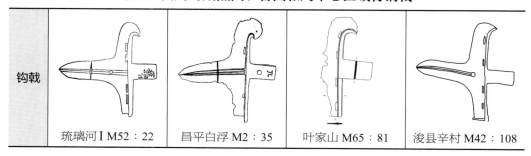

钩戟				
	琉璃河ⅠM52∶22	昌平白浮 M2∶35	叶家山 M65∶81	浚县辛村 M42∶108

续表

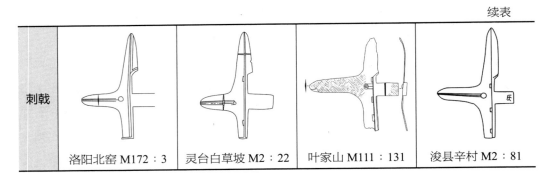

刺戟	洛阳北窑 M172：3	灵台白草坡 M2：22	叶家山 M111：131	浚县辛村 M2：81

梳理目前的资料可以看出，仅燕国西周早期青铜戟为钩戟，其余地区均既有钩戟，又有刺戟出土，且在数量上刺戟远远超过钩戟。郭宝钧先生在《殷周的青铜武器》中指出钩戟杀伤力并不能超过与其处于同时期的十字形刺戟，这或许也是其于西周早期后就被淘汰的主要原因。然而，燕国作为西周时期的重要诸侯国，目前仅出土了实用性较低的钩戟，就显得有些特殊。它位于西周王朝边缘地带，面对着激烈的资源竞争等问题，提高军事能力是其巩固统治的重要手段，但它却在青铜戟的铸造上选择了作战时发挥作用有限的钩戟形制。与此同时，同样作为西周时期重要诸侯国的曾国，却以更为具有实用性的刺戟占主流地位。

这种形制差异的产生可能受到功能性动因的影响，与制造和使用该类器物的人群对于其实际的应用情境密切相关。本地族群为了提高自身的作战能力与效率，对现有的青铜兵器进行了有效改进。曾国或为了克制淮夷等民族的侵扰，有着较大的兵器需求和较高的军事实力要求，在青铜戟形制的选择上较燕国而言会更加多样化，且更加注重其在实际作战中的作用。因此，在西周初年铸造和使用钩戟后，曾国逐渐在征战中意识到钩戟的局限性，而选择了集勾、刺的功能于一身的刺戟。从出土数量也可看出，曾国在青铜兵器的铸造上对于实用性较强的刺戟有着一定的倾向性。根据作战需求和地理位置，燕国可能并未将青铜戟作为军事斗争的主要兵器。钩戟虽然只能勾、不利于刺，但已经满足了燕国的使用需求。比起在军事战争中发挥作用，这种实用性较低的钩戟，或许在西周时期的燕国一定程度上更有可能作为权力地位的象征和代表。

对燕国和曾国出土的西周时期青铜兵器类型与特点进行对比后，可以观察到，燕国和曾国虽同属于西周王朝边缘带的封国，但与周王朝的联系并没有因为距离而减弱，周王朝也不会将自己的同姓封国置于孤立无援的境地。面对较为激烈的资源竞争、对共同资源的保护以及扩张等问题，这两个地方诸侯国需要靠武力来巩固初期并不安稳的统治，因此，两者都需要对当时位于权力中心的强大的周文化进行尽可能的接收，加强与周王室的联系，以巩固自己的权力和地位。

  同时，多种文化因素融合型器物的出现，意味着其与周边地区也存在着一定程度的文化渗透和文化交流，对其他地区的文化输入进行了主观选择，吸收了对自己有利的文化因素。这种本地文化吸收周边先进文化，从而形成了多样性的文化因素以凝聚群体、彰显权力地位的形式，在文化交流中有着重要意义，与族群文化认同感的加深或也有所关联。

  随着周王朝在此处势力的逐渐稳固，燕国和曾国在发展中越发强盛，生存形态等方面也在产生变化，顺势因此而不断与更多地区产生新的文化接触，对于各种文化因素的接受与吸纳会更加全面，其自身的文化因素构成也就更为复杂多样。

（原载《大众考古》2022 年第 2 期）

"生死异路，各有城郭"[*]

——读骆驼城出土的一件冥婚文书

刘乐贤

（首都师范大学历史学院，北京，100089）

1998 年 5 月，甘肃省高台县博物馆在清理骆驼城 98—6 号古墓时获得一批珍贵文物，颇具研究价值^①。其中一件书写在木牍上的文书尤为重要，是研究中国古代冥婚现象的宝贵资料。虽然该墓的发掘报告或发掘简报迄今尚未发表，但文书的释文和照片已经先后由学者在有关刊物公布，具备了进行研究的基本条件。本文拟在以往研究成果的基础上从几个方面对这件文书进行分析，并就以往冥婚研究中存在的争议性问题略作讨论。

一

骆驼城 98—6 号墓出土的这件文书，最先由高台县博物馆曹国新于 1999 年撰文公布释文并加标点^②。据曹国新介绍，文书抄写在一块长 26 厘米、宽 12 厘米、厚 1 厘米的松质薄木板上，共计 11 行文字^③。文书的照片则由赵雪野和赵万钧于 2008 年

---

*　本文系国家社科基金项目（批准号 08BZS004）和北京市百千万人才工程资助项目的阶段性成果。

① 曹国新：《骆驼城出土珍贵文物》，《丝绸之路》1999 年第 3 期。（以下简称"曹文"）

② 曹国新：《骆驼城出土珍贵文物》，《丝绸之路》1999 年第 3 期。

③ 下引"赵文"称该木牍"长 39、宽 9、厚 0.6 厘米"。到底哪种说法可靠，尚待测量原物后才能确定。

撰文公布，他们在刊布照片的同时也发表了一个未加标点的释文，并对其中某些神名和绘制于木板上部的一幅图像做了研究 ①。随后刘卫鹏就文书的释读提出一些意见，并发表了一个新的释文 ②。

从"赵文"刊布的照片看，这三种释文尤其是"刘文"对文书的释读大致可从，但也偶有疏忽。下面先根据照片将我们的释文写出（后面九行文字的换行处用 / 标出），然后依次对释读中存在争议或需要说明的地方略作交代。

> 耿氏男祥，字少平，年廿，命在金。
> 孙氏女祥，字阿珆，年十五，命在土。
> 谨案黄帝司马季主九天䁤（图）、太史历记言得用。/今年十二月廿三日，月吉日良，星得岁对，宿得天仓，五男四/女九子法，冢前交车，作舍作芦（庐），穆穆雍雍，两家合同，雍雍/穆穆，两家受福，便利姑娀、叔妹，共上仓（苍）天，共作衣裳，共作/旃（毡）被，共作食饮，共上车，共卧共起，共向冢，共向宅，共取新（薪），共取水，共/产儿子儿大〈女〉，共使千秋万岁不得犯害家人。生死异路，各有城郭/，生人前行，死人却略，生人上台，死人深藏埋，生人富贵，死人日/远。自今相配合，千秋万岁之后不得还反。时共和合/，赤松子如地下二千石、灶君共三画，青乌子共知要。急急如律令。

第一行和第二行，"曹文"读作"耿氏，男，祥字少平，年廿，命在金"和"孙氏，女，祥字阿珆，年十五，命在土"，"刘文"读作"耿氏男祥字少平，年廿，命在金"和"孙氏女祥字阿珆，年十五，命在土"。按，文中"男祥""女祥"应从"刘文"连读，分别指男祥鬼和女祥鬼。关于"男祥""女祥"的含义后文还要讨论，

---

① 赵雪野、赵万钧：《甘肃高台魏晋墓墓券及所涉及的神祇和卜宅图》，《考古与文物》2008 年第 1 期（以下简称"赵文"）。又，何双全、狄晓霞：《甘肃省近年来新出土三国两晋简帛综述》[《西北师大学报（社会科学版）》2007 年第 5 期，以下简称"何文"] 提到一件"高台县骆驼城'建兴十七年'木牍"，说是"上世纪 90 年代出土于高台骆驼城附近古墓中"。从"何文"描述的出土时间、出土地点和上面所写内容看，似乎就是本文要讨论的这件木牍。但两件木牍的尺寸略有差异，图像之下的文字也不一样。尤其不同的是，"何文"说木牍上的文字中有"建兴十七年"字样，而我们从"赵文"刊布的照片中完全看不到这样的内容。我们曾设想可能是木牍的背面有"建兴十七年"字样，但"何文"明确提到木牍是"单面书写"，说明并不存在这样的可能。2011 年 8 月底笔者曾赴高台县进行考察，在高台县博物馆展厅中见到了这块木牍。经观察，木牍的形状和字迹与"赵文"公布的照片完全一致。关于木牍的尺寸，高台县博物馆寇克红馆长说应以曹国新先生的文章为准。关于木牍的背面，寇克红馆长再次证实没有抄写过任何文字。寇克红馆长还说，在骆驼城一带没有出土过记有"建兴十七年"字样的类似墓券。由于"何文"没有同时配发照片，所谓"高台县骆驼城'建兴十七年'木牍"的可靠性目前无法得到证实，故本文暂不以之作为研究依据。
② 刘卫鹏：《甘肃高台十六国墓券的再释读》，《敦煌研究》2009 年第 1 期。（以下简称"刘文"）

这里暂不多说。从照片上的字迹看，这两行文字与后面九行文字的笔迹不同，二者应当不是同时所书①。

第三行的"畵（图）"字，"曹文"释作"畣（鄙）"，不可从。"赵文"作"比"，可能是排印错误。"刘文"释作"畵"，并说"即'图'"，可从。司马季主，见今本《史记·日者列传》，是古代一位著名的"日者"，即以选择时日吉凶为业的术士。道教文献中也有关于"九天图"的记载②，不知是否与此处"黄帝司马季主九天畵（图）"的"九天畵（图）"有关。司马季主精通选择时日之术，依托于司马季主的"九天图"很可能也包括选择时日吉凶方面的内容。至于黄帝，也常常是古代选择类书籍的依托对象。《隋书·经籍志》的"五行"类下就著录一批依托于黄帝的选择书籍，如《黄帝飞鸟历》1卷、《黄帝斗历》1卷、《黄帝四神历》1卷、《黄帝地历》1卷等③。因此，"黄帝司马季主九天畵（图）"的内容虽无从查考，但从名称推测可能是一种以选择时日吉凶为主要内容的图表或书籍。太史，官名，历代皆有设置，但职掌有些变化。西周、春秋时期，太史掌管记载史事、起草文书，兼管国家典籍和天文历法等。秦汉时期称太史令（汉代属太常），掌管天时星历。魏晋以后，修史之职归著作郎，太史专掌历法。这里"太史"和日者司马季主并列，应当是指专掌历法的太史。关于"太史历记"的含义后文还要讨论，这里就不多说了。

第四行"月吉日良"的"日良"二字，"曹文"误释作"晨"字，并将前后文字误读为"月吉，晨星得岁，对宿得天仓"，致使文义费解。"赵文"则将"月吉日良"释作"月吉日辰"，亦不可信。"刘文"释作"月吉日良"，可从。"良"字写法虽然稍显特别④，但与"辰"字仍有不同。后面的"星得岁对"和"宿得天仓"对仗，不能像曹文那样拆开。"岁对"和"天仓"都是选择时日吉凶的术语，可参看清代官修选择书籍《协纪辨方书》卷4和卷6的有关记载⑤。"星得岁对"和"宿得天仓"，在文书中仍用来说明"今年十二月廿三日"是"月吉日良"。

第三行和第四行之间的文字，"刘文"在"言"字处加逗号，"曹文"则将第三行看作独立一句。按：骆驼城另一墓葬出土的建兴廿四年墓券开头有"建兴廿四年三月癸亥朔廿三日乙酉直执凉州建康表是县显平亭部前玉门王领拔周振妻孙阿惠得

---

① 这两行文字的笔迹与文书上部所绘图像的题记颇为一致，值得注意。
② 例如，《云笈七签》卷80《符图》提到"神仙蹑灵九天图中部第二真气颂""子欲蹑大道当得九天图"［胡道静等编：《道藏要籍选刊》（一），上海古籍出版社，1989年，第573、576页］，《通志·图谱略·记有》著录有《大洞九天图》（《通志》卷72《图谱略第一》，中华书局，1987年，第839页）。
③ 《隋书》卷34《经籍三》，中华书局，1973年，第1026页。
④ 与该"良"字上部相似的写法也见于碑刻文字，参见秦公、刘大新：《广碑别字》"良"字条，国际文化出版公司，1995年，第71页。
⑤ 《四库术数类丛书》9，上海古籍出版社，1991年，第263—264、322页。

用今岁月道通葬埋太父母以次入蒿里三九入太一下从玄入白葬后世子孙法出二千石"
一段①，笔者认为应读为"建兴廿四年三月癸亥朔廿三日乙酉直执，凉州建康表是县
显平亭部前玉门王领拔周振妻孙阿惠得用。今岁月道通，葬埋太父母以次入蒿里，
三九入太一下从玄入白葬，后世子孙法出二千石"。两相对照可知，"曹文"将第三
行看作独立一句的读法似更为合适。

第五行"作舍作芦"的"舍"字，"刘文"释作"仓"，不可信，应从"曹文"
和"赵文"释作"舍"。"芦"，"曹文"释为"薑"（姜）、"皿"二字，误，应依"赵
文"读为"庐"。

第五行"两家合同"、第六行"两家受福"的"两"字，"曹文""赵文""刘文"
都误释为"尔"。这种写法的"两"在东汉至唐宋时期的出土文献中并不少见，大
概是"两"的一种俗写②。类似写法的"两"字还见于敦煌地区出土的魏晋南北朝时
期的解注文，以前多误释为别的字，笔者已有专文订正③。合同，和合齐同，齐心协
力。《史记·李斯列传》："高曰：上下合同，可以长久；中外若一，事无表里。"④《盐
铁论·险固》："王者博爱远施，外内合同，四海各以其职来祭，何击拓而待？"⑤受，
"曹文"误释为"事"，当从"赵文""刘文"释为"受"。

第五行"便利姑妐叔妹"，"曹文"释作"便利姑妐好妹"，"赵文"释作"便利
姑公姊妹"，"刘文"释作"便利姑妐姊妹"，都不准确。姑妐，古书或作"姑公"，
指丈夫的父母。《吕氏春秋·遇合》："人有为人妻者。人告其父母曰：'嫁不必生
也。衣器之物，可外藏之，以备不生。'其父母以为然，于是令其女常外藏。姑妐知
之，曰：'为我妇而有外心，不可畜。'因出之。"⑥《宋书·庾登之附弟炳之传》："又
云：不痴不聋，不成姑公。"⑦叔妹，丈夫的妹妹，即小姑。《后汉书·列女传·曹世
叔妻》："和叔妹第七：妇人之得意于夫主，由舅姑之爱己也；舅姑之爱己，由叔妹
之誉己也。由此言之，我臧否誉毁，一由叔妹，叔妹之心，复不可失也。皆莫知叔

---

① 照片见"赵文"第87页。玉门王领拔，"赵文"释作"壬闰领拔"，"刘文"释作"玉门三领拔"。按：
"领拔"前一字写法与"玉门"的"玉"基本一致，也有释为"玉"的可能。又，敦煌一棵树烽燧遗址出土
的晋元康三年木牍上部"领拔龙勒令印，至煎都南曲侦候苻（符）信"中也有"领拔"，"领拔"的含义待
考（参见杨俊：《敦煌一棵树汉代烽燧遗址出土的简牍》，《敦煌研究》2010年第4期），关于晋元康三年木
牍更为清晰的照片和详细的释读分析，还可参见武汉大学简帛研究中心"简帛网"的"简帛论坛·简帛研
读"下"敦煌再现汉代完整封检"主题（2009年3月19日）。
② 黄征：《敦煌俗字典》，上海教育出版社，2005年，第244页。
③ 刘乐贤：《释魏晋南北朝时期解注文中的"两"字》，《出土文献与传世典籍的诠释——纪念谭朴森先生逝
世两周年国际学术研讨会论文集》，上海古籍出版社，2010年，第435—440页。
④ 《史记》卷87《李斯列传》，中华书局，1982年，第2550页。
⑤ 王利器：《盐铁论校注》卷9《险固》第50，中华书局，1992年，第526页。
⑥ 王利器：《吕氏春秋注疏》卷14《孝行览》，巴蜀书社，2002年，第1553—1555页。
⑦ 《宋书》卷53《庾登之附弟炳之传》，中华书局，1974年，第1519页。

妹之不可失，而不能和之以求亲，其蔽也哉。"①《晋书·列女传·郑袤妻曹氏》："郑袤妻曹氏……事舅姑甚孝，躬纺绩之勤，以充奉养，至于叔妹群娣之间，尽其礼节，咸得欢心。"②便利姑姒、叔妹，是从对女方的要求而言。

第七、八行之间，"曹文""刘文"读作"共产儿子"和"儿大共使"两句，也有道理。这里试提出另外一种猜测："大"字可能是"女"字的讹写（即少写了一捺），"共产儿子儿女"是一起生儿育女的意思。

第九行"死人却略"，"赵文"释作"死人却步"，最后一字当依"曹文""刘文"释作"略"。略，"刘文"以为是"'路'的借字或别字"。洛阳烧沟147号汉墓出土初平元年陶瓶录文中有"生人前□□卸略"句③，有学者将其校正为"生人前行，死人却略（路）"④，似可信从。但"却略"一词见于古书，是"却步""却行"的意思，不必读为"却路"。《世说新语·方正》："周、王既入，始至阶头，帝逆遣传诏遏使就东厢。周侯未悟，即却略下阶。"徐震堮说："却略——却行也。乐府《陇西行》：'却略再拜跪，然后持一杯。'"⑤

第十行"自今相配合，千秋万岁之后不得还反"的"反"，"曹文"和"赵文"皆误释为"歹"，应从"刘文"作"反"。又，"曹文"将此句读作"自今相配，合千秋万岁，之后不得还歹（待）"，不妥。

第十一行，"赵文"录作"赤松子如地下二千石雷电君共三画青乌子共知要急急如律令"，曹文读作"杰（赤）松（伺）子，如地下二千石。竈（灶）君三画（划），青乌子共知，要急急如律令"，"刘文"读作"赤松子、如地下二千石、雷电君共三画，青乌子共知要。急急如律令"，都不准确。如，训为"与"，参看杨树达《词诠》"如"字条⑥。灶君，"赵文"释为"雷电君"，认为"雷电君"就是"雷公"或"雷师"，"刘文"也释作"雷电君"。按："君"前一字原作"竈"，应为"竈（灶）"的异体。据《说文解字》，"竈（灶）"的正篆作"窀"（许慎分析为"从穴鼀省声"），不省的"竈（灶）"反而是或体。而"黾"的俗体往往可以写作"电"⑦，故"竈（灶）"或写作"竃"⑧。同样，"窀"也可以写作"竃"。因此，文书的"竃君"即"窀君"，也就是"竈（灶）君"，"曹文"的意见可从。灶君，就是灶神。《艺文类聚》卷5引

---

① 《后汉书》卷84《列女传》，中华书局，1965年，第2791页。
② 《晋书》卷96《列女传》，中华书局，1974年，第2510页。
③ 洛阳区考古发掘队：《洛阳烧沟汉墓》，科学出版社，1959年，第154页。
④ 张勋燎、白彬：《中国道教考古》，线装书局，2006年，第169页。
⑤ 徐震堮：《世说新语校笺》，中华书局，1984年，第172—173页。
⑥ 杨树达：《词诠》"如"字条，中华书局，1965年，第260—264页。
⑦ 张涌泉：《敦煌俗字研究》，上海教育出版社，1996年，第674页。
⑧ 张涌泉：《敦煌俗字研究》，上海教育出版社，1996年，第439页。

《搜神记》说："宣帝时，阴子方者当腊日晨炊，而灶君神形见，子方再拜受庆。家有黄羊，因以祀之。自是以后，暴至巨富，故后常以腊日祠灶。"①《艺文类聚》卷80引《杂五行书》说："灶君名禅，字子郭，衣黄衣，披发，从灶中出。知其名，呼之，可得除凶恶、贾市。不知其名，见之死。猪肝泥灶，令妇孝。灶君以壬子日死，不用此日治灶。"②后面的"画"字，"刘文"以为是画押的意思，似可从。赤松子如地下二千石、灶君共三画，是说赤松子与地下二千石、灶君三神一起画押。要，"刘文"训为"约"，可从（参见下文）。赤松子、地下二千石、灶君、青乌子等神祇或仙人，在汉代到南北朝时期的古书和出土墓葬文书中经常出现，这里就不解释了。

顺便指出，在文书上端还绘有一幅图像并注有一些文字，"曹文"称为"方位图"，"赵文"称为"卜宅图"，并认为"卜宅图和《宅经》中的阴阳宅方位图是完全对应的"。从图上按方位标出十二支，并于十二支之下分别标出"便时""徵利""利道""墓门"等字样看，可能是一幅选择下葬方位或下葬时间的图形，具体含义尚待进一步研究。

二

文书第一行和第二行交代了"男祥"耿少平和"女祥"孙阿珰的年龄及其"命"所属的五行，这显然是为了推算耿、孙二氏的"命"能否相合。"命在金""命在土"之类以五行生克推算"命"的说法也见于古书，如《太平经·有德人禄命诀第一百八十一》说："年在寅中，命亦复长，三寅合生，乃可久长。申为其冲，了不相亡，多恶畏夜，但能缘木上下，所畏众多。其命在金，行害伤人，故令小寿，是为可知。"③文书说耿氏"命"在金，孙氏"命"在土，按照五行生克理论，土生金，耿、孙二氏的"命"相合。

之后的一大段，首先说明是以"黄帝司马季主九天晷（图）"和"太史历记"为依据行事，行事的日期是"今年十二月廿三日"，因这天"月吉日良，星得岁对，宿得天仓"。从后文"穆穆雍雍，两家合同，雍雍穆穆，两家受福，便利姑妪叔妹，共上仓（苍）天，共作衣裳，共作旆（毡）被，共作食饮，共上车，共卧共起，共向

① 欧阳询：《艺文类聚》卷5《岁时下》，上海古籍出版社，1999年，第94页。
② 欧阳询：《艺文类聚》卷80《火部》，上海古籍出版社，1999年，第1375页。
③ 王明：《太平经合校》卷111《庚部之九》，中华书局，1960年，第546—549页。

冢，共向宅，共取新（薪），共取水，共产儿子儿大〈女〉"看，所行之事乃是耿、孙二氏联姻合婚。据此可以明白前文所谓"五男四女九子法"的含义。原来，在"月吉日良"之时合婚的夫妻一生可望得到"五男四女九子"。

后文还有"自今相配合""时共和合"等语，也能说明所行之事是结婚。配合，指结为夫妇。《后汉书·鲜卑传》："鲜卑者，亦东胡之支也，别依鲜卑山，故因号焉。其言语习俗与乌桓同。唯婚姻先髡头，以季春月大会于饶乐水上，饮燕毕，然后配合。"① 《易林·明夷之第三十六·需》："童子无室，未有配合，空坐独宿。"② 和合，本指和睦同心或混合、汇合，在这里是撮合成婚的意思。《易林·家人之第三十七·渐》："执斧破薪，使媒求妇，和合二姓，亲御斯酒，召彼邻里，公姑悦喜。"③

据此再看文书第一、二行交代耿、孙二氏"命"所在五行，显然也与婚配有关，乃是为了说明耿、孙二氏之"命"能够相合，也就是说这两人宜于婚配。据"曹文"介绍，骆驼城98—6号墓"双棺并存，头向北，稍向西斜偏……男女棺皆素面柏木板，板厚11厘米。男女皆仰身葬"。墓中合葬有男女二人，与文书所述耿、孙二氏的婚配情形颇为一致。

不过，与普通的婚姻相比，这件文书记载的婚配有些特别。文书前面提到"冢前交车"，中间提到"共使千秋万岁不得犯害家人"，后面又说"生死异路，各有城郭，生人前行，死人却略，生人上台，死人深藏埋，生人富贵，死人日远。自今相配合，千秋万岁之后不得还反"，文书的上部还绘有一幅与选择下葬方位或下葬时间有关的图形。所有这些都表明，合婚的当事人耿、孙二氏不是活人，举行婚礼的地点不在宅舍而是在墓地。因此，"曹文"说墓主"生前未成婚配，死后成配阴婚"，"刘文"说该墓"死者为一对青年男女，而且两人是冥婚"，都是正确的。

实际上，文书对耿、孙二氏的死人身份还有更为清楚的交代，只是尚未引起研究者注意。前文已经指出，第一行和第二行的"男祥""女祥"应当连读。也就是说，文书称这对新婚的夫妻耿少平和孙阿招为"男祥"和"女祥"。何谓"男祥"？何谓"女祥"？宋人康与之在《昨梦录》中有明确记载，这里不妨引述于下。

北俗，男女年当嫁娶未婚而死者，两家命媒互求之，谓之"鬼媒人"。通家状细帖，各以父母命祷而卜之，得卜，即制冥衣，男冠带、女裙帔等毕备。媒者就男墓备酒果祭以合婚。设二座相并，各立小幡长尺余者于座

① 《后汉书》卷90《乌桓鲜卑列传》，中华书局，1965年，第2985页。
② 《四库术数类丛书》6，上海古籍出版社，1991年，第364页。
③ 《四库术数类丛书》6，上海古籍出版社，1991年，第368页。

后，其未奠也，二幡凝然直垂不动。奠毕，祝请男、女相就若合卺焉。其相喜者，则二幡微动，以致相合若一。不喜者，幡不为动。且合也，又有虑男女年幼或未闲教训，男即取先生已死者书其姓名生时以荐之使受教，女即作冥器充保母使婢云属。既已成婚，则或梦新妇谒翁姑，婿谒外舅也。不如是，则男女或作祟，见秽恶之迹，谓之男祥、女祥鬼。两家亦薄以币帛酬"鬼媒"。"鬼媒"每岁察乡里男女之死者而议资以养生焉。①

据《昨梦录》可知，上论骆驼城墓葬文书中的"男祥"和"女祥"就是男祥鬼和女祥鬼。《千金翼方》卷30"禁遁注第十四"说："按摩卒中注忤魍魉法。配阴脉十三，阳脉十五，二十八脉随手上下，一脉一通，知汝有苦，男祥、女祥，客死不葬，骸骨消散，流离道旁，惊恐驰走，责人酒浆。南山有一人名穷奇，不食五谷，但食鬼皮，朝食鬼父，暮食鬼母，食正欲壮，复索鬼子。急急如律令。"② 其"男祥""女祥"因"客死不葬"而四处作祟，显然是指男祥鬼和女祥鬼。《六壬大全》卷2"太阴"说："类于人，与天后同，或云贱妾。于祟，女祥并灶及绝嗣鬼。"③ 其"女祥"与灶及绝嗣鬼一道作祟害人，显然也是指女祥鬼。如《昨梦录》所说，当时人认为未曾婚配的年轻男女死后可能会作祟害人，故分别以男祥鬼和女祥鬼称之。男祥鬼和女祥鬼之名在别的文献中也时有所见，如敦煌卷子 P.4667（P—tib.2207）《益筭（算）经》中有"苻（符）厌死丧新旧注雌雄破殃伏连之鬼，苻（符）厌山林社稷之鬼，苻（符）厌游天之鬼，苻（符）厌赤舌之鬼，苻（符）厌北舍五土之鬼，苻（符）厌日游土气之鬼，苻（符）厌星死之鬼，苻（符）厌客死之鬼，苻（符）厌兵死之鬼，苻（符）厌男祥、女祥之鬼，苻（符）厌无孤（辜）之鬼"等文字，又绘有一些符并于各符之下注明其所"厌"的上述诸鬼名字④。又如，敦煌卷子 P.2856《发病书》中有"寅日病者，以鬼箭射着人腰，吞此苻（符）。丙寅病，至壬申差，星死、女祥鬼，谢之，吉。戊寅日病者，庚戌日差，祟在客死鬼，大重，九死一生。庚寅日病，至戊戌日差，祟在女祥鬼，宜道悟。壬寅病，至戊申差，祟天道神作，不死，解之，吉。甲寅病，至戊午日差，戊午差，祟在客死鬼，解之，吉"，还有"亥日病者……己亥日病，辰日差，女祥界〈鬼〉，解之，吉。辛亥日病，至丙辰日差，祟在女祥鬼，解之，吉。癸亥日病，至戊辰日差，祟在兵死鬼，解"等⑤。敦煌卷子

---

① 陶宗仪：《说郛三种》，上海古籍出版社，1988年，第1568—1569页。
② 朱邦贤等：《千金翼方校注》，上海古籍出版社，1999年，第851页。
③ 《四库术数类丛书》6，上海古籍出版社，1991年，第530页。
④ 照片见国际敦煌项目（IDP）网站 P—tib.2207号，《大正新修大藏经》第2904号《佛说七千佛神符经》有录文可参看。
⑤ 上海古籍出版社等：《法藏敦煌西域文献》第19册，上海古籍出版社，2001年，第135—141页。

P.2978《发病书》残文中也有"今遣兵死鬼共女祥鬼来作……""有星死、女祥鬼共非（蜚）尸来为祟"等文句①。敦煌卷子中的男祥鬼、女祥鬼常与兵死鬼、星（腥）死鬼、非（蜚）尸等恶鬼一道作祟害人②，恰与上引《昨梦录》"不如是，则男女或作祟，见秽恶之迹，谓之男祥、女祥鬼"一致。

这种用法的"祥"古书或写作"殡"，一般认为"殡"是"祥"的俗写③。道教文献《上清天枢院回车毕道正法》卷下有"点污南方饮食受患西北方旧庙神堂后西方伏尸女殡之鬼"④，其"女殡之鬼"也就是上述女祥鬼。道教文献提到"殡"的地方较多，如《太上洞渊神咒经》卷6"誓殡品"，对"殡"的危害有专门介绍。"誓殡品"说："自今以去，若有奉此经者，天护人民。及有殃殡之鬼、一切邪精，吾当与誓：自今有法师所救之人，令官事者解，疾病者瘥。若复不瘥，太上遣三天力士四十九万人收天下外殡男女之鬼，斥去千里。"又说："至甲子、壬辰之岁，流殃万丈，皆汝等之妖鬼，古之死将、国主、大臣、下官故炁，世间鬼贼，或男女之殡，水火刀兵之殡，行客之鬼，因世之人有衰，竞来祟之，图害万民，取其名誉，希其血食，千千万亿，遶人宅舍，作其光怪，令人口舌、刑徒。"⑤

从道教文献的描述看，"殡（祥）"似是指能作祟害人的鬼怪⑥。而根据骆驼城墓葬文书和宋人康与之的《昨梦录》，"男祥"和"女祥"是专指未曾婚配的年轻死者，即年轻的男女孤鬼。令人感兴趣的是，从这件文书还可以看出"男祥"耿少平和"女祥"孙阿珆在地下世界的一些生活情形。文书祝福耿、孙二氏成婚时说："冢前交车，作舍作芦（庐），穆穆雍雍，两家合同，雍雍穆穆，两家受福，便利姑娖叔妹，共上仓（苍）天，共作衣裳，共作游（毡）被，共作食饮，共上车，共卧共起，共向冢，共向宅，共取新（薪），共取水，共产儿子儿大〈女〉。"耿、孙二家因结亲而得福，耿、孙二氏因成婚而得以共同生活，两人一起劳作一起休息，共同生儿育女，妻子孙氏则须善待公婆和小姑。从文书的记载看，"男祥""女祥"在地下世界

---

① 上海古籍出版社等：《法藏敦煌西域文献》第20册，上海古籍出版社，2002年，第306—307页。
② 兵死，死于兵器（参见王念孙：《读书杂志》"战兵死"条，江苏古籍出版社，2000年，第917页）。星（腥）死，血腥而死（参见刘乐贤：《简帛数术文献探论》，湖北教育出版社，2003年，第272—280页）。蜚尸，也作"蜚凶流尸"，指游神野鬼之类，见于《论衡》的《订鬼》和《辩祟》两篇。
③ 黄征：《敦煌俗字典》，上海教育出版社，2005年，第450页。
④ 《道藏》第10册，文物出版社、上海书店、天津古籍出版社，1988年，第487页。
⑤ 《道藏》第6册，文物出版社、上海书店、天津古籍出版社，1988年，第20—23页。
⑥ 何双全等认为这种用法的"祥"可能是"殃"的通假字［参见何双全、狄晓霞：《甘肃省近年来新出土三国两晋简帛综述》，《西北师大学报》（社会科学版）2007年第5期］，但上引《太上洞渊神咒经》卷6"誓殡品"中有"殃殡"，《正一法文经章官品》卷3也有"主收捕塚墓男女之殃殡"（《道藏》第28册，文物出版社、上海书店、天津古籍出版社，1988年，第550页），说明"殡（祥）"不可能是"殃"的通假字。还有学者建议将"殡（祥）"读为"殇"，但上引《太上洞渊神咒经》卷6"誓殡品"中有"水火刀兵之殡"，"殡"的含义似与"殇"并不完全一致。看来，这种用法的"祥"或"殡"的词义来源还有待进一步考察。

的情感诉求，他们结婚以后在地下的日常生活，以及从中体现出的家庭伦理，都与现实世界大体一致。事死如事生，冥界生活即现实生活的翻版，在这一件文书中得到了充分的体现。

三

从《昨梦录》的记载看，"男祥"和"女祥"婚配时需要举行一系列礼仪程序。双方家庭要聘请"鬼媒人"做媒，要进行相应的占卜，要准备衣冠服饰，还要举行仪式以判断男女双方是否愿意合婚，然后才能正式成婚。这些环节和礼仪与现实生活中的婚配过程大体一致，也可以说是现实婚配仪式的翻版。

很显然，这件文书并没有记载"男祥"和"女祥"的整个结婚过程，只反映了其中一个侧面。实际上，这件文书除提到男祥耿少平和女祥孙阿诏的婚事外，还有其作为墓葬文书的特别目的。文书在祝福夫妻二人的婚后生活时最后一句是"共使千秋万岁不得犯害家人"，之后还有一大段文字强调"生死异路，各有城郭，生人前行，死人却略，生人上台，死人深藏埋，生人富贵，死人日远。自今相配合，千秋万岁之后不得还反"。这类强调"生死异路"的文句我们并不陌生，它们在东汉至魏晋南北朝时期的墓葬文书中经常出现。例如，东汉初平元年朱书陶瓶上有"生人前[行]，[死人]却略，生人入成（城），死人出郭，生人在宅舍，死人在丘墓"[①]，东汉刘伯平墓券有"生属长安，死属大山，死生异处，不得相妨"[②]，东汉熹平元年陈敬叔墨书陶瓶上有"生人上就阳，死人下归阴，生人上就高台，死人深自藏，生人南，死人北，生死各自异路"[③]，北凉玄始九年安富生墨书陶瓶上有"生人前行，死人却步，生死各异路，不得相注件"[④]，西凉麟加八年姬女训朱书陶瓶上有"生人前行，死人却步，生死道异，不得相撞"[⑤]，西凉庚子六年张辅朱书陶钵上有"乐莫相念，[苦]

① 洛阳区考古发掘队：《洛阳烧沟汉墓》，科学出版社，1959 年，第 154 页。释文参见张勋燎、白彬《中国道教考古》，线装书局，2006 年，第 169 页。
② 罗振玉：《贞松堂集古遗文》下册，北京图书馆出版社，2003 年影印本，第 358—360 页。
③ 图版见刘正成主编：《中国书法全集》9，荣宝斋，1992 年，第 98 页。释文参见刘昭瑞：《汉魏石刻文字系年》，新文丰出版公司，2001 年，第 198—201 页。
④ 甘肃省文物考古研究所：《敦煌祁家湾——西晋十六国墓葬发掘报告》，文物出版社，1994 年，第 118—119 页。
⑤ 甘肃省敦煌县博物馆：《敦煌佛爷庙湾五凉时期墓葬发掘简报》，《文物》1983 年第 10 期。

莫相思，生人前行，死人却步，生死不得相［撞］"①。实际上，强调生死异路，力求避免死者因各种原因而累及生人，是东汉以来多数墓葬文书的共同主题。因此，这件文书虽然提到耿、孙二氏的婚事，但作为一件被特意放置于墓中的文书，其隔绝生死和主要为生人除害的意图是十分明显的。

以上引述的陶瓶上的文字，就是有些学者所说的解注文（或称镇墓文）。据研究，解注文的流行与汉代出现的所谓"注鬼论"关系密切。"注鬼论"的核心思想是认为生人属阳，死人属阴，阴阳有别，死鬼和生人的接触是造成生者一切祸殃的根源。解注文就是从这一角度出发强调生死异路，反对死者的鬼魂再与生者接触。为达到这一目的，解注文还设计了一些不同的"解注"方法②。到魏晋南北朝时期，这种解注文在敦煌地区仍然较为流行③。骆驼城一带目前虽然尚未发现这种解注文，但在当地出土的一些墓券中已反映了类似观念。例如，骆驼城出土的高俟墓券说："生人有城，死人有郭，阡陌道路将军，疾往迎逆，敢有固遮，收付河伯。"④ 因此这件墓葬文书有关隔绝生死的部分，从文句到观念显然都是袭自东汉以来流行的解注文。

文书最后提到由赤松子、地下二千石、灶君三者一同画押，还说是"青乌子共知要"，则更为清楚地表明了它的契约性质。要，即"约"。《左传》文公六年："宣子于是乎始为国政，制事典，正法罪，辟刑狱，董逋逃，由质要，治旧洿，本秩礼，续常职，出滞淹。"杜预注："由，用也。质要，券契也。"古书中"要"或作"约"。《汉纪·高后纪》："罢朝，陵让平、勃曰：'诸君背要，何面目见高帝于地下！'"其"背要"，《史记·吕太后本纪》和《汉书·王陵传》作"背约"⑤。在吐鲁番出土的高昌时期契约文书中常见"民有私要，要行二主"之语⑥，其"私要"就是"私约"。文书的"知要"即"知券"，黄武四年浩宗砖券有："任知券者者雒阳金僮子、鹔与鱼。"⑦ 别的契约文书则多写作"知券约"，如光和元年曹仲成铅券有"时旁人贾、刘，

① 甘肃省敦煌县博物馆：《敦煌佛爷庙湾五凉时期墓葬发掘简报》，《文物》1983年第10期。释文参见张勋燎、白彬：《中国道教考古》，线装书局，2006年，第463页。
② 张勋燎、白彬：《中国道教考古》，线装书局，2006年，第262页。
③ 较新的综述性介绍，可参见储晓军：《敦煌魏晋镇墓文研究》，《敦煌研究》2009年第1期。
④ 赵雪野、赵万钧：《甘肃高台魏晋墓墓券及所涉及的神祇和卜宅图》，《考古与文物》2008年第1期；寇克红：《高台骆驼城前秦墓出土墓券考释》，《敦煌研究》2009年第4期。"死人有郭"原作"死人郭有"，"郭""有"之间有一黑点，或起提示"郭""有"互倒的作用。疾往迎逆，原释作"收望迎送"或"从往迎送"，现据照片改释。"疾"字为草书写法，"迎"后一字与同墓所出另一件墓券中"传送"的"送"字写法明显不同，应释为"逆"。"迎逆"一词见于古书，是"迎接"的意思。
⑤ 参见《两汉纪》卷6《高后纪》，中华书局，2002年，第81页；《史记》卷9《吕太后本纪》，第400页；《汉书》卷39《王陵传》，中华书局，1962年，第2047页。
⑥ 参见张传玺主编《中国历代契约汇编考释》所收各类高昌契约（北京大学出版社，1995年）。
⑦ 参见张勋燎、白彬：《中国道教考古》，线装书局，2006年，第818—819页。

皆知券约"①，中平五年房桃枝买地券有"时旁人樊汉昌、王阿顺，皆知券约"②。既然文书自称为"要"，则其性质显然不是"曹文"所说的"墓志"，而是"赵文""刘文"所说的"墓券"。

总之，这件文书虽然也有祝愿或约束耿、孙二氏婚后生活的用意，但其更为直接的目的是强调生死异路，切断耿、孙两个死人与生者之间的任何联系。这样的意图，正是汉代以来许多墓葬文书的共同主题。

四

这件墓券上虽然有"今年十二月廿三日"的记载，但由于没有提到年号和十二月的朔日干支，不能据以推定具体年代。该墓的发掘报告或发掘简报迄今尚未公布，现在也没有条件对它作专门的考古学考察。因此，该墓的确切年代目前还不易确定。

上述三文对该墓下葬年代的看法有些不同，"曹文"认为是公元前104年到公元85年之间的汉墓，"赵文"只将其笼统地称为"魏晋墓"，"刘文"则将其归入十六国时期墓葬。"曹文"详细列举推定该墓年代的理由，"赵文""刘文"则未作解释。为便于讨论，这里先将"曹文"的意见引述于下。

> 墓志以"太史历"铭言记事，当为墓葬断代依据。
>
> 西汉武帝元封六年（公元前105年），武帝诏太史令司马迁，星官射姓，历官邓平，方士唐都，历数落下闳及民间历学二十余人创制新历法。历法成，改元封七年（焉逢摄提格之年）为太初元年（公元前104年），是年公布新历法，废秦历，采用新历，以正月为岁首。史称此历为《太初历》（又称《邓平历》或《三统历》）。类似称《邓平历》。由于太史令司马迁参与创历活动，又经太史令奉诏公布历法，当时民间称这个历法为《太史历》。《前汉书·律历志》记载，此次创制新历法，"酒泉侯宜君"也参与了这次重要活动。以其亲自参与而名传乡里属实不谬。
>
> 西汉武帝元狩三年（公元前120年），霍去病收复河西，置武威、酒泉二郡，高台骆驼城属于酒泉郡所辖表是县属地。16年后"酒泉侯宜君"参

---

① 参见张勋燎、白彬：《中国道教考古》，线装书局，2006年，第195—196页。
② 罗振玉：《贞松堂集古遗文》下册，北京图书馆出版社，2003年影印本，第352—353页。

与《太初历》创制活动遗名乡里。可见当时汉文化在河西传播的深度。

《太初历》从太初元年公布使用，到东汉章帝元和二年（公元 85 年）止，该墓葬使用《太史历》（《太初历》）铭言记事，可知为公元前 104 年到公元 85 年之间的汉代墓葬。

"曹文"的主要依据，在于对文书中所谓"太史历"的解读。曹氏将"谨案黄帝司马季主九天晷（图）、太史历记言得用"一段的"太史历记"断读为"太史历"[①]，认为"太史历"就是司马迁等创制的"太初历"，并据以推断墓葬的年代。曹氏对这段文字的读法虽有一定道理，但他对"太史历"的解释却不可信。太史在历代都有设置并且都掌管历法，我们不能轻易将"太史历"的"太史"确定为太史公司马迁[②]。实际上，直到唐宋时代还可以将当时太史所定之历称为"太史历"。《唐会要》卷 42："至贞观元年，将仕郎李淳风又奏驳太史历十有八事，诏下善为课二家得失，其七条改从淳风，馀一十一条，并依旧也。"[③] 古书中有一些含有"太史"字样的书名，其实与司马迁没有关系。例如，《隋书·经籍志》"历数"类下著录的《太史注记》6 卷、《太史记注》6 卷[④]，就未必与司马迁有什么关系。即使是一些以"太史公"或"司马迁"冠名的书籍，也未必就是司马迁的著作。如同篇"五行类"下著录的《太史公万岁历》1 卷[⑤]，就与司马迁没有关系。又如，《地理新书》"孙季邕奏废伪书名件"中的《司马迁历》《太史公玉穴》[⑥]，也肯定是后人的依托之作，与司马迁没有关系。这件文书所谓"太史历"系与"黄帝司马季主九天晷（图）"并列，其性质应与"黄帝司马季主九天晷（图）"相似。前文已经说过，司马季主是日者，"黄帝司马季主九天晷（图）"虽然不可详考，但若将其看作选择时日吉凶或下葬方位时使用的图书，在墓券的语境中是很合适的。上文还提到，此处"黄帝"和"司马季主"是出于依托。同样，所谓"太史历"也应当是选择时日吉凶或下葬方位时使用的书籍，其"太史"也是出于依托，或者说是一个泛称。大家知道，选择时日吉凶很需要时间坐标，编写择日书籍必须参考和引用历法知识。在多数人心目中，专掌历法的太史无疑是编写择日书籍的权威专家。于是，一些依托"太史"或以"太史"冠名的选择类书籍就应运而生。《隋书·经籍志》"五行"类著录的《太史百忌历图》1 卷（本

① "刘文"也将"太史历"读断。
② 实际上，古书多称司马迁为"太史公"而不是"太史"。
③ 《唐会要》卷 42 "历"，上海古籍出版社，1991 年，第 878 页。
④ 《隋书》卷 34《经籍三》，中华书局，1973 年，第 1024—1025 页。
⑤ 《隋书》卷 34《经籍三》，中华书局，1973 年，第 1034 页。
⑥ 王洙：《图解校正地理新书》，集文书局，2003 年，影印台"中央"图书馆藏善本，第 492—494 页。

注：梁有《太史百忌》1 卷，亡）①，敦煌卷子中保存的《太史杂占历》②，就是出自这种情形。这件墓券中与"黄帝司马季主九天亩（图）"并列的所谓"太史历"，也应属于类似情形。"曹文"单凭"太史历"三字就将其看作司马迁等创制的太初历，并由此推定该墓是公元前 104 年到公元 85 年之间的汉代墓葬，其推论过程和结论都不能令人信服。

其实，文书的"谨案黄帝司马季主九天亩（图）、太史历记言得用"一句宜采用另一种读法，即将"太史历记"连读。"历记"连读，可以从骆驼城其他墓葬中发现的墓券中得到支持。2000 年出土于高侁与其妻朱吴桑合葬墓的一件墓券提到"葬日吉良，奉顺地理，黄帝风后，玉衡历记，选择良辰，下入蒿市"。在高侁女儿的墓中也发现了内容大体一致的墓券，只是"历记"二字恰遭残损③，甚为可惜。高侁夫妻合葬墓券的"黄帝风后，玉衡历记"显然与上论"黄帝司马季主九天亩（图）太史历记"一段相类，据此可以将"太史历记"连读。古代以"历记"为名的书籍，其性质可能并不相同。《旧唐书·经籍志》著录的《洞历记》9 卷（周树撰）、《三五历记》2 卷（徐整撰）属于"杂史"类著作，《隋书·经籍志》著录的《历记》1 卷属"历数"类著作④。《通志·艺文略》在"历术"类下注录有《历记》1 卷⑤。这件墓葬文书"太史历记"的"历记"，可能是以选择时日吉凶为主要内容的书籍。如果此说可信，则文书的"太史历记"与司马迁或太初历完全没有关系。

总之，这件墓券上论一段文字无论读作"太史历"还是"太史历记"，都看不出与司马迁或太初历有什么关系。也就是说，文书第三行所载不宜作为推定年代的依据。

从目前掌握的信息看，骆驼城相继发现了一批十六国时期的古墓，并出土了几件纪年文字材料⑥。这些纪年文字材料的书写风格和这件墓券较为相似，"刘文"可能就是因此而将这件墓券推定为十六国时期物。从文书的内容、书写风格以及同墓出土的其他文物等因素观察，"刘文"将其断为十六国时期物是大致可信的。当然，关

① 《隋书》卷 34《经籍三》，中华书局，1973 年，第 1035 页。
② 见 P.2610 和 S.2729，参见上海古籍出版社等：《法藏敦煌西域文献》第 16 册，上海古籍出版社，2001 年，第 228—240 页；中国社会科学院历史研究所等：《英藏敦煌文献》第 4 卷，四川人民出版社，1995 年，第 226—235 页。
③ 参见寇克红：《高台骆驼城前秦墓出土墓券考释》，《敦煌研究》2009 年第 4 期。
④ 《旧唐书》卷 46《经籍上》，中华书局，1975 年，第 1995—1996 页；《隋书》卷 34《经籍三》，中华书局，1973 年，第 1024 页。
⑤ 《通志》卷 68《艺文略第六》，中华书局，1987 年，第 801 页。
⑥ 目前已经正式发表的纪年文字材料除见于上引赵雪野、赵万钧《甘肃高台魏晋墓墓券及所涉及的神祇和卜宅图》和寇克红《高台骆驼城前秦墓出土墓券考释》两文外，还可参见甘肃省文物考古研究所、高台县博物馆《甘肃高台县骆驼城墓葬的发掘》（《考古》2003 年第 6 期）。

于这个问题应该等发掘报告发表之后才能根据墓葬形制和随葬器物进行详细研究，并形成最终结论。鉴于该墓葬的考古报告或发掘简报目前尚未公布，为稳妥起见，本文暂从"赵文"将其称为魏晋时期墓券。

五

上文已经提到，这件墓券与其他墓券的目的一样，也是强调生死异路，希望死者不要累及生人。但不同于其他墓券的是，这件墓券明确记载了耿、孙二氏的婚配即冥婚的情形。

大家知道，所谓冥婚是为死去的未婚男女举行婚配[①]，是一种特殊的婚姻形式。据研究，冥婚可能在商代即已出现，此后历代流传，迄今尚未绝迹[②]。大约从清代就已经有人开始注意古代的冥婚现象[③]，近年来研究的热点则集中于唐代[④]。这是因为冥婚在唐代较为盛行，留下的史料较多，适合于进行专门研究。而唐代以前涉及冥婚的资料则很零散，在出土文献中更是甚为罕见[⑤]，所以以前很少有人对唐代以前的冥婚现象进行专门研究。这件魏晋时期涉及冥婚的墓券字迹清楚，内容明确，为研究中国古代特别是唐以前的冥婚现象及其宗教背景提供了新的线索，具有重要的学术价值。

从内容和格式观察，这件墓券不像是出自两位死者亲属之手，因为其中没有提及两位死者家庭的具体情况，甚至也没有表达亲属的哀思。这件实用性很强的文书述事直接，也不像出自文人学士之手。它交代了两位死者的"命"所属的五行，又

---

① 后世还有生人与死者联姻的一类冥婚，因与本文所论无关，故不涉及。

② 江林：《冥婚考述》，《湖南大学学报》（社会科学版）2000 年第 1 期；黄景春：《论我国冥婚的历史、现状及根源——兼与姚平教授商榷唐代冥婚问题》，《民间文化论坛》2005 年第 5 期；杨朝霞：《冥婚形式及其原因探析》，《西北农林科技大学学报》（社会科学版）2006 年第 2 期。

③ 例如，赵翼《陔馀丛考》卷 31 就有"冥婚"条。赵翼：《陔馀丛考》，中华书局，1963 年，第 649—650 页。

④ 姚平：《论唐代的冥婚及其形成的原因》，《学术月刊》2003 年第 7 期；邓星亮：《唐代冥婚略考》，《攀枝花学院学报》2005 年第 6 期；邓星亮：《唐代冥婚研究》，四川大学硕士学位论文，2006 年。

⑤ 黄景春在介绍出土文献中的冥婚记载时曾举出《隶释》中的《相府小史夏堪碑》和洛阳李屯出土的元嘉二年镇墓文两个例子（黄景春：《论我国冥婚的历史、现状及根源——兼与姚平教授商榷唐代冥婚问题》，《民间文化论坛》2005 年第 5 期），又专文讨论洛阳李屯出土的元嘉二年镇墓文中的冥婚记载［黄景春：《从一篇东汉镇墓文看我国冥婚习俗》，《湖北民族学院学报》（哲学社会科学版）2009 年第 6 期］。但《相府小史夏堪碑》只有"娉会谢氏，并灵合柩"一句可能与冥婚有关，元嘉二年镇墓文则多有残缺，其学术价值不免受到影响。

声明是根据"黄帝司马季主九天图（图）"和"太史历记"等挑选下葬和合婚的吉日，并以"星得岁对，宿得天仓"这样的专业性术语来说明选定的日子为何是吉日，结尾提到有赤松子、地下二千石、灶君、青乌子等神祇和仙人作为证人，最后还有"急急如律令"这样的套语。此外，在文书的上部还绘有一幅可能是用于选择下葬时间或下葬方位的图形。所有这些都透露出这件文书可能是由专业人士所撰，很像是一件格式化的作品，或许就是《昨梦录》所谓"鬼媒人"的手笔。因此，这件文书可能反映了"鬼媒人"等专业人士对冥婚的基本看法，与以往所见涉及冥婚的零散记载很不一样，是十分难得的第一手资料。

这件墓券的发现不仅为研究唐以前的冥婚现象提供了难得的素材，也为解决以往冥婚研究中存在的一些争议性问题带来新的希望。例如，以往研究冥婚的学者都注意到唐代以前关于冥婚的记载较少，而唐代的冥婚现象则已甚为普遍，在传世和出土文献中都有较多记载。姚平对此作过解释，认为冥婚之所以在唐代独盛，是因为"冥婚反映了佛教对唐人的死后世界观的影响"[1]。黄景春曾撰文商榷，认为"冥婚是中国原始宗教观念的产物，与佛教的地狱世界无关"[2]。这件文书的发现，正好为讨论这一争议性问题提供了新的线索。

从这件墓券看，为耿、孙二氏举行"冥婚"的原因主要有两个，第一个是为使耿、孙二氏在阴间能够一起幸福生活，即所谓"共作衣裳，共作㡏（毡）被，共作食饮，共上车，共卧共起，共向冢，共向宅，共取新（薪），共取水，共产儿子儿大〈女〉"；第二个是想让死者耿、孙二氏在结为夫妻之后"千秋万岁不得犯害家人"，"千秋万岁之后不得还反"。确切地说，第一个原因即为耿、孙二氏举行冥婚，使他们能够在地下过上幸福的家庭生活很可能只是一个手段，第二个原因即切断两位死者与生人的联系才是其最终目的。墓券强调"生死异路，各有城郭，生人前行，死人却略，生人上台，死人深藏埋，生人富贵，死人日远"，正是东汉以来多数墓葬文书的共同主题。因此，制作这件墓券的目的归根到底是要切断死者对生人的侵扰，而举行冥婚只不过是为达到这个目的而用的一个手段。

上文已经指出，这种强调生死异路、切断生死联系的做法，其思想背景是流行于汉代的所谓"注鬼论"。与其他墓券一样，这件墓券也反映了自汉代以来一直流行未绝的传统信仰，从中看不出举行冥婚与佛教的地狱观念有何关系。我们看到的这件墓券实际上是生人与两个死人之间达成的一个协议或形成的一个契约：生人为死

① 姚平：《论唐代的冥婚及其形成的原因》，《学术月刊》2003年第7期。
② 黄景春：《论我国冥婚的历史、现状及根源——兼与姚平教授商榷唐代冥婚问题》，《民间文化论坛》2005年第5期。

者举行婚配仪式，让其在地下享受到家庭生活的种种乐趣和好处，死者则要保证从此以后永不再回家来侵扰生人。这件墓券关于死亡或地下世界的观念和东汉时期流行的墓葬文书并无差异，而与佛教的地狱观念了无关系。尤为重要的是，这件文书对冥婚的看法还与《昨梦录》所载较为一致。这件文书将即将成婚的未婚男女死者叫作"男祥""女祥"，《昨梦录》将未获婚配的男女死者叫作男祥鬼、女祥鬼。《昨梦录》称男祥鬼、女祥鬼若不能获得婚配将会作祟害人，这件文书之所以给"男祥""女祥"举办婚礼，之所以要让死者千秋万岁不得犯害家人、千秋万岁之后不得还反，显然是因为害怕他们会回来作祟害人。这种一致性表明，魏晋时期与宋代的冥婚及地下观念并无多大差异。据此推测，唐人对冥婚及地下世界的看法也应大致如此。应当指出的是，姚平认为冥婚独盛于唐代，因而强调唐代冥婚的特殊性，这是不符合实际情况的。黄景春已经指出："我国冥婚自唐宋以后风靡南北各地，迄今仍在流行。姚文称'冥婚习俗随着唐代社会的衰微而渐趋消失'，此说法有违历史和现实的实际情况。"[①] 在敦煌卷子里面也有一些涉及冥婚的书仪，它们记载的纳聘礼仪与《昨梦录》的记载也较为一致[②]，这似乎也有助于说明唐、宋时期关于冥婚的看法应有其共同基础。

　　总之，这件文书所反映的冥婚传统及地下观念应当从魏晋一直流传到了宋代及以后。也就是说，中国古代与冥婚相关的死后观念确实源于本土信仰，唐代冥婚现象的盛行不必从受到佛教地狱观念影响的角度进行解释。

　　附记：作者赴高台县考察骆驼城出土文物时得到张德芳、寇克红两位先生的大力支持，论文修订过程中参考了两位匿名评审人及侯旭东教授的意见，谨此一并致谢。

（原载《历史研究》2011 年第 6 期）

---

① 黄景春：《论我国冥婚的历史、现状及根源——兼与姚平教授商榷唐代冥婚问题》，《民间文化论坛》2005年第 5 期。

② 主要见于 S.1725（中国社会科学院历史研究所等：《英藏敦煌文献》第 3 卷，四川人民出版社，1995 年，第 126—135 页）、P.3637（上海古籍出版社等：《法藏敦煌西域文献》第 26 册，上海古籍出版社，2002年，第 179—185 页）、P.4036（上海古籍出版社等：《法藏敦煌西域文献》第 31 册，上海古籍出版社，2005 年，第 22 页）等。参见周一良：《敦煌写本书仪中所见的唐代婚丧礼俗》，《文物》1985 年第 7 期；刘惠萍：《唐代冥婚习俗初探——从敦煌书仪谈起》，《敦煌学》第 26 辑，乐学书局有限公司，2005 年，第155—175 页。

简论隋唐宝玉石制品中的西域文化因素

朱光华

（首都师范大学历史学院，北京，100089）

隋唐时期由于中原王朝的强盛及丝绸之路的繁荣，中亚、西亚各国与中原的联系逐渐密切，西人来华贡献方物或从事贸易活动屡见于史书记载，宝玉石作为贡品或商品大量进入中原。目前考古发现的隋唐时期宝玉石制品数量较为丰富，大略观之其中既有自西域[①]输入的成品，也有在西方工艺影响下中土匠人的新作。本文拟结合文献记载与相关考古发现，就此类文化因素的来源及其对隋唐玉器传统的影响等问题略做探讨。所论若有谬误，敬请读者指正。

一、相关的隋唐时期宝玉石制品

1. 隋代李静训墓

1957 年发现于陕西西安，发掘出土宝玉石制品数量较多，包括各类玉器、水晶饰、琥珀饰等，其中以一件镶嵌珠宝的金项链最为精美：项链由 28 颗镶嵌珍珠的金珠、链扣、项坠三部分组成，项链上部扣钮部位镶嵌一颗圆形蓝色宝石，正面凹雕

---

① 本文所谓"西域"是指广义的地理概念，不仅包括隋唐安西都护府、北庭都护府统辖的地域，并且包括葱岭以西的中亚、西亚、南亚地区。参考：张国刚、吴莉苇《中西文化关系史》，高等教育出版社，2006年，第 40 页。

驯鹿纹，两侧链端分别各镶方形、圆形蓝色宝石，金质项坠部分中央镶嵌一块由珍珠围绕的圆形红色宝石，两侧各镶 2 颗圆形蓝色宝石，下端为一块带金托的心形淡蓝色宝石。此外该墓还出土一件设计独特的镶玻璃珠金手镯[1]。

2. 隋代史射勿墓

位于宁夏固原，1987 年发掘出土鎏金嵌宝石桃形饰 1 件，外缘饰以錾金联珠纹，内侧镶嵌宝石，仅存 1 颗。镶嵌宝石的金戒指 1 件，宝石已经佚失。此外出土水晶珠饰 2 件[2]。

3. 唐代何家村窖藏

1970 年发现于西安南郊何家村，发掘出土文物总计 1000 多件，宝玉石制品主要包括：玛瑙杯、水晶碗、白玉杯、玉带板，以及蓝宝石、紫水晶、绿玉髓、黄晶等宝玉石原料，其中羚羊首玛瑙杯、鎏金嵌宝玉臂环、玛瑙长杯、忍冬纹白玉八曲杯、狮纹玉带板、胡人纹玉带板等制作精美，风格独特[3]。

4. 唐代法门寺塔地宫

陕西扶风法门寺唐代塔基及地宫于 20 世纪 80 年代发掘，出土大量与佛教有关的珠宝玉石器，主要包括镶嵌宝石的金函、镶嵌宝石的水晶椁、玉棺、玉质舍利、琥珀狻猊、琥珀念珠、玳瑁、玻璃茶碗、茶托、玻璃瓶、玻璃杯，镶嵌的宝石包括蓝宝石、红宝石、黄色宝石、绿松石等[4]。

5. 唐代史诃耽墓

位于宁夏固原，1986 年发掘出土圆形蓝色宝石印章 1 枚，印章正面中央为一狮

① 唐金裕：《西安西郊隋李静训墓发掘简报》，《考古》1959 年第 9 期。
② 罗丰：《固原南郊隋唐墓地》，文物出版社，1996 年。
③ 陕西省博物馆、文管会革委会写作小组：《西安南郊何家村发现唐代窖藏文物》，《文物》1972 年第 1 期；陕西省历史博物馆等：《花舞大唐春：何家村遗宝精粹》，文物出版社，2003 年。
④ 陕西省考古研究院等：《法门寺考古发掘报告》，文物出版社，2007 年。

纹图案，狮纹背后为三棵带有花蕾的植物，图案外侧围绕一周波斯语铭文，印章背面光素无纹。此外还出土几件玻璃碗、玻璃花饰等[①]。

6. 唐代史索岩夫妇合葬墓

位于宁夏固原，1985 年发掘出土鎏金底托蓝色水晶饰 1 枚，水晶饰整体略呈心形，鎏金底托曾经有柄，但已残损，水晶镶嵌于底托上，略呈淡蓝色。此外还出土双股玉钗、海贝等[②]。

7. 偃师杏园唐墓（M1902）

位于河南偃师，20 世纪八九十年代发掘，出土金戒指 1 枚，戒面镶嵌紫水晶，并刻有两字的古波斯巴列维语铭文。此外还出土少量玉器、玻璃器与海蚌等[③]。

8. 唐代齐国太夫人墓

位于河南伊川，1991 年发掘出土数量较为丰富的宝玉石器，其中包括玉碗、玉佩、水晶梳背、琥珀梳背、玛瑙珠、料珠，以及数量众多的人物形、花鸟形绿松石饰与琥珀饰等[④]。

9. 唐代金筐宝钿器

此类器物多是在金、铜器表面装饰珠宝，即在器表焊接细小金片勾勒图案轮廓，其中嵌以削磨好形状的宝石。目前所见部分器物由于年代久远器表宝石已完全脱落，如何家村窖藏金单耳杯、金梳背，西安东郊韩森寨唐墓金梳背，吉林龙县河南屯 2 号渤海墓金饰等；有些器物仍全部或部分保留镶嵌的宝石，如陕西咸阳唐贺若氏墓金梳背、金耳环、金冠饰，韩森寨唐墓铜镜，西安唐金乡县主墓金花饰，法门寺地宫纯金宝函等，保留有部分镶嵌的玉片、绿松石片等；有些器物保存状况良好，如

① 罗丰：《固原南郊隋唐墓地》，文物出版社，1996 年。
② 罗丰：《固原南郊隋唐墓地》，文物出版社，1996 年。
③ 中国社会科学院考古研究所河南二队：《河南偃师市杏园村唐墓的发掘》，《考古》1996 年第 12 期。
④ 洛阳市第二文物工作队：《伊川鸦岭唐齐国太夫人墓》，《文物》1995 年第 11 期。

陕西西安唐窦皦墓玉带、李倕墓金冠饰，陕西临潼庆山寺舍利塔金棺银椁，甘肃泾川大云寺舍利函金棺等，镶嵌玉片、绿松石片、珍珠等[①]。

此外，海内外博物馆收藏的部分隋唐玉器也将作为本文研究的资料。

二、文献所见隋唐时期西域宝玉石之东传

据文献记载隋唐时期西域各国屡至中原王朝贡献方物，其中仅大食、波斯两国进贡唐朝的记述都各在 40 条以上。汉唐以来的史料对于天竺、大秦、波斯、罽宾、于阗等国所产的宝玉石记载颇详，见诸史书的宝玉石种类很多，如夜光璧、明月珠、骇鸡犀、珊瑚、琥珀、琉璃、琅玕、朱丹、青碧等（《后汉书·西域传》），各国贡献方物的记载也常常提到各类珠宝玉石。兹列举有关史料如下。

《新唐书》卷二百二十一下《西域下》："开元初，（康国）贡锁子铠、水精杯、码碯瓶。"

《新唐书》卷二百二十一下《西域下》："后二年，（吐火罗王）遣子来朝，俄又献码碯镫树……开元、天宝间数献马、骡、异药、乾陀婆罗二百品、红碧玻璃。"

《新唐书》卷二百二十一下《西域下》："劫者（罽宾）……武德二年，遣使献宝带、玻璃、水精杯。"

《旧唐书》卷一百九十八《西戎》："贞观十七年，拂菻王波多力遣使献赤玻璃、绿金精等物。"

《唐会要》卷九八《回纥》："（长庆元年）六月……回鹘宰相并公主献驼褐、白锦、白练、貂鼠裘、鸭头子玉腰带等。"

《一切经音义》（慧琳本）卷十一："山有玉河，河中往往飘流美玉，彼国（于阗）王常采，远来贡献。"

《册府元龟》卷九七零："贞观五年，于阗国王尉迟屋密遣使献玉带。"《册府元龟》卷九七一："四月，突厥九姓献马一百五十足，坚昆献马九十八匹，波斯遣使献玛瑙床。"

---

① 陕西省文物保护研究院"三秦学者"团队：《唐代"金珠"工艺制品：出土文物、显微观察与材质特征》，《文博》2014 年第 4 期。

《册府元龟》卷九七一："十月，渤海靺鞨遣使献貂皮鼠、昆布。安国遣使献宝牀子及驼鸟卵盂。康国遣使献宝香炉及白玉环、玛瑙、水精眼药瓶子。"

《册府元龟》卷九七一："又吐火罗遣使献红颇梨、碧颇梨、生玛瑙生金精及質汗等物。"

《册府元龟》卷九七二："四月，吐蕃使论乞聱献马十匹、玉腰带二条、金器十事、氂牛一。"

《册府元龟》卷九七四："七月戊子，大食国黑密牟尼苏於漫遣使献金线袍就宝装、玉洒地瓶各一授其使员外中郎将，放还蕃。"

从上述文献记载来看，隋唐时期向中原王朝进贡珠宝玉石的西域诸国主要有：阿拉伯半岛的大食，中亚地区的波斯、扶菻，克什米尔地区的罽宾，乌兹别克斯坦境内的康国、安国，青藏高原地区的吐蕃，葱岭以东天山南北的吐火罗、回鹘、于阗等。诸国所进献者既有各类宝玉石成品，也有不同的宝玉石原料，前者如玉瓶、水晶杯、玛瑙瓶、玉带、宝带等，后者如玉料、红碧玻黎（刚玉）[1]、生玛瑙、绿金精（青金石）[2] 等。隋唐时期中原王朝为满足宫廷用玉的需要，还经常会派官吏至西域收罗玉石，如《隋书》卷八十三列传四十八曰："炀帝时，遣侍御史韦节、司隶从事杜行满使于西蕃诸国，至罽宾，得码碯杯。"《新唐书》卷二百二十一上《西域上》载："初，德宗即位，遣内给事朱如玉之安西，求玉于于阗，得圭一，珂佩五，枕一、带胯三百、簪四十、食三十、钏十、杵三、瑟瑟百斤，并它宝等。"此外唐王朝还通过战争的方式至中亚等地掠夺宝玉石，如《旧唐书》卷八十四载："初，平都支、遮匐，大获瓌宝……有马脑盘，广二尺余，文彩殊绝。"《旧唐书》卷一百四载："仙芝性贪，获石国大块瑟瑟十余石、真金五六駞驼、名马宝玉称是。"

隋唐时期统治者推行对外开放政策，积极与周边国家开展商贸活动，当时首都长安是一个国际性的大都会，来华从事贸易的西域商人较多，据文献记载当时长期居住在长安、广州、扬州等地的外商数以万计，其中以波斯、阿拉伯人居多，不少人开设店铺，经营珠宝玉石贸易。唐代政府设立"互市监""市舶司"等专门的机构，管理对外贸易活动，征收关税。另外隋唐时期活跃于中亚地区的粟特人，掌控着丝绸之路贸易，非常善于经营商业活动，他们往来于西亚、中亚与中原地区之间，

---

① 沈福伟认为十二世纪前史书所言"玻黎"实指红、蓝宝石。参考沈福伟：《中国与西亚非洲文化交流志》，上海人民出版社，1998 年。

② 章鸿钊：《石雅》，百花文艺出版社，2010 年。

转运贩卖中国的丝绸、金银器与西域诸国的珠宝玉石。由上述可见隋唐时期发达的商品贸易应该也是西域宝石传入中原的主要途径之一。

此外据《大唐六典》记载唐代"金刚石"也作为州府土供从波斯等地贡献朝廷，《大唐六典》卷二十二《少府军器监》曰："中尚署令掌供郊祀之圭璧及岁时乘舆器玩……任所出州土以时而供送焉，其……瑟瑟、赤珪、琥珀、白玉、碧玉、金刚钻、盆灌、鍮石、胡桐律、大鹏砂出波斯及凉州。"其实波斯并非金刚石之产地，早期文献如《玄中记》《抱朴子》《旧唐书》《五代史》等提到的金刚石产地包括：大秦、扶南、天竺、回鹘等，这些国家所产的金刚石可能通过贸易的形式流入波斯，再由波斯进贡唐朝，因此有学者推测"唐朝使用的金刚石有些必定也是从印度输入的"[①]。

三、隋唐时期宝玉石制品来源分析

由前述文献记载来看，隋唐时期宝玉石制品除固有传统以外，至少还包括两类：其一是通过进贡或贸易输入中原的西域宝玉石制品；其二是由中原地区工匠制作的宝玉石成品，并受到西域宝玉石文化的影响。本文所谓"西域"是指广义的地理概念，不仅包括唐代安西都护府、北庭都护府统辖的地区，而且包括更远的葱岭以西的中亚、西亚各国，因此本文所谓"西域宝玉石文化因素"，实则各自还有不同的具体来源。现结合学术界相关研究成果，试就部分隋唐宝玉石制品的来源略作分析如下。

1. 戒指与印章

目前所见汉唐时期的镶嵌宝石戒指明显区别于中国传统的戒指，学者一般认为是外来文化的遗留，其基本形制与制作工艺与同时期中亚、西亚宝石戒指较为相似。据稍晚的宋代文献《萍洲可谈》记载，12 世纪初广州的阿拉伯人盛行佩戴宝石戒指之风，"其人手指皆带宝石，嵌以金锡。视其贫富，谓之指环子，交阯人尤重之，一环直百金"，据此推测隋唐时期的镶嵌宝石戒指也应来源于大食或波斯，宁夏固原史射勿墓、河南偃师杏园唐墓出土的镶嵌宝石戒指可印证这种推论。史射勿墓出土的

---

① 〔美〕谢弗著，吴玉贵译：《唐代的外来文明》，中国社会科学出版社，1995 年。

金戒指宝石戒面已经脱落，杏园唐墓出土的金戒指镶嵌椭圆紫晶戒面，戒面上阴刻二字巴列维语铭文，森本公诚先生指出此类铭文属中古波斯语，亦见于波斯萨珊王朝银币，并推测"杏园 1902 号唐墓出土的这枚戒指是作为印章来使用的……刻上去的文字是反字，反过来便是正字"①。杏园唐墓出土的紫晶戒面为椭圆形，而椭圆形印面也是中亚印章的常见形式之一，同时宁夏固原史诃耽墓出土圆形蓝色宝石印章也刻有巴列维语印文，其形式与杏园唐墓戒面近似，由此证明森本公诚先生的推定不无道理。

印章在中亚、西亚地区自铜石并用时代起就开始流行，印面多为方形、长方形、圆形或椭圆形，其上镌刻文字或图案，图案形式多见各类形象生动的动物或植物，雕刻方法皆为凹雕，印章的作用则不仅是所有权的符号，同时也用来标志身份地位与宗教信仰。上述杏园唐墓戒指功用的推证说明在古代中亚、西亚地区印章可以与佩饰相结合，既方便携带使用，又可作为具有宗教含义的装饰。这样看来隋代李静训墓金项链扣纽部位镶嵌的圆形蓝色宝石，凹雕驯鹿纹，也很可能具有印章的功能。史射勿、史诃耽是北朝时期由中亚地区内迁的粟特人，戒指、印章的铭文据学者考证为中古波斯语②，林梅村先生研究认为史诃耽墓印章与波斯火祆教的东渐有关③，由此看来此类戒指、印章应为古波斯文化的遗物，经由粟特人传入中国。

2. 鹿纹与狮纹

李静训墓项链扣钮镶嵌的宝石上饰以驯鹿纹，基本形象为立鹿，略显夸张的大鹿角，一只前蹄抬起作行走状，雕刻方法为凹雕，造型工艺皆与中国传统玉雕中鹿的形象不同。从造型来看，首先此类鹿纹亦见于唐代金银器，何家村窖藏出土金质单耳杯柄部位④、西安沙坡村出土唐代银碗碗底⑤，都装饰形态相同的鹿纹；其次河北赞皇东魏李希宗墓出土的一件镶嵌青金石的金戒指，戒面也有相似的凹雕鹿纹图案⑥；此外中国青海、蒙古国哈拉和林及俄罗斯古代游牧民族墓葬出土有形态相近的圆雕金银立鹿⑦，据《波斯艺术》一书公元 6 至 7 世纪波斯鎏金银执壶也装饰有造型

① 森本公诚：《偃师杏园 1902 号唐墓出土的金戒指上的铭文》，《考古》1996 年第 12 期。

② 罗丰：《固原南郊隋唐墓地》，文物出版社，1996 年。

③ 林梅村：《固原粟特墓所出中古波斯文印章及其相关问题》，《考古与文物》1997 年第 1 期。

④ 陕西省历史博物馆等：《花舞大唐春：何家村遗宝精粹》，文物出版社，2003 年。

⑤ 刘炎、何质夫：《西安市东南郊沙坡村出土一批唐代银器》，《文物》1964 年第 6 期。

⑥ 石家庄地区革委会文化局文物发掘组：《河北赞皇东魏李希宗墓》，《考古》1977 年第 6 期。

⑦ 林梅村：《毗伽可汗宝藏与中世纪草原艺术》，《上海文博论丛》2005 年第 1 期。

相同的鹿纹图案①。从雕刻工艺来看，"凹雕技法并非中国固有，其渊源可溯至古代两河流域和伊朗高原"②，在巴基斯坦公元前 4 世纪的玉石饰品上已可见到此类凹雕大角驯鹿。综上所述，可见此类驯鹿纹曾广泛流行于中亚地区，就饰驯鹿纹的李静训墓金项链而言，有学者综合研究认为其"原产于巴基斯坦或阿富汗地区"③。

狮子大约在汉代传入中国，《后汉书·西域传》记载汉章帝时安息曾遣使献狮子，大体同时期狮子的形象开始出现在玉器造型中，如汉元帝陵出土的一件带翼玉狮，稍晚的北齐墓葬也曾出土凹雕狮纹玛瑙饰④。目前发现的隋唐时期宝玉石器中狮纹见于宁夏固原史诃耽墓宝石印章、何家村窖藏玉带板等。史诃耽墓印章的印面中心凹雕一狮纹，背后为三颗植物图案，边缘围绕巴列维语铭文，研究者认为印面狮子其实是火祆教中生命树的守护神⑤，印章的来源地则如前述已证明为古代波斯。何家村窖藏玉带板之狮纹为减地浮雕，十五块带板所饰狮纹形态各异，写实风格较为明显⑥。据《册府元龟》记载唐代波斯曾遣使献狮子，大食商队也将狮子带至中国，中原工匠有可能以所见狮子为蓝本，制作了狮纹玉带，但需要说明的是据文献记载罽宾、回鹘、于阗、吐蕃都曾向唐王朝进贡玉带，狮纹玉带板亦有出自西域的可能。

3. 角杯与带板

何家村窖藏出土羚羊首玛瑙杯，以缟带玛瑙制作，杯体形似牛角，杯口为圆形，尖端雕刻成羚羊首状并有流，流部带有金帽。这件玛瑙杯流在下部，与中国古代传统的角杯使用方法不同，因而确是外来器物或仿制外来器物。有学者研究指出此类器物起源于公元前 16 世纪的克里特岛，后传入希腊、西亚及中亚，在希腊语中称为"来通（Rhyton）"⑦。其基本形状为角状，下部尖端有流，并装饰狮头、羊头等，质地有金、银、象牙、瓷、玉等。就何家村窖藏这件玛瑙来通而言，学者有不同的看法，孙机先生认为此器物是唐代匠人仿自粟特式来通，制作年代在 8 世纪前期⑧，齐东方先生认为这件器物是外来的西域遗物，制作年代不晚于 7 世纪⑨。

① Chirshma R. Persion Art: The Parthian and Sassanian Dynasties. New York: Golden Press.
② 熊存瑞：《隋李静训墓出土金项链、金手镯的产地问题》，《文物》1987 年第 10 期。
③ 熊存瑞：《隋李静训墓出土金项链、金手镯的产地问题》，《文物》1987 年第 10 期。
④ 杨伯达主编：《中国玉器全集》，河北美术出版社，2005 年。
⑤ 林梅村：《固原粟特墓所出中古波斯文印章及其相关问题》，《考古与文物》1997 年第 1 期。
⑥ 古方主编：《中国出土玉器全集》，科学出版社，2005 年。
⑦ 孙机：《中国圣火：中国古文物与东西文化交流中的若干问题》，辽宁教育出版社，1996 年。
⑧ 孙机：《中国圣火：中国古文物与东西文化交流中的若干问题》，辽宁教育出版社，1996 年。
⑨ 齐东方：《何家村遗宝与丝绸之路》，《花舞大唐春：何家村遗宝精粹》，文物出版社，2003 年。

玉带起源于魏晋时期北方的少数民族地区，隋唐时期得到了充分的发展，成为官服中的定制，在《唐实录》《新唐书·车服志》中可以看到唐代对于不同官阶所用玉带品类的详细规定。隋唐时期玉器手工业较为发达，据《新唐书》记载当时有专门的宫廷玉作，玉带大多数应为中原的官府工匠制作。另外如前所述文献中有较多西域方国向唐朝政府进贡宝带、玉带的记载，其中以于阗国进贡数量较多，据此推测隋唐玉带板应有相当一部分来自西域。目前所见的何家村窖藏胡人纹玉带板[①]、故宫博物院藏胡人纹玉带板[②]、窦皦墓饰有忍冬纹的蹀躞玉带[③]都有一定的西域文化作风，更有可能是外来文化遗物。

4. 宝石镶嵌与金筐宝钿

镶嵌工艺在中国新石器时代就已开始出现，如史前至夏商时期镶嵌绿松石的玉器等，但总体来说数量较少，镶嵌形式单一。隋唐时期的镶嵌宝玉石工艺应起源于中亚、西亚地区，以各类有色宝玉石作为镶嵌材料，如红宝石、蓝宝石、绿松石、祖母绿、青金石等。法门寺地宫发现的镶嵌宝石的水晶椁、何家村窖藏鎏金嵌宝石玉臂环、史索岩夫妇合葬墓鎏金托水晶坠等，从镶嵌材质与器物特征来看应为西域制品。法门寺地宫出土水晶椁用于盛放佛舍利，可能是随佛教信物东传而输入中国，史索岩夫妇是内迁的中亚昭武氏史国人，其随葬器物来源于西域的可能更大。

金筐宝钿其实是金银器制作的一部分，是一类特殊的金银器装饰工艺，只不过所用材料与宝玉石相关，常见的镶嵌材质有绿松石、青金石、玉片等。从考古发现的唐代金筐宝钿器来看，其中一部分器物在造型与纹饰方面都带有明显的西域文化风格，如法门寺地宫金质宝函、西安窦皦墓蹀躞玉带、史射勿墓桃形饰等，因此应为隋唐时期中西文化交流过程中的输入品，其具体的来源地尚不清楚。另一部分器物则为中原常见的器类，并且在纹饰上凸显隋唐时期的工艺与特征，如西安韩森寨墓铜镜、金梳背，贺若氏墓金冠饰等，应为中原地区工匠在吸收西域装饰方法的基础上所制作。

---

① 陕西省历史博物馆等：《花舞大唐春：何家村遗宝精粹》，文物出版社，2003 年。
② 杨伯达主编：《中国玉器全集》，河北美术出版社，2005 年。
③ 古方主编：《中国出土玉器全集》，科学出版社，2005 年。

四、隋唐时期西域宝玉石东传之影响

隋唐时期西域宝玉石之东传其实包含三层含义：其一是宝玉石原料的东传；其二是宝玉石制品的东传；其三是宝玉石制作工艺的东传。这三个方面的外来因素对隋唐宝玉石文化产生了较为深远的影响。

首先，西域宝玉石原料的输入丰富了隋唐宝玉石文化的内涵。隋唐时期以透闪石玉（即软玉）为玉器加工的主要原料，其主要来源地就在西域。隋唐时期中央王朝在西域设安西都护府，盛产玉石的于阗正在其直接控制下，由此保证了隋唐时期玉石原料的供应。中国境内宝石资源相对匮乏，丝绸之路的繁荣将中亚、西亚地区，包括大食、波斯、大秦、天竺、罽宾等国出产的宝石输送到中原地区，此后宝石镶嵌工艺开始在中国玉石加工中经常出现，一些稀有的宝玉石品种，如青金石、琥珀等也开始大放异彩，逐步成为宝玉石加工中不可忽视的部分。

其次，隋唐时期西域宝玉石制品的输入拓展了中国传统玉雕的范畴。如前述文献所载西域诸国向中原王朝进贡各类宝玉石成品，由此进一步影响到中原的传统玉雕加工，使隋唐时期宝玉石制品呈现出前所未有的风格。新型的器类，如羚羊玛瑙杯、水晶八曲杯等，新型的纹饰，如宝相花、团花、联珠纹等，新型的工艺，如宝石镶嵌、金筐宝钿等，都使隋唐宝玉石文化变得更加丰富多彩。此外隋唐时期西域输入中原的金银器，对于玉器的造型与纹饰也有一定的影响。

最后，西域宝玉石加工工艺中金刚石工具的大量输入应始于隋唐时期。《大唐六典》中关于波斯向唐王朝贡献金刚石的记载，是目前所见关于西域金刚石输入中国的时代较早且比较明确的记录，并且是以"岁时土贡"的形式常年进贡中央王朝。同时随着西域红、蓝宝石等硬度较高的宝石类别的输入，客观上也需要硬度更高的加工、切磨工具，由此可证隋唐时期金刚石工具与工艺已经东传至中国，并已较为广泛使用。南宋《齐东野语》说："玉人攻玉，以恒河之砂，以金刚钻镂之"，可见至少在13世纪中原地区金刚石工具的应用已较普遍，其起始与发展阶段自然应该更早。金刚石工具的使用提高了玉雕手工业的效率，改善了雕刻、切磨、抛光的效果，使隋唐以后玉器呈现出不一样的风貌，因此金刚石工具与工艺的输入在中国古代玉雕史上具有划时代的意义。

（原载王亚民、冯乃恩主编《丝绸之路与玉文化研究》，故宫出版社，2016年）

稽古作新：宋以降鼎形容器的
社会功能与文化内涵*

袁　泉

（首都师范大学历史学院，北京，100089）

宋以来对先秦鼎彝的仿制与追摩表现出复杂而多样的社会动因。或沿用古制，作为国之大礼坛庙祭祀的重要礼器；或变更功能，用为神祇、祖先尊像的香供祭奉；或移用造型，跻身文人书斋燃香插花的清供雅玩。"鼎"中盛放的不仅是粢馔礼料和香花之实，更是宋元社会礼制建设和文化运动全方位、多层次深耕的文化片段。

一、器用宜称：国家坛庙礼器中的鼎制之变
——以徽宗铜礼器和礼书、礼图为中心

礼器范式的酌定和颁行，是国家礼制建设的重要组成部分。"国有大礼，器用宜称。"那么最高坛庙礼器中的"宜称"的标准又是什么呢？《政和五礼新仪》原序以精当的语言对此进行了阐述，"上法先王之意，下随当世之宜，稽古而不迁，随时而不陋"[②]。既遵仿古制，又随时权宜。

---

* 本文系国家社科基金一般项目"唐宋丧葬礼俗与佛教文化交融互动的考古学研究"（项目批准号 19BKG030）阶段性成果。

② "然则礼不可以不因，亦不可以无损益。因之所以稽古，损益所以趋时，不可一也。今去唐虞三代为甚远，其所制作恐当上法先王之意，下随当世之宜，稽古而不迁，随时而不陋。"（宋）杨仲良《皇宋通鉴长编纪事本末》，卷一百三十三，"议礼局大观政和二礼附"条，《续修四库全书》，386 册。

以"鼎"的发展脉络为线索，我们发现循古适今的准则贯穿于宋以降礼图编纂和礼器制作的始终。三代鼎彝的追法，寄托着国家托古改制、建立礼制社会的政治理想。三代之"古"是依托，是途径；如何从中撷取、追法礼仪规范，并适今从宜，建立起不谬先王、可法后世的礼制规范与社会秩序才是真正目的。由宋至明，国朝大礼的器用体系，无不体现出法三代古制和随当世之宜的辩证统一。通过对宋元明传世、出土礼器的整理和礼书、礼图的考证，又可看出在对古制的认知与实践中，《三礼图》和《宣和博古图》两种礼图体系的交错影响贯穿始终；而引入日用燕器来替换和补充传统礼器体系，则是礼制建设适变从宜的重要手段。

（一）大礼从古：两种礼图系统下的礼器复古

在两宋的礼制改革中，均强调"大礼祭器，悉从古制"①；古制的追法来自对三代礼制、礼器的考据；而宋人对礼器系统的研究，计有两种途径。一则因袭两汉以来诸儒著说，考诸版本定为一家，最有代表性的当为宋初聂崇义所纂《三礼图集注》（下文简称《三礼图》）。一则基于两宋"太平日久，文物毕出"②，以存世的三代金石之器订正礼文，稽考礼器③，所谓"观其器，诵其言……以追三代之遗风……以补经传之阙亡，正诸儒之谬"④。大观年间的《重修宣和博古图》（下文简称《博古图》）即属此列。而这两种礼图模式在两宋仿古铜器的制作中均有体现。

宋代仿古实践以徽宗朝最为突出。在这一时期国家仿古礼器的制作中，政和四年（1114 年）至七年（1117 年）是一个重要阶段；根据铭文考据，该阶段铸造的政和礼器凡 26 件，不仅涵盖了天子亲祀太庙、明堂、方泽的礼制用器，也有给赐重臣的家庙吉金⑤。传世的牛鼎和政和鼎就是这批政和复古礼器的代表作。

---

① "国有大礼，器用宜称，如郊坛须用陶器，宗庙之器，亦当用古制度……"（宋）礼部太常寺纂修（纂修于淳熙及嘉祐间），（清）徐松辑自《永乐大典》：《中兴礼书》卷九《郊祀祭器一》，《续修四库全书》影印北京图书馆藏清蒋氏宝彝堂钞本，上海古籍出版社，1998 年，822 册，第 37 页。"窃闻已得《宣和博古图》，欲乞颁之太常俾礼官……改造大礼祭器，悉从古制……"《宋会要辑稿》礼一四，前揭书，第 627 页。政和六年礼制局规定"太庙乞尽循周制，笾豆各二十有六，簠簋各八，群臣五庙三庙所用之器，以此为等降之数……"《宋会要辑稿》礼一二之三，前揭书，第 567 页。
② 《重修宣和博古图》卷七，"象尊"条，文渊阁《四库全书》本，840 册，第 512 页。
③ 《政和五礼新仪》卷首"尚书省牒议礼局"条载："大观二年十一月二十日，承尚书省札子，朝议大夫试兵部尚书兼侍郎充议礼局详议官薛昂札子奏：臣窃见有司所用礼器如尊爵簠簋之类与大夫家所藏古器不同，盖古器多出于墟墓之间，无虑千数百年，其规制必有所受，非伪为也。礼失则求诸野今，朝廷欲订正礼文，则苟可以备稽考者，宜博访而取资焉。"文渊阁《四库全书》本，647 册，第 10 页。
④ （宋）吕大临：《考古图》，"考古图记"条，文渊阁《四库全书》本，840 册，第 95 页。
⑤ （清）徐松辑：《宋会要辑稿》礼一二之三记："政和六年九月二十五日礼制局言，太庙乞尽循周制，笾豆各二十有六，簠簋各八，群臣五庙三庙所用之器，以此为等降之数，从之。先是，诏造祭器颁赐宰执，下礼制局，故有是诏。十月二十七日，礼制局言，近奉诏讨论群臣家庙所有祭器，稽之典籍，参定其制……诏礼制局制造，取旨给赐。"中华书局影印本，1997 年。

牛鼎现藏于河北省文物保护中心 ①，造型附耳曲上，浅腹蹄足，三足做出细节逼真的牛首、牛蹄造型；颈部扉棱六道，腹部纹饰分上、下两层。器腹释文为："惟甲午八月丙寅，帝若稽古，肇作宋器，审厥象，作牛鼎，格于太室，迄用享亿宁神休，惟帝时宝，万世其永赖。"（图 1，1）据光绪十七年修订的《丰润县志》② 记载，明弘治间该器曾在当地凿井而现，清代用作文庙祭器 ③。牛鼎铭文也收于清人辑录的青铜礼器拓片中 ④。根据释文内容，此鼎应为明堂太室祭祀礼器，但在制作年代上曾有争论 ⑤。考《徽宗皇帝祀圜丘、方泽、太庙、明堂礼器款识》和《徽宗皇帝政和四年夏祭方泽礼器款识》⑥ 可见，政和四年和七年，徽宗亲祀方泽、明堂，以牛鼎为祭，并牺尊、象尊、簠簋、尊罍壶豆之器 ⑦。则丰润牛鼎和宋人笔记中的三茅观牛鼎应为同一器，也就是制作于北宋政和四年、政和七年陈设于帝祀明堂太室中的铜礼器。

---

① 《河北省丰润县重新发现了埋藏多年的古代文物》，《文物参考资料》1954 年第 9 期，第 156 页。

② （清）牛昶煦：《河北省丰润县志》，《中国方志丛书·华北地区·第一〇五号》，成文出版社，1968 年，第 12 页。

③ （清）吴慎：《文庙古鼎歌》："古鼎有三牛鼎大，其受一斛称大烹。重五十斤高二尺，有铭在腹耳则黄。雷文回礴制奇古，四十一篆文煌煌。……我来丰润谒州序，亲兹宝鼎陈堂唐。重翻志乘事纂辑，搜索期发幽潜光。"《丰润古代诗抄》，中国文联出版社，2013 年。

④ （清）王昶：《金石萃编》卷一百四十五，《续修四库全书》，889 册。

⑤ 宋人笔记中多次提到南宋绍兴年间高宗曾赐牛鼎给杭州七宝山三茅观，作为镇观三宝之一；其傍出曲上的附耳造型、三足皆具牛首的细部特征以及铭文均与丰润牛鼎如出一辙。但在该牛鼎年代的界定上，上述文献均将其定为南朝宋孝武帝建元元年。（宋）潜说友：《咸淳临安志》："此鼎高尺有九寸，广尺有咫，两耳傍出而曲上，三足皆具牛首，鼎外周环如篆籀，腹内铭四十有一字，传者谓宋孝武帝孝建元年八月作牛鼎以祀太室，其铭曰：'维甲午八月丙午，帝若稽古，肇作宋器，审厥象，作牛鼎，格于太室，从用享亿宁神休，维帝时保，万世其永赖。'"（宋）吴自牧：《梦粱录》卷八，"三茅宁寿观"条："三茅宁寿观在七宝山……曾蒙赐三古器玩，皆希世之珍。一曰宋鼎，乃宋孝武帝之牛鼎，以祀太室之鼎。"（宋）陈世崇：《随隐漫录》卷五："绍兴初有献鼎于行都，上赐白金三千两，赐三茅观。高一尺三寸有咫，两耳旁出，三足与首皆类牛，腹外周纹如篆籀，腹内篆铭曰：维甲午八月丙，帝若稽古，肇宋鼎，审厥象，作牛鼎，格于太室，从用享亿万宁神，休惟帝时宝，万世其永赖。乃宋孝武孝建元年八月二日肇作以享太室者。"这三段记载表述类同，或为相互转引抄录之故。

清代学者汪师韩和汪启淑均将其订正为宋徽宗政和四年铸器，政和七年祀于明堂太室。（清）汪师韩：《韩门缀学》卷五，"润丰鼎"条："政和七年，明堂成，太室乃明堂五室之中室……鼎或先铸于政和四年之八月，其丙寅之日则是月之二十三四日也。则绍兴所献鼎亦是北宋之鼎而非五代之宋矣。"《续修四库全书》，1147 册，第 519 页。又（清）汪启淑：《永曹清暇录》卷十三，"粤稽牛鼎出仪礼，聂氏图说今留贻。三足牛首饰其类，鱼鼎难状将谁欺。……政和改元历四稔，龙集甲午符其辞。郊庙制作悉从古，法物一一为清厘。"北京古籍出版社，1998 年。

⑥ （宋）翟耆年：《籀史》，文渊阁四库全书本，227 册，第 143 页。

⑦ "政和甲午五月庚午十有二日丙戌，帝以夏日之至祀事于方泽，作牛鼎用享，万世有休。簠簋之识，曰：政和甲午，帝以五月庚午十有二日丙戌肇祭于方泽，制器尚象，作簋以格明祇，万世永赖。牺象鼎彝、尊罍壶豆，凡二十有八，款器则惟旅。"《籀史》，前揭书，第 143 页。政和七年明堂成，徽宗亲祀，所用仿古铜礼器 "笾二十六、豆二十六、簠八、簋八、登三、铏三……牛羊豕鼎各一，并局七、毕茅、幂俎六，大尊、山尊、著尊、牺尊、象尊各二，壶尊六，皆设而弗酌"。《宋史》卷一百一十，第 2475—2477 页。

丰润牛鼎虽为仿古之作，但多有不合三代制式之处，清人病其"去古远矣"[①]。其基本样制很可能是参考《考古图》和《博古图》[②]均辑录的"周晋姜鼎"（图 1，2）。二者无论是平折的口沿、曲上的附耳、装饰兽首的蹄足，还是双层纹样与扉棱装饰都几乎一致。晋姜鼎在《博古图》中虽列于文王鼎之后，但实非西周铜器，而属春秋初年器[①]；此鼎在皇祐年间已为内府所藏[④]，造型上与 2002 年湖北九连墩战国墓出土的铜牛镬[⑤]（图 1，3）接近，是东周时期的流行鼎式。作为徽宗隆礼作乐法古礼器的参照样本，牛鼎为何未选取代表着礼乐秩序典范的商周彝器作为模仿样制，而取

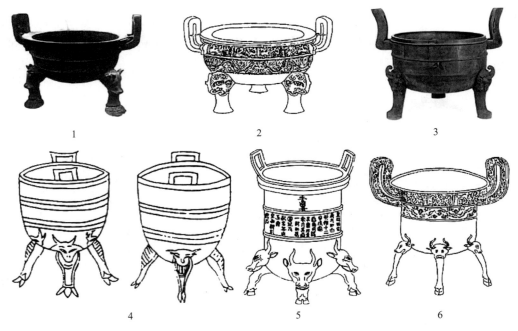

图 1　政和礼器之牛鼎

1. 河北省文物保护中心藏牛鼎　2.《博古图》中晋姜鼎　3. 湖北九连墩战国墓出土铜牛镬
4. 聂崇义《三礼图》载牛鼎　5. 皇祐五年礼图载牛鼎　6.《大明集礼》中牛鼎

① "京畿丰润县有牛鼎，乃宋人仿古之作；然去古远矣。"（清）黄子高：《续三十五举》，载韩天衡编：《历代印学论文选集》（上册），西泠印社，1985 年，第 439 页。
② 编于大观初年（约 1107 年）的《宣和（殿）博古图》，是为王黼等奉敕编纂，共 30 卷。该书著录了宋代皇室在宣和殿收藏的自商代至唐代的青铜器 839 件。集当时出土和传世青铜器之大成，于宣和五年（1123 年）重修，名为《宣和重修博古图》，这是宋代官修的古器物录，集中代表了北宋末徽宗朝对古器物研究的成就，并广为后世所参照。
① 吴毅强：《晋姜鼎补论》，《中国历史文物》2009 年第 6 期，第 79—83 页。
④ （宋）翟耆年《籀史》卷十："《皇祐三馆古器图》首载邢州所上瑞鼎，制作无法，两旁兽面衔环，三足作异兽负立，怪而不典，不知何从而名三代器也。"《皇祐三馆古器图》编纂于仁宗皇祐三年，（宋）翟耆年：《籀史》，"皇祐三年，诏出秘阁及太常所藏三代钟鼎器……"商务印书馆，1935 年，第 10 页。
⑤ 王红星：《湖北枣阳市九连墩楚墓》，《考古》2003 年第 7 期。

用了"礼崩乐坏"的东周器形？比较合理的解释是，尽管金石学在这一阶段成就煌然，但《考古图》和《博古图》对部分古器的年代勘定并不准确。需要注意的是，晋姜鼎的描述中完全未提及"牛鼎"，具体细节处理上也不见丰润牛鼎高度仿真的牛头和偶蹄。这表明这件政和仿古铜器所本据的样式，除参考了上述两部古器物图录和内府藏器，应该另有参照的礼图范本——聂崇义的《三礼图集注》。

聂氏《三礼图》在阮谌《三礼图》"牛鼎受一斛……有鼻目，以铜为之，三足"[①]的基础上进一步发挥，将其定义为"三足如牛，每足上以牛首饰之"[②]，并配以图示：鼎作直口，双立耳，深筒腹，三足上饰牛首，鼻目耳角宛然，下承分趾牛蹄（图1，4）。皇祐五年成书的礼图则完全照搬了这种样式[③]（图1，5）。这种"以其首饰其足"来阐释三牲鼎的说法影响深远，即便之后的士大夫和礼官对《三礼图》尊文绎器的研究方法多有诟病，但元祐到政和年间金石考据[④]和礼图编纂[⑤]仍沿用了聂氏对牛鼎的演绎，其余续在明初《大明集礼》的修纂中仍见保留[⑥]（图1，6）。

神宗年间陈祥道《礼书》在礼器图像上依循《三礼图》体系，但关注到"各状其首于足上"这种表现方法在牢、镬鼎样制应用上的局限，并对该范式下的牛鼎造型表示出怀疑[⑦]。《博古图》很可能也考虑到这一问题，故在三牲鼎的描述上语焉不

---

① "《御览珍宝部》引阮谌《三礼图》云'牛鼎受一斛……有鼻目，以铜为之，三足'。"（清）孙诒让：《周礼正义》卷八十四。

② "牛鼎受一斛……口径、底径及深俱一尺三寸，三足如牛，每足上以牛首饰之。羊、豕二鼎亦如之。此所谓周之礼饰器各以其类之义也。"《三礼图集注》卷十三，"牛鼎"条。"牛鼎、牛羊、豕鼎皆以其类为饰。"《三礼图集注》卷二十，"鼎俎"条。有关《三礼图集注》与隋唐礼书的关系，参沈睿文：《唐哀皇后墓所见陶礼器》，《唐研究》第二十三卷，北京大学出版社，2017年。

③ 其"本据聂崇义《三礼图》，绘圜丘、宗庙牛鼎"，并依图皆以铜为之，用以郊祀天地、宗庙。见（宋）阮逸、胡瑗：《皇祐新乐图记》卷下，"三牲鼎图"条，文渊阁四库全书本。（按，《皇祐新乐图记》，三卷，仁宗景祐三年奉敕编著；皇祐五年呈御。）

④ "牛鼎无铭识。昔内府出古器，使考法定制。工官图其状，求余识之，曰深八寸六分，径尺有八寸，其容一斛，刻文涂金，世不知所本。乃考礼图，图有牛鼎、羊鼎、豕鼎，其足以牛、羊、豕为饰，可以得其名矣。鼎足尽为牛首，知其为牛鼎也。"（宋）董逌：《广川书跋》卷一，"牛鼎"条。

⑤ 《考古图》卷一中就收录了"内藏"铜牛鼎，而这件器物或为后经董逌考证的内府牛鼎，其"径尺有八寸，容一斛。按今礼图所载，牛羊豕鼎各以其首饰其足。此鼎之足以牛首为饰，盖牛鼎也。"这种以鼎足造型定名的方式又被吕大临推演到其他器物上，如同卷一件无自铭的铜鼎，因其"鼎口及足皆以云气为饰"，并定为"云鼎"。

⑥ "牛鼎，受一斛，天子饰以黄金。以黍寸之尺计之，口径底径及深俱一尺三寸。三足如牛，上以牛首饰之。羊豕鼎同。皆用聂氏之说也。"（明）徐一夔等：《大明集礼》卷七，吉礼七，"宗庙"条，文渊阁四库全书本，469册。

⑦ "旧图天子之鼎饰以黄金，诸侯饰以金，容一斛。大夫羊鼎饰以铜，容五斗。士豕鼎设以铁，容三斗。而牛羊豕鼎各状其首于足上。若然鱼鼎、腊鼎岂皆状以鱼腊乎？"（宋）陈祥道：《礼书》卷九十九，文渊阁四库全书本。

详，仅复用了《三礼图》"各取其象而饰"①的概略表述，所录商周鼎彝也未有明确定名为"牛鼎"的器物②。

与传世牛鼎杂取《三礼图》与《博古图》样制不同，制作于两年之后的政和鼎（图2，1）则法式淳古，代表了北宋铜礼器的高度仿古能力。这件现藏于台北故宫博物院的铜鼎采用了立耳、三柱足的圆鼎造型，腹部一周饰三组兽面纹，以扉棱相隔。腹部铭文为金文字体，释作："隹政和六年十有一月甲午，帝命乍铏鼎，锡领枢密院事贯，以祀其先，子子孙孙永保之。"形纹几乎完全一致的另一件政和圆鼎（图2，2）现藏于中国国家博物馆，唯双耳与三足略外扩。根据铭文，这两件政和鼎均为铏鼎之属，是政和六年（1116年）十一月宋徽宗集中制作的仿古礼器，并依仿周王以铜器赐有功诸侯之制，将其赏赐给童贯作为家庙祭器③。这两件政和铜鼎在造型和纹样上很可能参据了《考古图》商代饕餮鼎（图2，3）的范式④，也与现藏于上海博物馆的商爰鼎⑤（图2，4）一致，考商周遗法可谓制度精密。另一方面，政和鼎在铭文遣词、书体和铸造方式上在法古之外也体现出兼具时代新意⑥的特征，是稽古作今的典范。

与政和鼎同为政和六年制造并赐为家庙祭器的还有宋代"童贯壶"⑦（图3，1），其造型上采用了《博古图》壶尊（图3，2）之制，但装饰纹样却整体取法同书收录的周牺首罍（图3，3），体现出徽宗仿古礼器样制上对三代古器造型、纹样的灵活取

① 《重修宣和博古图》卷一，"至于牛鼎、羊鼎、豕鼎，又各取其象而饰焉"。

② 清代考据学再行之后，对牛鼎的认知渐趋科学，认为牛鼎之制，不在于形、塑装饰，而在于鼎实之物和容量。[《淮南子·诠言训》云：'函牛之鼎沸，而蝇蚋弗敢入。'许注云'函牛，受一牛之鼎也。'《尔雅·释器》云：'鼎绝大谓之鼐，牛鼎盖即所谓鼐矣。'（清）孙诒让：《周礼正义》，卷八十四。] 而鼎足上的三牲装饰多仅以半抽象的鼻目示意 ["聂崇义云牛鼎三足如牛，每足上以牛首饰；羊豕二鼎亦如之。陈祥道云，若然鱼鼎、腊鼎岂皆状以鱼腊乎？以周案郑九家易说牛鼎三足，足上皆作鼻目为饰，羊鼎豕鼎同。岂牛鼎饰牛首、羊豕鼎饰以羊豕首乎？聂说不足据。"（清）黄以周：《礼书通故》卷四十七，文渊阁四库全书本。] 而湖北荆门包山楚墓出土的铜牛镶、湖北九连墩1号墓出土的铜牛镶以及太原赵卿墓的牛鼎均印证了清人的上述考证。

③ 《宋会要辑稿》礼一二之三记："政和六年九月二十五日礼制局言，太庙乞尽循周制，笾豆各二十有六，簠簋各八，群臣五庙三庙所用之器，以此为等降之数，从之。先是，诏造祭器颁赐宰执，下礼制局，故有是诏。十月二十七日，礼制局言，近奉诏讨论群臣家庙所有祭器，稽之典籍，参定其制……诏礼制局制造，取旨给赐。"前揭书，第567页。

④ 就造型特征而言，政和鼎与商后期到西周早期的鼎相似，有可能为仿商晚期到西周早期鼎。详见陈芳妹：《宋古器物学的兴起与宋仿古铜器》，《美术史研究集刊》第十期，2001年，第75页。

⑤ 此件文物由孙煜峰捐赠，均有殷墟中期青铜器的典型风格。图片转引自国家文物局主编：《中国文物精华大辞典·青铜卷》，上海辞书出版社，第8页，图0026。

⑥ 根据学者陈芳妹目测观察的记录，"政和鼎在棱脊上下两端及花纹单位相接处，不见有三代器所呈现的范线痕迹，显然不使以三代的块范法铸造的。从三足与器身接触部分，在器腹底部显现三柱足顶端鼓出的痕迹看，此器使用的不是商及西周的器与足一体混铸，也与春秋以后腹与足分铸再接合，因在器表所呈现的器足接合现象不类"。部分字体流露出宋人的新兴写法；铏鼎一词也是唐宋以来的新词汇。详见陈芳妹：《宋古器物学的兴起与宋仿古铜器》，前揭注，第75页。

⑦ （清）端方：《陶斋吉金续录》，《续修四库全书》904册，上海古籍出版社，2002年，第392页。

图 2　徽宗礼器之政和鼎

1. 政和鼎　台北故宫博物院藏　2. 童贯铜鼎　中国国家博物馆藏
3.《考古图》饕餮鼎　4. 商夨鼎　上海博物馆藏

用。稍后的宣和山尊（图 3，4）则体现出礼器制造与礼图范本的另一种结合模式：《博古图》中并没有记录山尊样式，故徽宗宣和年间铸造时从古器物图录中选取了可堪用的商祖戊尊（图 3，5）为范本[①]。而这种对已有礼图补阙而成的新礼器，又为之后的国家礼器制造提供了参照样本[②]（图 3，6）。

　　从牛鼎到政和鼎，配合拓本载录和传世实物的徽宗簋、尊彝器，我们或可把握北宋中期以来国家仿古礼器的发展脉络和造器原则。

　　其一，徽宗仿古铜器的制式是《三礼图》和《博古图》两大礼图体系共同作用的结果，这也反映出宋人对古礼器用制认知上解经绎器和金石考古的两种途径[③]。

----

① 周铮：《宣和山尊考》，《文物》1983 年第 11 期，第 74—75 页。
② 杭州环城西路出土一件南宋铜尊，造型和纹样与宣和山尊极其相似，很可能就是以宣和礼器为样本制造的。详见浙大新村铜炉资料，转引自浙江省博物馆：《浙江省博物馆典藏大系·越地范金》，浙江古籍出版社，2009 年，第 99 页。
③ 《三礼图》代表了通过经文和历代注疏来复原上古礼器的"经书解释学"模式，《宣和博古图》则以金石学为基础，标志着对三代礼制的追仿考释的新风尚：不只尊经，更是重器。

图 3　徽宗礼器之壶尊、山尊

1.《陶斋吉金续录》童贯壶　2.《博古图》壶尊　3.《博古图》周牺首罍
4. 宣和山尊　北京故宫博物院藏　5.《博古图》商祖戊尊　6. 杭州环城西路出土南宋铜尊

而政和、宣和礼器的样制选择，则反映出后者在北宋后期指导礼器制作中的压倒性胜利。

其二，政和鼎和童贯铜鼎既代表了宋代国家礼制建设复古实践的成果，又是臣僚家礼尊法古制的代表。后秦桧铜鼎[①]也仿其制，反映出两宋高级品官员礼制用器的复古尝试。

其三，宋代仿古礼器既在考据文物的基础上典出有据，又据其所需有所损益；这种稽古作新的态度实际上是两宋通过隆礼作乐、建立理想社会的目标在仪制器用上的具体呈现——复古只是途径，真正所要达到的，是重新建立适合时代需要的礼制规范与社会秩序。

———————————

① 该器为绍兴十六年高宗给赐，其铭文载录于《徐氏笔精》，释文为："维绍兴丙寅三月己丑，太师秦公桧一德协济，配兹乾坤，乃作铜鼎，赐家庙，以奉时祀，子孙其永保。"（明）徐渤：《徐氏笔精》，文津阁四库全书本，282 册，商务印书馆，第 209 页。

其四，在礼制建设的实际操作中，《三礼图》和《博古图》的造器原则通常是掺杂混用的——《博古图》有式者，依《博古图》；《博古图》无式者，或依《三礼图》，或在《博古图》中取可用者 ①。《博古图》与礼书器名无法完全对应、部分器形样制阙如以及祭器材质取定上的局限 ②，都是聂氏祭器模式存在的必要空间 ③。

观察国朝大礼中鼎、铏之制的发展，可见其杂取《三礼图》和《博古图》体系的传统在徽宗之后一直相沿不断。南宋高宗绍兴年间虽以《宣和博古图》和徽宗"新成礼器"为祭器模式 ④，但地方州县仍有从旧制"依聂崇义礼图"者 ⑤。传为南宋马和之画作中关于大礼祭器的样制描绘，为此期礼器模式的混用提供了生动而直观的时代视角。在《女孝经图·邦君章》表现的祭祀场景中，铏鼎作两耳、三足、有盖之式，其与豆笾、簠簋一并，均符合《三礼图》模式（图4）；而《周颂文王之什图》的祭器组合中，铏鼎为《博古图》样制，豆笾、簠簋、黄彝则见依《三礼图》 ⑥（图4，2、3）。

这两种礼器模式在元明依然并行使用。元代礼官监造孔庙礼器所参据的图本为

---

① 这一原则在绍兴十五年群臣讨论祭器改造时就有明确表述，（清）徐松：《中兴礼书》，卷9，《续修四库全书》本，第5—7页。对这一问题的探析，详见许雅惠《〈宣和博古图〉的"间接"流传——以元代赛因赤答忽墓出土的陶器与〈绍熙州县释奠仪图〉为例》，《台湾大学美术史研究集刊》第14期（台北），2003年，第17—18页。

② 在祭器材质的讨论中，《宣和博古图》以有限的出土铜器为据，认为《三礼图》竹木之说为非，失于偏颇。虽然徽宗以来改制后的新成礼器形制从《宣和博古图》之制，但材质组合仍依聂氏之说，如在明堂大礼中"其从祀四百四十三位合用竹木祭器，已令临安府制造"。《中兴礼书》卷五十九《明堂祭器》载："（绍兴四年四月二十七日）同日工部言，据太常寺申，契勘今来明堂大礼正配四位合用陶器，已降指挥下绍兴府余姚县烧造；其从祀四百四十三位合用竹木祭器，已令临安府制造。"《续修四库全书》本，822册，第243页。

③ 《事林广记》作为一部日用百科全书，列出的祭器组合图示明显可见聂氏《三礼图集注》的巨大影响。[详见（宋）陈元靓：《事林广记》，戊集卷一，《祭器仪式门》，中华书局，1999年，第365—366页。]而朱熹修撰《绍熙州县释奠仪图》的动机，则源于南宋州县祭器仍多用聂氏《三礼图》模式而不合绍兴确立的"新成礼器"式样。

④ （清）徐松：《中兴礼书》卷九《郊祀祭器一》：（绍兴十三年）"四月二十九日，礼部太常寺言，勘会国朝祖宗故事，遇大礼其所用祭器并依三礼图用竹木制造，至宣和年做博古图，改造新成礼器，内簠簋尊罍爵坫豆盂洗用铜铸造，余用竹木，今来若并仿《博古图》样制改造"。《续修四库全书》本，822册，第35—36页。（宋）朱熹：《晦庵先生朱文公文集别集》，卷八，《释奠申礼部检状》记："某伏见政和年中议礼局铸造祭器，皆考三代器物遗法，制度精密，气象淳古，足见一时文物之盛，可以为后世法，故绍兴十五年曾有圣旨，以其样制开说印造，颁付州县遵用。"《四部丛刊》初编，第133—137函。

⑤ 《宋会要》载绍兴十三年"臣僚言，昨者亲祠，内出古制爵坫以易雀背负盏之漏，然而笾豆尊罍簠簋彝鼎诸器至今礼图既知其非，尤且循袭"。（清）徐松辑：《宋会要辑稿》礼一四，前揭书，第627页。"三礼图，出于聂崇义……而国子监所划与方州所用，则从崇义说，不应中外自为差殊。"（宋）赵彦卫：《云麓漫钞》卷四，中华书局，1998年，第57—58页。

⑥ 南宋画作中所见《三礼图》祭器的使用情况已为谢明良关注，详见谢明良：《记唐恭陵哀皇后墓出土的陶器》，《故宫文物月刊》2006年第279期，第81—83页。

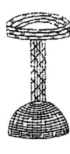

图4　《三礼图》与《博古图》礼器模式的杂用
1. 南宋《女孝经图·邦君章》祭器　台北故宫博物院藏　2. 南宋《周颂文王之什图》祭器
辽宁省博物馆藏　3.《三礼图》铡鼎、登、黄彝　4. 北京清代文庙大成殿铜祭器

南宋景定年间刊刻的《舍奠礼器图》，而《舍奠礼器图》本身参详了朱熹《绍熙州县
释奠仪图》和《博古图》①。而《三礼图》礼器样式被类书《事林广记》选用为祭器图
谱 ② 广为刊印传行（图5），似乎显示出这一模式更为普行。直至洪武年间修订《明
集礼》，三牲鼎"皆用聂氏之说"，《三礼图》体系的六彝仍和《博古图》模式的牺象
之尊、簠簋之属同时列陈于皇家宗庙 ③（图6）。清代文庙的礼器组合也保留了这种混
用的现象：北京文庙大成殿供案上的铜祭器，铡鼎之制明显可见《三礼图》的影响，
而簠簋的样制则遵循了《博古图》体系（图4，4）。

　　综上，仿古鼎彝在宋元明社会中具有明显的托古改制的政治色彩，意在通过对
三代礼器的追仿，完成社会礼制改革与秩序建设的政治诉求。在《三礼图》和《博

① （元）郑陶孙：《舍奠礼器祭》，载（元）苏天爵辑：《国朝文类》卷二十七，第20—25页。转引自蔡玫
芬：《转型与启发：浅论陶瓷所呈现的蒙元文化》，石守谦、葛婉章编：《大汗的世纪：蒙元时代的多元文化
与艺术》，（台北）故宫博物院，2001年，第232页。
② （宋）陈元靓：《事林广记》卷五，上海古籍出版社，1990年。此书是一部日用百科全书式的民间类书，
原为南宋陈元靓编，但宋原本已佚，现存的元、明刊本均经删改和增广，因此其中有不少内容反映了元代
的社会生活。
③ 《大明集礼》卷七，"吉礼七·宗庙"，文渊阁四库全书本，649册。

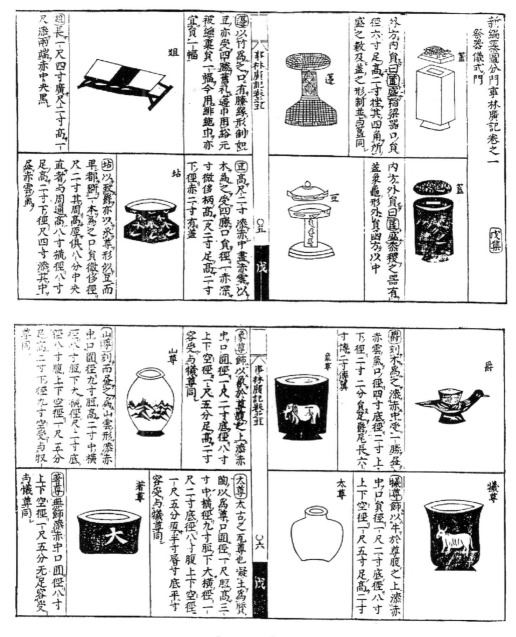

图 5 《事林广记》之祭器图示

古图》模式的并行混用中，复古礼器最终成为国家祀典用器的标准。

　　然而如果查考明嘉靖时期国家坛庙祭礼的设位陈器图，我们会发现在国朝大典的礼器使用上，鼎登、簠簋、豆笾的对应位置完全不见仿古器类，反而陈设着碗碟盘盂等日用器形。可以说，以鼎为代表，祭祀礼器在形制和材质上随俗从宜的现象代表着宋以降，尤其是元明以来国家礼器发展的另一趋势——适今从俗。

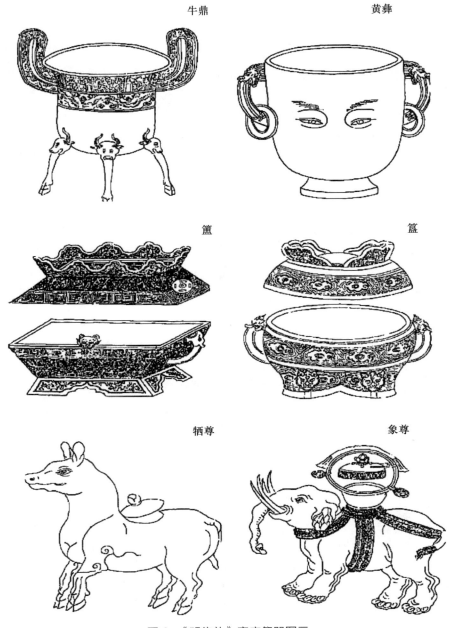

图6 《明集礼》宗庙祭器图示

（二）适今从俗：礼器系统随时而变的更张与简化

实际上，这种国之大礼祭器随俗从宜的传统唐宋以来一直存在，它和遵法三代、气象淳古的仿古趋势在相当长的一段时间并行发展，成为国家礼制建设中看似矛盾又彼此融合的两条线索脉络。

在国朝大礼祭器的简化上，唐代已见端倪。"铏鼎"之名也是在这一时期开始出现在礼书之中的[①]。官员在礼器制式的讨论中就提出过"古今之器"混用的理念，强调礼器样式与礼料内容的"质""文"相称；其中铏鼎作为时器，恰与"时馔"之和羹相配[②]。

北宋初太祖亲视太庙祭祀礼器时，就以笾豆簠簋去今已远而祖宗不识为由，"亟命彻去，进常膳如平生"，并将日用碗碟作为祭器；后虽考虑到大礼不可废古而恢复了簠簋之制，但加入了牙盘等日用器以示折中[③]。南宋时，日常燕器的盘、盂、瓶、盏盛装着茶酒汤果频频用于景灵宫祭祀。礼器的燕器化、礼料的时馔化和礼节的日常化在这一时期表现得更为明显[④]。在这种礼制文化取向下，杭州老虎洞修内司窑址南宋地层出土的大墩碗、套盒、盏托、梅瓶很可能具有礼仪功能：不仅上述器形均见于景灵宫祭祀的礼器体系，且制作上亦遵循严格的法式制度，诸器尺寸体量上各有规格，成形方法也仿三代铸铜模范成形[⑤]，具备庄重"礼器"性的两大特征——造型上取法古礼，成形工艺上亦本其宗[⑥]。以此为据，这些官作瓷器虽然造型与一般日

---

① 陈芳妹：《宋古器物学的兴起与宋仿古铜器》，前揭注，第 77—78 页。

② "大凡祭器，视物所宜。故大羹，古馔也，盛以登，登，古器也；和羹，时馔也，盛以铏，铏，时器也。有古馔而用时器者，则毛血于盘，玄酒于尊。未有进时馔用古器者，古质而今文，有所不称也。"（宋）欧阳修：《新唐书·韦绶传》卷一百二十二，中华书局，1975 年，第 4355 页。

③ "如太祖祭簠簋笾豆之外，又设牙盘、食用碗碟之类陈于床。"（宋）章如愚《群书考索》别集卷一四《祭器仪》，文渊阁四库全书本，938 册，第 896 页；"开宝初，上亲享太庙，见所陈笾豆簠簋，问曰：'此何物也？'左右以礼器对。上曰：'吾祖宗宁识？'亟命彻去，进常膳如平生。既而曰：'古礼不可废也。'命复设之。于是判太常寺和岘言：'按唐天宝中享太庙礼料外，每室加常食一牙盘。五代以来，遂废此礼，今请如唐故事。'乃诏别设牙盘食，禘祫、时享皆用之。"（宋）马端临《文献通考》卷九十八。

④ 宁宗时"皇帝成服毕行祭奠礼，参酌合排办事件：一、合用供养茶酒果香案、香炉、炭火、匙盒、汤瓶、注、盘盏、茶盏、托奠茶酒盂子、燎草，并合用焚祝板燎草等灯火，并乞从敕葬都大主管所行下诸司排办施行。"《宋会要辑稿》礼四三·攒所·景献太子攒所；《中兴礼书》载："今（淳熙年间）太庙、景灵宫皆宗庙也，唯太庙用祭器，至景灵宫朝献则用瓶、盏、盘、盂之属，皆燕器也……"《宋会要辑稿》第十四册《礼一二·之六一七》；度宗咸淳年间"太庙之祭以俎豆，景灵宫以牙盘，天章阁等以常馔，用家人礼"。（宋）潜说友《咸淳临安志》卷三《行在所录·郊店》，影印道光钱塘振绮堂汪氏仿宋本，中华书局，1990 年。

⑤ 小如盏托，大如梅瓶，基本都有接足的现象，在轮制拉坯技术相当成熟的宋代，以范成形非为经济之途，究其原因就只能是为了达到尺寸上、器形上的一致和规范，即所谓的法式。详见秦大树：《老虎洞官窑性质刍议》，《南宋官窑与哥窑——杭州南宋官窑老虎洞窑址国际学术研讨会论文集》，浙江大学出版社，2004 年，第 69—83 页。

⑥ 接足成形的"范铸"方法袭用三代青铜"重器"之道，可能也出于社会价值的考量。这一观点受陈芳妹青铜范铸工艺反映"礼制认同"一说的启发。其观点认为，中国三代青铜礼器始终采用相对费工耗料的范铸工艺，其他古代文明则将此工艺用于铸造神像，而以捶揲法施于容器类——成形工艺的选用实际上反映了礼制活动中不同的价值认同：成组容器组成的礼器系统和偶像崇拜的铜像系统。详见陈芳妹：《青铜器与"华夏"一统——欧亚和东亚世界体系中商周青铜艺术特征的形成》，《东亚古代文化的交流——2004 北京论坛考古分会论文或提要集》，北京论坛（2004）组织委员会，2004 年 8 月 23—25 日，第 52—112 页。

用器相同，但却很可能为国家性礼制活动中的供器①。

元代坛庙祭祀大典中，鼎的礼器地位已开始出现为盘盂取代的趋势，"以盘贮牲体，盘置俎上，鼎不用"②。同时，元代皇家祭典将蒙古族"国俗旧礼"融入传统儒学仪礼中，祭器体系也加入了不少材质和器形均与时俱进的常见"时器"，尤以神御殿祭祀最为典型。其中最代表蒙元统治者喜好的金银祭器包括瓶、盘、盂、香合、碗碟之属③；瓷器以枢府瓷和青瓷大盘④代替鼎镬之能，以盛毛血和三牲；髹木器则有盛容"马湩"的朱漆盂⑤和配合罗巾祭品的朱漆盘⑥——这些都是礼器日用化的代表例证。元代国朝大典的礼器实物无存，但我们可从地方祭器系统的制式管窥一二。北京延庆窖藏出土的泰定年间官府供器中，仿古铜鬲与时器化的朱髹大盘并存，体现出三代礼制规范与蒙古国俗旧礼相融合、鼎彝仿古礼器与碗盘日用燕器相混用的趋势⑦。内蒙古赤峰出土的全宁路三皇庙铜簋⑧、湖南常德大德九年靖州官供铜簋⑨和泳泽书院铜鼎祭器⑩，都从一定程度上表现出三代繁复纹样的简化，为元代官方礼器"古其形状"、纹理简化从宜的样制特点提供了生动实例。而儒官郑陶孙在宣州监造文庙释奠祭器时对庙学祭器古今法式的议论，也从侧面体现出元儒对祭器随时变通的肯定态度⑪。

明代国之大礼在以古礼器为主的前提下，对鼎礼之制明确提出"将铜鼎代之以瓷碗"，可见常见的日用碗盘类"时器"在祭器系统中占有更大比例，且将这种时器化的礼器用制以国家法令的形式制度化。至此，从中央坛庙到地方府学，自宋以来祭祀礼器适今从宜的简化趋势日渐明显；曾作为礼之重器的鼎，在造型上也日渐

---

① 秦大树：《宋代官窑的主要特点——兼谈元汝州青瓷器》，《文物》2009 年第 12 期，第 59—75 页。

② "俎匕，以载牲体，皆有鼎；后以盘贮牲体，盘置俎上，鼎不用。"（明）宋濂：《元史》卷七十四，中华书局，1976 年，第 1846 页。

③ 《元史》卷七十五，前揭书，第 1875 页。

④ 《元史》卷七十二，前揭书，第 1799 页，"毛血盛以豆，或青瓷盘"。

⑤ "以朱漆盂奉马乳酎奠，巫祝以国语告神讫。"《元史》卷七十七《祭祀志六》，"国俗旧礼"条。

⑥ "红髹器一，以盛马湩。盥洗位二，罍二，洗二。白罗巾四，实以篚。朱漆盘五。"《元史》卷七十六，《祭祀志五》，"太社太稷"条，前揭书，第 1881 页。

⑦ 高桂云：《元代仿古龙纹三足索耳鬲炉》，《文物》1985 年第 12 期，第 87 页。

⑧ 内蒙古自治区文物工作队：《内蒙古出土文物选集》，文物出版社，1963 年，第 118 页，图 159。

⑨ 常德文物工作队：《慈利县出土的元代铜簋》，《文物》1984 年第 5 期，第 81 页。

⑩ 石守谦、葛婉章编：《大汗的世纪：蒙元时代的多元文化与艺术》，前揭书，第 120 页，图Ⅳ-3。关于泳泽书院这件铜祭器的定名考辨，许雅惠指出此件铜器应为元代所铸三足圆鼎与西周车马器拼合的产物。详见许雅惠：《古器新诠——院藏"泳泽书院雷纹簋"的再认识》，《故宫文物月刊》总 225 期，2001 年，第 54—69 页。

⑪ "惟不用古制则已，苟用古制，古其形状而今其文理，曷若并形状而今之，犹为同于俗也。"郑陶孙认为礼器制度或严格法古，或适今从俗；"古其形状"而"今其文理"这种杂而用之的做法最不足取。（元）郑陶孙：《舍奠礼器记》，载（元）苏天爵辑：《元文类》，上海古籍出版社，1993 年。

褪去了三代之象，转而采用碗盂等日用器形。考《大明会典》、《明实录》和《明史》可见，太庙、孔庙等国朝大礼祭器"皆用瓷"的条令在洪武年间既已颁定，铏鼎代之以瓷碗，而簠簋豆笾俱用瓷碟[1]。而这一趋势在嘉靖万历年间发展得更为充分：万历年重修的《大明会典》记载的地祇坛和天坛圜丘陈设图（图7、图8）中，除爵还基本保留三代遗风，簠簋、豆笾、铏登均不见《三礼图》或《博古图》样制，而全以日用碗盘"燕器"代之；牺尊、著尊等彝器也简化为瓷罐。其中天坛圜丘陈设图中更有明确文字注释："登、铏以磁碗代，簠簋笾豆以磁盘代，凡庙坛同"，充分阐释出"时器"在明代祭祀自然、宗祖的最高坛庙大礼中的使用情况。

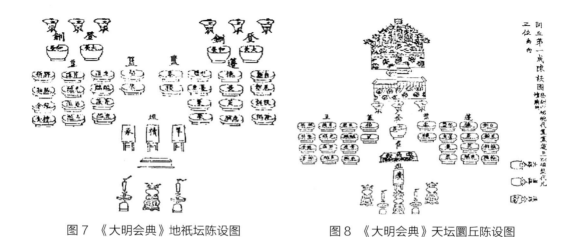

图7 《大明会典》地祇坛陈设图　　　　图8 《大明会典》天坛圜丘陈设图

随着《大明会典》的东传，明代祭器全以瓷器、兼用古今的模式也对李氏朝鲜王朝的典礼用制产生了深远影响。正祖大王元嫔洪氏墓的随葬品中有一组白瓷礼器（图9），就体现出兼用古器和时器的特征：仿古器类有簠簋、编磬之属，而盏托、玉壶春瓶和香炉、香盒则代表了荐备茶酒、香花的时器[2]。

要之，通过鼎彝器用的梳理，可见国家坛庙礼器模式中循古与适今这两个看似

---

[1] 洪武二年（1369年），臣僚对祖陵祭器进行讨论："今祭祀用瓷，与古意合。而盘盂之属，与古尚异，宜皆易以瓷，惟笾用竹。"三年，"礼部言……今祭祀用瓷，合古意。惟盘盂之属，与古簠簋登铏异制。今拟凡祭器皆瓷，其式皆仿古簠簋登豆，惟笾以竹。诏从之"。《明史》卷四十七，中华书局，1977年，第1237页。又《大明会典》卷一六一，"器用"条，"（洪武）二年定，祭器皆用瓷"。（明）李东阳等撰、（明）申时行等重修：《大明会典》，中华书局，1989年，第1014页。在这次规范礼器制度的尝试中，礼器材质上几乎全用瓷器，以合器用陶匏的尚质本意；但样本范式上则提出遵从三代古制。《明史》卷一百三十六，第3930页。然而至洪武二十六年，瓷质碗碟等日用器作为国家坛庙祭器又重新得到了典制礼法的肯定，将铏鼎代之以瓷碗，而簠簋豆笾俱用瓷碟。"笾豆簠簋俱用瓷碟（簠簋碟稍大）……铏一，用瓷碗。"《大明会典》卷九四，"群祀四·有司典祀下"条，前揭书，第533页。
[2] 국립중앙박물관：《백자 항아리：조선의 인（仁）과 예（禮）를 담나（WHITE PORCELAIN JARS-EMBRACING THE JOSEON IDEALS AND RITUALS）》，서울：국립중앙 박물관，2010년，제53页。

图 9　朝鲜正祖元嫔洪氏墓出土随葬品 1779

悖反的两种趋势特征在国家礼制体系的融合①。无论是国朝大礼的陈设礼器还是臣庶家庙的释奠祭器，鼎作为宋以降礼器中的重器，其发展变化实际上表现出礼制器建设中"器用宜称"的两个层面：其一，对三代古器物的认知和以之为据的仿古新成礼器，是在以《三礼图》和《博古图》为代表的两个范式体系混用、互补中建立起来的，且全面体现在国朝大典、州县府学和臣庶家礼的器用和仪制建设中；更随着儒家礼制和礼图的东传，对朝鲜王朝的随葬礼器也产生了深远影响。其二，无论是单独礼器的形纹，还是整体组合的样制，国之大典的器用制度既撷取古代范式，以求典出有据，又随时而变，以便权宜适行，体现出古器和时器并存的现象。

　　接下来我们又面临一个问题：随着元明以来礼器体系中碗盂对鼎铏的取代，仿古的鼎形容器是否真正淡出了祭供的礼仪场合？这一问题可从前述《大明会典》地祇坛陈设图中看出端倪：在供奉三牲的俎案前，两柄高烧香烛之中有一连座鼎形容器，三足，圆腹，附耳上冲。参照《明集礼》中相应礼器位置布局图，该器正好位于陈设"香案"之处，应作香炉之用。实际上，陶质鼎彝作为香供容器在宗庙祭祀中的应用南宋已见端倪，并多与花瓶、香盒并列陈设。高宗神御殿的供奉礼器中，就有香案、香炉、匙盒、花瓶组成的香花供器②。元代郊祀祭器中也有鼎炉、香盒等

---

① 《政和五礼新仪》卷首"原序"载"笾豆尊罍冕弁旗常车舆圭璧羔雁币筐有不可施于今则用之有时，示不废古；有不可用于时则唯法其义，示不违今；又为之多寡之数、高下之等、长短之度、疏数之限，将自躬而达之天下。……然则礼不可以不因，亦不可以无损益。因之所以稽古，损益所以趋时，不可一也。今去唐虞三代为甚远，其所制作恐当上法先王之意，下随当世之宜，稽古而不迂，随时而不陋。"文渊阁四库全书本，647 册，第 5 页。

② 《宋会要辑稿》第十四册《礼一三·神御殿》："（淳熙）十六年七月二日，礼部、太常寺言：'将来高宗圣神武文宪孝皇帝大样前，依礼例合塑制神御三位……各位各用腰舆、香案、香炉、匙盒、花瓶、黄罗缴扇，令塑制所依名件制造，合差内侍官一员克都大主管于至日迎赴景灵宫安奉。'并从之。"

香供用品，以陶作鼎炉，以银为香盒，即所谓"陶瓦香鼎"①。而在明代礼书和礼图中，"香鼎"与"香奁"配合燎烛、香案已成为国家祀天礼地和宗庙供奉中的常见祭器。

由此可见，三代古鼎在宋元社会的演变表现出明显的"质""文"分化现象：一方面，鼎作为在礼仪场所供奉礼料的本初职能逐渐被日用化的碗盂所代替；另一方面，仿古鼎彝的造型开始大量移用到焚香、插花的各色容器中。换言之，改变本初用途、转作香花供奉或雅玩清供之具，是宋元以来仿古鼎彝容器的重要特征。而这一特征在宋元窖藏、墓葬和沉船遗物中表现得更为充分。

二、古"文"今"质"：鼎形容器的功能转变
——以宋元窖藏、墓葬和沉船遗存为中心

与严格遵照礼图范式、具有明显政治色彩的仿古礼器系统不同，广泛发现于宋元窖藏、墓葬等遗迹中的鼎形容器无论是造型特征与纹样装饰都显得更为自由多样，既追摹古风，又不乏新意。可见礼书图谱虽为民间仿古器物的制作提供了式样参考，但实际操作中往往根据材质取舍变化。这也可看作是宋以来的复古运动在民间深耕，并与手工业传统相结合的产物。

这些鼎形容器在宋元时期大多已变更了本初功用，以"炉"自名。除上文元代郊祀礼器中"瓦鼎"供于香案的文字片段外，明中期的蒙学课本《新编对相四言》更以图文并茂的形式昭示出圆鼎为炉的事实——图中每件物品均与旁边标示的汉字对应，而直耳、束领、三款足的圆鼎恰恰对应"炉"的定名②（图10）。由此可见至迟在15世纪中期，圆鼎容器已成为民间香炉的典型造型。呼和浩特丰州故城窖藏出土的钧釉香炉③（图11），领部贴塑莲花趺坐方碑一合，上刻书"己酉年九月十五日，小宋自造香炉一个"，这为此类圆鼎形容器的香炉功用提供了实物自证。

宋元以来，这些鼎形香炉或焚香以供，用于祭奉寺观神尊或祖先考妣；或插花

① 如至大三年郊祀祭器中，就包括"陶瓦香鼎五十、神座香鼎、香盒案各一"，又"祠祭局以银盒贮香，同瓦鼎设于案"。载《元史》卷七十二，第1788、1800页。
② 转引自〔英〕柯律格著、黄晓鹃译：《明代的图像与视觉性（第二版）》，北京大学出版社，2011年，第127页，图62。
③ 李作智：《呼和浩特市东郊出土的几件元代瓷器》，《文物》1977年第5期，第75—77页；图片引自〔日〕中野徹：《南宋时代の金属工艺》，〔日〕海老根聪郎等编：《世界美术大全集·东洋编》，第7卷，小学馆，1999年，图196。

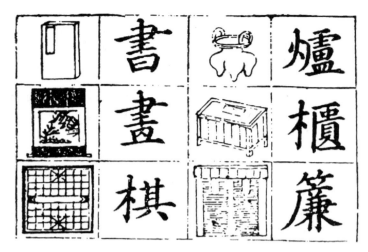

图 10　木刻《新编对相四言》，1436 年刊刻

图 11　呼和浩特丰州故城窖藏出土
元代钧釉香炉

燃香，以作装点堂斋的清供雅玩。下文将在梳理这批宋元遗迹所见鼎彝容器样式的基础上，分别探讨其作为"炉"在不同场合的功用与组合形式。

（一）样制粹辑

考虑到鼎、鬲在造型和本初功用上的类同[①]，本文把分裆、"款足"的部分鬲形容器也纳入到"鼎"的体系中进行形制划分，将其造型细分为四足方炉、三足鼎炉、鼎形出香[②]和鬲式炉四大类型。

1. 四足方炉：宋元遗址所见四足方炉大体可

---

① 古铜器铭文中就有鼎、鬲混同的例子。如河南郏县太仆乡出土的母生鼎，直耳、圆底、三蹄足，是非常典型的春秋鼎样制，但其自作铭则为"自作用鬲"，可为鼎、鬲混一的明证。宋人在考证鼎、鬲二器时就明确指出其用途一致、造型相似，只是在命名上鼎更侧重文化指代，而鬲则关注器物本身。见《重修宣和博古图》卷十九，"夫鬲与鼎致用则同，然祀天地、礼鬼神、交宾客、修异馔必以鼎，至于常饪则以鬲。是以语夫食之盛则必曰鼎盛，语夫事之革则必曰鼎新；而鬲则特言其器而无义焉……故王安石以鼎鬲之字为一类释之，以谓鼎取其鼎盛，而鬲言其常饪。其名称、其字画莫不有也。今考其器，信然。且尔雅以鼎款足者谓之鬲"。
而对于鼎鬲在造型细部上的区别，《重修宣和博古图》卷十九，"鬲鍑总说"条言："《尔雅》以鼎款足者谓之鬲……汉志谓空足曰鬲，以象三德，盖自腹所容通于三足。"又考古图将北宋所见古铜鬲的底足分为明显分裆与圆底两大类，见吕大临：《考古图》卷二，"丁父鬲"条："足皆中空……有足间若股脾然，三体合为一……有阔足为款者；有自下空为款者；皆圆而不分三体。"但这种区别在器物定名上有时也并未严格执行，如《考古图》载录的商"直耳饕餮鼎"、《重修宣和博古图》中的"商公非鼎"，均作"款足"。
② 香炉与熏炉之别，详见扬之水：《两宋香炉源流》，《中国典籍与文化》2004 年第 1 期，第 57 页。

分作两类。其一腹部折方，有八道纵向扉棱；折转处菱角明显，四柱足。四川广安窖藏的铜炉即为典型代表（图12，1）。相同的瓷器例证来源于河北曲阳定窑遗址出土的白瓷方炉[1]（图12，2）。这两件宋金时期的铜瓷方炉无论是整体器形还是纹样细节，都应是取形于《博古图》中的商鼎（图12，3），河南地区考古发现的晚商铜鼎也可为之提供旁证（图12，4）。同时，这种方炉类型随着宋代礼图、礼书的流被[2]和名瓷工艺的东传，也输入到朝鲜半岛。韩国全罗道康津郡沙塘里窑采集的方炉陶片[3]（图12，5）和首尔国立中央博物馆藏青瓷方炉[4]（图12，6），均属此类。

另一类四角圆弧，束领明显，下承四蹄足。此类方炉的宋代出土物主要集中于浙江宋墓，以金华郑继道家族墓[5]（图13，1）和平阳黄石墓[6]（图13，2）中发现的铜炉最具代表性，年代均在13世纪前后；元代遗物则以新安沉船出水的四足铜炉

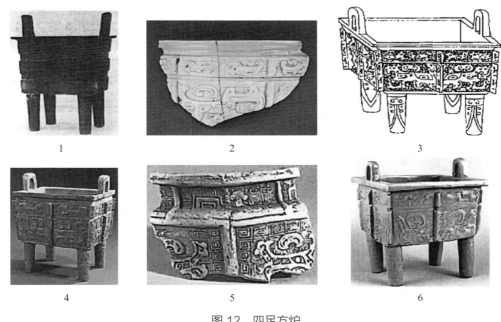

图 12　四足方炉

1. 四川广安窖藏铜方炉　2. 曲阳定窑遗址白瓷炉残片　3.《博古图》商册命鼎　4. 河南温县出土铜徙鼎
河南博物院藏　5. 韩国全罗道康津郡沙塘里窑陶片　6. 高丽青瓷方炉　首尔国立中央博物馆藏

① 北京艺术博物馆编：《中国古瓷窑大系·中国定窑》，中国华侨出版社，2012年，第124页，图110。
② 许雅惠：《宋代复古铜器风之域外传播初探——以十二至十五世纪的韩国为例》，《美术史研究集刊》第32期，2012年，第103—170页。
③ 大阪市立东洋陶磁美术馆编：《高丽青磁への诱い》，大阪市美术振兴协会，1992年，第183页，转引自许雅惠：《宋代复古铜器风之域外传播初探——以十二至十五世纪的韩国为例》，前揭注，第152页，图11。
④ 郑良谟：《高丽陶瓷铭文》，国立中央博物馆，1992年，第20页，图9。
⑤ 赵一新、赵婧、蒋金治：《金华南宋郑继道家族墓清理简报》，《东方博物》2008年第3期，第54—61页，图十一。
⑥ 叶红：《浙江平阳县宋墓》，《考古》1983年第1期，第80—81页。

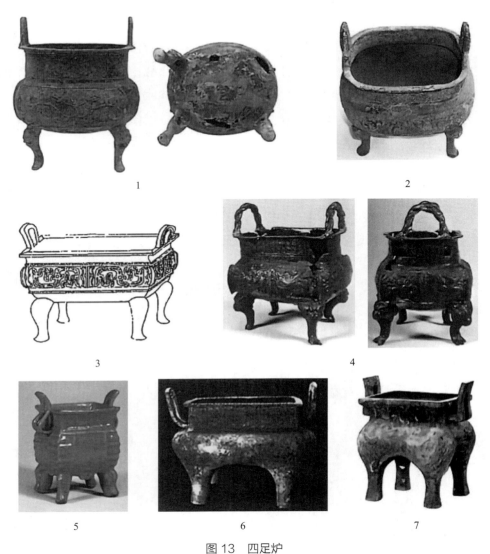

图 13 四足炉

1. 金华南宋郑继道家族墓出土四足铜炉 1201　2. 浙江平阳南宋黄石墓出土四足铜炉 1178　3.《博古图》
周象簠鼎　4. 新安沉船出水四足铜炉　5. 新安沉船出水四足青瓷方炉　6. 福建南平窖藏铜方炉
7. 杭州武林门外出土铜方炉

（图 13，4）和青瓷方炉（图 13，5）为代表。其造型应溯自《博古图》著录的周鼎
样式（图 13，3）。这种长领束颈、腹部微鼓的四足方炉在元代遗迹中还发现一类款
足中空、更近鬲形的分支，福建南平窖藏①（图 13，6）和杭州武林门外城墙下遗址②
（图 13，7）的出土铜器均属此类。

① 黄汉杰等：《福建南平窖藏铜器》，《南方文物》1998 年第 2 期，第 30 页，图一：6。
② 资料转引自《浙江省博物馆典藏大系·越地范金》，前揭书，第 102 页。

2. 三足鼎炉：其在造型上多取法三代青铜圆鼎，根据细部特征的差异，又可分作两类。其一直口、双耳立、直筒腹、圜底。这种鼎炉在足部表现上又有柱足和蹄足之别。福建南平窖藏青铜三足炉（图14，1）和浙江龙游寺后乡青瓷鼎式炉（图14，2）均作柱足，制作上或参照了《博古图》中周鼎的造型（图14，3）。而蹄足的例证则以新安沉船出水铜炉（图14，4）和四川遂宁窖藏青瓷鼎式炉[①]（图14，5）为代表；两者均素面无纹，表现出对集古图录中三代古器物（图14，6）样式的简化。其二折沿、束颈部收束、器腹圆鼓。这一造型的鼎炉在宋元窖藏和墓葬中均有发现，也能在古器物图录中找到可能取法的原型（图15，3、6）。材质上铜、瓷并举，鼎耳又作立耳和附耳两种造型。其中立耳铜炉以新安遗物为代表（图15，1），炉口平沿上立两索耳，柱状三足。与之相似的瓷鼎炉见诸四川遂宁窖藏出土的青白瓷（图15，2），只是三足为兽面蹄足。这种鼎炉造型在13世纪后十分流行，在其时铜镜的制作上也有移用，如浙江衢州史绳祖墓[②]和四川广安窖藏炉形铜镜。附耳鼎

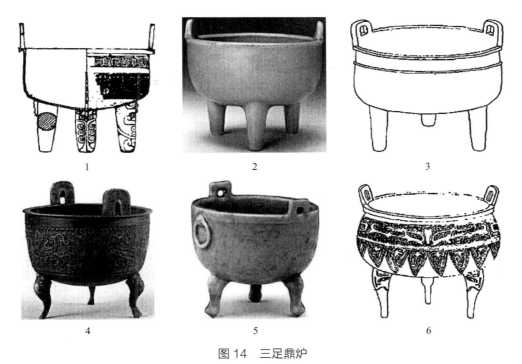

图14　三足鼎炉
1. 福建南平窖藏青铜三足炉　2. 浙江龙游寺后乡出土青瓷炉　3.《博古图》周纯素鼎
4. 新安沉船出水铜炉　5. 四川遂宁窖藏青瓷炉　6.《博古图》周蝉纹小鼎

①　图片转引自中国国家博物馆：《宋韵——四川窖藏文物辑粹》，中国社会科学出版社，2006年，第230页。
②　衢州市文管会：《浙江衢州市南宋墓出土器物》，《考古》1983年第11期，第1004—1011页。据墓志，史绳祖下葬于咸淳十年（1274年）。

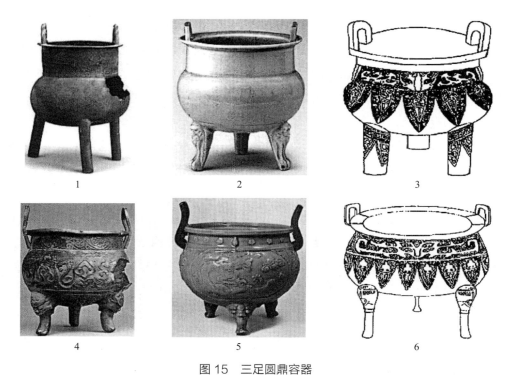

图 15　三足圆鼎容器

1. 新安沉船出水铜炉　2. 四川遂宁窖藏青白瓷炉　3.《博古图》商乙鼎
4. 福建泰宁窖藏镀金银炉　5. 大同冯道真墓随葬钧釉炉　6.《博古图》周垂花鼎

炉则有福建泰宁窖藏镀金银炉[①]（图 15，4）和大同冯道真墓随葬钧釉炉（图 15，5）为证。

　　这些宋元文物均可在《博古图》中找到商周铜鼎的原型，但装饰细节上又与三代流行的夔纹和蝉纹不同，体现出时代性的取舍与创新。类型多样的出香就是在鼎盖装饰上别具匠心的典型代表。

　　3. 鼎形出香：此类容器在炉身造型上与三足鼎炉类同，只是顶盖的设计意匠多取法汉器。根据盖面不同，有狻猊出香和博山熏炉两类。炉盖装饰狮子形象是宋元熏炉的常见造型，《宣和奉使高丽图经》将其定名为"狻猊出香"[②]。而韩国国立中央博物馆藏的 12 世纪前期的高丽青瓷熏炉恰为这条文献记载提供了文物证据[③]。湖南常德元代遗址亦出土有相似类型的青花瓷炉，盖面蹲狮前足上举（图 16，1）。相似的

――――――――――

① 李建军：《福建泰宁窖藏银器》，《文物》2000 年第 7 期，第 65—70 页，图七。
② （宋）徐兢：《宣和奉使高丽图经》卷三二"陶炉"条："狻猊出香，亦翡色也，上有蹲兽，下有仰莲以承之，诸器唯此物最精绝。"
③ 郑良谟：《高丽青瓷》，文物出版社，2000 年，图版一〇七。

造型也见于新安沉船出水的龙泉青瓷和青铜熏炉（图 16，2、3）中①。

　　博山炉盛行于两汉时期，器身多为豆形容器，上配镂空山形盖；宋元时期，这种博山盖面多移接于鼎形容器之上②。北京德胜门外元大都遗址出土的三彩镂空琉璃

图 16　鼎式熏炉

1. 湖南常德出土青花狮纽炉　2. 新安沉船出水狮纽青瓷炉　3. 新安沉船出水狮纽铜炉　4. 元大都遗址出土琉璃博山炉　5. 新安沉船出水铜博山炉　6. 福建南平窖藏出土铜博山炉　7.《博古图》汉辅耳鼎

---

① 新安沉船出水狮纽铜炉、青瓷炉和狮子铜炉图片分别引自《新安船》Ⅱ，木浦：韩国国立海洋遗物展示馆，2006 年，图版：其他 -27、青瓷 -108、其他 -100。

② 扬之水：《两宋香炉源流》，前揭注，第 57—58 页。

炉^①（图16，4），炉盖峰峦叠起，透雕黄彩蟠龙，鼎式炉身遍布浮雕穿花龙凤。同样盖作山形的铜熏炉也见于新安沉船^②（图16，5）和四川剑阁窖藏，但炉身造型各有不同：新安遗物肩部焊接两附耳，剑阁小东街窖藏的铜器则为无耳蹄足圆鼎形^③。

除博山形炉盖，元代窖藏中也发现了盖面作其他造型的熏炉。如福建南平窖藏出土的鼎式铜熏炉（图16，6），镂空盖面焊接三条蟠龙^④。就整体造型而言，南平窖藏铜熏炉与新安沉船博山铜炉最为相似，均作汉式三足圆鼎；而其冲耳、鼓腹、蹄足的造型细节，恰与《博古图》所载汉辅耳鼎（图16，7）如出一辙。

4. 鬲式炉：与三足圆鼎炉颇多相似，只是足部中空连裆的特征更为明显。宋元遗迹发现的鬲式炉基本可分作两类。一类体量较高，领部收束，袋足肥大。根据领部的长短，又可细化。长领者如杭州浙大新村出土的铜炉^⑤（图17，1）和遂宁金鱼村窖藏的青瓷同形器^⑥（图17，2），这一造型也可在《博古图》载录的周代古铜器中找到原型（图17，3）。福建南平窖藏遗物（图17，4）和余杭石濑出土铜炉^⑦（图17，5）则是短领鬲炉的代表，与《考古图》所辑直耳鬲（图17，6）颇多相似。

一类器形低矮，索耳，浅腹，三足中空。其形制在宋代的古器物图录中找不到对应的商周古器，应是宋元稽古作新的具有时代风格的新器形。此类鬲式炉腹部大多铸有纹饰，其中最具代表性的是以二方连续的菱形作为构图框架，中心为梅花或乳丁纹突起，江西宜春窖藏^⑧（图18，1）、福建南平窖藏^⑨和杭州浙大新村元代遗址^⑩（图18，2）均有发现。这种浅腹索耳鬲式炉在元代龙泉青瓷中也不鲜见。除在新安沉船中集中出水（图18，3、4），也发现于上海（图18，5）和浙江龙泉、温州地区^⑪。其样式随后确定为宣德炉的代表款式，并在明清两代广为制作^⑫（图18，6）。

通过对宋元遗址鼎炉的梳理，可以看出这些仿古瓷铜文物造型上涵盖了鼎、鬲、簋等多类古铜器因素，年代上主要集中在12—14世纪。这些复古造型大多可在北宋

①　首都博物馆：《首都博物馆藏瓷选》，文物出版社，1991年，图八一。
②　韩国文化财厅等：《新安船》Ⅱ，前揭书，图版：其他-26。
③　母学勇：《剑阁宋代窖藏综述》，《四川文物》1992年第3期，第15—20页。
④　黄汉杰等：《福建南平窖藏铜器》，前揭注，第29—36页，封二：1。
⑤　浙大新村铜炉资料转引自浙江省博物馆：《浙江省博物馆典藏大系·越地范金》，前揭书，第108页。
⑥　图片转引自中国国家博物馆：《宋韵——四川窖藏文物辑粹》，前揭书，第238页。
⑦　浙大新村铜炉资料转引自浙江省博物馆：《浙江省博物馆典藏大系·越地范金》，前揭书，第105页。
⑧　谢志杰、王虹光：《江西宜春市元代窖藏清理简报》，《南方文物》1992年第2期，封二：5、6；文中所用清晰版图片资源转引自前揭王牧：《中国南方地区宋元时期的仿古青铜器》。
⑨　黄汉杰等：《福建南平窖藏铜器》，前揭注，第33页，图二：4。
⑩　转引自浙江省博物馆：《浙江省博物馆典藏大系·越地范金》，前揭书，第107页。
⑪　分别馆藏于龙泉博物馆和温州博物馆，详见朱伯谦：《龙泉窑青瓷》，艺术家出版社，图版178、179。
⑫　Kerr R. Later Chinese Bronzes. London: Victoria & Albert Museum, 1990: 37, pl. 25.

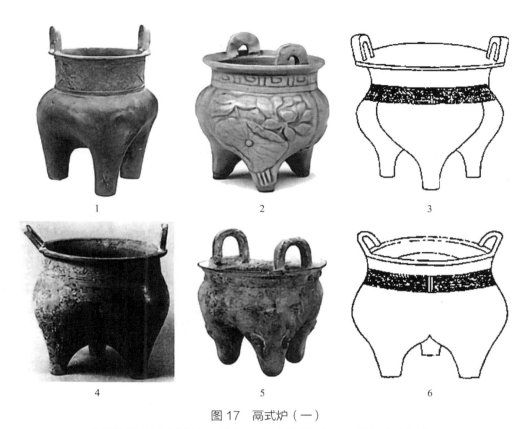

图 17　鬲式炉（一）

1. 杭州浙大新村出土铜炉　2. 遂宁金鱼村窖藏青瓷炉　3.《博古图》周丁父鬲
4. 福建南平窖藏铜炉　5. 余杭石濑出土铜炉　6.《考古图》直耳鬲

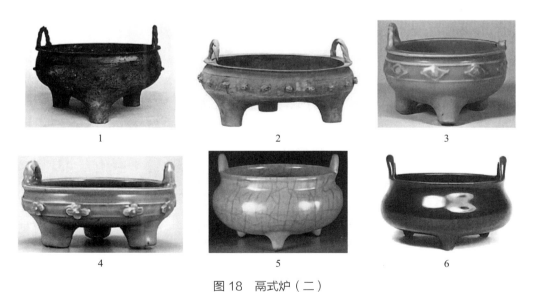

图 18　鬲式炉（二）

1. 江西宜春窖藏铜索耳炉　2. 杭州浙大新村出土铜索耳炉　3. 新安沉船出水青瓷索耳炉　4. 新安沉船
出水青瓷索耳炉　5. 上海青浦任氏墓出土哥窑鬲式炉　6. 维多利亚与阿尔伯特美术馆藏清仿宣德铜炉

颁行的《博古图》和《考古图》中找到参据原型，反映出南宋以来对北宋复古文化运动成果的继承和复兴[①]。

那么，这批出自窖藏、墓葬和沉船遗迹的仿古鼎炉在当时社会中的使用场合和具体功用又是什么呢？上述遗存中不乏出土（水）环境性质明确的例证，部分器物上也有直接言明使用场合和器用功能的铭款。据此可知，仿古瓷、铜鼎炉在宋元阶段既可用作神祇和祖先的祭奉供养，又可为文士书斋的文玩清赏。

（二）祭供之具

在前文国家坛庙礼器的论述中，我们看到南宋时期鼎形容器就开始以香炉的身份用作香供祭祀器，元明以来香鼎、花瓶、香盒的组合更是频频出现于郊祀、宗庙的祭奉活动中。那么，鼎炉的礼仪功能是否存在于更为广泛的阶层和场合？通过对宋元窖藏、墓葬、沉船等遗迹发现鼎炉文物的梳理，我们会对这一问题有更为明确的认知。

1. 遗迹线索：宋元鼎炉的使用场合和具体功用

除海盐镇海塔天宫、地宫和海宁智标塔地宫这三处性质明确的出土单位，宋元遗址中集中出土仿古鼎炉的窖藏遗迹相当一部分地处已毁的道观、寺院等宗教废墟周边[②]，其形成原因与当地宗教势力的兴盛不无关系[③]。此类窖藏主要集中在四川地区，如江油地区的厚坝镇窖藏[④]发现于当地犀牛寺正殿前院落内，河西乡窖藏[⑤]和大康乡窖藏[⑥]分别位于龙泉寺和白果寺遗址中；三台南河路窖藏[⑦]地处牛头山和蟠龙山大型寺院遗址周边。此外，还有些窖藏所在地的古地名本身就有宗教意味，如江西宜春

① 南宋仿古器照依《博古图》模式和徽宗新成礼器，代表着朝野复兴北宋文化的政治心理，详见许雅惠：《南宋金石收藏与中兴情结》，《美术史研究集刊》第 31 期，2011 年，第 1—60 页；而元代工艺美术中的复古，主要以宋为楷模，见尚刚：《有意味的支流——元代工艺美术中的文人趣味与复古风气》，《古物新知》，生活·读书·新知三联书店，2012 年，第 254—273 页；蔡玫芬：《转型与启发：浅论陶瓷所呈现的蒙元文化》，《大汗的世纪：蒙元时代的多元文化与艺术》，前揭书，第 229 页。

② 史占扬：《重要的考古成果·珍贵的出土文物——四川古代窖藏琐记》，《四川文物》2002 年第 4 期，第 21 页。

③ 母学勇：《剑阁宋代窖藏综述》，《四川文物》1992 年第 3 期，第 15 页。

④ 黄石林：《江油发现精美宋代窖藏铜器》，《四川文物》2004 年第 4 期，第 8—9 页。

⑤ 曾昌林：《江油发现宋代窖藏》，《四川文物》1996 年第 3 期，第 74—75 页。

⑥ 黄石林：《江油县发现宋代窖藏》，《四川文物》1987 年第 2 期，第 63—66 页。

⑦ 景竹友：《三台出土元代窖藏》，《四川文物》1993 年第 6 期，第 62—65 页。

窖藏，其发现地旧名"神窝里"，意即庙宇毕集之处。我们据此可推知出土有仿古鼎炉的宋元窖藏中相当一部分与寺观遗迹相关。此外，舶来"唐物"与日本东福寺等寺社有密切关系[1]的新安沉船，其装载的大量铜、瓷鼎炉也具有用作寺社佛教仪式供器的可能性[2]。这些具备宗教礼仪性的鼎彝容器具体又扮演着什么角色呢？我们可从相关文物上的文字资料管窥一二。

江西宜春窖藏出土的两件索耳鬲式铜炉上，明确铸铭有"大德癸卯年，郡北祈求会新造过锡器，外续置铜香炉肆个，永充供养"，可见这些铜炉在当地教团活动中用作进香供奉。四川江油彰明窖藏出土有"天迎会"铜印[3]一枚，暗示着该窖藏发现的无耳三足圆鼎炉充作民间寺社供器的性质。此外，福建南平窖藏出土有"太清宫"铭文铜钟、道教铜镜、铜龙等科仪法器，四川剑阁小东街窖藏则发现了"道经师宝"印则，均表明这些遗迹出土的仿古铜鼎炉很可能涉及道观宗教供奉活动。

除用于宗教祭奉，宋元以来仿古鼎彝在祭祀和丧葬活动中往往也扮演着"香花供养"的重要作用[4]。宋元墓葬壁面装饰中就有墓主面前的几案上鼎鬲容器烟气袅袅、以作香供的场景。在这些画面中，鼎形香炉往往和瓶花、念珠、经卷共同出现，其与墓壁上"香花供养"的题记以及墓主男持念珠、女持经卷的形象互为印证。这种本应出现在宗教供奉中的场景在世俗墓葬中的移用，一定程度上反映出宋元以来佛教信仰在世俗民众中的普行。山西闻喜上院村金墓西壁壁画（图 19），男墓主手持念珠，面前供案上置展开的经卷一册，而同案摆放的三足小鼎和圆

图 19　山西闻喜上院村金墓西壁壁画中的鼎形香炉

① 新安沉船中发现有 364 枚货签木简，其中 49 枚有墨书明确提及了"东福寺""钓寂庵""官崎宫"等日本寺社名称。其中题有"东福寺公用"或"东福寺公物"的木简计 41 枚；5 枚记有"钓寂庵"的字样，钓寂庵当时是博多承天寺的塔头，而承天寺又是东福寺的末寺；此外另有 3 枚木简涉及"筥崎奉加钱"，"筥崎"为筥崎八播宫神社。
② 新安遗物中除了炉、瓶、烛台可能用作寺社供器外，成套出水的钵、钹、锣、小钟、铃等乐器的完整组合也被认为是日本寺社进行佛教仪式的用具。目前持这一观点的主要为韩国学者，相关成果见〔韩〕国立海洋遗物展示馆：《14 世纪初东亚洲交易的诸问题——新安沉船的历史背景》，《新安船和东亚洲的陶瓷贸易》，2006 年；〔韩〕金炳堇：《以水下考古学研究东亚洲交易关系：以新安海底遗物为主》，建国大学博士论文，首尔，2003 年。
③ 江油县文保所：《四川江油发现宋代窖藏》，《考古与文物》1984 年第 6 期，第 52—55 页。
④ 陕西甘泉柳河湾村明昌七年（1196 年）金墓东北壁的彩绘，为宋元时期的鼎彝的香供功用提供了明确的注脚：女供养人手捧仿古铜花瓶，男供养人手持鹊尾香炉，居中"香花供养"四字即为墓葬中炉瓶功用的最好阐释。见甘泉县博物馆：《陕西甘泉金代壁画墓》，《文物》2009 年第 7 期。

图20　山西大同冯道真墓出土
钧釉鼎形香炉

盒，应为供奉所用香炉、香盒[①]。大同崔莹李氏墓出土的陶鼎炉[②]和冯道真墓随葬的钧釉鼎炉[③]（图20）都摆放在陶、木供桌上，且内盛香灰，以实物例证表明了鼎炉在入葬时祭供仪式中香供礼器的功能。

由是观之，发现仿古铜、瓷鼎炉的宋元遗迹相当一部分与宗教供奉和丧祭活动相关：鼎鬲形的香炉在寺观、祠堂和墓室等礼仪性场所中均可作为祭奉佛道神祇和宗祖考妣的礼供器用。

2. 香花之供：以鼎炉为中心的供器的组合

统计宋元遗迹中的鼎炉数量和伴出文物，不难发现这样一个现象：鼎炉多为单数，而插花的壶瓶和烛台通常成对存在。这种现象实际上反映出鼎炉作为香供礼器的组合关系：以炉为中心，搭配倍数的花瓶和烛台，即"三供"和"五供"。

一炉二瓶的"三供"组合在宋元明遗址中十分常见。具有宗教性质的四川三台窖藏、福建南平窖藏和江西宜春窖藏中均可见仿古鼎炉与成对贯耳壶、环耳壶的搭配；海宁智标塔地宫一佛二弟子的铜像前，也可见簋式铜炉居中、一对仿古铜温壶分列左右的陈器方式[④]。大维德基金会收藏的至正十一年（1351年）铭青花龙纹象耳对瓶上，以钴料书写"奉圣弟子张文进喜舍香炉、花瓶一付，祈保合家清吉，子女平安"的题记，显示出这对仿古环耳壶造型的花瓶本应和香炉搭配共同用作佛前插花供器；这种青花鼎形香炉搭配同样材质的环耳花瓶的模式，也可与三台元代窖藏的炉瓶文物相互印证[⑤]。

用作宗教供奉外，三供也充当着祭祀先人的祭器或随葬明器。元代祭祀太社太稷时，用"陶器三，瓶二，香炉一"[⑥]。《新刊全相平话五种》中以元人视角再现的汉高祖祭奠场合（图21）中，均可见鼎鬲造型的香炉与一对贯耳壶作为供器组合并列

①　徐光冀主编：《中国出土壁画全集·山西卷》，科学出版社，2012年，第192页，图184。

②　大同市文化局文物科：《山西大同东郊元代崔莹李氏墓》，《文物》1987年第6期，第87—90页。

③　大同市文物陈列馆、山西云冈文物管理所：《山西省大同市元代冯道真、王青墓清理简报》，《文物》1962年第10期，第34—43页。

④　浙江省文物考古研究所等：《海宁智标塔》，科学出版社，2006年，第31—32、64—67页。

⑤　景竹友：《三台出土宋代窖藏》，《四川文物》1990年第4期，第59—63页。

⑥　（明）宋濂：《元史》卷七十六《祭祀志五》，前揭书，第1893页。

图 21 《新刊全相平话五种》吕后祭汉王图中的"三供"

的场景①。作为随葬品，"三供"组合也广泛发现于宋元窖藏和墓葬中，如湖南常德元代遗址（图 22，1）和江西萍乡窖藏（图 22，2）均出土一套连座青花炉瓶"三供"，其中瓷炉的造型或为狻猊出香，或为三足圆鼎。萍乡出土花瓶底部墨书的"宗位"二字，明确显示出该墓中青花鼎炉、壶瓶摆放于先人神主前的祭供性质②。这一使用模式直到明清仍相沿袭，祭祀宗祖所用的影像（图 23）上，就常见鼎炉配合花瓶摆放在神主牌位前用作香花供奉的情形③。

山西金元墓中的陶、木明器则提供了仿古炉瓶的另一类组合形式：在一炉二瓶的基础上又增加蜡（灯）台两具，香炉居中，其他四件左右对称排开，称为"五供"④。这种以鼎形香炉为中心的随葬供器组合以大同地区分布得最为集中，在金代阎德源墓、元代崔莹李氏墓、冯道真墓与王青墓中均有发现；其常与成套的长短供桌模型搭配使用，显示出供奉祭祀的功用。

以鼎炉为中心的"五供"模式至明代仍有沿用，且更为规范和细化。其中帝后陵园形成了地面与地下相呼应的两套供器体系，以定陵为例："方城明楼前设石'五供'及石供案，中为三足圆鼎石炉，炉盖雕云龙，两侧为烛台和花瓶"，供谒陵行礼之用；地宫中也摆放一套琉璃"五供"，并伴有长明灯与宝座。地位较高的官勋阶层和宗教领袖多用银、铜"五供"随葬，如武昌龙泉山楚昭王朱桢墓（图 24）和南京明

① 元至治建安虞氏刊本：《新刊全相平话五种》前汉书续集卷下，第 341 页，文学古籍刊行社，1956 年。
② 萍乡市博物馆：《萍乡市发现元代青花瓷器等窖藏文物》，《江西历史文物》1986 年第 1 期，第 46—48 页。
③ 转引自〔英〕柯律格著、黄晓鹃译：《明代的图像与视觉性（第二版）》，前揭书，第 100 页，图 50。
④ 详见大同市博物馆：《大同金代阎德源墓发掘简报》，《文物》1978 年第 4 期，第 1—13 页；大同文化局文物科：《山西大同东郊元代崔莹李氏墓》，《文物》1987 年第 6 期，第 87—90 页；大同市文物陈列馆、山西云冈文物管理所：《山西省大同市元代冯道真、王青墓清理简报》，前揭注，第 42—46 页；王银田等：《大同市西郊元墓发掘简报》，《文物季刊》1995 年第 2 期，第 27—30 页。

1

2

图 22　元代瓷器"三供"

1. 湖南常德出土青花"三供"　2. 江西萍乡窖藏青花"三供"

图 23　祖先画像中的"三供"（16 世纪）布拉格国家美术馆藏

图 24　湖北武汉龙泉山明楚昭王墓出土铜"五供"

长春真人刘渊然墓①中各随葬一套铜"五供"，均由直耳三足鼎炉、环耳壶和蜡台组成。江苏南京蕲国公康茂才墓②、安徽蚌埠信国公汤和墓③、安徽凤阳京兆郡夫人严端玉墓④则出土成套银质"五供"，其中香炉均作圆鼎式，花瓶则有环耳壶、贯耳壶和玉壶春瓶之别。地位稍低者则用锡"五供"，如南京司礼监太监金英墓⑤和福州张都山明墓⑥。

　　一炉二瓶的组合也随着入华僧人的传播，对日本寺社的供器样态产生了影响。14 至 15 世纪，"三具足"和"五具足"在日本寺社供器和瘗埋类祭器中十分流行。三具足，即香炉、花瓶、蜡（灯）台各一；五具足则与中国五供一致。其中东京都荣町遗址 L 区 55 号的土坑中就曾发现一组青铜三具足，由三足鼎式炉、觚式花瓶和蜡台组成，推测应为瘗埋祭器；相似的寺社供器以滋贺县圣众来迎寺传世的铜三供为代表⑦（图 25）。我们也注意到，日本绘词中一炉二瓶的组合也常摆放在画轴前的几案上。《君台观左右帐记》⑧和《慕归绘词》⑨中，均

图 25　日本滋贺县圣众来迎寺藏铜三具足
15 世纪

① 南京市博物馆：《南京西善桥明代长春真人刘渊然墓》，《文物》2012 年第 3 期，第 22—30 页。
② 南京市博物馆：《江苏南京市明蕲国公康茂才墓》，《考古》1999 年第 10 期。
③ 蚌埠市博物展览馆：《明汤和墓清理简报》，《文物》1977 年第 2 期。
④ 安徽省文物考古研究所、凤阳县文物管理所：《凤阳县余庄村明墓》，《文物研究》总第 7 辑，黄山书社，1991 年。
⑤ 华东文物工作队：《南京南郊英台寺山明金英墓清理记》，《文物参考资料》1954 年第 12 期。
⑥ 马春卿：《福州市西门外张都山发现明代墓葬》，《文物参考资料》1955 年第 12 期。
⑦ 荣町遗址和圣众来迎寺的三供材料，均转引自久保智康著、彭涛译：《新安沉船装载的金属工艺品——其特点以及新安沉船返航的性质》，《南方文物》2008 年第 4 期，第 145—146 页，图五、图八。
⑧ 图片转引自日本国立历史民俗博物馆等：《陶磁器の文化史》，历史民俗博物馆振兴会，1998 年，第 101 页，图版Ⅱ-32。
⑨ 图片转引自《陶磁器の文化史》，前揭书，第 134—135 页。

描绘了这样的陈设情境：室内墙面上挂着三四幅图轴，画前摆陈鼎炉和成对壶瓶（图 26）。这一场景恰恰生动再现了《洞天清录》中宋人书斋的挂画规制①，提示我们仿古鼎彝用作清供雅玩的可能性。

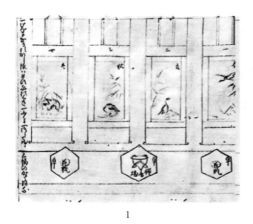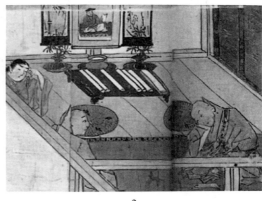

图 26　日本文献、绘词中的鼎炉与画案清供
1.《君台观左右帐记》日本国立历史民俗博物馆藏（1560 年）
2.《慕归绘词》中的画轴与炉瓶清供　第 5 卷　日本西本愿寺藏（1351 年）

这一现象恰恰可与江浙一带宋元文人墓葬的随葬品彼此印证，显示出鼎炉容器的另一类使用功能：瓷、铜并用的仿古鼎炉多与砚滴、笔山、砚台等文玩用品伴出，代表着宋元时期南方士人的复古追求，共同构筑着充满了文士之风的装饰空间②。

（三）清赏之具

考据文献，宋元以来仿古鼎彝除用作香花供奉，也是燕闲清赏的代表，根据陈设环境的不同，配合使用体量不等的鼎炉陈设③。南方宋元墓葬中出土的瓷铜仿古炉，

---

① （宋）赵希鹄：《洞天清录·外五种》"古翰墨真迹辨·挂画"条："择画之名笔，一室止可三四轴……画前必设一小案以护之，案上勿设障面之物，止宜香炉琴砚。"上海古籍出版社，1993 年。
② （明）周祈：《明义考》："今之炉，古鼎也；今之瓶，古瓹也。得二器者无所用，以爇香插花，谓之炉瓶。"
③ 《遵生八笺》在谈及"燕闲清赏"时，论及古铜器之鼎鬲、尊壶、觯瓹之属，在明代多做香花之具，用以焚香、插花。这种将仿古器形用作文玩清供的传统，应该是对宋元审美好尚的承继与延续。见（明）高濂：《遵生八笺》卷十四，"论古铜器具取用"条，文渊阁四库全书本："上古铜物存于今日，聊以适用数者论之。鼎者，古之食器也……今用为焚香具者，以今不用鼎供耳。然鼎之大小有两用，大者陈于厅堂，小者置之斋室。……瓹尊觯，皆酒器也。三器俱可插花。……若古素温壶，口如蒜椰式者，俗云蒜蒲瓶，乃古壶也。……他如栗纹四环壶、方壶、匾壶、弓耳壶，俱宜书室插花，以花之多寡合宜。"卷十六"瓶花之宜"条："瓶花之宜有二用。如堂中插花，乃以铜之汉壶、太古尊罍或官窑大瓶，如弓耳壶、直口敞瓶或龙泉蓍草大方瓶，高架两傍或置几上，与堂相宜……若书斋插花，瓶宜短小，以官哥胆瓶、纸槌瓶、鹅颈瓶、花瓹、高低二种八卦方瓶、茄袋瓶、龙泉窑瓶，次则古铜花瓹、铜觯、小尊罍、方壶、素温壶匾壶，俱可插花。"

造型上广泛取法三代彝器，除方圆鼎式，也参据了鬲、簋、敦等诸多器形。其中四川彭山虞公著夫妇墓、浙江衢州史绳祖墓、浙江龙游南宋家族墓、浙江平阳宋墓的随葬品以忠实仿古、纹样精致的铜器为主；上海青浦任氏家族墓[①]，德清咸淳四年吴奥墓和杭州元代鲜于枢墓[②]则多见来自当时名窑的精品。这些造型丰富的鼎彝陈设，配合花觚、尊、觯、壶等其他仿古随葬品和各色文玩之具，体现出这一阶段复古、文雅的士人意趣。

1. 集古精鉴：古鼎彝和仿古工艺品的收藏与雅玩

从出土文物和传世画作证据来看，对古鼎彝和仿古器物的收集、鉴赏在北宋时期已渐成风尚。北宋中后期，古器物的鉴赏和收藏与文化复古运动相表里，《重修宣和博古图》本身就是对皇家和士大夫收藏三代古鼎彝的一次汇集。陕西蓝田吕大临家族墓出土的随葬品就表现出这一金石学世家集古鉴藏的爱好与风尚，其中既有汉鼎、唐螺杯，也有当世仿古而做的瓷簋、玉璧、玉磬[③]（图 27）；北宋士大夫集古赏玩的文雅风尚和礼乐复古的政治追求从中可窥一斑。

1   2   3

图 27   陕西蓝田吕大临家族墓出土古风随葬品

1. 汉铜鼎   2. 汉绿釉鼎   3. 宋耀州窑簋

这种器玩的法古追求在南宋、元代作为朝野对北宋礼制建设和复古文化的追慕更为盛行。相关遗存在南方墓葬中多有发现。浙江德清咸淳四年吴奥墓中出土的青瓷仿古觯、鬲[④]（图 28，1），称得上"古制作、中法度"，流露出墓主复古而典雅的生活准则。杭州元代鲜于枢墓[⑤]所见之龙泉窑炉瓶（图 28，2），造型颇合古意，反映出

①   沈令昕、许勇翔：《上海市青浦县元代任氏墓葬记述》，《文物》1982 年第 7 期，第 54—60 页。
②   张玉兰：《杭州市发现元代鲜于枢墓》，《文物》1990 年第 9 期，第 22—25 页。
③   陕西省考古研究院等：《异世同调：陕西省蓝田吕氏家族墓地出土文物》，中华书局，2013 年。
④   图片引自朱伯谦：《龙泉窑青瓷》，前揭书，第 143 页，图版 110。
⑤   张玉兰：《杭州市发现元代鲜于枢墓》，前揭注。

墓主生前器用仿古的审美追求和燃香、投壶的文雅生活。墓中还伴出有追仿汉唐古意的工艺品，其与仿古瓷鼎炉一并，共同展示出这位书法大家集古雅玩的品好。上海青浦任氏墓中随葬的仿古鼎、簋、奁式瓷炉（图28，3），与名贵的文房用品共同勾勒出文人书斋雅趣的陈设场景。

图 28　江浙地区宋元文人墓出土仿古瓷

1. 德清咸淳四年吴奥墓仿古器（1268 年）　2. 杭州鲜于枢墓仿古器（1302 年）　3. 上海青浦任氏墓仿古器

　　明清阶段，《宣德鼎彝谱》和《西清古鉴》等著录在影响着帝王品位的同时，为官方仿古工艺品的生产提供了最为权威的参照原型[1]（图29）。而这种集古、鉴古和仿古的风尚也流行坊间。随着印刷业的发达，《考古图》《博古图》等宋代古器物图录多次开版印刷[2]，《洞天清录》《格古要论》等鉴古著述也广泛刊行，这些均为古器物的鉴藏和仿古艺术品的制作提供了照式图索的"考信"[3]功能。两岸故宫博物院藏的

---

①　明清宫廷仿古鼎彝的制作，参看张丽瑞：《宫廷之雅：清代仿古及画意玉器特展图录》，（台北）故宫博物院编辑委员会，1997 年；李零：《铄古铸今——考古发现和复古艺术》，香港中文大学出版社，2005 年，第 58—65 页；许雅惠：《晚明的古铜知识与仿古铜器》，《古色——十六至十八世纪艺术的仿古风》，（台北）故宫博物院编辑委员会，2003 年，第 264—275 页。

②　Poor R. Notes on the Sung Dynasty Archaeological Catalogs. Archives of the Chinese Art Society of America, 1965 (19): 33-34.

③　（明）高濂：《遵生八笺》卷十四，文渊阁四库全书本。

图 29 明清宫廷仿古鼎簋

1.《博古图》商父乙鼎　2. 乾隆仿古玉鼎　台北故宫博物院藏　3. 渗金饕餮铜鼎　维多利亚与阿尔伯特美术馆藏
4.《宣德彝器图谱》戟耳彝炉　5. 掐丝珐琅铜炉（15 世纪中期）　台北故宫博物院藏　6.《西清古鉴》周伯彝
7. 仿古铜簋（18 世纪）　维多利亚与阿尔伯特美术馆藏

雅集玩古题材画作，就是其时集古精鉴之风的艺术再现。在杜堇《玩古图》和仇英
《竹院品古图》中，我们均可发现这样的现象：一方面，对古鼎彝的收藏和品鉴成为
彰示文化品位和聚友雅集的重要方式；另一方面，文士日常器用的香花之具，也展

露出追仿古意的形塑意匠①（图30、图31）。

　　同时，上述两幅画作也展示出这样的细节：赏鉴古鼎彝的活动中，也伴随着茗茶、点香、抚琴、观画的风雅之举，而仿古之作的香花之具则在其中扮演着重要作用。通过对墓葬出土文物与传世玩古题材画作的整理观察，我们或可梳理出宋以降古鼎彝和相应的仿古器物在文房雅玩中的使用方式与陈设准则。

图30　（明）杜堇《玩古图》　台北故宫博物院藏

图31　（明）仇英《竹院品古图》　北京故宫博物院藏

---

① 杜堇：《玩古图》，引自《古色——十六至十八世纪艺术的仿古风》，（台北）故宫博物院编辑委员会，2003年，第68页，图I-44；仇英：《竹院品古图》，转引自〔英〕柯律格著、黄晓鹃译：《明代的图像与视觉性（第二版）》，前揭书，第137页，图48。

2．"四般闲事"：文人书斋的鼎彝陈设

《明义考》中提及，时人既得古之鼎、甗，由于去古既远，无法按其本初功能使用，而转作炉瓶陈设①。《洞天清录》则提供古鼎彝用作花器的另一移用功能②，这种使用方式的变更现象在工艺品纹样和书画作品中皆有展示。台北故宫博物院收藏的一件定窑六曲花口白瓷印花盘③，盘心六个开光中各印饰一件仿古花器（图32），鼎、鬲、簋、盉，莫不有之。宋画《听琴图》中，也可见饕餮纹青铜三足圆鼎斜插花枝的陈设场景（图33）。

图32　定窑白瓷六曲印花盘中的鼎彝插花　台北故宫博物院藏

插花之外，鼎炉更多是作爇香之用。两宋诗文中就有不少相关的文字记载，如"殷彝周鼎几千年，土蚀苔封洗涤全。且与道人烧柏子，不须公子爇龙涎"④。"五月黄

图33　徽宗《听琴图》中的铜鼎插花场景　台北故宫博物院藏

---

① （明）周祈《名义考》："今之炉，古鼎也；今之瓶，古甒也。得二器者，无所用，以爇香插花，谓之炉瓶。"
② （宋）赵希鹄《洞天清录·古钟鼎彝器辨》：汉"古铜器入土年久，受土气深，以之养花，花色鲜明如枝头，开速而谢迟，或谢则就瓶结实"。
③ 图片见蔡玫芬编：《文艺绍兴——南宋艺术与文化·器物卷》，第66页，图版I-13，（台北）故宫博物院编辑委员会，2010年，第250页，图IV-12。
④ （宋）舒岳祥：《古铜炉》，《全宋诗》册六五，第41017页。

梅烂，书润幽斋湿。……覆火纸灰深，古鼎孤烟立。……"①"世事如今不可知，相逢茶罢且吟诗。无风古鼎香烟直，未午空庭树影迟。"②

实际上，不仅诗词的文字意象中可见直烟袅袅的鼎形香炉与书斋、吟诗、饮茶行为的共存现象，遗迹出土物组合也展示出同样的现象：鼎彝容器作为插花、爇香之具，通常与砚滴、笔山、画轴、扇面等文房雅具共出于同一个遗迹单位。以衢州史绳祖墓为例，与追慕古意的铜鬲炉共出的，还有材质多样的茶具与文玩之具（图34），精巧的青瓷盏和菱花铜盏托展示出墓主生前听松品茗的悠游生活，而青白玉琢的各色笔山、镇纸与墨、砚名品，均是文人书斋品位的展现。参考这一时期的诗词咏赋、文人画作和笔记文集，可知13—14世纪苏浙松江一带的文士之风逐渐成为左右工艺品面貌的主导力量。文风雅韵在文人日用和赏玩用品中均有展现③。直到明代中晚期，爇香、插花、品茗、赏画所代表的从容优雅的生活品位，仍通过画家的笔意展示着强大的生命力。

综上，古鼎造型的香炉、尊壶风格的花瓶，配合瓷铜砚滴、石玉笔山等雅致文玩，代表着当时文人书斋的陈设所好④；加上袅袅茶香、几帧画轴，共同营造出充

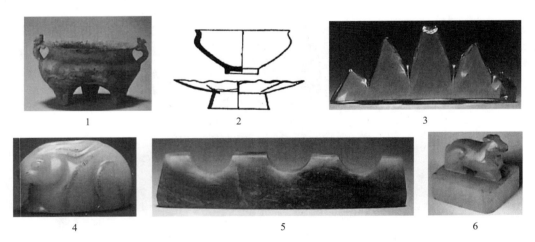

图34　衢州史绳祖墓出土仿古鬲炉与文房、茶具组合

1. 鬲式铜炉　2. 青瓷茶盏并铜盏托　3. 水晶笔山　4. 兔形白玉镇纸　5. 青玉笔格　6. 白玉兽纽印

① （宋）郑刚中《焚香》："五月黄梅烂，书润幽斋湿。柏子探枯花，松脂得明粒。覆火纸灰深，古鼎孤烟立。僸然便假寐，万虑无相及。"（《全宋诗》，册三〇，第19120页）
② （宋）叶茵《偶成》："世事如今不可知，相逢茶罢且吟诗。无风古鼎香烟直，未午空庭树影迟。"（《全宋诗》，册六一，第38228页）
③ 蔡玫芬在论及蒙元时期南方文儒群体的仿古之风对此有专论，见蔡玫芬：《转型与启发：浅论陶瓷所呈现的蒙元文化》，《大汗的世纪：蒙元时代的多元文化与艺术》，前揭书，第233—235页。
④ 详见扬之水：《两宋花瓶》，《故宫博物院院刊》2007年第1期，第48—65页；前揭《两宋香炉源流》，第46—68页。

满了文士之风的装饰空间，生动诠释着"烧香、点茶、挂画、插花"的四般风雅闲事。正如宋代诗词中描述的书斋陈设："画展江南山景两三幅。彝鼎烧异香，胆瓶插嫩菊。"

这种仿古鼎彝用作燕闲清赏之具的文士之风，也对日本的社会审美有所影响。新安沉船出水遗物中，与仿古鼎壶共出的，还有诸色砚滴、笔架、砚墨和挂画轴头等文玩用品和成套茶具（图 35），为我们展示出这种文房雅玩组合向东传布的可能性。而与新安沉船年代相去不远的《佛日庵公物目录》记载的舶来唐物中，也可见鼎炉、壶瓶、笔山、砚滴、画轴、茶具等精雅陈设引入 14 世纪中期日本著名寺社的史实（图 36），反映了宋元复古文化对日本社会武士贵族和高层僧侣集团审美意趣的深刻影响。

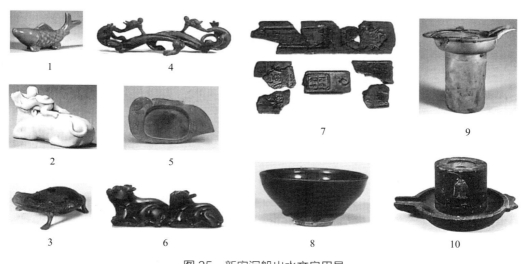

图 35　新安沉船出水文房用具

1. 青瓷鱼形砚滴　2. 青白瓷牧牛砚滴　3. 青铜蛙形砚滴　4. 陀龙铜笔架
5. 莺形石砚　6. 双牛石镇纸　7. 各色墨条　8. 黑釉茶盏　9. 银茶铫　10. 石茶磨

要之，宋元以来仿古鼎彝容器的发展实际上就是传统礼鼎功能和形态"质""文"分离的过程。在功能沿用上，"鼎"在宋元以后的国礼祭祀中仍具重要地位。一方面，鼎彝所代表的复古用制在《三礼图集注》和《重修宣和博古图》这两大礼图模式的互补和混用中确立为国家祀典用器的标准，代表了两宋社会大礼仿古、"追三代于鼎彝之间"的秩序建设与政治诉求。另一方面，元明以来，礼仪场所中的牢镶铜鼎逐渐为瓷质碗盂所替代，可视为祭祀礼器在形制和材质上双双随俗而变的重要表征。作为礼制用器，鼎这种既遵法三代、典出有据，又与时俱进、适今从宜的特点实际上表现出礼器建设中"器用宜称"的两个层面，展示出宋以后在礼制建

图 36　镰仓圆觉寺《佛日庵公物目录》贞治二年（1363 年）

设上"稽古作新"的双向性。在形态移用上，鼎彝古意盎然的造型、纹饰开始大量转用到焚香、插花的各色容器中，或用于神祇、祖先的祭奉供养，或充做文人雅士的书斋清赏。与严格遵照礼图范式、具有明显政治色彩的仿古礼器系统不同，此类鼎形容器无论是造型特征还是纹样装饰都显得更为自由多样，可视为宋以后复古文化运动"深耕"的另一支流。

（原载《鼎盛中华——中国鼎文化》，大象出版社，2013 年；有增改）

蒙元墓葬场景营造与空间功能刍议[*]

袁 泉

（首都师范大学历史学院，北京，100089）

蒙元时期，砖雕和壁画构成的墓室壁面装饰广泛流行于内蒙古、山西、陕西、河北、河南和山东等地；各地墓葬的装饰布局虽然各有传统，但从元代后期起，却逐渐形成了较为统一的格局——以正壁为中心，两侧奉侍茶酒。另一方面，大同地区和洛–渭流域的多数墓葬中虽未发现墓室装饰，但出土的出行仪仗、家具模型和器用组合似乎又与同时期的砖雕、壁画图像一一对应。换言之，蒙元时期墓葬的壁面装饰和随葬器物之间存在着一种彼此对应、相互补证的关系。考虑到墓室建筑的特殊功用，无论是墓壁装饰还是随葬品组合，它们在墓室中均是一种"功能性"的存在：砖雕与壁画依托墓室建筑将平面图像转化为三维空间，而随葬的仪俑、模型和器物则通过有序的摆陈位置复原着相似的场景；要之，墓壁图像和随葬实物作为墓室的有机组成部分，共同构建了一个具有特定意义的空间。

本文将综合考察墓葬中的"物"与"像"，通过墓室装饰和随葬组合的相互补正，复原二者共同营造的空间模式；以之为基础，探讨这一空间的性质与功能；进而尝试分析墓室营造所体现的逝者与生者间的"互酬"关系。鉴于墓葬文化面貌上

---

* 本文系国家社科基金一般项目"唐宋丧葬礼俗与佛教文化交融互动的考古学研究"（项目批准号19BKG030）阶段性成果。

文中探讨的"蒙元"墓葬，并不是一个族属范畴上的概念，而是指包括大蒙古国和元朝在内的时段界定。蒙古时期是指金贞祐南迁以后，即成吉思汗八年（公元1213年）到元世祖至元七年（公元1270年）之间。这期间蒙古从草原南进，逐渐控制了北方和中原地区，在公元1234年灭金后占据了长江以北的广大地区。元朝时期是从世祖忽必烈至元八年（公元1271年）改国号为元开始，一直到顺帝至正二十八年（公元1368年）退出中原为止，这一阶段蒙古统治者悉纳汉地而治，结束了数百年政权分立、对峙的局面。

的延续性，本文分析以蒙元时期的墓葬材料为主，同时参佐宋金墓例，将宋元墓葬文化作为一个传承有序的连贯发展过程来分析探讨。

一、物与像：壁面装饰与随葬品共同营造的墓室空间

壁面装饰与随葬器物作为两类不同形式的物质文化载体，在墓室这一特殊空间中的关系耐人寻味。对于这一问题，此前已有学者关注探讨：宿白在20世纪中叶即提出墓壁"借壁画器物或砖雕器物来代替实物"的见解；郑岩多次提出将围屏石榻、墓室棺床与墓壁屏风画统合考虑[①]；李清泉在分析宣化辽墓的壁画布局时，注意到了壁画图像和随葬器物是同一内容的不同表现形式，指出当地壁面装饰虽不设夫妇对坐的场景，却流行随葬木供桌和两把椅子[②]；刘未在比较辽南区和北宋墓葬异同时，认为辽墓中流行的饮食炊具、茶酒之具和尺剪裁缝用具，在北方地区宋墓中往往表现为砖雕和壁画[③]。

蒙元墓葬的壁面装饰在墓室建筑的不同位置渐次固定为相应的图像主题，同时随葬品在组合模式和类型选择上也渐趋程式化。装饰布局流行以夫妇坐像和屏风围榻为中心、左右对称表现茶酒供奉、伎乐表演或出行仪仗，而墓室中放置的木石棺床、随葬器用和奉侍仪俑则通过特定的位置安排表现出相似的场景模式。由此可见，壁面雕绘的图像与随葬实物间往往具有相同的指代关系，"物"与"像"均在反复使用的过程中确立起一套固定的营造程式，二者作为墓葬的有机组成部分，具有一个共同目的——表现特定的场景空间。

我们不妨将位置不同、类型各异的图像与器物作为一个个独立的元素，将它们营造的墓室空间视为一种整体的环境。正如汉字模块通过不同的排列方式和语法规则组成句篇，墓室装饰与出土器物则依托空间位置和题材选择营造出一种具备内在逻辑的场景模式。将墓葬中的"物"与"像"作为一个整体统合研究，不仅可以勾勒出蒙元时期，乃至整个宋元阶段墓室营建的普遍模式，更可通过二者的相互补证，

---

① 郑岩：《魏晋南北朝壁画墓研究》，文物出版社，2002年，第246—254页；郑岩：《压在"画框"上的笔尖——试论墓葬壁画与传统绘画史的关联》，《新美术》2009年第1期。
② 李清泉：《宣化辽墓：墓葬艺术与辽代社会》，文物出版社，2007年，第71页。
③ 刘未：《辽代墓葬的考古学研究》，科学出版社，2016年，第105页。

尽可能复原一个相对完整的场景空间，进而更加有据地探讨这种场景模式所要传达的礼仪功能。

（一）虚与实：墓主人形象的表现模式

墓主形象的表现是中国古代墓室营建中极为重要的环节。两汉六朝，墓主形象多正坐于建筑廊下或帷帐中；唐代开始出现影作"一桌二椅"的家具模型；宋金时期，"虚位以待"的一桌二椅逐渐演变为墓主人夫妇对坐、并坐的场景；逮至蒙元阶段，墓主坐像则从偏居侧壁的对坐模式向正位并坐发展，其与围屏、床榻一并成为这一阶段墓室装饰的核心图像。同样不可忽视的是，墓室后部大多设有砖石砌筑的棺床和棺椁葬具；在墓室正壁不设装饰的情况下，棺床和棺椁作为壁面图像的延伸，在整个墓室布局中充任了与墓主坐像和屏风床榻相同的功用。此外，也有用壁面题记和神主牌位等图像或实物代替墓主形象的实例。由此观之，蒙元墓葬中的墓主之位往往通过对坐图像、屏榻家具、葬具实物和随葬神主等多种方式来表现，以或虚或实地强调墓主在整个墓室空间中的主体地位。

1. 考妣之位：夫妇坐像、壁面题记与随葬牌位

这里提到的"位"，不仅是指墓室中墓主形象的明确表现，还包括神主牌位和奉祭题记所代表的祭奉对象。巫鸿在《无形之神》一文中提出，"位"代表一个祭祀场合的供奉对象，其不在于表现外在形貌，而是一种礼仪环境中主体地位的界定[①]。蒙元时期，除面貌滞后的山东地区，墓葬中出现的夫妇坐像大多雕绘于墓室后壁正位，尤以长城以北、晋中地区和冀南豫北最具代表性。墓主夫妇的形象多为正面并坐在交椅或杌子之上，中间以几案相隔，其上摆放有盆花、瓶花和饮食之具，两侧侍立男女侍从。这种图像模式可上溯到公元 9 世纪河北墓葬的砖雕表现；它以"一桌二椅"的家具模型为基础，经历了一个"由单纯家具摆设到承载墓主灵位"的演变过程[②]，渐趋成为北方地区宋元墓葬中最流行的壁面装饰题材。

需要注意的是，壁面装饰中的墓主人坐像不仅仅是一种程式化的图像符号，本身也具有十分明显的写实性。蒙元阶段北方元墓中男着笠帽与辫线袍、女着姑姑冠

---

① 巫鸿：《无形之神——中国古代视觉文化中的"位"与对老子的非偶像表现》，《礼仪中的美术》，生活·读书·新知三联书店，2005 年，第 509—524 页。
② 刘耀辉：《晋南地区宋金墓葬研究》，北京大学硕士学位论文，2002 年，第 29、30 页。

的"蒙古衣冠"模式，就体现出蒙古文化冲击下的蒙汉文化交融的时代风貌。另一方面，墓室中所葬死者的性别和人数信息，往往也会真实地反映在壁面表现的墓主坐像上，同时也与"修墓记"和随葬牌位中包含的信息一一对应。

蒙元时期壁画图像与殓葬方式相互印证的墓例以内蒙古凉城后德胜墓为代表：墓室后壁绘饰男墓主居中、两位妻妾分列左右的并坐模式；该墓棺床上并排安放的三具木棺中，同样容殓着一男两女的骨架组合，与壁画所示完全一致[1]。山西文水北峪口元墓正壁线刻出的一男二女对坐图像也恰与棺床上入葬的三具骨架对应[2]。晋南地区的丛葬墓则表现出壁面题记与埋葬个体相互统一的确证：不同方位的壁面上常常有多处"修墓记"来标明死者身份，而题记正下方对应的棺床上则安放着相应身份的尸骨或骨灰堆[3]。山西新绛吴岭庄元墓分别在后室西北壁、西壁和东壁上标记着祖孙三代家族成员的墨书姓名，而这三个壁面下安置的三堆人骨，基本上可与壁面上的姓名数量相对应，代表着题记所示的三代个体[4]。陕西蒲城洞耳村元墓则为我们提供了图像与题记两相对应的例证：后壁上方墨书有墓主身份的题记，其中左侧为"张按答不花"、右侧题"娘子李氏云线"；题记正下方则恰好绘饰男左女右的夫妇并坐图像[5]（图1）。

金元时期流行的墓主夫妇坐像中，有一类较为特殊的表现形式——墓主夫妇诵经图。河北邢台钢铁厂壁画墓中，后壁的墓主夫妇图像之间绘一红漆方桌，在靠女墓主一侧的桌角上放置着一部旋风叶式的经书[6]。这种"透露了生活心理层面"[7]的图像模式实际上完全秉承了当地宋金时期的壁面装饰传统，广泛出现于晋中、晋南和关中地区的砖雕壁画墓中。此类夫妇崇佛图像最典型的表现形式就是男女墓主并坐于桌案两侧，"男持念珠、女持经卷"，如山西侯马牛村金墓。更多的情况则是邢台钢铁厂壁画墓所提供的模式：念珠与经书只现其一，或为主人持念珠，或为主妇育诵

① 内蒙古自治区文化厅文物处等：《内蒙古凉城县后德胜元墓清理简报》，《文物》1994 年第 10 期。

② 山西省文物管理委员会等：《山西文水北峪口的一座古墓》，《考古》1961 年第 3 期。

③ 晋南地区蒙元阶段的这种合葬墓通常为同族内不同辈分的多个小家庭共同斥资修葺，人员在埋葬位置上则按照长幼、男女尊卑有别的方式处理，将尸骨或骨灰分堆安置在不同墓室（龛室）或同室不同壁（方位）所对应的棺床上。为了标记不同个体的安葬位置，蒙元墓葬提供了两种方式：其一是在对应的墓壁上用墨书表明其下棺床上安放的死者身份，如新绛吴岭庄元墓在后室西北壁上墨书"老爷卫忠""老婆聂氏"，东壁题为"少爷卫德""少婆冯氏"，西壁则写就"父卫坚""母杜氏王氏"，与之对应，在北、西、东三壁下的棺床上分别安置有人骨，应该是对应题记中显示的祖孙三代。其二是在尸骨或骨灰堆对应的壁面上方拱眼壁上描绘相应的人物彩绘形象，通常采用对坐的造型，这种方式不仅见于吴岭庄元墓，也是闻喜和长治地区宋金墓葬习用的方式。

④ 山西省考古研究所：《山西新绛南范庄、吴岭庄金元墓发掘简报》，《文物》1983 年第 1 期。

⑤ 呼林贵等：《蒲城发现的元墓壁画及其对文物鉴定的意义》，《文博》1998 年第 5 期。

⑥ 北京大学中国考古学研究中心等：《邢台市邢钢元代壁画墓发掘简报》，《考古与文物》2008 年第 4 期。

⑦ 刘耀辉：《晋南地区宋金墓葬研究》，北京大学硕士学位论文，2002 年，第 33 页。

图 1　蒙元墓葬中的考妣之"位"
1. 蒲城洞耳村墓后壁墓主人坐像及对应题记　2. 文水北峪口壁面线刻"祖父之位"
3. 交城裴家山壁面墓主坐像及对应神主

佛经。相似的金代墓例为山西侯马金墓、山西汾阳三泉镇金明昌三年（公元 1192 年）墓和甘肃清水上邽乡金墓。值得注意的是，在汾阳三泉镇 5 号墓中，正壁男墓主持念珠的并坐图像旁有一处题款为"香积厨"的奉食场景[①]。所谓香积厨，本指佛教寺庙中的厨舍[②]；这一名称在世俗墓葬中的移用，与墓主诵念佛经的图像表现一致，一定程度上反映出宋元以来佛教信仰在世俗民众中的普行（图 2）。

　　除上述两例外，墓主图像中反映佛教与世俗民间信仰融合并存的例证，还可用

---

① 山西省考古研究所等：《2008 年山西汾阳东龙观宋金墓地发掘简报》，《文物》2010 年第 2 期。
② 香积厨的概念是在"香积饭"的基础上衍生而来的。《维摩诘经·香积品》说："是化菩萨以满钵香饭与维摩诘，饭香普熏毗耶离城及三千大千世界。"后称僧厨为香积厨，僧饭为香积饭，取香积世界香饭之意。（王实甫《西厢记》第一本第一折："小僧取钥匙，开了佛殿、钟楼、塔院、罗汉堂、香积厨，盘桓一会，师父敢待回来。"《二刻拍案惊奇》卷三六："遂分付香积厨中办斋。"）关于"香积厨"的概念应用于寺庙、俗间不妨移用的说法，承扬之水先生见告。

图2　金元墓葬中墓主诵念佛经场景

1. 河北邢台钢铁厂壁画墓夫妇备经图　2. 山西侯马金墓男持念珠、女持经卷砖雕像
3. 山西汾阳三泉镇金墓 M5 男墓主手持念珠图　4. 甘肃清水上邽乡金墓东壁砖雕女墓主备经图

金元墓葬中僧迦信仰[①]、地藏崇拜[②]和引路菩萨[③]的砖雕和壁画图像作为旁证，其中尤以引路菩萨应用最广。凉城后德胜元墓墓主夫妇三人并坐图的正上方，绘有一手持引魂幡的招魂女。此类持幡旌引渡亡者升登极乐的图像在河南登封黑山沟宋墓[④]的拱眼壁与墓顶，以及河南济源东石露头村宋金墓[⑤]墓门两侧也有发现。事实上，此类手

[①]　河南新密平陌宋墓在墓顶绘出"泗洲大圣度翁婆"题材的壁画。详见郑州市文物考古研究所等：《河南新密市平陌宋代壁画墓》，《文物》1998 年第 12 期。僧伽崇拜的研究文章，参见徐苹芳：《僧伽造像的发现和僧伽崇拜》，《文物》1996 年第 5 期。

[②]　甘肃清水白沙乡箭峡金墓的后壁正中砖雕表现出地藏坐像。见南宝生：《绚丽的地下艺术宝库：清水宋（金）砖雕彩绘墓》，甘肃人民出版社，2005 年，第 37—68 页。

[③]　李敏行在博士论文中曾对引路菩萨的图像略作探讨（李敏行：《元代墓葬装饰研究》，南开大学博士学位论文，2007 年，第 123 页），李清泉也引用了吉美博物馆所藏绢本图像来说明墓室空间营造的问题（李清泉：《宣化辽墓：墓葬艺术与辽代社会》，文物出版社，2007 年，第 248、249 页）。

[④]　郑州市文物考古研究所等：《河南登封黑山沟宋代壁画墓》，《文物》2001 年第 10 期；郑州市文物考古研究所：《郑州宋金壁画墓》，科学出版社，2005 年，第 98—116 页。

[⑤]　赵宏、高明：《济源市东石露头村宋代壁画墓》，《中原文物》2008 年第 2 期。

持幡旌的天人形象应是在佛教菩萨像影响下的产物，如现藏于大英博物馆^①和巴黎吉美博物馆^②的唐、五代时期设色绢本引路菩萨像。正如沙武田所说，"系唐末宋初与净土教的流行共同兴起的民间信仰。在丧葬出殡行列中，常有书写'往西方引路王菩萨'的挽旗，由人持在行列的前面，以导引亡者往生西方"^③（图3）。

图3　宋元墓葬中的引路天女和引路菩萨

1. 山西长治金贞元元年墓南壁引路天女　2. 登封黑山沟宋墓墓顶的引路天女
3. 济源市东石露头村宋代墓门两侧引路天女　4. 大英博物馆藏引路菩萨

① 此幅引路菩萨绢本画来自敦煌藏经洞，编号为 Stein Painting47，现藏伦敦大英博物馆。本文所引图片材料取自敦煌研究院：《敦煌——纪念敦煌藏经洞发现一百周年》，朝华出版社，2000 年，图 122、123。

② 此帧引路菩萨绢本画为法国吉美博物馆第 1765 号藏品，本文中所用图片转引自敦煌研究院：《敦煌——纪念敦煌藏经洞发现一百周年》，朝华出版社，2000 年，第 134 页。

③ 沙武田：《敦煌引路菩萨像画稿——兼谈"雕空"类画稿与"刻线法"》，《敦煌研究》2006 年第 1 期。

2. 尊者之屏：组合表现的围屏、床榻与棺床 ①

徐苹芳先生指出，大同金代壁画中本应表现墓主人夫妇对坐的位置转而以帷幔屏风的彩绘图像代替。事实上，这一图像模式不仅是大同地区金代墓葬的典型特征，也是金元时期"燕云地区"（主要集中在大同、晋中与冀南）壁画布局的重要表现。该模式在大同和冀北两地又存在细节表现上的差异：其中大同地区流行三面环绕的通壁屏风（图 4），而冀北壁画则多表现为以围屏做床挡的大型卧榻（图 5）。如果我们将墓室后部的壁画装饰与砖砌棺床一并考虑的话，则可发现这两种图像模式实际上殊途同归：在以屏风为布局核心的情况下，墓室后壁和左右侧壁后半部均为多扇连屏，而这些围屏恰好环绕在凹字形砖砌棺床的正上部，共同构成了一个二维与三维相结合的具有"三面床挡"的围屏床榻形象。从这个意义上来说，以墓室棺床为中心的通壁连扇大屏风和带围挡的床榻图像表现的均是围屏环立下的墓主之位。有趣的是，除上述"虚位以待"情形下的屏风图像外，在墓主人形象明确出现的场景中，通壁大屏风或分扇小屏风亦常常作为墓主夫妇坐像后的背景家具。这就引出一个问题：金元时期流行的"围屏"装饰究竟有什么象征意义？屏风与墓主之间又为何存在如此牢固的组合关系？

考宋人陈祥道《礼书》："会有表，朝有着，祭有屏摄，皆明其位也。……韦昭曰：屏，屏风也；摄如要扇。皆所以明尊卑，为祭祀之位。"② 由此可见，与其说屏风代表了一种空间分隔的界限划定，不如说它是作为一种"明尊卑"的道具符号，屏风摆陈之处就意味着"尊者之位"的确立；墓室中屏风与墓主图像的组合关系，很大程度上是出于供奉墓主、营造祭祀氛围的考虑。

（二）明器之属：侍奉场景的题材与表现

司马光《书仪》载："明器，刻木为车马、仆从、侍女，各执奉养之物，象平生而小。"此条文献的小注中进一步说明，在车马侍从的"刍灵"仪俑之外，一些日常

---

① 关于屏风围榻图像在墓室空间营造中的功用问题，郑岩提出：这种叠床架屋的做法，似乎着意强调这些葬具的意义和墓主灵魂的存在（郑岩：《魏晋南北朝壁画墓研究》，文物出版社，2002 年，第 253 页）。巫鸿认为屏风的应用代表了一种前后空间的分割，屏风后的区域相对而言是一个隐匿的空间（Wu H. The Double Screen: Medium and Representation in Chinese Painting. Chicago: University of Chicago Press, 1996: 10）。李清泉则进一步将墓室壁画中的屏风阐释为"前堂后寝"的分界（李清泉：《宣化辽墓：墓葬艺术与辽代社会》，文物出版社，2007 年，第 246—248 页）。

② （宋）陈祥道：《礼书》卷四十五"屏摄"条，文渊阁《四库全书》影印本，第 130 册，商务印书馆，1983 年，第 274 页。

图4　山西大同齿轮厂元墓中的围屏壁画
1. 后壁：隐逸题材　2. 左后壁：泛舟图　3. 右后壁：山行图　4. 左前壁：备酒图　5. 右前壁：备茶图

饮食容器组合也在明器之列，所谓"椀楪瓶盂之类"①。《事物纪原》中亦将明器释作"鸾车、像人"②。由此可见，宋代以降的明器主要包括了车舆、马匹和随行侍众共同构成的仪仗俑，仆从、侍女构成的日常侍奉俑，以及一些十分常见的饮食器皿③。以这个标准来衡量，蒙元墓葬中随葬的车马人物俑、碗盘容器和茶酒之具均可划归"象平生而执奉养"的"明器"之属。其中洛－渭流域盛行规模可观的仪仗陶俑，

① （宋）司马光：《书仪》卷七"明器"条，文渊阁《四库全书》影印本，第142册，第504页。
② （宋）高承：《事物纪原》卷九《吉凶典制部四十七》"明器"条："《周官·冢人》，及葬，言鸾车像人。是像人之起，始于周也。今直以俑号明器云。"文渊阁《四库全书》影印本，第920册，第248页。
③ 关于宋代"明器"的概念及其在考古发现中的表现，参见秦大树：《宋代丧葬习俗的变革及其体现的社会意义》，《唐研究》第11卷，北京大学出版社，2005年，第313—336页。

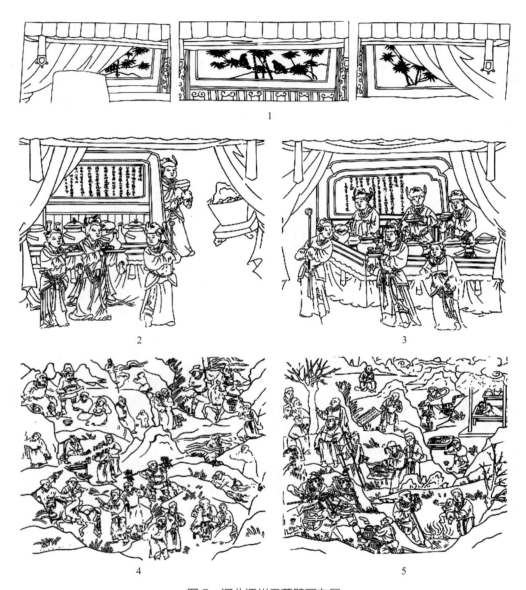

图 5　河北涿州元墓壁画布局

1. 后壁：花鸟围屏床榻　2. 左后壁：备酒图　3. 右后壁：备茶图　4. 左前壁：孝行图　5. 前壁：孝行图

而山西大同地区则以成套随葬的小型陶木器物①最具特点。

　　另一方面，以墓室或墓地礼仪建筑上的壁面装饰来代替随葬明器和祭器实物的做法也十分流行。沈括在《梦溪笔谈》中即记录了山东地区汉代墓地祠堂画像石中的线刻明器图像："济州金乡县发一古冢，乃汉大司徒朱鲔墓。石壁皆刻人物、祭

---

① 此处所说的陶、木"器物"，特指茶具、酒具组合，碗盘之属，以及由香炉、长颈瓶和蜡台组成的五供；至于影屏、桌椅、巾架、盆架等家具模型则不在此列，属于下一个问题所论及的"下帐"。

器、乐架之类。人之衣冠多品有如今之幞头者，巾额皆方，悉如今制，但无脚耳；妇人亦有如今之垂肩冠者，如近年所服角冠，两翼抱面，下垂及肩，略无小异。人情不相远，千余年前冠服已尝如此，其祭器亦有类今之食器者。"① 与文献相呼应，在考古发现的汉唐宋金墓葬材料中，将车马、仆从、侍女、伎乐和"祭器"的形象雕绘于墓室壁面的情况十分普遍。逮至蒙元时期，这种"以像代物"的做法依然存在，南北方墓葬中均存在以墓壁砖雕、壁画来阐释"明器"之制的现象：以墓主之位为中心，车马仪仗、饮食备献和伎乐表演的图像对称分布在墓室左右侧壁及墓门、甬道两边。这些墓室装饰图像和随葬品组合在位置安排和指代内容上往往"异文而同质"，统一表现出以墓主为对象的侍奉场景，大致又可分作两类：其一为车马出行的仪仗队列，其二为饮食备献的随侍供奉。

1. 车马仪仗

墓主出行的仪仗场景是宋元时期北方地区墓葬中十分常见的表现题材，不仅频繁出现于甬道或墓门内外两侧的壁面装饰中②，也以车马、随侍等随葬陶俑形象大量出土于河南、关中地区蒙元墓葬的甬道和墓室中③。其中壁画表现相对简化，常常以"停舆图"和"控马图"等简单的图像来指代卤簿队列，出现人物极少，以一至二名男侍控马最为常见，典型墓例参见邢台钢铁厂壁画墓墓门西侧的控马笠帽男侍和山东济南埠东村壁画墓甬道左端的牵马男侍；另一方面，在蒙古文化的冲击下，传统的车马出行题材出现了新的表现形式，以内蒙古赤峰三眼井④、辽宁凌源富家屯⑤和陕西蒲城洞耳村三座壁画墓为代表，确立了"行前献酒"和"乐舞迎归"这样一组对

---

① （宋）沈括：《梦溪笔谈》卷十九，商务印书馆，1937年，第122页。沈括所记遗迹，为山东金乡县金城西小李庄东北墓地祠堂画像石，现存山东石刻艺术博物馆；郦道元《水经注·济水》和阮元《山左金石志》中对其亦有记载。此处画像石年代存有争议，今人多认为属东汉末。

② 如著名的河南禹州白沙水库一号墓，在甬道的西部绘画三人一马的出行场景（宿白：《白沙宋墓》，文物出版社，2002年，第34页）；山东济南埠东村元代石雕壁画墓门洞西壁绘男侍牵马出行场景（刘善沂、王惠明：《济南市历城区宋元壁画墓》，《文物》2005年第11期）；山西文水北峪口元代壁画墓南壁墓门两侧分别绘有墓主骑马出行图（山西省文物管理委员会等：《山西文水北峪口的一座古墓》，《考古》1961年第3期）；山西交城县元墓的甬道东西二壁均为石刻鞍马人物出行图，主人乘马策缰，伴行随侍或执幡前引，或负物从后（商彤流、解光启：《山西交城县的一座元代石室墓》，《文物季刊》1996年第4期）。

③ 河南地区的焦作中站区元代靳德茂墓（焦作市文物工作队、焦作市博物馆：《焦作中站区元代靳德茂墓道出土陶俑》，《中原文物》2008年第1期）、洛阳道北元墓（洛阳市第二文物工作队：《洛阳道北元墓发掘简报》，《文物》1999年第2期）的墓道填土中均出土有控马武士和马俑，同类随葬仪俑在陕西地区的宝鸡元墓和西安南郊元墓中则位于墓室中（刘宝爱、张鹏文：《陕西宝鸡元墓》，《文物》1992年第2期；王九刚、李军辉：《西安南郊山门口元墓清理简报》，《考古与文物》1992年第5期）。

④ 项春松等：《内蒙古昭盟赤峰三眼井元代壁画墓》，《文物》1982年第1期。

⑤ 辽宁省博物馆等：《凌源富家屯元墓》，《文物》1985年第6期。

称表现的出行图像（表1；图6，1～3）。与简而化之的壁面装饰不同，洛－渭流域墓葬中的随葬陶俑以数量众多、类型丰富著称，马俑有鞯蹬齐备的鞍马和套车并驷的辕马之别，车舆之具又分牛马套驾的香舆、魂车，至于随行侍从，则包括鼓吹俑和仪仗俑这两类主要组别，鼓吹俑以横吹、排箫和大鼓为代表，仪仗俑多手持骨朵、伞盖、交椅、渣斗、拂子和水罐等具[①]（图6，4～6）。

表1 蒙元车马出行题材的新表现形式

墓葬名称	甬道左／前壁左	左壁		后壁			右壁		甬道右／前壁右
蒲城洞耳村壁画墓	放牧	树马	出猎	男侍	夫妇并坐	女侍	迎归	树马	车舆
赤峰三眼井壁画墓	门吏	出猎	建筑	建筑	夫妇并坐	备酒	建筑	迎归	门吏
凌源富家屯壁画墓	女侍	放牧	出猎	女侍	屏风床榻	女侍	宴乐	树马	女侍

2. 饮食备献

"象生而小"的碗碟瓶盏类明器是蒙元时期北方墓葬中的重要随葬品组合，材质多样，而其分布最为集中的地区当属山西大同。这一地区的墓葬流行安置一套陶、木并用的小型器皿组合，主要为以碗盘为代表的食器，以汤瓶、盏托为代表的茶具，以玉壶春瓶和马盂为代表的酒具，以及一炉、二瓶、二蜡台为代表的"五供"（参见表3）。通观这一阶段的墓室砖雕与壁画，则可发现"备食"与"备饮"题材同样也是壁面装饰的主要内容。不论是墓主夫妇间桌案上摆放的各色容器，还是左右侧壁上侍从捧持的侍奉之具，均可见到与出土容器组合相互对应的形象。这类饮食类明器中又以茶酒之具最具代表性，不仅固定为蒙元时期新的随葬器用组合，也确立了茶酒并进的表现模式。与宋金时期茶用汤瓶、托盏，酒用温碗、注子（或偏提）不同，蒙元时期的酒具中大量出现玉壶春瓶和马盂这两种器物[②]；这一变化不仅反映在大同

---

① 这套仪仗器用自宋辽时期就十分流行，《东京梦华录》中记载了"对御仪仗"所持诸器："殿前班……跨弓剑，乘马……缨绋前导。……御龙直……执御从物，如金交椅、唾盂、水罐、果垒、掌扇、缨绋之类。"［（宋）孟元老：《东京梦华录（外四种）》卷六"十四日车驾幸五岳观"条，中华书局，1962年，第35页］同时这套仪仗用器在辽代宣化汉人墓群和契丹大型墓中也是常见的壁画装饰图像。

② 杨哲峰从蒲城元墓壁画入手，结合墓葬和窖藏出土实物，认为蒙元墓葬中常见的"匜"不同于先秦两汉是盥洗水器，在元代用作酒器之用（杨哲峰：《从蒲城元墓壁画看元代匜的用途》，《中原文物》1999年第4期）；扬之水进一步考证出所谓的匜形器即元代常见的酒器"马盂"，其与玉壶春瓶所代表的"瓶壶"一并，是元代流行的酒具组合（扬之水：《元代金银酒器中的马盂和马杓》，《中国历史文物》2008年第3期）。

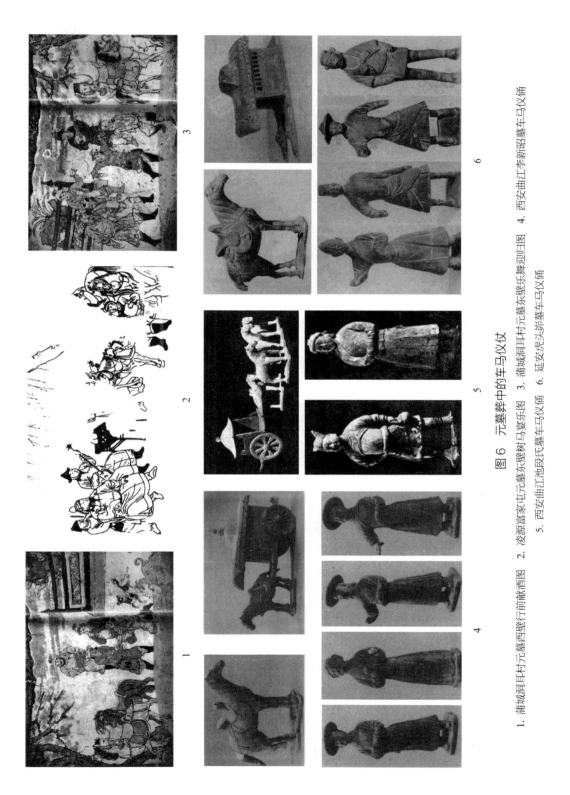

图 6 元墓葬中的车马仪仗

1. 蒲城洞耳村元墓西壁行前献酒图　2. 凌源富家屯元墓东壁车马宴乐图　3. 蒲城洞耳村元墓东壁车舞乐迎归图　4. 西安曲江李新昭墓车马仪俑

5. 西安曲江池段氏墓车马仪俑　6. 延安虎头峁墓车马仪俑

元墓出土的陶、木酒具组合中，也绘饰于内蒙古赤峰沙子山[①]、陕西蒲城洞耳村、山西孝义下吐京[②]等地的墓室壁画中（表2；图7）。

表2　蒙元壁画墓饮食备献题材布局

墓葬名称	甬道左/前壁左		左壁		后壁			右壁		甬道右/前壁右	
赤峰沙子山壁画墓	门吏		备酒	屏风	屏风		屏风	屏风	备茶	门吏	
赤峰元宝山壁画墓	伎乐		备酒	屏风	男侍	夫妇并坐	女侍	屏风	备茶	伎乐	
孝义下吐京元墓	武士	荷花	茶具		夫妇并坐			酒具		荷花	武士
文水北峪口元墓	武士	荷花	出行	进茶	并坐			进酒	出行	荷花	武士
交城裴家山元墓	归来	荷花	孝行	备茶	并坐			备酒	孝行	牡丹	出行
凉城后德胜壁画墓	侍从		孝行		备茶	夫妇并坐	备酒	孝行		侍从	
92齿轮厂墓	男侍		备酒		涂白灰			备茶		女侍	
长治南郊墓	衣架		备茶	曹娥	董永		孟宗	王祥	备酒	衣架	
伊川壁画墓	门吏		备茶	伎乐	夫妇并坐			伎乐	备酒	门吏	

值得注意的是，出现在车马仪仗和日常奉养队列中的男女侍俑及相应人物图像并非是墓主生前随侍人员的简单移用，而是与"尺步"有度的"买到墓田"一并，代表了墓室营建者为死去墓主所专门购置的一套冥间财富。山东高唐金承安二年（公元1197年）虞寅墓壁画[③]中，在随侍男女仆从的正上方均题有"买到家婢"、"买到家童"和"买到家奴"字样，明确说明了这些饮食备献、车马随行和伎乐表演的壁画人物均是专为丧葬所购买的随葬"刍灵"；当然，秉持"事死如事生"的理念，这些随葬"刍灵"也和阳间家众仆从一样各有其名，以便墓主召唤。前述虞寅墓男女侍从上方的墨书题记就详细记录了这批家奴、家婢的姓名，如家奴妇安、家乐望仙、家童寿儿等[④]。宋代文人笔记中也有相关记载，《北梦琐言》中即描述了古墓中的随葬仪俑，其中"一冥器婢子，背书'红英'字"[⑤]，可与虞寅墓壁画对读。

---

① 刘冰：《内蒙古赤峰沙子山元代壁画墓》，《文物》1992年第2期。

② 山西省文物管理委员会等：《山西孝义下吐京和梁家庄金、元墓发掘简报》，《考古》1960年第7期。

③ 聊城地区博物馆：《山东高唐金代虞寅墓发掘简报》，《文物》1982年第1期。

④ 徐光冀主编：《中国出土壁画全集·山东卷》，科学出版社，2012年，第79—81页，图81—83。

⑤ （五代）孙光宪：《北梦琐言》卷九"趋灵崇"条，中华书局，2002年，第193页。

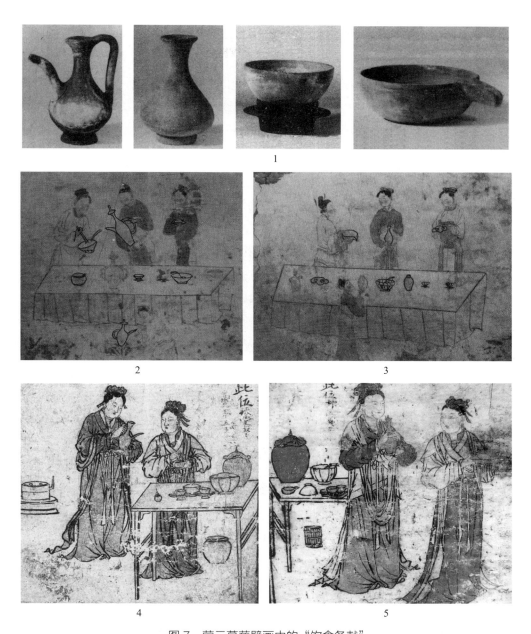

图 7 蒙元墓葬壁画中的"饮食备献"

1. 山西大同崔莹李氏墓陶质茶酒明器 2. 内蒙古沙子山元墓西壁备茶图
3. 内蒙古沙子山元墓东壁备酒图 4. 山西屯留康庄村 M2 备茶图 5. 山西屯留康庄村 M2 备酒图

这些碗碟瓶盂的饮食容器往往摆放在桌案上，而男女侍从也通常与桌椅、灯檠、衣架等家具一起构成固定的侍奉场景。可以说，无论是随葬实物还是壁面图像，墓室中的"明器"大多依托一套家具组合来构成完整场景模式；而这些家具模型和墓壁图像也可在礼书中找到对应的仪制规定。

（三）下帐之制：摆放有序的家具模型

《书仪》在“治葬”条中列出了择地下葬的步骤和器用之制，其中“明器”一项后即为“下帐”条，所谓“床帐、茵席、倚桌之类，亦象平生而小”者①。梳理文献可见，关于下帐的定义大致以宋为界发生了重大变化：唐代下帐为纺织品覆顶的帐幔类建筑，帐中摆放有侍从人偶及“衣器”模型②；入宋以来，尤其是南宋以降，礼书对下帐的界定则略去了外层的帐幔建筑不提，单指原安放于帐中的一套小型家具模型③；同时，前期与“衣器”并陈于帐中的偶人则转而并入到“明器”之属。下帐概念的转化，从某种程度上反映出宋元以来随葬家具模型在模拟建筑空间上的日益强化，使其最终不必依赖外围的帐幔建筑，仅仅依靠自身的摆陈模式即可复原一个相对完整的空间场景。

蒙元时期随葬家具模型最有代表性的地区当属以大同为中心的晋北之地。大同蒙元砖室墓中出土有成套的小型木、陶材质的家具模型，主要类别有成套的长短供桌、大型供案、交椅方凳、影屏、盆架和巾架等（表3）。这些家具模型在具体形制上又具有明显的时代和地域特征，可与当地或邻近地区墓壁装饰中的家具图像两相对应。如山西大同崔莹李氏墓中出土的围栏供桌④，即与河北涿州元代壁画墓和甘肃

---

① （宋）司马光：《书仪》卷七“下帐”条，文渊阁《四库全书》影印本，第142册，第504页。

② 《新唐书·李勣传》提到下帐中列布有小型人偶，“明器惟作五六寓马，下帐施幔，为皂顶白纱裙，中列十偶人，它不得以从。”（《新唐书》卷九三《李勣传》，中华书局，1975年，第3821页）。而《全唐诗》中则可见下帐中还安置有衣器模型（“衣器陈下帐，醪饵奠堂皇。明灵庶鉴知，髣髴斯来飨”，载《全唐诗》卷三八三《张籍·祭退之》，中华书局，1979年，第4302页），《唐会要》中对各个阶层所用下帐的规模做了严格限制：“[唐宪宗元和]六年十二月条流文武官及庶人丧葬，三品以上，明器九十事，四神十二时在内园宅，方五尺，下帐高方三尺。……五品以上，明器六十事，四神十二时，在内园宅，方四尺，下帐高方二尺。……九品以上明器四十事，四神十二时，在内园宅，方三尺，下帐高方一尺……”[（宋）王溥撰：《唐会要》卷三八，中华书局，1998年，第695页]《通典》中则进一步规定了不同等级下帐制作所用材质的区别：“其下帐，五品以上用素缯，六品以下用练，妇人用彩，至邦门，三品以上赠以束帛，一品加乘马，既引，又遣使赠于郭门外，皆以束帛，一品加璧。余具开元礼。”[（唐）杜佑撰：《通典》卷八六，中华书局，1988年，第2339页]

③ 由宋至清，相关礼制书仪中多将“下帐”释作小型家具模型，如前述《书仪》，亦见于（明）徐一夔：《明集礼》卷三十七上，文渊阁《四库全书》影印本，第650册，第144页；乾隆官修《续通典》卷三十四，浙江古籍出版社，2000年，第1605页。

④ 据扬之水考证，这类栏杆桌子应为“礼物案”（详见扬之水：《古器丛考三则》，《东方美术》1997年第3期）。考《元史·舆服志》，有“表案、制如香案，上加矮栏，金涂铁鞠四，竿二副之”，“礼物案，制如表案”（《元史》卷七十九《舆服志·仪仗二》，中华书局，2005年，第1959页）。可见元代流行在香案、礼物案和表案等桌案类家具上加装围栏。这种制度在明代礼书中依然沿用，见《明史·舆服志》：“红髹阑干香桌一，阑干四，柱首俱雕木、贴金、蹲龙。”（《明史》卷六十五《舆服志》，中华书局，1974年，第1607页）与之相应，东京出光美术馆收藏有一方明代孝行螺钿髹漆栏杆案台。这种栏杆桌子在元明时期主要为礼制和仪式之用。它的发展渊源，似乎又可上溯到唐代的牙盘上（关于牙盘之制，详见扬之水：《敦煌文书什物历器物丛考》，《传统中国研究集刊》第3辑，2007年，第266—295页），元明栏杆桌的材料承扬之水先生见告。

元代砖雕墓[①]左右侧壁上雕绘的供桌图像十分相似，更可向上追溯到宣化辽墓备茶与备经图中的家具细节；而大同元墓中大量发现的盆架模型，又可在山东金代虞寅墓壁画中找到对应图像；山西大同王青墓[②]中出土的两个矮足长供案则与晋中孝义下吐京元墓中陈设茶酒具的供案图像如出一辙（图8）。另一方面，这些随葬的家具模型有时也会转化为相应的侍奉人物形象表现在墓室壁面上，大同地区自金末以来广泛入葬的盆架、巾架组合，就与金元时期并立于后壁或墓门两侧分持盥盆、帨巾的男女侍从形象相互对应。

表 3 大同地区蒙元墓葬中的木、陶明器和下帐组合

墓葬名称	注壶	盏托	蜡台	香炉	长颈瓶	经瓶	玉壶春	匜	供桌	椅	盆架	影屏	巾架
阎德源墓			○	○	○	○	○		○	○	○	○	○
92 齿轮厂墓									○		○		○
冯道真墓		○	○	○			○				○		○
王青墓			○	○			○	○	○		○		○
崔莹李氏墓	○	○	○	○							○		○
86 齿轮厂墓	被扰乱，原有小型木明器												

这些不同类型的家具模型在墓室中均有非常固定的摆放位置，模拟出特定的室内建筑布局。就大同元墓中的陶、木家具的列位模式来看，后侧为影屏、交椅，前设供桌与供案，巾架、盆架之类的盥洗之具居于最前侧。这一位置安排完全可与同一地区的墓葬壁画布局互为参佐：影屏、交椅象征墓主之位，与正壁中的屏风围榻相呼应，长短供案以安备荐之器，对应左右侧壁茶酒进奉的图像模式。

综上可见，蒙元墓葬中出土的随葬品与墓室壁面的装饰图像往往存在彼此对应、相互补充的关系，二者共同营造了一个由墓主之位、茶酒备献和车马仪仗组成的场景：在这一场景中，墓主端坐居中，两旁男女仆婢随侍，左右茶酒进献，前方更有车马仪仗待主而发。接下来的问题是：这种场景安排是否仅仅是对墓主日常生活的一种再现和模仿，所谓"象平生"？以墓主之位为中心的侍奉场景出现在墓室这一特定的空间中，是否存在特殊的含义？

① 陈履生、陆志宏：《甘肃宋元画像砖》，人民美术出版社，1996 年，第 8 页，图四，1、2。
② 大同市文物陈列馆等：《山西省大同市元代冯道真、王青墓清理简报》，《文物》1962 年第 10 期。

图 8　大同地区蒙元墓中出土的下帐组合
1. 山西大同崔莹李氏墓陶家具模型　2. 山西大同东郊王青墓陶家具与明器组合

二、葬与祭：收柩与祭奉并存的空间功用

　　在蒙元时期的墓葬中，居于墓室中心的并坐图像、屏风围榻或砖砌棺床并不仅仅是墓主的象征，也明确营造出祭祀和供养的氛围。如陕西蒲城元墓后壁正上方

"修墓记"中的"祭主"二字即昭示了墓室营造的祭祀功能，而男女墓主姓名下方，恰恰对应着夫妇并坐图像，暗示了墓主形象作为祭奉对象的存在。在内蒙古后德胜元墓中，墓室后壁墓主夫妇并坐形象的正上方绘有铭旌引魂的图像，这同样是一种暗示丧祭场景的象征符号。墓主夫妇形象所代表的供奉意味也可从宋元墓葬中得到旁证。在山西侯马宋金墓葬中，乔村 M4309 中墓主人夫妇坐像中间的桌案上阴刻有"永为供养"的字样；牛村 M1 中男主人砖雕像前摆有碗碟时馔，左上方也刻有"香花供养"四字[1]。从中可见墓主夫妇形象不仅仅是日常家居的侍奉对象，更是丧祭活动中的供养对象。

既然墓主形象在墓室中作为祭祀对象来表现，那么以其为中心的整个墓室空间是否也在整体上营造出一种祭奉氛围呢？

事实上，壁面装饰与随葬品组合均是墓室的重要组成部分，很大程度上是围绕着墓葬设计者的主观意愿来选择组织的，是当时丧葬观念的重要表征[2]。墓主之位的表现、茶酒进奉的行为、席间伎乐的表演在再现阳间生活的同时，也因墓室空间的特殊性而附上了供奉与祭祀的色彩；换句话说，墓室不仅用为"收柩之所"，也在营造"永为供养"的祭奠氛围，表现生者对死者的永久性祭奉。

下文将以蒙元墓葬中最具特点的"茶酒备献"题材为主，结合其他墓室图像和随葬品组合，探讨墓室的空间性质以及装饰图像和随葬品的礼仪功能。

（一）茶酒间进：备茶、备酒题材的礼仪功能

"奉茶进酒"题材在蒙元墓葬中多有例证，主要以壁画形式存在于河南、山西、陕西、河北和内蒙古等地。考虑到文化的沿承性，我们将时代进行上下溯延，则可看出这一题材兴发于宋金[3]，传承至明清，直到现当代仍在沿用，表现出时间发展上的连贯性。在题材表现上，茶酒备献涵盖了壁画、砖雕和石棺线刻等多种装饰形式，再加上出土的成套茶酒陶瓷用具，面貌十分多样；地缘分布上也体现出空间上的广

---

① 转引自刘耀辉：《晋南地区宋金墓葬研究》，北京大学硕士学位论文，2002 年，第 33 页。
② 详见郑岩：《魏晋南北朝壁画墓研究》，文物出版社，2002 年，第 8—14 页。
③ 金代洛阳邙山壁画墓中，东耳室南北二壁分别表现了汤瓶温燎于炉中、侍女挥扇助火的煮浆图和二侍女一捧茶盏、一持汤瓶的奉茶图（洛阳市第二文物工作队：《洛阳邙山宋代壁画墓》，《文物》1992 年第 12 期）；北宋晚期新密平陌壁画墓的东壁备宴图，展示了火炉煮浆，侍女奉茶盏的情景（郑州市文物考古研究所等：《河南新密市平陌宋代壁画墓》，《文物》1998 年第 12 期）；登封北宋绍圣四年（公元 1097 年）壁画墓中，墓室西南壁和西壁分别绘有妇人调茶图和燎炉候汤的烹茶图（郑州市文物考古研究所等：《河南登封黑山沟宋代壁画墓》，《文物》2001 年第 10 期）；大同金正隆年间壁画墓的墓室东壁表现的是点茶进茶图：二侍女一捧带托茶盏，一持汤瓶点茶，一妇捧茶盏托子（大同市博物馆：《大同市南郊金代壁画墓》，《考古学报》1992 年第 4 期）。

泛性，在北方各地均有发现。无论是墓葬装饰构图的对称性，还是表现形式的严整性，"茶酒备献"题材都在蒙元时期确立了了更为规范化、社会化的表现模式（表4）。

表4 蒙元墓葬中普遍出现的"茶酒"题材

墓葬名称	左前壁	左壁		后壁			右壁		右前壁
内蒙古赤峰元宝山壁画墓	伎乐	备酒	屏风	男侍	夫妇并坐	女侍	屏风	备茶	伎乐
晋北大同86齿轮厂墓		备酒	屏风	屏风	屏风		屏风	备茶	
冀北涿州壁画墓	孝行	进酒		围屏床榻			进茶		孝行
晋中文水北峪口元墓	荷花	出行	进茶	夫妇并坐			进酒	出行	荷花
河南洛阳伊川元墓	门吏	备茶	伎乐	夫妇并坐			伎乐	备酒	门吏
晋东南长治南郊元墓	衣架	备茶	屏风	屏风	屏风		屏风	备酒	衣架
陕西西安韩森寨元墓	伎乐	备酒		男侍	石棺床	女侍	备茶		伎乐

这一装饰题材在墓室中的频繁出现，仅仅是"事死如生"的常奉情境的简单再现吗？这种成组并存又各成体系的题材，是否只是作为墓葬装饰的一种程序化表现模式？基于墓室场所的性质功能，很自然会提出这样一个问题："茶酒并进"的组合形式在元代丧祭活动中扮演着何种角色。考察诸家礼书的相关记载，可见由宋历元，所谓的"香茶酒果"与"茶酒时馔"是丧祭中的重要荐献品，同时"奉茶"与"进酒"亦并行存在，成为丧祭中的重要仪节：以上均以成文规定的形式见载于宋元丧祭礼俗中。这种礼仪规定直至明清礼书中仍得以完整保留，以此可见茶酒入丧祭的礼俗沿承流变[①]。下文将从器用和仪式两个方面具体论述。

1. 器具之备：丧祭仪节中的茶酒之具

元代礼书多散佚不传，我们只能从存今的书目中管窥元代在家礼丧祭方面的礼制

---

① （清）毛奇龄：《辨定祭礼通俗谱》，文渊阁《四库全书》影印本，第142册，第743—797页。

建设^①。但礼制体系必有沿承因袭，故可勘考两宋及明清礼书的相关仪节作为文献支持。

依据相关礼文，在丧礼和祭礼中，"奉茶进酒"扮演着重要角色，茶酒之具存在并列排布的陈器方式。

朱子《家礼》在《丧礼虞祭》^②中提及执事备器具过程中的"茶酒之具"："凡丧礼，皆放此酒瓶并架一于灵座东南；置卓子于其东，设注子及盘盏于其上；火炉、汤瓶于灵座西南……"^③又如"卒哭之祭既彻即陈器具馔"条载："酒瓶、玄酒瓶于阼阶上，火炉、汤瓶于西阶上，具馔如卒哭……"^④这些均是茶酒之具在丧礼中东、西分列并陈的重要依据。

在祭礼中，奉茶进酒也扮演着重要角色，茶酒之具存在并行相对的陈器方式。朱子《家礼》"前一日设位陈器"条载："主人帅众丈夫深衣及执事洒扫正寝，洗拭倚卓，务令蠲洁。……地上设酒架于东阶上……火炉、汤瓶、香匙、火箸于西阶上……"^⑤相类的仪节规定也见于司马氏《书仪》："执事者设玄酒一瓶、酒一瓶于东阶上，西上别以卓子设酒注、酒盏、刀子、拭布。……设火炉、汤瓶、香匙、火箸于西方。"^⑥《晦庵集》中的诸多祭文中也多茶酒并提，以"香茶果酒"与"香烛茶酒"作为奉奠之具^⑦。

我们在元墓壁画中可以找到与仪制文献相对应的茶酒之具，如赤峰沙子山元墓^⑧西壁中所绘的长流注壶、燎炉和长柄勺，即为所谓的"火炉汤瓶"和"香匙"，皆为点茶之具，东壁长桌上亦可见礼文中"酒瓶"与"盘盏"相应的带盖梅瓶和劝

---

① （清）黄虞稷：《千顷堂书目》卷二："元李好文《太常集礼》五十卷，王守诚《续编太常集礼》三十一册、又《太常至正集礼》二十册，赵孟頫《祭器图》二十册，叶起《丧礼会经》，张须《丧服总类》，又释《奠仪注》，申屠《致远释奠通礼》三卷……冯翼翁《士礼考正》，赵居信《礼经葬制》，吴霞举《文公葬礼考异》，黄泽《二礼祭祀述略》……张才卿《丧祭会要》一卷……吕景蒙《五礼古图》一卷，蒋彬《家礼四要》一卷，严本《家礼辑略》十卷……（以下作者不知名）《家礼会成》四册，《祭礼从宜》四卷，《三代因革祠祀礼》八册。"（《丛书集成》续编，第4册，第141页）
② 所谓虞祭，按郑玄所注，是指下葬之日所进行的一种祭仪，起聚引死者魂魄之用。
③ （宋）朱熹：《家礼》卷四《丧礼虞祭》，"执事者陈器具馔"条，文渊阁《四库全书》影印本，第142册，第563页。
④ （宋）朱熹：《家礼》卷四《丧礼虞祭》，"卒哭明日而祔卒哭之祭既彻即陈器具馔"条，文渊阁《四库全书》影印本，第142册，第565页。
⑤ （宋）朱熹：《家礼》卷五《祭礼》，"前一日设位陈器"条，文渊阁《四库全书》影印本，第142册，第576页。
⑥ （宋）司马光：《书仪》卷十，文渊阁《四库全书》影印本，第142册，第522页。
⑦ 如"维淳熙四年二月辛未朔旦，新安朱熹谨以香茶酒果奠于近故柯君国材老丈之灵"，载《晦庵集》卷八十七"祭柯国材文"条，文渊阁《四库全书》影印本，第1146册，第43页；"谨遣男埜奉香烛茶酒往奠枢前"，载《晦庵集》卷八十七"又祭蔡季通文"条，文渊阁《四库全书》影印本，第1146册，第56页。
⑧ 刘冰：《内蒙古赤峰沙子山元代壁画墓》，《文物》1992年第2期。

盘酒盏。相类的茶酒具组合也见于西安韩森寨元墓[①]中的西壁备酒图和东壁备茶图中（图9）。仪制所列的"器具之备"仅为茶酒之具的一种缩略符码，故而通过对墓葬中茶酒装饰题材的考察，亦可发现诸如茶筅、盏托、樽勺、爵杯、玉壶春瓶和马盂等鲜见于礼书的茶酒用具。

1   2

图9　西安韩森寨元墓备酒、备茶图
1. 西壁备酒图　2. 东壁备茶图

2. 奠祭之仪：茶酒并进和荐献对象的对应关系

元墓中的"奉茶进酒"图通常以墓室后壁为中心对称分布，分列于左右侧壁或棺床的两侧，具有空间构图上的平衡性。而在葬式明确的夫妇合葬墓中，奉茶和进酒作为两个系列，在空间位置的选择上和墓主人夫妇的性别往往存在一定的对应关系[②]。

在内蒙古赤峰元宝山元墓[③]中，墓主夫妇以男左女右的模式对坐于墓室后壁，以之为中心，左右二壁各绘有供桌陈器和荐献侍者：左壁供桌陈器中可明辨出元代的常用酒具——玉壶春瓶，桌旁一人捧持劝盘并酒盏进奉；右壁供桌上列点茶汤瓶和倒扣的茶盏，旁立一人持茶筅击拂汤花。在这组茶酒备荐组合图中，进酒图一侧对应男墓主的方位，而奉茶图则对应女墓主（图10，1）。

---

① 西安市文物保护考古所：《西安韩森寨元代壁画墓》，文物出版社，2004年，图一九、图二一，彩版一九、彩版三〇。
② 杨哲峰：《从蒲城元墓壁画看元代匜的用途》，《中原文物》1999年第4期。
③ 项春松：《内蒙古赤峰市元宝山元代壁画墓》，《文物》1983年第4期。

1

2

图 10　蒙元墓葬中墓主人夫妇与茶酒题材的对应关系

1. 内蒙古赤峰元宝山元墓男女墓主像与备茶、备酒的对应关系（左壁备酒、右壁备茶）
2. 山西文水北峪口元墓男女墓主像与备茶、备酒的对应关系（左壁备茶、右壁备酒）

文水北峪口元墓^①北壁中墓主人夫妇对坐的位置则发生了对调，变为男右女左；

① 山西省文物管理委员会等：《山西文水北峪口的一座古墓》，《考古》1961 年第 3 期。

耐人寻味的是，墓葬中的备茶图和备酒图的空间分布也随之改变：右壁为一组男性荐献者，器具组合为酒尊、玉壶春瓶和劝盘的进酒之具；左壁则表现为一组女性荐献者，器具组合为汤瓶、茶筅和茶盏并托的奉茶之具（图10，2）。

孝义下吐京元墓[①]中，以后壁男左女右的墓主坐像为中心，左右二壁后部各绘一黄色帐幕，内设条几：右侧几案上摆放着玉壶春瓶和劝盘并杯，左侧则可辨一长流点茶汤瓶和覆扣的茶盏。其中劝盘并杯的形象与北壁男性墓主旁侍所奉之器完全一致。相类的图像亦见于洛阳伊川元墓[②]YM5和长治捉马村元墓壁画。

除了这种完整的对应组合外，也存在一些单向的进奉对应关系。如陕西蒲城元墓[③]中，墓室后壁为男左女右的墓主位置安排，酒具备献的壁画正对男墓主像，而女墓主身侧则并未明显地表现奉茶题材。另于内蒙古赤峰三眼井元墓[④]中，可看到右侧偏房中的备酒情境与后壁对坐图中的男墓主位置相应，而女墓主身侧的西偏房则门扉紧闭，但基于墓葬空间礼仪性布局的对称性[⑤]，推测其或为备茶题材（图11）。这种题材与性别的组合关系除释为世俗影响下墓葬装饰的固定模式外，是否能从当时丧祭礼俗的角度找到相应的仪节规定呢？

考元刊本《事林广记》中所附《正寝时祭图》[⑥]，可见主人位在寝东，其东南为酒

图11 内蒙古三眼井元墓北壁墓主人夫妇对坐图

① 山西省文物管理委员会等：《山西孝义下吐京和梁家庄金、元墓发掘简报》，《考古》1960年第7期。

② 洛阳市第二文物工作队：《洛阳伊川元墓发掘简报》，《文物》1993年第5期。

③ 呼林贵、刘合心、徐涛：《蒲城发现的元墓壁画及其对文物鉴定的意义》，《文博》1998年第5期。

④ 项春松、王建国：《内蒙昭盟赤峰三眼井元代壁画墓》，《文物》1982年第1期。

⑤ 梁思成认为中国古代建筑中绝对匀称的平面布局"适用于礼仪之庄严场合，公者如朝会大典，死者如婚丧喜庆之属"，"其布置秩序均为左右分立"，详见梁思成：《中国建筑史》，百花文艺出版社，1998年，第16、17页。霍杰娜在其硕士论文中即引用梁思成的"建筑布局对称"论来说明辽南部地区墓室壁面装饰的左右对称性。详见霍杰娜：《燕云地区辽代墓葬研究》，北京大学硕士学位论文，2003年，第41页。

⑥ （宋）陈元靓：《事林广记》，中华书局，1999年，第50页。此书是一部日用百科全书式的民间类书，原为南宋陈元靓编，但宋原本今已不可见，现存的元、明刊本均经删改和增广，因此其中有不少内容反映了元代的社会生活。

尊并架及酒注、盏盘；主妇位在寝西，其西南列火炉汤瓶等荐茶之具。这种祭祀对象的性别与茶酒祭器列位安排的对应关系恰好与蒙元墓室壁画相合。

静态的列位陈器之外，奉茶、进酒还与丧祭仪节中的荐献者和供奉对象存在着动态的仪节联系。朱子《家礼》"正至朔望则参"条载："主人升，执注斟酒……主妇升，执茶筅，执事者执汤瓶随之，点茶如前。"① 此类"男斟酒、女点茶"的仪节规定在明清家礼中亦频繁出现②，可见在丧祭仪节中，不仅祭祀对象与茶酒存在分别对应的关系，荐献者的性别与茶酒供品间也有相对固定的行为组合；这种现象恰好与壁画中男侍进酒、女侍进茶的图像模式一致。

同时，借由男奉考位、女奉妣位的行为组合，作为祭奉对象的考妣之位也和茶酒进献的仪节存在内在关联。考文公《家礼》，可见荐奉者和行为对象间有着直接的性别对应性："主人盥帨升，启椟奉诸考神主，置于椟前；主妇盥帨升，奉诸妣神主，置于考东。"③ 这种"出主"仪节上的分工和"主人注酒，主妇点茶"的祭奉行为相结合，使茶酒组合又和供奉对象的"考妣之位"存在间接对应关系。

由上可见，通过礼制规定和民间葬俗的整合和变通，奉茶进酒这一荐献行为与考妣之位和荐献对象的双重对应关系在墓葬中简化为"男酒女茶"两相对应的位置安排；而这种对应关系则是在蒙元时期的墓葬中实现规范化的。这种"茶酒间进"的祭祀模式在明清墓葬和宫廷斋醮仪式中得到了完整的保留；一直到近代和当代，依然在中国南北各地的丧祭活动中沿用和传承着④。

（二）祭祀空间：墓室布局的整体考察

"奉茶进酒"的墓葬装饰题材在设位陈器和行为组合上均可在丧祭仪制中找到相合的规定。但这里存在三个问题：其一，茶酒题材丧祭性的礼制依据基本为两宋和明清礼书，存在文献记载的缺环；其二，茶酒同为时馔，盏注均为燕器，就其功用而言本身就可以作出"奉常"和"丧祭"的双重诠释，因此仅依靠墓室壁画题材与

---

① （宋）朱熹：《朱子家礼》卷一，见《朱子全书·7》，上海古籍出版社，2002年，第877页。
② 参见（明）丘浚：《家礼仪节》"二至朔望则忝"条、"有事则告"条及"生子见庙"条等，《丛书集成》三编，新文丰出版公司，1996年，第128—130页。
③ （宋）朱熹：《朱子家礼》卷一，见《朱子全书·7》，上海古籍出版社，2002年，第877页。
④ 福建龙岩武平县象洞《何氏族谱》所收的祭祖祝文中，可见祭礼中的茶献和酒献一直沿用到当代。如《祭墓祝文》："感烦守墓童子打开墓门，引出墓主某公、太婆二位正魂，振振衣冠，降赴坟堂，受享祭礼。……茶献已讫，正当酒献。"和《祭祖祠新山堂祝文》："时值清明祭扫之期，虔备清香明烛、金银纸钱、案上猪头、壶中酒酒、茗茶香果，摆到案前，伏愿历代考妣整顿衣冠、推车降临。"（转引自陈进国：《信仰、仪式与乡土社会：风水的历史人类学探索》，中国社会科学出版社，2005年，第489页）香港上水廖氏太平清醮的"祭大幽"活动中，亦使用红茶、白酒来作为自己已逝祖先的祭品。

相关家礼仪节相合并不能充分证明前者体现的就是所谓"茶酒为祭"的现象；其三，在茶酒题材之外，墓葬布局中是否还存在其他丧祭场景佐证？针对上述问题，下文将元代墓葬装饰题材放在整个墓室空间布局中作一整体勘考，同时参佐宋明时期的其他墓例，揭示出墓葬布局对丧祭场景模拟的普遍性。

1. 元墓中的其他丧祭① 题材

（1）伎乐娱尸：墓壁装饰中的伎乐与杂剧题材

伎乐和杂剧表演题材是蒙元时期墓壁装饰的重要图像，一般以墓主之位为中心、对称分布于左右侧壁或甬道两边，晋南地区也出现在墓门上端。如赤峰元宝山壁画墓墓门两侧的乐舞图像、西安韩森寨元墓甬道两侧的女乐人物、运城西里庄元墓左右侧壁的杂剧和伎乐表演以及侯马延祐元年（公元1314年）墓墓门上端的伎乐砖雕。

据唐宋文献记载，丧家用乐以"娱尸"的现象在当时是一类普遍存在的社会风尚，如唐段成式《酉阳杂俎》记载："世人死者有作伎乐，名为乐丧。"②《鸡肋编》中也可找到墓祭用乐的线索："浙西人家就坟多作庵舍，种种备具，至有箫鼓乐器，亦储以待用者。"③这种丧葬活动中用乐的风俗为政府屡令禁止④，这也从侧面反映出"乐丧"之举已广为世人所用，为明令所不能止⑤，故"丧家率用乐……人皆以为当然，不复禁之"⑥。一直到近现代，丧祭用乐的传统依然在民间沿用⑦。正如李清泉所说，乐舞在先秦以降的祭祀活动中一直扮演着不可或缺的角色；而"以绘画形式将乐舞演出的场面搬进墓葬，其目的应是使祭礼祖先的仪式在一个属于死者的空间中永久地固定下来"⑧。

① 这里提到的"丧祭"，是指包括了入殓、出殡、下葬、墓祭在内的一系列葬礼过程。齐东方先生明确提出，考古材料发现的墓室仅仅是隆重葬仪终结的标志，并未承载丧葬活动的全部信息。而整个丧葬活动运作过程实际上共包括丧、葬、祭三大部分。"丧"规定了活人在丧期内的行为规范，"葬"规定了死者应享有的待遇，"祭"是规定丧期内活人与死人间联系的中介仪式，即丧期内的各种祭祀活动（详见齐东方：《唐代的丧葬观念习俗与礼仪制度》，《考古学报》2006年第1期）。
② （唐）段成式：《酉阳杂俎》卷一三《尸穸》，文渊阁《四库全书》影印本，第1047册，第716、717页。
③ （宋）庄绰：《鸡肋编》卷上"各地寒食习俗"条，中华书局，1997年，第23页。
④ （开宝）九年，诏曰：'访闻丧葬之家，有举乐及令章者……或则举奠之际歌吹为娱，灵柩之前令章为戏，甚伤风教，实紊人伦。今后有犯此者，并以不孝论……"（《宋史》卷一二五《礼二八》，中华书局，1977年，第2918页）
⑤ 唐代浙西观察使李德裕的奏文中提到："今百姓等丧葬祭，并不许以金银锦绣为饰及陈设音乐。"（《唐会要》卷三十八，第697页）
⑥ （宋）庄绰：《鸡肋编》卷上"近时婚丧礼文亡阙"条，第8页。
⑦ （清）沈凤翔：《稷山县志》卷一："丧礼不作佛事，不用俳优，秉礼之家间有行者，然乡里或目为俭亲。诵经超度，扮剧愉尸，习以固然，骤难改也。"（《中国方志丛书》影印本，成文出版社，1976年，第121页）
⑧ 李清泉：《宣化辽墓：墓葬艺术与辽代社会》，文物出版社，2007年，第153—155页。

（2）焚瘞楮镪：元墓中的纸明器（图12）

《事物纪原》"寓钱"条载："寓钱，今楮镪也。……汉以来葬者，皆有瘞钱。后世里俗稍以纸寓钱为鬼事，至是（唐玄宗朝）屿乃用之，则是丧祭之焚纸钱起于汉世之瘞钱也，其祷神而用寓钱则自王屿始耳。"[1] 宋人笔记亦将"以纸为之"的钱称作"冥财"[2]。

焚瘞冥币是宋元时期丧祭活动的重要组成部分，所谓"荐茶酒，奏冥币"。这在蒙元时期的墓葬中亦有体现。济南元代砖雕壁画墓[3]墓门两侧各绘一方盆，内满置银铤杂宝串钱状物，其上烟火缭绕作焚烧之态。故推测这一场景表现的是丧祭中的焚烧纸钱之仪。陕西蒲城元墓北壁墓主人夫妇对坐图中，二人之位下铺陈了大量银锭状物。考清人礼书："纸钱代币帛，此是明器，而陋儒非之。按宋晁以道谓'纸钱始于殷，长史自汉以来，里俗稍以纸寓瘞钱，至唐王玙乃用于祠祭，其来已久'……卷纸而束之，即帛也。糯锡纸为锭形，即裹蹄也。"[4] 联系墓室功能，则此处出现的银锭形物应为丧祭中献奠的锭形冥币"裹蹄"。

丧祭场景中焚瘞纸币实际上是币帛礼神的一种替代模式。"礼神当用币，今春秋之月官祭神庙用绫帛是也。民间则多用纸锭。……盖礼神宜有币帛，而一切以楮代礼，所谓明器备物而不可用也。"[5] 卷纸束之即为帛，则宋元冥币除前例出现的锭状裹蹄外，还有一种卷裹状的纸筒造型。虽在元墓中尚未见到相应表现方式，但在宋辽墓葬中或有发现，可为补益佐证。如白沙宋墓和汾阳三泉镇金墓壁画中多处出现的"筒囊"[6]，以及宣化韩师训墓中与"杂宝"盆并为组合的彩纸卷筒，这里纸帛卷和素钱串都是成组出现的（图12，1、2）。

除以壁画方式表现丧祭焚币场景，元墓中亦有以"寓钱"随葬的实物例证。如山东嘉祥曹元用墓[7]中即发现有带"足色金"铭记的杂宝画和切割成圆钱图案的毛边纸（图12，3）。此外，山西稷山五女坟道姑墓中随葬的一套纸衣、纸靴以及侯马丁村元墓中的竹篾残件均显示，在冥钱之外，蒙元墓葬中也随葬有衣冠、纸马

① （宋）高承：《事物纪原》卷九"寓钱"条，文渊阁《四库全书》影印本，第920册，第248页。

② （宋）赵彦卫：《云麓漫钞》卷五："古之明器神明之也。今之以纸为之，谓之冥器，钱曰冥财。"（中华书局，1996年，第83页）

③ 济南市文化局文物处：《济南柴油机厂元代砖雕壁画墓》，《文物》1992年第2期。

④ （清）毛奇龄：《辨定祭礼通俗谱》卷三，文渊阁《四库全书》影印本，第142册，第409页。

⑤ （清）林伯桐：《士人家仪考》卷四《士人祭仪》，"用纸代币帛考"条，《丛书集成》三编，第25册，第479页。

⑥ 宿白：《白沙宋墓》，文物出版社，2002年，图版四六。

⑦ 山东省济宁地区文物局：《山东嘉祥县元代曹元用墓清理简报》，《考古》1983年第9期。

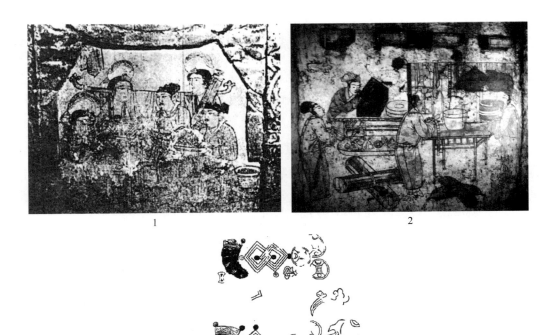

图 12　墓葬壁画中的楮镪题材

1. 河南禹州白沙宋墓 1 号墓后室东南壁中的"纸锭"　2. 河北宣化韩师训墓壁画中的"纸锭"
3. 山东嘉祥曹元用墓出土杂宝纸钱

之类的纸明器^①。

2. 墓室整体布局中体现的丧祭场景

我们将蒙元墓葬中各个体现丧祭仪节的装饰单元放在整个墓室空间中作一整体考察，则可看出：以墓室主壁或丧者陈位为中心，壁面装饰或随葬之具的排列组合方式在整个墓葬空间布局中完成了对丧祭场景的再现和模拟。

明丘浚在《家礼仪节》中绘有祭祀场景设位陈器的布局示意图^②，从该图可见在

---

① 关于随葬纸明器的问题，宿白先生在《白沙宋墓》一书中有较详细的考证，尤以所引《东京梦华录》和《使辽录》中的记载，可证当时祭祀和随葬中多用纸马。见《白沙宋墓》，文物出版社，2002 年，注 39、126。

② （明）丘浚：《家礼仪节》卷八《祭礼》，"前一日设位"条，《丛书集成》三编，第 24 册，第 200 页。

祭仪中，家庙或寝堂正中陈设考妣神主，其前为供桌；主人、主妇分列东西，升拜于主位前；西阶上设祝板，东阶上设茶酒祭具；西阶下为乐所，鼓乐以愉尸，东阶下设盂盆、帨巾（图 13，1）。元刻本《事林广记》的《正寝时祭图》[①] 所示场景大体

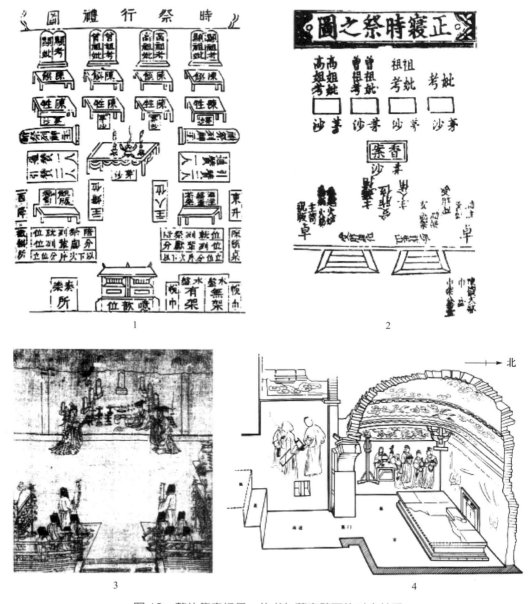

图 13　整体祭奉场景：礼书与墓室壁画的对应关系
1. 明代礼书中的时祭列位图　2.《事林广记》中的祭礼陈器图
3. 李公麟《孝经图》局部　4. 西安韩森寨元墓壁画布局图

① （宋）陈元靓：《事林广记》，中华书局，1999 年，第 51 页。

相类，唯茶酒之具分列于寝之西、东阶上，分别与主妇位和主人位两相对应（图13，2）。纽约大都会博物馆所藏传宋代李公麟《孝经图》中，则以具象的方式展现了祭仪中神主、主人主妇列位和乐所的位置经营（图13，3）。综合上述宋元明文献和古画中刊列的祭祀场景，则可大致明晰其时祭仪中主位、供器、茶酒祭具、乐祭和盂盆帨巾等的相对位置关系。

这种设位陈器的方式可与元墓壁面装饰和随葬器物相互印证。需要注意的是，墓葬空间中祭祀场景的表现有时会以相互补证的模式出现，即同一祭仪或祭具存在不同的表现模式。如墓室中停柩之所往往居于正壁（后壁）下，且常与正壁墓主人夫妇像的壁面装饰对应，都是所谓"先考妣神主"的另一表征。而祭具中的茶酒之具和盂盆帨巾则有备荐场景、器物图像和随葬实物等多种表现形式。

西安韩森寨元墓中，后壁下棺床可视为"先考妣之位"：以之为中心，左壁绘备酒图，右壁绘进茶图，分别代表了"火炉汤瓶、酒注酒尊"的祭具之备，甬道左侧的散乐图则恰与西阶下乐所之位相对应（图13，4）。相同的布局安排也见于赤峰元宝山壁画墓，除壁画人物俱着蒙元衣冠外，图像空间均与韩森寨元墓如出一辙。山西孝义下吐京元墓以北壁墓主人夫妇对坐壁画来代表"主位"，墓主身后侍立的奉盆女侍和持巾男侍则是"盂盆帨巾"的具象再现，而西北壁、东北壁所绘茶具和酒具与"两阶上茶酒祭具"相合。

除上述壁面装饰，随葬器物的组合亦可复原祭仪中的陈器场景。此类墓例主要集中在山西大同地区。大同崔莹李氏墓[①]和冯道真墓出土的一组木、陶随葬品分类布列后，可逐一与前引的祭仪图解相对应：墓主之位居中，前设供案及五供，西陈"汤瓶"茶具，东列"酒注"酒具，旁设"盂盆、帨巾并架"（图14）。

综上，将壁面装饰和随葬实物作一整体考察，即可见蒙元时期的墓室格局和设位陈器基本与礼书中的祭祀场景相合，体现出墓室布局的供养氛围和丧祭功用。同时，这种丧祭场景有时会以更为直白的形式表现出来，山西长治安昌金墓ZAM2[②]，就通过对守灵仪节、送葬队列和鼓吹娱尸场景的逼真刻画，较为完整地再现了整个"凶礼"中"丧、葬、祭"荐备的完整过程。

同时，我们又面临这样一个问题：既然蒙元墓室空间所表现的场景意义兼具"奉常"与"致祭"，那么，除了借由墓葬中的"物""像"视觉材料对其进行整体再现，可否参照其他礼仪性建筑的空间设置来对其营造过程和仪轨规范进行动态复

---

① 大同市文化局文物科：《山西大同东郊元代崔莹李氏墓》，《文物》1987年第6期。
② 商彤流：《长治市安昌村出土的金代墓葬》，《艺术史研究》第6辑，中山大学出版社，2004年，第407—420页。

图 14　山西大同崔莹李氏墓随葬器物组合所复原的祭奉场景
1. 灰陶五供（炉 1、瓶 2、烛台 2 件）　2. 灰陶茶具（托盏、汤瓶）
3. 灰陶酒具（玉壶春、马盂）　4. 灰陶盆架、巾架

原呢？或许福建龙岩武平象洞《何氏族谱》的两段记载可以提供线索：其中《祭墓祝文》称"感烦守墓童子，打开墓门，引出墓主某公太婆二位正魂，振振衣冠，降赴坟堂，享受祭礼"；同书所载《祭祖祠新山堂祝文》有记，"伏愿我始高曾祖历代考妣整顿衣冠，推车降临，合食馔于今受享祭礼"[1]。如上所记的墓祭和祠祭仪式中，墓主"正魂"存在着由地下墓室到地表坟堂、家族宗祠的运动轨迹；其中墓室代表着"永为供养"的理想化永生之所，坟堂和宗祠则是周期性逝者和生者的互动之地。三种礼仪场所虽有不同，但其空间中进行的"祭祝"活动体现出明显的共通性和重复性，使其在空间布局和营造过程上具备相似的仪轨模式。也就是说，我们在利用墓葬图像和随葬品材料模拟墓室场景的同时，也可借助民间科仪书和宋元礼书中对坟堂、宗祠乃至居所正寝中祭祀场景的描述对其进行复原。当然，对于这些礼仪场

---

① 以上资料转引自陈进国：《信仰、仪式与乡土社会：风水的历史人类学探索》，中国社会科学出版社，2005 年，第 488、489 页。该材料由陈进国博士调查整理所得。

所的科仪系统和内部设施的异同比较以及其内部关系的探讨是一个相对复杂的论题，可留待今后进一步深入探讨。

那么，这种葬祭兼具的场景营设又是出于什么目的呢？墓室中极力营造对逝去祖先"永为供养"的氛围反映出祖先和子孙怎样的互动关系？

三、生与死：墓室营造中的阴阳互动

墓室固然是死者安葬的封闭空间，但营造墓室却完全是生者的行为。在中国传统社会文化中，营坟活动往往是子孙昭示孝行的一种手段。正如齐东方先生所说："丧葬与其说是对死者的哀伤与悼念，不如说主要是生人导演的活动。"[①] 墓穴风水的选择、墓室内供养氛围的营造、祭奠活动的尽心与否都是衡量子孙孝行的重要标准。换句话说，从"孝子"营坟的出发点来讲，墓室内空间场景的营造和安排必然反映出子孙与祖先间的某种"互动关系"：孝子于葬祭二事尤当尽心，葬制以礼，以尽慎终之道，祭之以礼，以尽追远之诚[②]；而逝去的祖先则在欣然享有上述崇奉和供祭后，继而从仕途、福禄、年寿和子嗣等方面降赐福祉给子孙——此即言，在子孙与祖先之间存在着"互酬性"的关系。从蒙元墓葬的墓室营建和装饰题材选择上，我们不难发现这种"神灵安而子孙盛"的生死互动。

（一）福寿延长：神灵安而子孙盛

蒙元阶段中原北方地区墓葬的一个突出特点，即为墓门"堂款"的普遍使用，此类堂款在大同、北京以及河南地区的元墓中均有发现，如北京斋堂元墓前壁的"安堂、乐堂"墨书、密云太子务元墓墓门上的"乐安之堂"、交城元墓中的"寿堂、恒斋"、尉县元墓墓门上方的"时思堂"等。同时，家猫图像在壁面装饰中的大量应用也是不可忽视的现象。这些固定出现的题记与图像仅仅是墓壁装饰的程式化表现，还是另存特殊的象征意义？如前所示，墓壁装饰是古人墓室营建的重要构成元素，几乎一切题材都是围绕墓葬设计者的主观意愿来选择组织；因此，墓门堂款和家猫图像也在一定程度上承载着当时的丧祭仪俗和治葬观念。在这种观念下，墓室既是

① 齐东方：《唐代的丧葬观念习俗与礼仪制度》，《考古学报》2006 年第 1 期。
② 陈进国：《信仰、仪式与乡土社会：风水的历史人类学探索》，中国社会科学出版社，2005 年，第 496 页。

孝子贤孙预先营造为长辈增福添寿的"孝行"体现，也是通过安葬祖先来为后人祈佑福祉的重要媒介。

1. 猫雀题材与墓室"堂款"

邢台钢铁厂壁画墓后壁左下角绘一只俯卧的黑猫，嘴边可辨一副翅羽，应为叼衔的雀鸟；相似的图像也见于山东章丘女郎山元明壁画墓、山东济南邢村砖雕壁画墓。实际上，"家猫衔雀"或"柜上家猫"的图像并非首见于蒙元墓葬，而是北方宋金以来墓葬壁面装饰的常见构图。宋金墓葬中的"猫雀"装饰，或伏于案几下，或蹲诸桌台上，口衔小雀，双目圆睁，惕然有警色。这种多少有些"肃杀"之气的图像放置在追求乐安的墓室氛围中是否有其特殊的寓意呢？我们不妨从宋金墓葬其他装饰题材中求取旁证。

山西宋金砖雕墓中，多见莲童、猴马图像。莲童者，又名摩侯罗，是为莲花化生童子，图像取音"连生贵子"；猴马者，一猴立于马上，取音"马上封侯"。这两者的音义关联均可从民俗材料和口述历史（oral history）中得到支持证明。由此可见"因声取义"的现象在宋代以来的墓室装饰图像表现上较为普遍。民俗图样中常以"猫蝶"喻"耄耋"，与之相似，家猫衔雀的图像音取"耄耋"，二者均有"长命寿考"的寓意。同时，宋元墓葬中也常将"猫"与"牡丹"或"立柜"图像组合在一起，如山西侯马金墓北壁正中的砖雕几案上陈牡丹盆花，下卧衔雀家猫[①]，而山东地区箧笥家具与家猫的组合则是墓室西壁惯常表现的砖雕和壁画图像。牡丹自唐宋以降均被视为"富贵花"，有"花开富贵"之称；猫雀如前考，取音耄耋，为寿考之义；箧笥柜具通"贵"音，和牡丹图像具有相同的指代意义。这些图像组合，表现的正是宋元吉语中的"长命富贵"[②]；同时富福等韵，"长命富贵"亦谓"福寿延长"[③]（图15）。

---

① 山西省考古研究所侯马工作站：《侯马65H4M102金墓》，《文物季刊》1997年第4期。

② 北方地区宋、金、元墓中常常出土有铸铭"长命富贵"的铜镜，可以作为文中墓壁图像的旁证参考。

③ "牡丹猫雀"、"猫卧牡丹"和"牡丹猫蝶"是宋元时期常见的入画题材，黄筌二子居宝、居寀均有此类名作传世，著录于宋《宣和画谱》和清《绘事备考》。《宣和画谱·花鸟》卷十六："黄居宝……牡丹猫雀图一……"卷十七："宋黄居寀，字伯鸾，蜀人也，筌之季子。筌以画得名，居寀遂能世其家作，花竹翎毛妙得天真，写怪石山景往往过其父远甚……今御府所藏三百三十有二……牡丹雀猫图二……牡丹戏猫图三、蜂蝶戏猫图一……戏蝶猫图一。"（文渊阁《四库全书》影印本，第813册，第167页）（清）王毓贤：《绘事备考》卷四："黄居宝，字辞玉，筌次子。画得家传之秘，兼以八分书，得名于时。仕蜀为待诏，历官水部员外郎。其画石文理纵横，夹砂夹石，棱角峭厉，如虎如虬。画之传世者：竹石金盆戏鸽图三，牡丹猫雀图一……"（文渊阁《四库全书》影印本，第826册，第169页）这一形象组合也是当时文人诗词吟咏的对象，宋人沈括即有"欧阳公尝得一古画牡丹丛，其下有一猫"之句（沈括：《梦溪笔谈》卷十七，第92页），元好问也曾为"醉猫图"题诗："窗边痴坐费工夫，侧辊横眠却自如。料得仙师曾细看，牡丹花下日斜初。"（元好问：《遗山集》卷十三《醉猫图二首》，文渊阁《四库全书》影印本，第1191册，第150、151页）加之诸多版刻、年画等民俗题材，均可旁证宋元时期"牡丹猫雀"取义"富贵长命"的普遍性。

图 15　宋金墓葬中的猫雀题材和福寿堂款
1. 登封黑山沟宋墓猫雀图　2. 山西侯马金墓猫雀砖雕

　　另一方面，宋元墓葬中也发现了直书"福""寿"的刻铭与墨书题记。山西交城裴家山元墓南北二壁上有"寿堂"和"恒斋"的刻铭；北京斋堂元墓前壁上题"安堂、乐堂"墨书；密云太子务元墓有"乐安之堂"的墓门题记；四川大足宋墓①的后室左右两壁上均刻有"寿堂"二字；四川广元昭化发现的淳熙癸卯纪年（公元 1183 年）宋墓在墓室后壁正上方刻书"庆堂"二字；重庆井口宋墓的墓顶石上则对刻有两组铭文，分别为"福寿""延长"②。福寿之义自不待言，那么"庆堂""乐安之堂"与"恒斋"又作何解释呢？"庆堂"中的"庆"字，《广韵》释为"丘敬切。贺也，福也"③，又据"积善之家必有余庆，积不善之家必有余殃"④，而"庆""殃"对仗取反悖之义，亦可将"庆"字释为"福"。由是观之，墓室中的"庆堂"也可释作"福堂"。而"乐安之堂"和"恒斋"则意在表明墓室空间是死者的永久性居所，在这样一个恒久存在的堂宅空间中，死者的灵魂因受到子孙永久的祭奠和供养而获得"乐安"⑤。

　　综合来看，家猫、牡丹和立柜的组合图像以及各色墓壁题记、墓门堂款均表达出"长命富贵"和"寿堂永安"的意愿。那么，图像和题记中"福寿延长"的意愿又映射出怎样的丧祭理念呢？

---

①　蒋美华：《四川大足县继续发现带精美雕刻的宋墓》，《文物参考资料》1955 年第 8 期。
②　重庆市博物馆历史组：《重庆井口宋墓清理简报》，《文物》1961 年第 11 期。
③　周祖谟点校：《广韵校本》，中华书局，2004 年，第 481 页。
④　（清）顾炎武：《易音·文言传》卷三，《丛书集成》三编，第 27 册，第 367 页。
⑤　这一问题李清泉曾有专论，详见李清泉：《宣化辽墓：墓葬艺术与辽代社会》，文物出版社，2007 年，第 162—169 页。

2. 安魂荫嗣：图像与题记背后的丧祭文化

墓室这一收柩之所中为何会出现"福寿延长""富贵长命"之类的吉语？"寿堂""庆堂"的祈愿对象究竟是亡者还是生人？在这些砖画图像和书刻题记背后，是否承载着一种联契生死、沟通阴阳的丧祭文化？事实上，宋元墓葬中包含着吉语的图像和题记中蕴含着三重概念：其一，预营寿坟，通过在生前修筑墓室来达到祈愿墓室所有者长寿的目的；其二，墓室为死者提供了另一个世界永享奉养的居所；其三，通过为父母或其他祖先修筑墓室来庇佑在世子孙长命富贵。

（1）寿冢安神：预营坟室，永宅无迁

蒙元时期中原北方地区墓葬中，生前预修"寿坟"的行为常记载于墓壁题记或碑趺刻铭的修墓记中，以彰显子孙孝行，说明预造坟室的目的。其中河北涿州元代壁画墓中的墨书修墓记和山东临淄大武元墓 [①] 的龟趺砖刻修墓记、孝子碑均是此类预营墓室的典型例证。实际上，这种子孙为父母预营坟室的丧葬礼俗自唐宋以来十分普遍。目前考古材料所见，"生坟"在山西、河北、山东和川渝地区的宋元墓葬中均有发现。此类预营墓室的行为，多以墨书题记或石雕线刻的形式记录在墓壁上，也有刻录在地券、墓志上的实例。如河北涿州元墓出土的石墓志上就记载了子女修筑"寿堂"时壁画受潮的细节 [②]。山西稷山马村金墓 M7 所出《段楫预修墓记》中，也明书"予自悟年暮，永夜不无，预修此穴，以备收柩之所" [③]。重庆荣昌淳熙十二年（公元 1185 年）宋代纪年墓室右壁上，亦有此类刻铭题记，"建此寿堂，三月起首，至十月吉日工毕"，故作修墓记"谨记之" [④]。

寿堂，又名"寿冢" [⑤]。古即有之，《后汉书·侯览传》就有"生而自为冢为寿冢"的记载 [⑥]。那么，预营寿冢的出发点又是什么呢？六朝典故中有梁国儿者，"仕姚

---

① 山东省文物考古研究所等：《山东临淄大武村元墓发掘简报》，《文物》2005 年第 11 期。

② "寿堂深足廿尺，壁画时风不能入，有露珠。秉彝于四方拜讫，风乃入，得画。实遇天助。"（河北省文物研究所等：《河北涿州元代壁画墓》，《文物》2004 年第 3 期）

③ 山西省考古研究所：《山西稷山金墓发掘简报》，《文物》1983 年第 1 期；刘耀辉：《晋南地区宋金墓葬研究》，北京大学硕士学位论文，2002 年，第 21 页。段楫预修墓记全文：夫天生万物，至灵者人也。贵贱贤愚而各异，生死轮回止一。予自悟年暮，永夜不无，预修此穴，以备收柩之所。楫生巨宋政和八年戊戌岁，至大金大定二十一年辛丑六十四载矣。修墓于母亲坟之下位，母李氏，自丙午年守媖，至辛巳岁化矣。楫生祖裕一子、一女舜娘，长二孙泽、译二人，二女孙。故修此穴以为后代子孙祭祀之所，大定二十一年四月日。段楫字济之，改颢字；曾祖十耶（爷），讳用成，五子。大耶（爷）讳先；二耶（爷）讳密；三耶（爷）讳世长，父六郎；四耶（爷）讳万；五耶（爷）讳智方。

④ 李显文、程显双：《四川荣昌县沙坝子宋墓》，《文物》1984 年第 7 期。

⑤ （宋）任广：《书叙指南》卷二〇"葬送坟墓"条："寿堂，曰寿冢，又曰寿藏。"（文渊阁《四库全书》影印本，第 920 册，第 594 页）

⑥ 《后汉书》卷七八《侯览传》，中华书局，1965 年，第 2523 页。

秦，封平舆侯。尝于平凉自作寿冢，将妻妾入冢饮燕，酒酣升灵床而歌。八十余乃卒。可谓达者"①。此处预建寿冢和耄耋乃卒两相呼应，生前营坟与"延寿天年"似乎构成了一定的因果关系。又宋人姑苏黄策，"作寿冢于灵岩之麓"，及其葬，"手植之木拱矣"②。树木的生长状态从一个侧面反映出由营坟至下葬历时长久，寿冢颇有延年之功。由此观之，寿堂、寿冢的营建，除在临终前营坟收柩、以求善终外，壮年之时便早营寿堂的情况也较为普遍，通过这一行为而"耄耋乃卒"的实例不乏载录。

由是观之，元墓中的"寿堂"题记、预营墓室的"修墓记"，甚至墓顶镶嵌的"长命富贵"铜镜，一定程度上均是墓主通过预营坟堂、以期有生之日"福寿延长"的反映。

另一方面，我们还需考虑：在预修寿冢、祈求墓主长寿的目的之外，元墓题记中的"安乐之堂"又代表什么？墓室除作为墓主阳世终结的收柩空间，是否也是死者在冥世"永永无迁"③的魂灵安顿之所？

元好问《遗山集》记载："且欲作寿冢，以为他日宁神之地。"④神者，人鬼也，即先祖之灵。寿者，除"长命延年"，又取"长"义。寿堂，亦即"永室"。"寿冢宁神"，可理解为"营坟安神，永宅无期"，即将墓室营造为死者的永久性居所。事实上，将墓室作为死者"永室"的记载可上溯到汉晋时期。《吴录》中就载录了范慎营坟以作"长室"的事例："范慎，字子敬。在武昌自造冢，名作'长室'。时与宾客作乐鼓吹，入中宴饮。"⑤这里所谓"长室"，在内涵和取义上与前述"寿堂""永室"同。《后魏书》中也有相似故事："傅永字修，常登北邙……有终焉之志。远慕杜预，近好李冲、王肃，欲附葬于墓，遂买左右地数亩，遗敕子叔伟曰：'此吾之永宅也。'"⑥

综上可见，墓室的营建不仅可以通过"生前预营"来达到添寿延年的目的，也为死后入葬提供了"永为供养"的长久居所⑦。前述元墓中"寿堂、恒斋""安堂、乐

① （清）王士祯：《池北偶谈》卷二一"寿冢"条，《丛书集成》三编，第 68 册，第 147 页。此事最早见诸《晋书》卷一一八《姚兴载记》："时西胡梁国儿于平凉作寿冢，每将妻妾入冢饮燕，酒酣升灵床而歌。时人或讥之，国儿不以为意。前后征伐，屡有大功，兴以为镇北将军，封平舆男。年八十余乃死。"（中华书局，1974 年，第 2996 页）

② （宋）沈与求：《龟溪集》卷一二"黄直阁墓志铭"条，文渊阁《四库全书》影印本，第 1133 册，第 1250 页。

③ "永永无迁"之语，取自《墨庄漫录》，书中记载京口北固山甘露寺中的两铁镬"乃当时植莲供养佛之器耳，为永无迁"之意（张邦基：《墨庄漫录》卷七"甘露寺铁镬乃植莲供养佛之器"条，中华书局，2002 年，第 199 页）。

④ （金）元好问：《遗山集》卷三四"樊侯寿冢记"条，文渊阁《四库全书》影印本，第 1191 册，第 398 页。

⑤ （宋）李昉：《太平御览》卷五五九《礼仪部·冢墓三》，中华书局，1960 年，第 2526 页。

⑥ （宋）李昉：《太平御览》卷五五七《礼仪部·冢墓一》，中华书局，1960 年，第 2520 页。

⑦ 墓室作为死者永久居所的探讨，详见李清泉：《宣化辽墓：墓葬艺术与辽代社会》，文物出版社，2007 年，第 162—169 页。

堂"之类的刻铭题记，承载着墓主生前福佑余年和死后福乐永延的双重祈愿。当然，我们也需注意，上述例证均是墓主自营坟所用作"寿堂"以自求福祉；在此之外，是否存在子孙为昭示孝行为长辈修造墓室的现象？墓室中"福寿延长"题款的祝佑对象，是否还有墓主之外的其他受众群体？

（2）供养与蒙荫：祭奉墓主，垂佑后嗣

通过对墓室装饰图像和随葬品的综合研究，我们发现墓室不仅仅为死者构建了歆享供奉的长久居所，墓室空间中的壁面装饰和随葬品摆陈，亦通过营造供奉墓主的场景达到庇佑子孙的目的。其明确体现着墓主与在世子孙的双赢"互酬"性关系，所谓"神灵安而子孙盛"。

按陆士衡《挽歌》云："寿堂延魑魅。"宋人注曰："寿堂，祭祀处。"① 此即明确点出安葬死者的寿堂同时具备祭祀先人的功用。北方宋金元墓葬中，通过墓室图像装饰和墨书题记营造对逝者祭奉场景的例证并不鲜见。陕西蒲城洞耳村元代壁画墓中，正壁墓主夫妇坐像上方的修墓记就明确表现出子孙对逝去祖先的祭奉：其中男墓主"张按答不花"和女墓主"娘子李云线"是作为"先考妣"而存在的祭祀对象，而主持祭祀活动的则是墓主夫妇的长子"闰童"与长媳②。湖北周家田元墓③中则在墓主棺位相对应的壁面上阴刻出跌座木主的"神位"供奉图案。山西侯马乔村M4309和牛村M1金墓中④，通过墓主人夫妇并坐砖雕上方"永为供养""香花供养"的题记，明确表明营造墓室以作供奉的礼仪功能。除通过图像、文字营造对先考妣的供奉场景外，金元时期的山西墓葬还有多代先祖共同祭奉的情况。如山西稷山金代段楫墓"预修墓记"铭明确提出修造墓穴的目的，即"以为后代子孙祭祀之所"，并在墓主名讳"段楫，字济之"后，又附列祖先数位，"曾祖十耶（爷），讳用成，五子。大耶（爷）讳先；二耶（爷）讳密；三耶（爷）讳世长，父六郎；四耶（爷）讳万；五耶（爷）讳智方"，昭穆明确，与祀堂供奉的排列有序的祖先神主牌位十分类似。而在山西文水北峪口⑤和交城裴家山元墓⑥中，墓主夫妇坐像正中的供案上，安放着"祖父之位"和"宗祖之位"的跌座牌位；在这种场景下，墓主夫妇所代表的"先考

① （宋）孙奕：《示儿编·正误》卷一一"寿堂"条，文渊阁《四库全书》影印本，第864册，第493页。
② 呼林贵等：《蒲城发现的元墓壁画及其对文物鉴定的意义》，《文博》1998年第5期。关于该墓祭供场景的营造，详见袁泉：《从墓葬中的"茶酒题材"看元代丧祭文化》，《边疆考古研究》第6辑，科学出版社，2007年，第329—349页。
③ 武汉市博物馆：《黄陂县周家田元墓》，《文物》1989年第5期。
④ 山西省考古研究所：《侯马乔村墓地》，科学出版社，2004年，第977—981页；山西省考古研究所侯马工作站：《侯马两座金代纪年墓发掘报告》，《文物季刊》1996年第3期。
⑤ 山西省文物管理委员会等：《山西文水北峪口的一座古墓》，《考古》1961年第3期。
⑥ 商彤流、解光启：《山西交城县的一座元代石室墓》，《文物季刊》1996年第4期。

妣"和其他祖先一并,代表了一个传承有序的家族血脉关系,世代永享子孙的供奉和祭祀[①]。

除上述直接表明祭奉性质的场景外,更多蒙元墓例通过特定的图像来暗示对墓主的供奉与祭祀。河北内丘胡里村元墓[②]、内蒙古凉城后德胜元墓[③]、山西孝义下吐京元墓[④]和山东地区的诸多元代砖雕壁画墓中,均可见摆放在男女墓主中间案桌或两侧壁面上的盆花图像;而河北廊坊桑氏墓[⑤]和河南洛阳赛因赤答忽墓[⑥]则出土了陶花槛的实物。这一现象同样可以上溯至宋金时期的墓葬传统,其中最具代表性的就是晋南地区宋金墓中桌案上摆放的硕大牡丹或束莲盆花图像。这些盆花图像上方有时还伴有相应题记,如侯马牛村 M1 中,男主人几案的左上方即刻有"香花供养"的字样。考《墨庄漫录》所载甘露寺"植莲供养"之故事,则宋代以降的盆花供养常取"永永无迁"之意,所谓"香花永供"。由是推之,广见于北方宋元墓葬中的"几上盆花"图像和随葬陶花槛,很可能均是用作"永为供养"的祭奉之物。

综上,宋元墓葬中夫妇对坐、中设几案、盆花为供的场景,使墓室空间在死者"永宅"的基础上,具备了子孙奉祀、香花永供的祭祀性质。而作为祭奉对象的死者,也在歆享子孙为尽孝所营造的供奉和祭祀场景中履行着对在世子孙后嗣的垂佑荫庇。侯马金明昌七年(公元 1196 年)董海墓[⑦]前室北壁墓门堂款"庆阴堂""庆阴",典出《汉书·礼乐志》,所谓"灵之至,庆阴阴",所咏为皇家郊祀降神的礼仪活动。而在《宋史》中,庆阴的文字书写大多与景灵宫等祭祀场合的降神仪式有关,"孝孙承之,陟降在庙、诚意上交,庆阴下冒""神之歆至,庆阴杳冥""灵之来至,垂庆阴阴"[⑧]。以此推之,侯马金墓堂款中的"庆阴"二字,应作"请降墓主之灵、以为祭祀"之解;庆阴堂,即为降神祭祀之所。其二为河南尉氏元墓墓门上方的"时思堂"。"时思"者,取义《孝经》,"卜其宅兆而安厝之,为之宗庙以鬼

① 相关讨论,详见袁泉:《物与像:元墓壁面装饰与随葬品共同营造的墓室空间》,《故宫博物院院刊》2013年第 2 期。
② 贾成惠:《河北内丘胡里村金代壁画墓》,《文物春秋》2020 年第 4 期。该墓墓志有"丁丑"干支纪年;根据其墓室结构、仿木构建筑及壁画布局均与河南焦作老万庄 M3(河南省博物馆、焦作市博物馆:《焦作金代壁画墓发掘简报》,《河南文博通讯》1980 年第 4 期)这一蒙古时期宪宗八年(公元 1258 年)的墓葬一致,可推定这里的"丁丑"应指前至元十四年(公元 1277 年),而非简报认定的金代。
③ 内蒙古自治区文化厅文物处等:《内蒙古凉城县后德胜元墓清理简报》,《文物》1994 年第 10 期。
④ 山西省文物管理委员会等:《山西孝义下吐京和梁家庄金元墓发掘简报》,《考古》1960 年第 7 期。
⑤ 廊坊市文物管理处等:《廊坊市安次县大伍龙村元代墓清理简报》,《河北省考古文集(三)》,科学出版社,2007 年,第 280—290 页。
⑥ 洛阳市铁路北站编组站联合考古发掘队:《元赛因赤答忽墓的发掘》,《文物》1996 年第 2 期。
⑦ 山西省考古研究所侯马工作站:《侯马 102 号金墓》,《文物季刊》1997 年第 4 期。
⑧ (汉)班固《汉书·礼乐志》卷二十二,《郊祀歌》十九章,颜师古注:"言垂阴覆偏于下。"(中华书局,1962 年,第 1052—1053 页)

享之，春秋祭祀以时思之"。这同样暗示了堂款所在空间的"四时祭祀"的功能性。按陆士衡《挽歌》云："寿堂延魑魅。"宋人注曰："寿堂，祭祀处。"① 所记均明确点出，至少在宋代，寿堂在安葬死者的同时也具备祭祀先人的功用。再结合山西、河南金元墓的两处堂款，或可推测宋元之际墓祭的开展，不仅仅是以整个墓茔为对象进行的地表仪式，墓室本身亦往往刻意营造出祭祀氛围，似乎构建着相应的地下仪礼空间。

通过营坟治葬来宣达孝行、最终达到蒙荫后嗣这一观念的盛行，伴随着宋以降风水堪舆的普及。而风水堪舆的普及则一定程度上反映出当时的丧葬观念已从隋唐阶段关注彰示地位的礼制界定，转变为注重孝道的表达和子孙后代的福祉。这一现象与社会精英集团的流动性密切相关：赵宋以来，仕途之法由门第进身转为科举进身，世家大族衰落，旧有的礼法制度动摇，子孙的前途成为变数；因此，通过营坟治葬来表达对祖先的孝心，继而祖辈之灵通过回馈荫庇来福佑后人的堪舆学说大为盛行②。为先人营坟日渐被列于一个重要的位置上，所谓"子孙贵贱、贫富、寿夭、贤愚皆系焉"③。正如程颐《葬说》所言："地之美者，则其神灵安，其子孙盛，若培壅其根而枝叶茂，理固然矣。"④ 据宋人记载，风水堪舆之说无非是为了两个目的：一是为求亡者神安，一是为了在世子孙"避凶趋吉"⑤。由是推之，元墓中的吉语堂款和祥瑞图像，在为死者营造永久的祭奉氛围的同时，也体现出子孙通过供祀墓主先人来获求庇佑、达到"长命富贵"的丧祭理念。这种通过祭奉墓主来福荫子孙的丧祭文化，亦广泛表现在蒙元时期中原北方多地墓葬"东仓西库"的壁面题材和随葬品组合中。

---

① （元）脱脱：《宋史》卷一百三十五，志第八十八，乐十，高宗明堂前朝献景灵宫十首，升殿，《乾安》："帝既临享，龙驭华耀。孝孙承之，陟降在庙。诚意上交，庆阴下冒。天休骈至，千亿克绍。"（中华书局，1977年，第3177页）；同书卷一百三十三，志第八十六，乐八，文舞退、武舞进，《穆安》："神之欲至，庆阴杳冥。风马云车，恍若有承。备形声容，于昭文明。庶几嘉虞，来享来宁。"（中华书局，1977年，第3105页）；同书卷一百三十六，志第八十九，乐十一，升降，《钦安》："灵之来至，垂庆阴阴。灵之已坐，饬兹五音。坛殿聿严，陟降孔钦，灵宜安留，鉴我德心。"（中华书局，1977年，第3201页）
② 详见秦大树：《宋代丧葬习俗的变革及其体现的社会意义》，《唐研究》第11卷，北京大学出版社，2005年，第313—336页。
③ （宋）司马光：《温国文正司马公文集》卷七一《葬论》，《四部丛刊初编》，商务印书馆，1922年，第500页。
④ （宋）程颢、程颐著，王孝鱼点校：《二程集》，中华书局，2004年，第623页。
⑤ （宋）朱熹：《晦庵集》卷六三《答胡伯量》："某旧闻风水之说断然无之，比因某葬先人，周旋思虑，不敢轻置，既以审诸己，又以询诸人。既葬之后，略闻或者以为茔窀，坐向少有未安，便觉惕然不安。乃知人子之丧亲，尽心择地以求亡者之安，亦未为害。然世俗之人但从时师之说，专以避凶趋吉为心。既择地之形势，又择年月日时之吉凶，遂至逾时不葬。"（文渊阁《四库全书》影印本，第1145册，第180页）

（二）东仓西库：实仓廪而宜子孙

1. 东仓西库在不同地区的表现形式

东仓西库是中原北方蒙元墓葬中的重要装饰题材，在晋东平定、陕西西安、河南尉氏、河北平乡和山东济南等地的砖雕和壁画墓中均有不同形式的表现。根据这一题材在不同地区墓葬中表现形式的差异，可以将其分作三大类：一、晋东与河南地区的金银财帛库与仓粟谷粮库，二、晋东南与关陇地区的仓、灶、井、碓、磨等农具和炊厨用具组合，三、冀东及山东地区的衣架与粮囤。以下将结合墓葬实例，对上述三类"东仓西库"的表现模式逐一分析。

（1）晋东、河南地区：金银库与谷粮库

这一地区的蒙元墓葬中往往在墓室左右侧壁通过墨书题记或小龛立碑标明"东仓西库"的图像性质。山西平定东回村元代壁画墓中，左壁假门上墨书"觚斗库"，右壁假门上方题有"金银库"①，这就暗示了假门内分别为粮粟库与财帛库。

与之相类，河南尉氏元墓用更为详细的图像细节表现了这一题材。该墓右壁正中的小龛内有刻写"东仓"二字的陶碑，龛外南侧绘佃户交粮入库的图像，或肩负粮袋，或手持农具，三五成群走向"东仓"门口；仓前建筑下一头裹展翅垂角幞头的账房小吏正坐于朱漆桌案后，身着圆领宽袖红袍，提笔在卷册上记录入库的粮帛数量（图16，1）。与之相对，左壁正中小龛内的碑记为"西库"二字，龛外南侧壁画展现了进奉金银钱帛的场景，"西库"门前绘有四人，其中一人手捧托盘，内盛货币银铤②（图16，2）。

1　　　　　　　　　　2

图 16　河南尉氏元墓壁画
1. 东南壁"东仓"图　2. 西南壁"西库"图

---

① 山西省文物管理委员会：《山西平定县东回村古墓中的彩画》，《文物参考资料》1954 年第 12 期。
② 开封市文物工作队等：《河南尉氏县张氏镇宋墓发掘简报》，《华夏考古》2006 年第 3 期。

除上述两则蒙元墓葬中的壁画材料外，财帛、粱粟库的墓葬图像在金代分布得更为广泛，晋中地区繁峙和汾阳两地均发现了此类墓例①。山西繁峙杏园乡金墓左右侧壁的窗棂下，各端坐有一文一武两位官员，西壁为结跏扶膝而坐的武将（图17，1），东壁则为案后执笔的文吏（图17，2）。二人身前皆有仆从捧持银铤、珊瑚、犀角等杂宝②。其中文吏提笔记录账册的形象与河南尉氏元墓"东仓"南侧的账房小吏图像十分相似。汾阳三泉明昌五年（公元1194年）金墓中的左后壁，绘出窗棂内外入供银钱的"钱白库"场景③，恰与尉氏元墓中的"西库"图像和平定东回村的"金银库"题记相合。此墓东壁图像漫漶，但根据墓室布局左右对称的规律，很可能原为"粮粟仓"的画面。

图17　山西繁峙杏园乡金墓壁画
1. 东北壁"东仓"图　2. 西北壁"西库"图

（2）关陇、晋东南地区：灶、井、碓、磨的图像组合

关陇地区主要指以西安、宝鸡为中心的陕西地区，这一区域的蒙元墓葬主要发现于渭水流域的西安、兴平、咸阳和宝鸡，以及洛水一线的延安和洛川。这批墓葬虽然墓室结构有异、墓主身份不同，但都随葬一套磨光灰陶或黑陶明器，且

① 同作为中原北方地区的晋东、晋中和河南地区尽管在墓室形状、砖画侧重和具体图像表现上略有差异，但自金代中期以来，其区域特征明显体现出统一化的表现模式：墓室四壁以雕镶门窗为中心，仿木构斗栱复杂，孝行题材大量应用。然而，进入蒙元时期，这种金代已经确立并相当巩固的大区域统合面貌却被逐渐打破，一些小的区域风格日益凸显出来，其中包括汾、平、孝、介在内的晋中地区和以邯郸、焦作、洛阳为代表的冀南豫北地区（其中晋东的阳泉平定地区与豫北、冀南地区的墓葬面貌十分相似，故将平定划归此区）开始在壁面装饰上分别选择不同的发展道路与表现形式。这或可解释财帛、粱粟库的壁画题材在金代墓葬中分布更为广泛，而元代有所收缩的现象。

② 图片材料承山西省考古研究所刘岩研究员见告，后刊于徐光冀主编：《中国出土壁画全集·山西卷》，科学出版社，2012年，图163、164。

③ 马升、王俊：《山西宋金墓葬考古的重要发现》，《中国文物报》2008年11月19日第2版。

均包括以下两组器物：其一是碗、盘、盏、瓶、仓、灶、井等具有时代特征的器物，其二是簠、簋、尊、壶、爵等仿古器物。与晋东、河南地区多以壁画或砖雕等图像形式表现不同，关陇地区蒙元墓葬中的"东仓西库"题材，基本以随葬仓、灶类陶明器来展现，且仓、灶形制变化不明显，可作为当地墓葬分期的重要标尺①。这些陶仓、陶灶在墓葬中通常对称摆放，或位于墓室东西壁下，或置于左右耳室中。以西安曲江至元五年（公元1339年）张弘毅墓②为例，陶仓位于墓室西侧耳室（小龛），而陶灶发现于相对的东侧（图18）。

图18　西安曲江至元五年张弘毅墓出土黑陶仓、灶

有趣的是，与炊厨、囤粮相关的劳作场景在附近地区的宋金墓葬中往往以壁画、砖雕等图像形式展现。与晋东、河南地区对称装饰在左右侧壁的壁画格局不同，以长治为中心的晋东南和甘肃清水等地宋金墓的同类图像，往往出现在墓门两侧或墓门上端，多侧面地表现一组劳作场景，分别为灶前备炊、井边汲水、石碓舂米、推磨碾谷和箅米筛面，而蒙元时期用作随葬明器的仓、灶、井，均可在其中找到一一对应的图像。这种装饰组合由宋至金一直是长治、屯留等地墓葬装饰的重要题材，其在甘肃地区亦有发现。代表墓例为长治故县宋代壁画墓③、长治五马村宋墓④、甘肃

① 这一地区蒙元墓葬的面貌特征和仓、灶明器的阶段变化，详见袁泉：《略论"洛－渭"流域蒙元墓葬的区域与时代特征》，《华夏考古》2013年第3期。
② 西安市文物保护考古研究院：《西安曲江元代张达夫及其夫人墓发掘简报》，《文物》2013年第8期。
③ 朱晓芳、王进先：《山西长治故县村宋代壁画墓》，《文物》2005年第4期。
④ 王进先、石卫国：《山西长治市五马村宋墓》，《考古》1994年第9期。

清水上邽乡^①、贾川乡金代砖雕壁画墓^②（图 19）和山西屯留宋村金代砖雕壁画墓^③（图 20）。其中碓、磨、筐、筛组成了粮食加工的"粮仓"组合，而井、灶题材则与"厨库"劳作相关。蒙元时期，这种成组出现的劳作工具与场景则逐渐淡出了当地的壁面装饰体系，仅在渭水流域的出土陶器组合中还保留着仓、灶、井等陶制模型。

如果我们把观察视角的时间线向前后延伸，则可发现随葬陶瓷仓、碓、磨、井、灶等粮仓、厨库模型的习俗自汉晋至明清一直存在，不仅在豫、冀、晋、陕等地有

图 19　甘肃清水金墓中的砖雕、壁画

1. 上邽乡金墓舂米图　2. 贾川乡金墓舂米图

图 20　山西屯留宋村金墓壁画

1. 蒸厨图　2. 舂米图

① 南宝生：《绚丽的地下艺术宝库：清水宋（金）砖雕彩绘墓》，甘肃人民出版社，2005 年，第 69—75 页。
② 北京大学中国考古学研究中心等：《甘肃省清水县贾川乡董湾村金墓》，《考古与文物》2008 年第 4 期。
③ 山西省考古研究所等：《山西屯留宋村金代壁画墓》，《文物》2008 年第 8 期。

发现，也是长江流域墓葬文化的共同特征。湖北荆州谢家桥西汉墓就随葬有逼真的三连陶灶和陶仓模型[1]。陕西西安[2]、山西大同[3]、河南洛阳[4]地区的西魏、北魏墓葬中，均随葬造型相似、组合一致的陶磨、陶灶和陶井模型。湖北鄂城从三国吴至南朝的墓葬中，更大批出土造型多样的青瓷仓、灶、井、磨、碓模型[5]。宋元以降，这一明器组合依旧在部分地区的明代墓葬中沿用保留。洛阳道北明墓 M1137 中，就出土成套的仓、灶、磨、碾、井、臼等泥质灰陶模型[6]；而东仓西库的碑题和图像表现，也发现于重庆永川明代壁画墓中[7]。

此外，以"水井和辘轳"为象征符号的"汲水"题材除在长治和关中地区与灶、碓、磨组成固定图像搭配外，也单独出现在河南和山东地区的蒙元壁画墓中，河南尉氏元墓右壁"西库"题材的图像中，就有一女担水而至的场景；河北邢台钢铁厂元墓和山东济南埠东村元墓墓门东侧，也描绘有井栏和提桶侍女的形象。

（3）冀东、山东地区：衣帛柜与粮粟仓

沧州—武邑—平乡及其以东地区蒙元墓葬的装饰格局沿袭了宋代以来中原地区的墓葬传统，流行在墓室左壁表现出挂搭有衣物的衣架和立柜，谷仓或粮囤的位置则相对自由，既有与衣架并列于门楼两侧的情况，也绘饰在墓门两边或后壁上。济南历城郭店 M1 中，左壁两立柱间绘有挂搭着衣物的衣架和满盛粮谷的大缸[8]。济南历城司里街 M1 中，相似的衣架和粮囤则被左右分列在左壁门楼两侧[9]（图 21）。而在章丘地区龙山镇和双山镇的元代砖雕壁画墓中，衣架和立柜仍然固定在西壁，粮仓却被绘饰在后壁门楼下方或墓门两侧[10]（图 22）。那么，这一地区所流行的衣架与粮囤（粮仓）的图像究竟有什么含义呢？河北平乡元墓中的龛内碑记为我们提供了明确的答案。

河北平乡郭店砖雕墓的东西两壁的仿木构建筑下各立有陶碑一方，左侧为"绫罗满柜"，右侧刻"粮粟满仓"。此墓中左右对称的刻铭恰好为冀东与山东半岛地区墓葬壁面中衣架和粮囤这两项常见装饰题材作了生动注解：挂搭有衣物的衣架和旁

① 荆州博物馆：《湖北荆州谢家桥一号汉墓发掘简报》，《文物》2009 年第 4 期。
② 西安市文物保护考古所：《西安曲江雁南二路西晋墓发掘简报》，《文物》2010 年第 9 期。
③ 大同市考古研究所：《山西大同文瀛路北魏壁画墓发掘简报》，《文物》2011 年第 12 期。
④ 洛阳市第二文物工作队：《洛阳纱厂西路北魏 HM555 发掘简报》，《文物》2002 年第 9 期。
⑤ 南京大学历史系考古专业等：《鄂城六朝墓》，科学出版社，2007 年，图版 79—84。
⑥ 洛阳市第二文物工作队：《洛阳道北二路明墓发掘简报》，《文物》2011 年第 6 期。
⑦ 汪伟：《凌阁堂壁画墓的壁画艺术与民俗文化》，《重庆社会科学》2009 年第 2 期。
⑧ 济南市文化局等：《济南近年发现的元代砖雕壁画墓》，《文物》1992 年第 2 期。
⑨ 济南市考古研究所：《济南市司里街元代砖雕壁画墓》，《文物》2004 年第 3 期。
⑩ 代表墓例为章丘双山镇元墓，图片引自徐光冀主编：《中国出土壁画全集·山东卷》，科学出版社，2012 年，图 123、127。

图 21　济南历城司里街 M1 西壁衣架、粮囤图

| 1 | 2 |

图 22　山东章丘双山镇元墓衣架、粮仓图

1. 西壁衣架图　2. 南壁粮仓图

边的立柜、衣匣代表了"衣帛满柜"，而满盛着谷物的大缸或粮囤则对应"粮粟满仓"。这种仓柜充盈的场景营造和晋豫地区的"粮仓钱库"异曲同工，可视为"东仓西库"在不同区域的另一图像表现形式。

　　通过对"东仓西库"图像的梳理，我们发现这一题材在蒙元时期广泛流行于北方墓葬中，无论是钱库与粮仓的组合、井灶碓磨的搭配，还是绫罗与粮囤的成套出现，都是为了营造仓廪与厨库的丰盈场景。接下来的问题是，墓室中"实仓廪"的场景营造究竟隐含着什么样的治葬观念和葬祭习俗呢？

2. 东仓西库与福荫子孙

　　北方元墓中虽未发现明确提示"东仓西库"题材意义的线索，却可在南方元墓的出土瓷器中找到旁证。景德镇出土的青花釉里红楼阁式谷仓，仓阁两侧的亭楼正墙分别有"凌氏墓用"和"五谷仓所"的题记，标明了这一瓷作建筑模型的功用为"五谷仓"。仓门上方与两侧记楹联一副，横批为"南山宝象庄五谷之仓"，两联作"禾黍丰而仓廪实"和"子孙盛而福禄崇"（图23）。此即言通过粮谷满仓来为埋葬于墓室中的祖先提供冥界生活衣食无忧的物质保障；而按照死者和生者"对等"的互酬关系，逝去的祖先在歆享了充盈的粮粟之后，会为子孙后嗣赐佑福禄。

图23　江西省博物馆藏元代
青花釉里红楼阁式谷仓

实际上，南方地区这种通过粮罂类明器祈福庇佑子孙的丧葬传统可以向上追溯到东汉和魏晋南北朝时期。江苏吴县狮子山出土的西晋青瓷罐自铭："用此罂，宜子孙，做高吏，其乐无极。"[①]北京故宫博物院藏吴永安三年（公元260年）青瓷罐亦有题铭："富且祥，宜公卿，多子孙，寿命长，千亿万岁未见殃。"浙江绍兴南池乡西晋墓的出土明器中，亦有刻铭为"用此丧葬，宜子孙，作吏高"的堆塑罐[②]。一直到宋元阶段，长江流域及以南地区一直保留着通过陶瓷谷仓罐的刻铭或墨书来泽被子孙的传统。现藏于龙泉博物馆的宋代龙泉窑多管瓶上，即保留着"五谷仓柜……荫子益孙，长命富贵"的墨书题记[③]。

而这种通过为先人墓穴随葬"谷仓类"坛罐或建筑模型明器来达到护佑子孙目的的丧葬传统一直到今天北方地区仍然得以保持和延续。陕西扶风齐家村在葬礼封墓之前，大多要在墓室安放一只陶罐，罐中实以酵母粉，再插入大葱数根。据村民解释，酵母粉取"发"意，大葱则按谐音意即"聪明"：这组随葬品组合意在祝愿墓主后人能够"聪明康健、富贵发达"[④]。

由是推知，北方各地元墓中"东仓西库"的装饰题材和随葬模型实际上是墓主在另一世界钱粮充盈的表现符号。钱白库和觚斗库的不断进账、绫罗柜和粮粟囤的日渐充盈、源源不绝的粮食生产与厨库荐备都是在力图供给祖先安逸的冥间生活；故而"东仓西库"这一通行于南北的墓葬文化因素从本质而言完全契合了"神灵安、

①　张志新：《江苏吴县狮子山四号西晋墓》，《考古》1983年第8期；上海博物馆：《上海博物馆藏瓷选集》，文物出版社，1979年，图版10。
②　王佐才、董忠耿：《试述绍兴出土的越窑"谷仓罐"》，《江西文物》1991年第4期。
③　朱伯谦：《龙泉窑青瓷》，艺术家出版社，1998年，第95页。
④　此材料承中央民族大学民族学与社会学学院副教授马赛提供，特此致谢。

子孙盛"的治葬理念。

综合考察蒙元墓葬中的壁面图像和随葬器用，无论是福寿堂款的书写，还是东仓西库题材的频繁出现，均反映出"神灵安、子孙盛"的墓葬文化传统，共同构建了一个祈愿"富贵长命""福寿永延"的墓室环境。这种通过营坟治葬活动来表达对逝去祖先的祭奉行为，实际上反映出祖先与子孙、死者与生者以墓葬为媒介所进行的"互酬性"沟通：孝子贤孙预营寿坟来祈愿墓主富贵寿考，又借由为死去祖先营造永久供奉的乐安之堂，冀求祖先对家族在世子孙"福寿延长"的庇佑。

四、结　　语

蒙元时期壁面装饰和随葬实物依据表现类型的不同可分作三类：对坐图像、屏风围榻、棺床和葬具共同指代着墓主人之"位"，车马、仪俑和供奉器用组成"明器"之属，而壁面雕绘的家具图像和木陶家具模型的使用则为"下葬"之制。这些墓室装饰和随葬组合在相互补证中共同复原了一种空间模式：以墓主人为中心，左右茶酒供奉、对面表演伎乐、旁设盥洗备荐之具、车马仪仗前导待行。参考当时的礼书记载，可以看出这套空间布局是祭祀供奉场景的典型模式；换言之，墓室不仅作为收柩之所，也在极力营造一种祭奉氛围。而这种通过营坟治葬活动来表达对逝去祖先的祭奉行为，实际上反映出祖先与子孙、死者与生者以墓葬为媒介所进行的"互酬性"沟通：孝子贤孙预营寿坟来祈愿墓主富贵寿考，又借由为死去祖先营造永久供奉的乐安之堂，冀求祖先对家族在世子孙"福寿延长"的庇佑。综合考察蒙元墓葬中的壁面图像和随葬器用，无论是猫雀题材的表现、福寿堂款的书写，还是东仓西库题材的频繁出现，均反映出"神灵安、子孙盛"的墓葬文化传统。

（原载《文物、文献与文化：历史考古青年论集》，
上海古籍出版社，2017年。有小幅修改）

天宫楼阁艺术源流探析[*]

赵献超

（首都师范大学历史学院，北京，100089）

"不知天上宫阙，今夕是何年？"在飞翔还停留在幻想与想象的时代，天上宫阙是琼楼玉宇，同时也高高在上。对于那遥不可及的天国宫阙，古人并没有停留在漫无边际的想象，而是极力对其进行令人神往的描摹。寺观和石窟内的壁画里，知名或不知名的艺术家以其无限丹青手，刻画无垠梵天宫。宋将作大匠李诫编著的《营造法式》在论及佛道帐及经藏时有"天宫楼阁"制度。山西大同华严寺薄伽教藏殿壁藏、四川江油窦圌山云岩寺飞天藏、重庆大足北山石刻石雕转轮藏、四川平武报恩寺华严殿转轮藏等则保留有不同时代、各具特色的天宫楼阁遗存。通过这些摹绘、制度和遗存，我们不仅可以目睹古人对于天国境界的立体化畅想，也可以以此为起点，回溯天上宫阙的艺术渊源与流变。

一、法象上天的人间宫阙

至迟从周代开始，帝王已经被认为是上天的儿子，他们作为上天的代表，是现实世界的所有者和管理者，因而在人间的帝王的处所自然地对位于在天界的众神的处所。事实上，统治者在营建都城和宫室时，无不通过各种手段、竭其所能地试图

---

* 本文曾在"美术史在中国——中央美术学院美术史学科创立 60 周年国际学术研讨会暨第 11 届中国高等院校美术史学年会"（2017 年 11 月）上宣读。

将其与上天发生联系，因为宫阙朝堂在王朝时代不仅是天子起居、办公的场所，更是王朝正统的体现。

春秋时期，吴越之地已经有"象天法地"和"拟法于紫宫"的筑城记载[①]，秦都咸阳及其宫室则是体现象天法地规划手法的确凿案例：《史记》载秦始皇"三十五年……乃营作朝宫渭南上林苑中。先作前殿阿房……周驰为阁道，自殿下直抵南山。表南山之巅以为阙。为复道，自阿房渡渭，属之咸阳，以象天极阁道绝汉抵营室也"[②]。《三辅黄图》称："始皇穷极奢侈，筑咸阳宫，因北陵营殿，端门四达，以制紫宫，象帝居，渭水灌都，以象天汉，横桥南渡，以法牵牛。"[③] 咸阳宫的设计效仿的是天帝所居的紫微宫，而阿房宫作为离宫则象征营室宿，两宫通过跨越象征天汉的渭水的阁道相连，秦都咸阳按天象布局，史料记载与星象吻合[④]（图1）。作为政治中枢的帝王宫室，被作为人间的天宫，在这里，王权的神化得到了充分的体现。秦国关于宫室的另一项富有意味的行动是写放诸侯宫室[⑤]，在《史记》中，这种和分天下为三十六郡、统一度量衡、车同轨、书同文等措施并列的写放宫室行为，其象征意义应大于搜罗财富、汇集美人等的实际意义。宫室从某种程度上看是权力合法性和有效性的象征，正像有学者指出的那样："将六国宫殿拆除，意味着六国权力在版图上的消火，以其样式在咸阳仿造六国宫殿，则意味着将六国权力集中于秦王朝的统治之下。"[⑥]

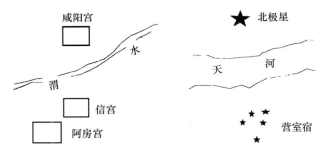

图1　秦都咸阳宫室布置与天象的对应关系

（改绘自李小波、陈喜波《汉长安城"斗城说"的再思考》，《考古与文物》2001年第4期）

① 张觉校注：《吴越春秋校注》，岳麓书社，2006年，第56—208页。
② （汉）司马迁：《史记》，中华书局，1959年，第256页。
③ 何清谷校注：《三辅黄图校注》卷一，三秦出版社，1995年，第21页。
④ 李小波、李强：《从天文到人文——汉唐长安城规划思想的演变》，《城市规划》2000年第9期；李小波、陈喜波：《汉长安城"斗城说"的再思考》，《考古与文物》2001年第4期；陈喜波、韩光辉：《汉长安"斗城"规划探析》，《考古与文物》2007年第1期。
⑤ 《史记》卷六《秦始皇本纪》："秦每破诸侯，写放其宫室，作之咸阳北阪上。南临渭，自雍门以东至泾、渭，殿屋复道周阁相属。所得诸侯美人钟鼓，以充入之。"（汉）司马迁：《史记》，中华书局，1959年，第239页。
⑥ 张同利：《九鼎传说与秦汉都城》，《民族艺术》2008年第4期。

曹魏时期，魏明帝"上法太极于洛阳南宫，起太极殿于汉崇德殿之故处，改雉门为阊阖门"①，其宫城配置系模拟天象而建。南朝宫殿在修改建的过程中，"仰模玄象，体合辰极"②，系模仿天上的星辰布局，以地上的宫殿象征天宫，其规划模式与秦都咸阳"象天极阁道绝汉抵营室"的手法实属一脉③。北魏平城的规制，初衷是要模仿邺城、洛阳和长安的，《魏书》卷二三："太祖欲广宫室，规度平城四方数十里，将模邺、洛、长安之制，运材数百万根。"④北魏政权在太和十五至十六年间（公元491—492年）改建平城太庙、创建太极殿时，曾"遣（蒋）少游乘传诣洛，量准魏、晋基趾"⑤，即以魏晋太极殿及太庙遗址作为营建依据。除在重要建筑的建设中"量准魏、晋基趾"之外，魏室还曾派负责宫室建设工程的蒋少游（官至将作大匠）出使南齐，模范南朝宫阙⑥。蒋少游南使所摹写的宫阙制度，很可能被利用在平城宫殿的设计上⑦。在封建时代，城郭宫室制度关乎礼仪⑧，核心宫殿布置上采用"法氏象亢"的手法，"王者之位以尊……信乎齐三光而示宇宙，会万国而朝诸侯"⑨，是政权合法性的重要象征。

杨坚创建大兴城时，"正位辨方，揆影于日月，内宫外座，取法于辰象。……占揆星景，移建邦畿。下凭赤壤，上协紫微。布政衢室，悬法象魏。帝宅天府，固本崇威"⑩。隋炀帝所营建的东都洛阳，"其宫北据邙山，南直伊阙之口，洛水贯都，有河汉之象"⑪，宫城更因象紫微宫而有"紫微城"⑫之称。北宋初年营建后的东京汴梁皇宫，"天河群神之阙，紫微太一之宫，拟法象于穹昊，敞阊阖而居至尊"⑬。由于天上的秩序体现为星象，在皇权神授的观念下，在构筑天子处所的时候，模拟星象的行

① （北魏）郦道元著，陈桥驿校证：《水经注校证》卷一六，中华书局，2007年，第397页。
② 《建康实录》卷九："（太元）三年春正月，尚书仆射谢安石以宫室朽坏，启作新宫……安与大匠毛安人决意修定，皆仰模玄象，体合辰极，并新制置省阁堂宇名署时政。"（唐）许嵩撰，张忱石点校：《建康实录》，中华书局，1986年，第265页。
③ 王静：《中古都城建城传说与政治文化》，社会科学文献出版社，2013年，第66—75页。
④ （北齐）魏收：《魏书》卷二三，中华书局，1974年，第604页。
⑤ （唐）李延寿：《北史》卷九〇，中华书局，1974年，第2984页。
⑥ 《南齐书》卷五七："（永明）九年，遣使李道固、蒋少游报使。少游有机巧，密令观京师宫殿楷式。清河崔元祖启世祖曰：'少游，臣之外甥，特有公输之思。宋世陷虏，处以大匠之官。今为副使，必欲模范宫阙。岂可令毡乡之鄙，取象天宫？臣谓且留少游，令使主反命。'世祖以非和通意，不许。少游，安乐人。虏宫室制度，皆从其出。"（梁）萧子显：《南齐书》卷五七，中华书局，1972年，第990页。
⑦ 逯耀东：《从平城到洛阳：拓跋魏文化转变的历程》，中华书局，2006年，第175页。
⑧ 陈寅恪：《隋唐制度渊源略论稿·唐代政治史述论稿》，商务印书馆，2011年，第6—90页。
⑨ （陈）徐陵撰，（清）吴兆宜笺注：《徐孝穆集》，商务印书馆，1937年，第190—192页。
⑩ （唐）魏徵、令狐德棻：《隋书》卷五七，中华书局，1973年，第1409—1412页。
⑪ （唐）李吉甫撰，贺次君点校：《元和郡县图志》卷五，中华书局，1983年，第129—130页。
⑫ （清）徐松辑，高敏点校：《河南志》隋城阙古迹，中华书局，1994年，第100页。
⑬ 李合群：《试论影响北宋东京规划布局的非理性因素——象天设都与堪舆学说》，《河南大学学报（社会科学版）》2006年第5期。

为实际上模拟的是天上的秩序，显示了通过此等秩序建设控制天下的野心。对于宫殿内的统治者来说，身居至尊之位的皇宫大内而天下如在指掌之间般易于控制，如唐大明宫"北据高岗，南望爽垲，终南如指掌，坊市俯而可窥"①，宫中之主宛如俯瞰众生的天神。对隋唐长安与洛阳、元大都、明清北京城等规划手法的探讨②也表明，在都城规划中以宫城为模数的手法至迟在隋代已经在使用了，这种以宫城作为都城规划模数的手法，"目的是在都城规划中体现国家从属于皇权、源出于皇权和皇权涵盖一切、化生一切、无所不在的至高无上的地位"③（图 2）。

在古人的世界中，宫殿与天上的星辰相对应，皇宫即人间的天宫。而作为宫殿正门的门阙，除了是拟则宸宫手法的体现之外④，更是皇宫最具象征意味的地方，固可以"宫阙""天阙"作为皇宫的指代，以"诣阙"作为赴朝堂之称谓。从历史上考察，门阙从门两旁缺然为道的建筑，逐渐演变为"权威的具体象征"⑤。《水经注》卷一六《榖水》中引《白虎通》曰："门必有阙者何？阙者，所以饰门。别尊卑也。"⑥对于阙这个特殊的建筑形式，日本历史学者渡边信一郎曾指出："阙门位于建筑物的正门前，作为区别圣界与俗界的标识而设于各种场所，不仅仅限于宫城。在宫城的场合，阙门是将天子·皇帝之至尊自俗界区别出来，并对民众阐明皇帝所具现的礼法与秩序的装置。"⑦

宫殿建筑尽管有其自身的规划设计之手法、发展变化的脉络、茅茨土阶之朴实或瑶台琼室般富丽，但皇宫作为人间的天宫无疑为古人对天宫的想象提供了最基本又最直接的图式。然而，庙堂作为帝国权力的中心，出于维护权威性和神圣性的需要，一般来说只有少数人才有机会得以窥其面貌。如北魏洛阳永宁寺这一中国历史上最高的佛塔建成后，因在塔上可以看到宫中，一般人被禁止登塔⑧。事实上，不仅宫阙，即使孔庙这样一个作为"国家宗教"或者"公共宗教"的所谓神圣空间，在

① （宋）李昉等：《太平御览》卷一七三，中华书局，1960 年，第 848 页。
② 傅熹年：《中国古代城市规划、建筑群布局及建筑设计方法研究》，中国建筑工业出版社，2001 年。
③ 傅熹年：《隋唐长安洛阳城规划手法的探讨》，《文物》1995 年第 3 期。
④ 《晋书》卷一一《天文志》称："东方，角二星为天阙，其间天门也，其内天庭也。"[（唐）房玄龄等：《晋书》，中华书局，1974 年，第 299 页。]《水经注》卷一六《榖水》称："今阊阖门外夹建巨阙，以应天宿，虽不礼，犹象而魏之，上加复思，以易观矣。"[（北魏）郦道元著，陈桥驿校证：《水经注校证》卷一六，中华书局，2007 年，第 398 页。]
⑤ 〔美〕巫鸿著，李清泉、郑岩等译：《中国古代艺术与建筑中的"纪念碑性"》，上海人民出版社，2008 年，第 359 页。
⑥ （北魏）郦道元著，陈桥驿校证：《水经注校证》卷一六，中华书局，2007 年，第 397—398 页。
⑦ 〔日〕渡边信一郎著，徐冲译：《中国古代的王权与天下秩序：从日中比较史的视角出发》，中华书局，2008 年，第 109—110 页。
⑧ 《洛阳伽蓝记》卷一《永宁寺》："明帝与太后共登之，视宫内如掌中，临京师若家庭，以其目见宫中，禁人不听升。"（范祥雍校注：《洛阳伽蓝记校注》，上海古籍出版社，1978 年，第 5 页。）

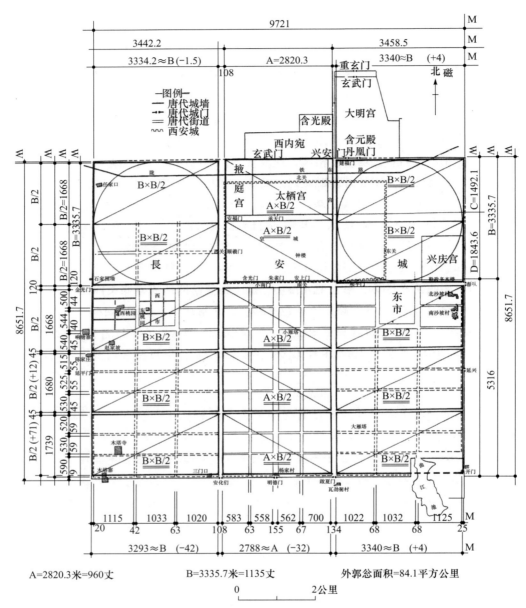

图 2 隋大兴城—唐长安城以宫城的长广作为都城划分的基本模数
（引自傅熹年《隋唐长安洛阳城规划手法的探讨》，《文物》1995 年第 3 期）

王朝时代的大多数时候，可能都一直是"一个封闭的空间"①，并不对公众开放。正所谓"庙堂之高"，对于一般民众来说，其实际意味可能更多的是一种想象的空间。而宫殿之门阙作为圣俗之分界的同时，也是两者沟通之孔道，吏民士庶可以"诣阙"，

---

① 黄进兴：《皇帝、儒生与孔庙》，生活·读书·新知三联书店，2014 年，第 28 页。

一些重大活动或"赦宥"之礼仪也在这里举行，门阙恐怕是最为多数人所了解的、最接近帝国神圣的权力中心的建筑形式和特殊空间。

二、净土变中的天宫图式

对于富含宗教热情的僧人来说，他们译经、讲经、传经甚至转变，以极力传播佛教。南北朝以后，普度众生的大乘佛教思想开始流行，在宗教义理的探讨之外，满足众生对现世利益的追求与得道成佛的渴望成为宗教传播的现实需求。但是面对文化程度普遍不高的信众，佛经中对佛国净土宏大场面和无限美好的文字描绘可能无法激起预期的向往与共鸣，而经变画——尤其是描绘西方净土（无量寿、阿弥陀、观无量寿）、弥勒净土、东方药师净土等的净土图式经变（以下简称"净土变"）[①]因其丰富直观的特点，极大地缩短了佛国世界和人间的距离，成为善男信女了解极乐世界的捷径。

在净土变的萌芽阶段，宗教画师在说法图的基础上，通过增添一定的建筑元素作为背景的方式，创造了以建筑为背景的早期净土变[②]。此时的画师对建筑元素的选择是从门阙这一在视觉上和心理上均具有特殊地位的建筑形式开始的。麦积山第127窟的西方净土变是现存时代较早且具备"基本图像特征……在中国北朝西方净土变图像形成和发展过程中起到承上启下的作用"[③]的净土变（图3），该图正中为一殿屋，殿前两侧各绘一高耸的庑殿顶单阙，画面上绘制有七重栏楯、七宝莲池、八功德水[④]，"创造性地构想了西方极乐之净域"[⑤]，殿与双阙呈品字形布局，为我们展现了南

---

① 尽管不同的经变所依据的佛经并不相同，但是对敦煌画稿的研究表明，"在敦煌唐代以来的经变画，如弥勒经变、观无量寿经变、阿弥陀净土变、无量寿经变、药师经变，在构图方式上基本一致，均是以阿弥陀净土变的基本元素与结构布局进行绘制。"（沙武田：《敦煌画稿研究》，中央编译出版社，2007年，第95页。）基于此，本文以考察净土变建筑背景发展变化之大势为主。
② 净土变中也有以自然山水来表现净土世界的如法华经变，由于文章篇幅的限制，这里只讨论以建筑为背景所刻画的净土世界。
③ 孙晓峰：《天水麦积山第127窟研究》，甘肃教育出版社，2016年，第205页。
④ 《阿弥陀经》中描述的西方净土世界："其国众生无有众苦，但受诸乐，故名极乐。又舍利弗，七重栏楯，七重罗网，七重行树，皆是四宝周匝围绕，是故彼国名曰极乐。又舍利弗，极乐国土有七宝池，八功德水充满其中。池底纯以金沙布地。四边阶道，金银琉璃颇梨合成。上有楼阁，亦以金银琉璃颇梨车磲赤珠玛瑙而严饰之。池中莲花大如车轮。"[（后秦）鸠摩罗什：《佛说阿弥陀经》，《大正新修大藏经：12》，大正一切经刊行会，1924年，第346—347页。]
⑤ 金维诺：《西方净土变的形成与发展》，《佛教文化》1990年第2期。

图 3　麦积山第 127 窟北朝时期的西方净土变

（引自敦煌研究院主编《敦煌石窟全集 5：阿弥陀经画卷》，香港商务印书馆，2002 年，第 65 页）

北朝时期西方净土变的早期发展面貌。敦煌莫高窟第 423 窟窟顶西坡的弥勒经变正中为一突出的大殿——即兜率天宫内的善法堂，大殿左右各立一座三层的楼阁（图 4、图 5），成为隋代弥勒经变的基本样式。唐以前净土变图像的这种殿与阙的结合，应脱胎于北朝时期石窟中常见的殿阙形神龛（图 6、图 7）和以殿阙为背景的说法图（图 8、图 9）。宗教画师在为净土世界选择建筑背景时对阙的偏爱，一方面是因为阙高耸的特点符合秦汉以来"仙人好楼居"[①] 的认识，另一方面可能更多的是取其"宫

图 4　敦煌第 423 窟窟顶西坡的隋代弥勒上生经变（一）

（引自敦煌研究院主编《敦煌石窟全集 6：弥勒经画卷》，香港商务印书馆，2002 年，第 36 页）

---

① 《史记》卷一二《孝武本纪》："公孙卿曰：'仙人可见，而上往常遽，以故不见。今陛下可为观，如缑氏城，置脯枣，神人宜可致。且仙人好楼居。'于是令长安则作飞廉桂观，甘泉则作益延寿观，使卿持节设具而候神人。乃作通天台，置祠具其下，将招来神仙之属。"[（汉）司马迁：《史记》，中华书局，1959 年，第 478—479 页。]《水经注》卷一六《穀水》："《尔雅》曰：观谓之阙。《说文》曰：阙，门观也。"[（北魏）郦道元著，陈桥驿校证：《水经注校证》，中华书局，2007 年，第 397—398 页。]汉武帝所建"飞廉桂观"与"益延寿观"的"观"即阙的前身。

图5　敦煌第 423 窟窟顶西坡的隋代弥勒上生经变（二）

（引自萧默《敦煌建筑研究》，机械工业出版社，2003 年，第 37 页）

图6　敦煌第 275 窟南壁阙形龛（一）

（引自敦煌研究院主编《敦煌石窟全集 22：石窟建筑卷》，香港商务印书馆，2003 年，第 67 页）

图7　敦煌第 275 窟南壁阙形龛（二）

（引自萧默《敦煌建筑研究》，机械工业出版社，2003 年，第 96 页）

图 8　敦煌第 257 窟南壁殿阙式壁画（一）

（引自敦煌研究院主编《敦煌石窟全集 21：建筑画卷》，香港商务印书馆，2001 年，第 15 页）

图 9　敦煌第 257 窟南壁殿阙式壁画（二）

（引自萧默《敦煌建筑研究》，机械工业出版社，2003 年，第 96 页）

阙"意象，即以殿、阙代表天宫。

　　隋代以后，开始用整个墙面表现一幅大型经变，画幅的增大为更好地表现佛国世界提供了条件，净土变中的建筑极大地丰富了起来，这种丰富得益于专业画师的加入，如隋代董伯仁[①]、杨契丹，唐代吴道子、杨庭光、卢稜伽、赵武端等著名画家都曾参与过经变的绘制，而帝王所居的人间宫阙则成为描绘佛国天宫的直接参考。

① 《历代名画记》卷八载善画台阁的董伯仁"杂画台阁样、弥勒变……传于代"。（唐）张彦远著，秦仲文、黄苗子点校：《历代名画记》，人民美术出版社，2016 年，第 163 页。

《历代名画记》载，隋代郑法士欲求杨契丹画本，"杨引郑至朝堂，指宫阙、衣冠、车马曰，此是吾画本也。由是郑深叹服。又宝刹寺一壁，佛涅槃变、维摩等，亦为妙作"[①]。壁画作为绘画作品的一种，受壁面这一绘画介质的限制，有其自身的特点与范式，尤其是净土变，要在有限的空间里表现无限的极乐世界，既要通过写实的细节描绘出可以让人跻足其间的精美建筑，又要通过写意的抽象概括出让人神往其内的广袤空间。净土变中的建筑背景，通过对人间宫城的模仿以表现佛国天宫[②]，成为刻画天国世界的一种图式，以下从壁画中的宫城范式、净土变中的建筑背景两方面分别予以考察。

其一，壁画中的宫城范式。壁画有限的壁面决定了画家在描绘体量、内涵远丰富于一般建筑群的城池时，并不适合采取所谓"计里画方""制图六体"之类的科学画法[③]，而是要对画面进行"经营"，即更多地选择最突出、最具代表性的元素并予以强调。如麦积山127窟南顶西魏壁画的城池宫殿图（图10），高耸的城墙框定了城的

图10　甘肃天水麦积山石窟第127窟南顶西魏壁画萨埵太子本生故事中的城池宫殿

[引自傅熹年《麦积山石窟中所反映的北朝建筑》，《文物资料丛刊（4）》，文物出版社，1981年，第185页]

① （唐）张彦远著，秦仲文、黄苗子点校：《历代名画记》，人民美术出版社，2016年，第163页。

② 当然，现实世界中佛寺的布局也是影响经变画建筑背景的重要因素（宿白：《隋代佛寺布局》，《考古与文物》1997年第2期），但如果考虑到重要佛寺"佛殿制度与太庙同"或"像天阙，仿给园"的情况（宿白：《试论唐代长安佛教寺院的等级问题》，《文物》2009年第1期），加上净土世界的宗教内涵，本文认为净土变中建筑背景的最终范本是帝王所居的人间宫阙。

③ 成一农：《"科学"还是"非科学"——被误读的中国传统舆图》，《厦门大学学报（哲学社会科学版）》2014年第2期。

方形平面，正、左、右三面各开一门，于门墩上设门楼，门的两侧设朵楼，转角处有角楼，朵楼与角楼下皆建门墩，各门在朵楼两侧对称建有突出城外的子母阙，城墙内侧绘一方形宫廷院落，正、左、右三面设宫门与城门相对，宫门间以回廊相连，宫城内靠后侧正中为殿宇。以城墙、城门、朵楼、角楼、门阙等表示城池，而以殿宇、回廊等表现宫廷，通过细节刻画突出代表性建筑而不伸旁枝，可作为壁画中对城池宫殿描绘的一般范式。敦煌壁画里常见的那种一座城中只有一座或少数几座突出建筑的情况（图11）以及弥勒上生下生经变顶部对兜率天宫的描绘（图12、图13）表明：具备一定的围合性、礼仪性的空间内拥有高等级的建筑可以作为壁画中城池——尤其是宫城的一般范式。

　　已知明确描绘宫城与宫殿形象且最丰富、完整者首推山西繁峙岩山寺南殿西壁所保留的金代壁画（图14）。该画作者王逵系金代御前承应画匠，作为宫廷画匠，金

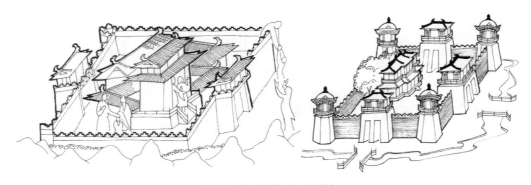

图 11　敦煌壁画中的城池

（引自萧默《敦煌建筑研究》，机械工业出版社，2003年，第116页）

图 12　敦煌弥勒经变中的兜率天宫（一）

（引自敦煌研究院主编《敦煌石窟全集21：建筑画卷》，香港商务印书馆，2001年，第193页）

图 13 敦煌弥勒经变中的兜率天宫（二）
（引自敦煌研究院主编《敦煌石窟全集 21：建筑画卷》，香港商务印书馆，2001 年，第 194 页）

图 14 山西省繁峙县岩山寺南殿西壁壁画摹本
（引自傅熹年《山西省繁峙县岩山寺南殿金代壁画中所绘建筑的初步分析》，
《傅熹年建筑史论文集》，文物出版社，1998 年，第 290—291 页）

代宫殿形制及旧稿本是其创作参考。该壁画中，围绕宫殿的宫城正门详细刻画了城墙与城门、带斜廊的重檐门楼、门楼两侧的朵楼、朵楼前的子母阙楼、连接阙楼和朵楼的行廊，这是宫城正门的"门阙"部分，门阙部分之外的其他城墙、城门则大部分为云气所掩，未加详细表现。宫城之内是由前殿、主廊、后殿形成土字形平面的主殿，前殿与后殿左右各有挟屋，后殿之后紧邻建附有龟头屋的香阁一座，主殿周围绕以回廊，回廊南面开三门、东西开一门，三座正门也各设挟屋，东西廊至后殿中部位置折而向内，在后殿两侧各建角门一座。通观整铺壁画，画家选择门阙和宫殿作为着重表现的内容，"尽最大努力来加大所绘建筑的尺度，而又使其尽量少互相遮挡"[①]，同时在建筑内部和庭院内绘制人物，紧凑的布局意在充分利用每一寸壁

---

① 傅熹年：《山西省繁峙县岩山寺南殿金代壁画中所绘建筑的初步分析》，《傅熹年建筑史论文集》，文物出版社，1998 年，第 282—313 页。

面，而其对宫城宫殿的绘制手法无疑是壁画中宫城范式的体现。

其二，净土变中的建筑背景。以敦煌石窟中建筑背景的净土变为中心考察：在大幅经变中，作为净土变典型标志的七重栏楯、七宝莲池、八功德水等不断得到强化，同时，在建筑中轴对称、向心布置的基本格局下，通过在画面中央的露台、水面的周匝不断增添廊、楼、屋、台等建筑元素的方式，使得净土变的建筑背景不断地丰富了起来。

从发展趋势上看，初唐净土变上承殿阙形龛和殿阙背景说法图之余韵，以楼观取代麦积山 127 窟那种形式较为简单的阙，这种变化应该是对应《无量寿经》中"讲堂精舍宫殿楼观皆七宝庄严自然化成"[①]的描绘。如被称为"敦煌无量寿经变的代表作……奠定了以后同类经变的基本形制"[②]的敦煌 220 窟南壁绘于初唐的西方净土变，在画面的前侧对称地布置一对"宝楼阁"，比之略晚的 321 窟北壁无量寿经变，在宝楼阁的两侧更是有向两侧延伸的斜廊，这里应当是以"宝楼阁"对应佛经中的"楼观"，具备阙的遗意。同时，殿与楼呈品字形平面的布局得到了继承与发扬，其主要发展趋势为：空间向纵深发展、布局呈围合特征，具体表现在：其一，隋代那种一殿二楼并列布置的平面形式走向式微，主次建筑前后错置的品字形平面布局逐渐成为主流；其二，中部从一层的殿逐渐变为两层或多层的楼或阁（图 15、

图 15　敦煌莫高窟 215 窟初唐弥勒经变中的堂阁

（引自敦煌研究院主编《敦煌石窟全集 21：建筑画卷》，香港商务印书馆，2001 年，第 78 页）

---

① （曹魏）康僧铠：《佛说无量寿经》，《大正新修大藏经：12》，大正一切经刊行会，1924 年，第 271 页。

② 敦煌研究院主编：《敦煌石窟全集 5：阿弥陀经画卷》，香港商务印书馆，2002 年，第 32 页。

图 16）；其三，品字形布局的三座建筑从相互独立到用廊道或虹桥相连，从而形成一个半围合的空间，使品字形布局呈现回字形布局的特征（图 17、图 18）。

　　盛唐是净土变的发展成熟阶段，"在建筑画方面，更加强了对寺院建筑群的描写，布局的恢宏和建筑物的壮丽，都达到空前的水平"[①]。此时期通过增加殿宇、楼阁、回廊、虹桥、角楼等建筑，使初唐时已逐渐占据主流的半围合的回字形平面布

图 16　敦煌莫高窟 331 窟初唐弥勒经变中的堂阁

（引自敦煌研究院主编《敦煌石窟全集 21：建筑画卷》，香港商务印书馆，2001 年，第 79 页）

图 17　敦煌莫高窟 341 窟初唐阿弥陀经变中的堂阁

［引自敦煌文物研究所《中国石窟：敦煌莫高窟（第三卷）》，文物出版社，1987 年，图版 5］

---

① 孙毅华、孙儒僩：《中世纪建筑画》，华东师范大学出版社，2010 年，第 119 页。

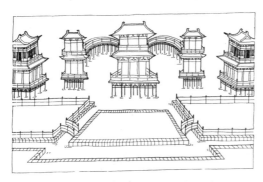

图 18　敦煌莫高窟 205 窟初唐
阿弥陀经变中的堂阁

[引自敦煌文物研究所《中国石窟：敦煌莫高窟
（第三卷）》，文物出版社，1987 年，图版 5]

局更加丰富，通过"鱼骨式构成"① 使整个建筑群的纵深空间得以延伸。其所表现建筑尤可注意者如下：其一，半围合的回字形平面布局成为主流模式，以回廊串联殿宇、楼阁等主要建筑成为主要手法。同时，在回廊转角处设平坐栏杆，其上建角楼。廊上建楼始自宫城，顾炎武《历代宅京记》中辑录《邺中记》称十六国后赵的邺城昭阳殿"殿东西各有长廊，廊上置楼，并安长囱，垂珠帘，通于内阁。每至朝集大会，皇帝临轩，则宫人尽登楼奏乐，百官列位，诏命仰听弦管，颁赉，侍从群臣皆称万岁"②。从净土变建筑背景的发展脉络看，这种转变可能意味着佛的说法背景完成了从宫阙到宫城内的转化。其二，重要建筑两侧开始出现"朵殿"或"挟屋"③，形成一主二副的形式，使整个建筑群的空间更为丰富（图 19、图 20）。其三，不同的建筑之间常沟通以虹桥，与整幅画面

图 19　敦煌莫高窟盛唐第 172 窟北壁观无量寿经变（一）
（引自萧默《敦煌建筑研究》，机械工业出版社，2003 年，第 56 页）

---

① 赵声良：《敦煌石窟艺术总论》，甘肃教育出版社，2013 年，第 235 页。
② （清）顾炎武：《历代宅京记》卷一二，中华书局，1984 年，第 183 页。
③ 李若水：《南宋临安城北内慈福宫建筑组群复原初探——兼论南宋宫殿中的朵殿、挟屋和隔门配置》，《中国建筑史论汇刊·第 11 辑》，清华大学出版社，2015 年，第 266—297 页。

图 20 敦煌莫高窟盛唐第 172 窟北壁观无量寿经变（二）

（引自敦煌研究院主编《敦煌石窟全集 5：阿弥陀经画卷》，香港商务印书馆，2002 年，第 183 页）

中部露台间的桥和弧形梯道相呼应（图 21、图 22）。

至盛唐，净土变中的基本元素和主要表现手法已臻完备，佛国净土的天宫图式主要表现为：绘制视角多用鸟瞰，以从中轴线的正前方俯视进行构图，画面的前景

图 21　敦煌莫高窟盛唐第 148 窟东壁南的观无量寿经变局部
（引自敦煌研究院主编《敦煌石窟全集 21：建筑画卷》，香港商务印书馆，2001 年，第 133 页）

图 22　敦煌莫高窟盛唐第 148 窟东壁北的药师经变
（引自萧默《敦煌建筑研究》，机械工业出版社，2003 年，第 67 页）

处一般描绘的是设置有栏楯的露台。整个画面略呈左右对称的布局，多种类型的建筑围合成一个相对封闭的空间。正中的主体建筑以楼阁为主流，且往往有挟屋，主体建筑前方所设置的左右对立的楼阁也多置挟屋。主要建筑之间连以回廊，在回廊的转角处或回廊中部则起角楼或楼台，除用回廊之外，虹桥也是联系不同建筑的重要设施。

三、走向立体的天宫楼阁

至中唐时期，首都长安的大寺中，在"帐类小木作"[①]的上部已经出现立体的天宫楼阁。杨承和于唐穆宗长庆二年（822年）为时"权阉四贵"[②]之一的梁守谦撰写的《邠国公功德铭》中称元和、长庆之际，佛教大兴，梁守谦雇人"于大兴唐寺花严院为国写古今翻译大小乘经论戒律，合五千三百廿七卷"，随后"又立经堂一所，三间徘徊，安住法轮，必资丰敞，作制惟永，壮我皇都……于是彩栋霞张，雕楹云布，朱扉洞启，缥壁含光，羽族栖于绮窗，鳞介游于藻井，修罗率下，争提夭蟜之梁，药叉命徒，竞戴岌峨之栱，众灵翼卫，诸天护持，恍惚莫辨其形，来往不留其迹。又于堂内造转轮经藏一所，刻石为云，凿地而出，方生结构，递□□缘，立无数花幢，窃比兜率，造百千楼阁，同彼化城，状物类本，拟容夺真，鹇鹊若飞而不飞，虹螭似走而不走，栾栌栉比，杂之以琳琅，槾桷骈罗，饰之以珠翠，凌云五级，方开四门，璀错相辉，焕丽交映，离娄眩之暄目，公输阅之奇□。……其外或图写龙神鬼物之状，以为严饰，或造菩萨天仙之类，周匝其旁"[③]。邠国公于经堂内造立的转轮藏高五层，在顶部以"百千楼阁"为饰，意在模拟弥勒所居的兜率天宫，是目前所见帐类小木作上建造天宫楼阁时代较早的资料。可惜有唐一代这种立体天宫楼阁的具体形象无法见到，不过在佛道帐、经藏之上修造象征天宫的小木作楼阁和在寺、窟壁面上绘制以建筑为背景的净土变图画一样，都是通过对佛国景象的描摹，营造出巍峨壮丽的净土世界。

迨至宋代，小木作极为流行，文献中对天宫楼阁的记载遍及京畿和地方州县，

---

① 宿白先生在《白沙宋墓》中论及龟脚之制时写道："《营造法式》卷九、十、十一《小木作制度》中的佛道帐、牙脚帐、九脊小帐、转轮经藏、壁藏等都记此制。因知龟脚之制是当时佛道帐之类小木作的经常制度。"（宿白：《白沙宋墓》，文物出版社，2002年，第111页。）本文沿袭宿白先生的提法，将《法式》中涉及的佛道帐与经藏并称为"帐类小木作"。

② 王守栋：《唐代"权阉四贵"考析》，《求索》2007年第9期。

③ （清）董诰等编：《全唐文》卷九九八，中华书局，1983年，第10333—10338页。（此据国家图书馆藏拓本校核）

如日僧成寻所著《参天台五台山记》卷四载："（熙宁五年十月廿三日），出（汴梁）东大门。乘马行六里，到启圣禅院……次礼西大殿，金字一切经庄严，不可思议。东西南北壁边有墨字一切经二部，每间经上造楼阁，一间三宇，其下棚置经。……廿四日……次到福圣禅院……（经藏）四面橱子上有四重小阁，四面壁边有墨字一切经二部，上皆造四重宝阁，一间有三小阁，不可记尽。"[①]信州城北广教院在西南隅所建转轮大藏，"爰以精金，合众宝色，天宫楼台，遍覆其上"[②]；真戒大师于沙县栖云禅院创建的转轮藏完工后，"金碧相照，恍若天宫"[③]；祈泽治平寺于嘉定年间建造的转轮藏殿直称"创造天宫法轮宝殿一所"[④]。宋将作大匠李诫编著的建筑专书《营造法式》在佛道帐及经藏的"制度"和"功限"相关章节，专门论及"天宫楼阁"，宋时为加强宗教氛围的营造而于帐类小木作之上饰以天宫楼阁的流行程度可见一斑。

流传至今的《营造法式》一书，受当时对待绘图态度的限制，加上在传抄过程中的失真擅改，其在佛道帐、转轮经藏、壁藏等的图样之上绘制的天宫楼阁（图23）更多地具备示意图的特点[⑤]，尽管如此，天宫楼阁的基本要素和主要设置手法仍能在

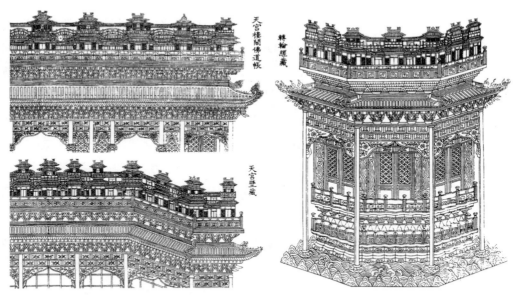

图23 《营造法式》中的天宫楼阁

（引自陶本《营造法式》卷三十二）

---

① 〔日〕成寻著，王丽萍校点：《新校参天台五台山记》，上海古籍出版社，2009年，第324—330页。
② （宋）韩元吉：《广教院重修转轮藏记》，《南涧甲乙稿 附拾遗》卷一六，中华书局，1985年，第315页。
③ （宋）邓肃：《跋罗右文李左史题栖云真戒大师营治》，《宋集珍本丛刊》第三十九册《栟榈先生文集》卷二〇，线装书局，2004年，第789页。
④ （宋）宝华：《祈泽治平寺建藏殿记》，《历代碑志丛书》第七册，江苏古籍出版社，1998年，第470页。
⑤ 梁思成：《梁思成全集：第七卷》，中国建筑工业出版社，2001年，《营造法式》注释序第13—14页。

这些图样上得以体现。以这些图样为起点，根据《营造法式》中对相关制度和功限的文字说明，结合现存实例，辅以建筑史家的科学改绘[①]（图 24），仍可以对小木作天宫楼阁的设计意匠进行适当的考察：《营造法式》中的天宫楼阁，皆以设有勾阑的平坐作为基座，平坐之上的主要建筑有殿身、茶楼（即有挟屋的楼）、角楼，上述殿楼可根据需要设置龟头殿（即明清所谓之"抱厦"）。在上述殿楼之间，以行廊或踏道圜桥子相连，行廊、圜桥子与殿楼等主要建筑一起，构成天宫楼阁高低错落的天际线。同时，通过不带挟屋的殿身、两侧带挟屋的茶楼与角楼等宽度的差别，构成天宫楼阁富于变化的立面。

小木作天宫楼阁象征佛国天宫已无须赘言，我们认为：小木作天宫楼阁是对初盛唐时期已经走向成熟的净土变中的天宫图式的立体再现，当时寺窟壁面上俯仰可见的净土变中的建筑背景是小木作匠师设计建造天宫楼阁的重要参考。天宫楼阁的基座——平坐勾栏的艺术原型应当是净土变中的水池露台；天宫楼阁的殿身与茶楼则可对应净土变中位于正中及两侧的主要建筑；天宫楼阁中的角楼则对应于净土变中角楼；不管是天宫楼阁还是净土变，都以行廊或圜桥（虹桥）将主要建筑连为一体的同时，意欲使所表达的空间相对封闭。净土变的建筑背景展开后几乎可以作为天宫楼阁的设计蓝图。

当然，《营造法式》仅是提供样板，实际工程在此基础上可以有丰富的变化，无论怎样丰富，都是基本元素和构造手法的组合和变换而已。

四川江油窦圌山云岩寺飞天藏上有各立于平座上的天宫楼阁两层，底层每面中央立一二层茶楼子，转角处设一二层角楼，角楼与茶楼子之间用行廊连接；上层每面为一殿，转角处为出挟屋的单层角楼，殿与角楼之间仍以行廊相连[②]（图 25），在符合《营造法式》的规定下具备自身之特点。四川平武报恩寺华严殿内建于明代的转轮藏，其天宫楼阁与飞天藏具有相似的构造逻辑[③]，尽管所用模型皆为单层的殿，而非楼阁，却毫不影响其宗教氛围的营造（图 26）。山西应县净土寺大殿明间中部藻井上的天宫楼阁，正面（与瞻仰者正对的一面）设单层茶楼子，其余三面均为单层殿，并于角部作出单层角楼，各殿立于平座，连以行廊，尽管形式并不复杂（图 27），也不是用在佛道帐或经藏之上，仍被认定为天宫楼阁[④]。大同华严寺薄伽教藏殿的辽代壁藏，在大殿后壁当心间，以圜桥子连接两侧壁藏之中部平坐，圜桥子上设平坐，

① 潘谷西、何建中：《〈营造法式〉解读》，东南大学出版社，2005 年。
② 左拉拉：《云岩寺飞天藏及其宗教背景浅析》，《建筑史·第 21 辑》，清华大学出版社，2005 年，第 82—92 页。
③ 赵献超：《平武报恩寺转轮藏形制源流与社会文化功能浅析》，《四川文物》2017 年第 2 期。
④ 刘敦桢主编：《中国古代建筑史：第 2 版》，中国建筑工业出版社，1984 年，第 259—260 页。

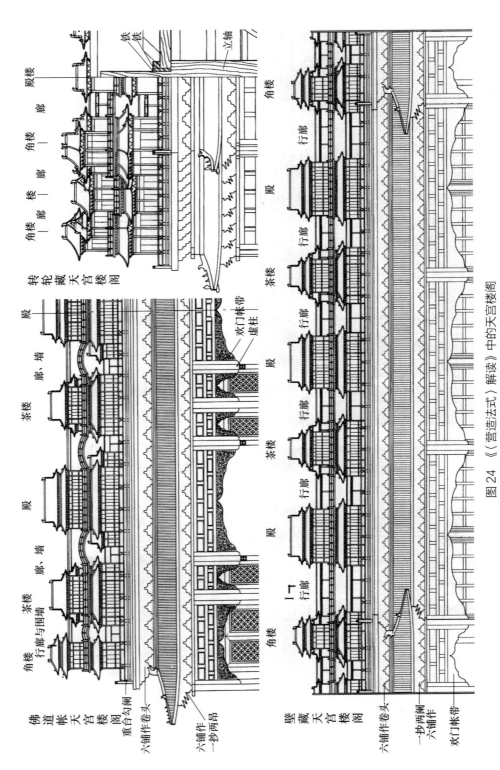

图 24 《〈营造法式〉解读》中的天宫楼阁

（引自潘谷西、何建中《〈营造法式〉解读》，东南大学出版社，2005 年，第 138—152 页）

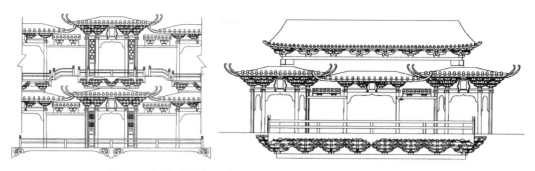

图 25　江油窦圌山云岩寺飞天藏二层与三层天宫楼阁立面图

（引自左拉拉《云岩寺飞天藏及其宗教背景浅析》，《建筑史·第 21 辑》，清华大学出版社，2005 年，第 86 页）

图 26　平武报恩寺转轮藏天宫楼阁

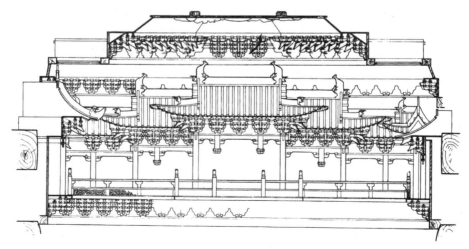

图 27　应县净土寺大殿明间中部藻井天宫楼阁

（引自刘敦桢主编《中国古代建筑史：第 2 版》，中国建筑工业出版社，1984 年，第 259 页）

上立出龟头殿的天宫楼阁。天宫楼阁两侧壁藏之上层，各设有单层的殿和茶楼子，殿与茶楼子之间以行廊相连，是将壁藏上层也视为天宫楼阁的做法[1]（图28）。

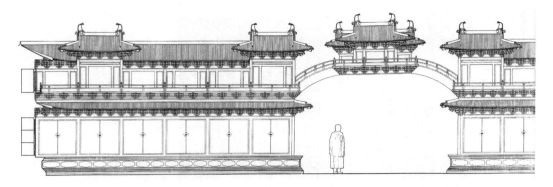

图28　华严寺薄伽教藏殿壁藏

（引自梁思成、刘敦桢《大同古建筑调查报告》，《中国营造学社汇刊》1933年第3、4期，图版8局部）

四、结　　语

重庆大足北山石刻第136窟俗称"心神车窟"，因其中保留有一座石雕转轮藏，据造像题记知是南宋绍兴十二年至十六年（1142—1146年）的作品。该转轮藏的顶部刻有浮雕亭、塔、楼台，层数一至三层不等[2]，所雕建筑形象较为简单（图29），但所雕位置和其下祥云则无可辩驳地表明这些建筑形象系天宫楼阁无疑。

图29　大足石刻石雕转轮藏上的天宫楼阁

上述楼阁形象简单固然与受石材特性所限有关，但是也应该注意到：对天上宫阙的描绘和模拟经过几个世纪的发展，已经具备"符号化"的特点，在各种式样、各具特色的天宫图景和模型无数次的视觉冲击下，人们可能会不自觉地将这些图于壁或置诸顶的楼阁形象与天上的众神进行关联，甚至一些建筑的线条、一角翘起的屋檐、一排整齐的瓦垄都可以让人对天宫

---

[1]　梁思成、刘敦桢：《大同古建筑调查报告》，《中国营造学社汇刊》1933年第3、4期。

[2]　刘长久、胡文和、李永翘：《大足石刻研究》，四川省社会科学院出版社，1985年，第394页。

楼阁进行无限的畅想。毕竟，面对佛国天宫这一想象的异域，天宫楼阁要做的是对异域想象的立体化再现，在此之前，宗教画师绘制的净土变已经对佛国宫殿进行过充实的描绘，而人间宫阙拟法于天的同时又成为描摹天宫的形象模范。

宋代舍利塔内藏经的性质与功德机制*

赵献超

（首都师范大学历史学院，北京，100089）

考古发现所见，自五代末北宋初开始，以东南沿海地区为中心，流行将经卷瘗藏入舍利塔内，正如徐苹芳先生所指出的那样："在塔内除供养舍利、佛像之外，五代宋初以来还流行向塔内舍经卷做功德。"[1] 宿白先生在汉文佛籍目录的课上曾经讲到，辽代续刻房山石经时，"藏石经出现了一个新方式：掘地穴，上建塔。这种藏经方式应和唐宋塔中藏抄本和刻本佛经有关"[2]，可见塔内藏经是有深厚的社会基础和广泛的影响力的。现任职于美国纽约大学的沈雪曼在对比北宋与辽塔内藏经的情况时，主要通过对北宋东南沿海舍利塔内藏经题记的解读，认为这些佛经"多数是作为献纳给佛陀的舍利骨或舍利子的供纳品而被收藏在舍利塔中"，是"建立供养人与佛陀间之个人关系的供养品，从而具备人类学上'礼物'的社会功能与意义"[3]。本文认为，塔内藏经不是一般的奉献品，而是舍利的一种类型，塔内藏经行为的背后有其特殊的功德机制。

---

* 本文曾在"殊方未远——中国考古学国际化的视域与维度暨第五届全国青年考古学者论坛"（2019 年 12 月）上宣读。

① 徐苹芳：《中国舍利塔基考述》，《传统文化与现代化》1994 年第 4 期。
② 宿白：《汉文佛籍目录》，文物出版社，2009 年，第 40 页。
③ 〔美〕沈雪曼：《辽与北宋舍利塔内藏经之研究》，《美术史研究集刊》第 12 期，台湾大学艺术史研究所，2002 年，第 169—212 页。

一、塔藏佛经是舍利的一种类型

江苏镇江甘露寺铁塔、江苏苏州虎丘云岩寺塔、浙江温州慧光塔等塔内出土的佛经，不仅装盛在特定形制的木函或石函内，而且经、函与其共存遗物的关系也多比较明晰，提供了探讨塔内所藏经卷性质与功能的重要资料。

（一）镇江甘露寺铁塔地宫出土遗物

1960 年，在修复江苏镇江甘露寺铁塔过程中，发现建于元丰元年（1078 年）的砖砌地宫一座（图 1），出土文物 2576 件[①]，尤因其内出土了不同年代的舍利容器和唐宋两代三次瘗埋舍利的各类题记而为大家所重视[②]。该地宫正中为元丰元年雕造的盝顶大石函，大石函内的放置物自西向东分为三组：其西为禅众寺舍利小石函，函内以银椁、金棺盛禅众寺舍利；中间为长干寺舍利小石函，函内以银椁、金棺和小金棺盛长干寺舍利；其东为宋人施入，以漆盒、银函、圆银盒三件为一组。

宋人所施：漆盒位于最下，漆盒之上最北侧为长方形银函一件，银函南侧为一件圆银盒。圆银盒与长方形银函之内俱盛舍利，它们下面的漆盒内残存有长 22 厘米、直径 1 厘米的木轴，木轴两端用银皮包饰，根据宋塔内习见写、印佛经的情况，基本可以确定漆盒内的木轴是卷轴装佛经的内轴。在元丰元年的舍利瘗埋活动中，经卷与长干寺舍利、禅众寺舍利以及此次瘗埋的其他舍利一样，均位于大石函内的核心容器之中，与舍

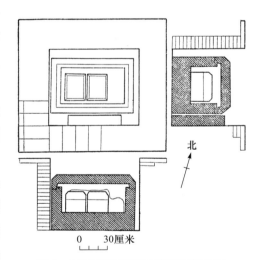

图 1　甘露寺铁塔塔基地宫平剖面图
（采自江苏省文物工作队镇江分队、镇江市博物馆《江苏镇江甘露寺铁塔塔基发掘记》，《考古》1961 年第 6 期）

---

① 江苏省文物工作队镇江分队、镇江市博物馆：《江苏镇江甘露寺铁塔塔基发掘记》，《考古》1961 年第 6 期。
② 毛颖：《镇江甘露寺唐代舍利瘗埋制度及舍利子研究》，《唐史论丛》第 11 辑，三秦出版社，2009 年，第 212—220 页。

利具有相同或相似的地位，显然不能将其作为一般的供养品来对待，而是具备舍利性质的佛教圣物。

（二）苏州虎丘云岩寺塔出土遗物

苏州虎丘云岩寺塔习称虎丘塔，始建于后周显德六年（959 年），完工于宋建隆二年（961 年）。1957 年，在对该塔的维修过程中于塔身二层、三层和四层各发现天宫一所，出土了大批珍贵文物，重要的文物主要见于第二层和第三层[①]。

第三层天宫正中安放石函一个，为盝顶方函，分五节叠成，表面素平无雕饰。石函内为盝顶铁函一个，铁函内为用绢袱包裹的阿育王塔一座，塔内置金瓶一个，瓶内盛细砂粒大小的舍利。阿育王塔外的一件绢袱上存题记曰"辛酉岁题"，另一残绢上存墨书"惠朗捨此袱子一枚裹迦叶□来真身舍利宝塔"。从出土位置与题记判断，第三层天宫主要为瘗藏"迦叶如来真身舍利"之所（图 2）。

图 2　苏州虎丘云岩寺塔第三层出土石函、铁函和铁阿育王塔
（采自苏州博物馆《苏州博物馆藏虎丘云岩寺塔、瑞光寺塔文物》，文物出版社，2006 年，第 34—37 页）

第二层天宫正中放长方形盝顶石函一个，函身每面浮雕一佛二弟子二菩萨（图 3）。石函内置鎏金镂花包边楠木经函，底座为须弥座，函底墨书题记："□□言□□捨净财造此函盛金字法华经。/ 孙仁遇捨金银并手工装。/ □□孙仁郎舍手工镂

---

① 苏州市文物保管委员会：《苏州虎丘云岩寺塔发现文物内容简报》，《文物参考资料》1957 年第 11 期；苏州市文物保管委员会编：《苏州虎丘塔出土文物》，文物出版社，1958 年；苏州博物馆：《苏州博物馆藏虎丘云岩寺塔、瑞光寺塔文物》，文物出版社，2006 年。

花。/辛酉岁建隆二年十二月十七日丙午□□。"（图4）经函中放已朽坏的《妙法莲华经》一部七卷，经为卷轴装，原为碧纸金书。经函之外，二层天宫中的出土物主要有香炉、油碗、油盏和钱币等，从出土位置和共存遗物判断，经函与其内佛经无疑是该层天宫的主要供奉对象。

图3　苏州虎丘云岩寺塔第二层出土石质经函

（采自苏州博物馆《苏州博物馆藏虎丘云岩寺塔、瑞光寺塔文物》，文物出版社，2006年，第24—27页）

图4　苏州虎丘云岩寺塔第二层出土鎏金镂花包边楠木经函

（采自苏州博物馆《苏州博物馆藏虎丘云岩寺塔、瑞光寺塔文物》，文物出版社，2006年，第30—33页）

据《苏州博物馆藏虎丘云岩寺塔、瑞光寺塔文物》的《前言》，塔底"在挖到2.25米深处仍未发现有地宫"，结合该塔文物出土情况，可以确定第二层和第三层天宫是该塔最主要的佛教圣物瘗藏之所。对比该塔第三层和第二层天宫的出土物，可以看到：第三层天宫主要为生身舍利的瘗埋之所，其舍利容器组合为"盝顶石函—盝顶铁函—阿育王塔—金瓶"；第二层天宫主要为《法华》经卷的瘗埋之所，其瘗埋规制与第三层的生身舍利类似，其容器组合为"盝顶石函—盝顶木函"。两层天宫内圣物瘗埋的共同特点，是以相套合的两重形制相近的盝顶方函（为方便指代，这里不对长方和正方做更细的划分，下同）作为外重容器。经卷采用相套合的盝顶函盒这一形式，无疑是受隋唐以来广为流行的生身舍利瘗埋规制的影响。进而言之，在时人眼中，塔内所藏经卷是具备舍利的特点和功用的，因而会用瘗埋舍利的方式来瘗藏经卷。

（三）温州仙岩寺慧光塔出土遗物

温州慧光塔原称仙岩寺塔，该塔新中国成立前已被炸毁，1966 年于塔内发现大批文物 [①]，其中有识文描金堆漆檀木舍利函一件。函以檀木为胎，须弥座底座，方形盝顶。该函盝顶部分、函身和底座边缘金描堆漆缠枝花纹，嵌小珍珠，函身四面金线绘人物画四幅，须弥座束腰处每面堆塑麒麟一只。函内底部金书题记曰："具录施主捨钱造宝函盛舍利名位于左：弟子朱翔并妻……大宋庆历二年（1042 年）壬午岁十二月。"（图 5）函内物品主要为不同施主所奉献的舍利及装盛、迎引供养舍利的各式器具，这表明，装盛的木函为通常意义上的生身舍利函是没有异议的。

生身舍利函之外，慧光塔还出土有识文描金堆漆檀木经函一只（图 6），盝顶，须弥座底座，外表做法与装饰特点一如上文中朱翔等所施的生身舍利函。堆漆经函之内有略小的木函一只，表面工笔描金绘出团花、如意、瑞禽、忍冬与菊花等图案，函内装金丝栏金书《宝箧印陀罗尼经》一卷（图 7）。据塔内出土的《建塔助缘施主名位》（以下简称《施主名位》，图 8），该经及经函的施主为严士元一家，严氏所施的外重经函与朱翔等所施的用于盛舍利的木函在结构和装饰上的一致性，表明函内佛经与函内舍利的地位是相当的，人们用尊奉舍利的手段来尊崇相应的佛经。

慧光塔内出土的《施主名位》，是我们了解此次塔内圣物瘗埋活动的重要文献，《施主名位》略曰：

> 大宋温州永嘉县左厢市东界都商税务西居住奉三宝弟子严士元并妻陈
> 氏十一娘，男子道奴、感生、惠生、闰生，女子阖家眷属等造阿弥陀佛一
> 尊，写大金字《宝箧印经》一卷，并制内外函子三所，并捨香烛，营办饮

---

① 浙江省博物馆：《浙江瑞安北宋慧光塔出土文物》，《文物》1973 年第 1 期。

图 5　温州慧光塔出土识文描金堆漆檀木舍利函

（采自温州博物馆《白象慧光·温州白象塔·慧光塔典藏大全》，文物出版社，2010 年，第 192—193 页）

图 6　温州慧光塔出土识文描金堆漆檀木经函

（采自浙江省博物馆《东土佛光》，浙江古籍出版社，2008 年，第 179 页）

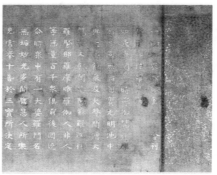

图 7　温州慧光塔出土描金内经函及其内金书《宝箧印陀罗尼经》

（采自温州博物馆《白象慧光·温州白象塔·慧光塔典藏大全》，文物出版社，2010 年，第 196—197 页）

图 8　温州仙岩寺慧光塔出土《建塔助缘施主名位》

（采自温州博物馆《白象慧光·温州白象塔·慧光塔典藏大全》，文物出版社，2010 年，第 211 页）

食供养，迎引进山入塔，并捨浪银添裹塔顶大火珠一颗，及捨净财一十贯文。

清信弟子，敕赐旌表门闾陈文赞并姪允言、男允诚阖家眷属等，同迎引功德舍利，备饮食供养，并捨浪银添裹塔顶大火珠，并捨净财共三十贯文。

同会勾当，迎引佛法舍利进山入塔，捨施弟子名位于左：薛文筍、程延嗣、陈允恭、陈仁溥、陈愈、陈元吉、罗政、蒋绛。

弟子严士元、陈允言，同劝缘慕浪银裹塔顶大火珠一颗，具录施主名位于左：戴惟岳、陈允中、陈公佐、陈愈、刘顺并妻陈三娘、萧满、程延嗣、叶遇、丁士廉、何仲参、张仁肃、郑氏十八娘并男陈戬、叶氏七娘、程氏十四娘、僧仁益。

法明院释迦遗教比丘利和劝慕众缘制造盛舍利金瓶一所并盂子，请舍利箸等共三事。

同缘释迦遗教比丘显忠、希一、灵岳、守能。

我等同会僧俗弟子同心发愿忏悔云：（忏悔文略）

《施主名位》所见，助缘慧光塔营建的主要施主在添裹塔顶大火珠一事之外，主要营办的事宜有四：其一，阿弥陀佛一尊、金字《宝箧印经》一卷并函子；其二，功德舍利；其三，佛法舍利；其四，装盛和请舍利的金器。结合上文论及的几个案例中，舍利塔内的部分经卷拥有与舍利相近的地位，人们用尊奉舍利的方式来尊崇佛经，这里"佛法舍利"的所指应当是用盝顶函盒供奉起来的那些佛经。在慧光塔的营建活动中，佛经与佛像和舍利一样，都是被恭敬迎引、镇藏塔内的对象，它们不是所谓纳献给舍利的"礼物"，而是作为舍利的一种类型——"佛法舍利"被对待的。佛法舍利也称"法舍利"或"法身舍利"，上至隋唐、下迄明清，一直被认为是重要的舍利类型。

二、法舍利塔及其功德机制

（一）生身舍利与法身舍利

中国古代的舍利崇拜，一方面表现出对佛陀生身舍利的狂热追求，另一方面，绝大多数被作为舍利而崇拜的对象仅仅是舍利的替代品而已，如对中土舍利瘗埋产生深远影响的隋仁寿年间的三次全国范围内的舍利瘗埋活动，其舍利来源基本为感应所得。王邵所作《舍利感应记》称："皇帝当此十月之内，每因食于齿下得舍利，皇后亦然。以银碗水浮其一，出示百官，须臾忽见有两右旋相著。二贵人及晋王昭豫章王暕蒙赐蚬，敕令审视之，各于蚬内得舍利一。未过二旬，宫内凡得十九，多放光明。自是远近道俗，所有舍利率奉献焉。皇帝曰：'何必皆是真。'诸沙门相与椎试之，果有十三玉粟，其真舍利铁窂而无损。"[1] 关于"何必皆是真"，不空所译《如意宝珠转轮秘密现身成佛金轮咒王经》中的要求则更为简易，该经《如意宝珠品》中明言："若无舍利，以金银琉璃水精马脑玻梨众宝等造作舍利……行者无力者，即至大海边拾清净砂石即为舍利。亦用药草竹木根节造为舍利。"[2] 考古发现所见，位于舍利塔内核心舍利容器内的不过是马牙、卵石、烧焦的骨头、珍珠等，几乎皆为"造作舍利"。不管是"感应"还是"造作"，这些所谓舍利都是佛真身舍利的替代品而已。

营塔之举本身即被认为拥有无上的功德，不过如来造塔之法与塔生功德之量尚讲究在塔内藏置舍利。宋僧法云所编《翻译名义集》卷五《名句文法篇》明确称："舍利，新云室利罗，或设利罗，此云骨身，又云灵骨，即所遗骨分，通名舍利。《光明》（《金光明经》）云，此舍利者，是戒定慧之所熏修，甚难可得，最上福田。《大论》云：碎骨是生身舍利，经卷是法身舍利。《法苑》明三种舍利：一是骨，其色白也；二是发舍利，其色黑也；三是肉舍利，其色赤也。"[3]《大论》一般指《大智度论》，如隋天台大师智顗所说《妙法莲华经文句》卷八引曰："《释论》云：碎骨是生身舍利，经卷是法身舍利。"[4] 其中《释论》一般也被认为是《大智度论》的另一简称。不过《大智度论》中并未见到与上述引文相关的论述，智顗所说的《妙法莲华经文句》成为明确称"经卷是法身舍利"的最早文献。

《造塔功德经》有云："若此现在诸天众等，及未来世一切众生，随所在方未有塔处，能于其中建立之者，其状高妙出过三界，乃至至小如庵罗果；所有表刹上至梵天，乃至至小犹如针等；所有轮盖覆彼大千，乃至至小犹如枣叶。于彼塔内藏掩如来所有舍利、发、牙、髭、爪，下至一分；或置如来所有法藏十二部经，下至于一四句偈。其人功德如彼梵天，命终之后生于梵世。于彼寿尽，生五净居，与彼诸

① （唐）道宣：《广弘明集》，《大正藏》第 52 册，新文丰出版公司，1975 年，第 216 页。
② （唐）不空译：《如意宝珠转轮秘密现身成佛金轮咒王经》《如意宝珠品第三》，《大正藏》第 19 册，新文丰出版公司，1975 年，第 332 页下栏。
③ （宋）法云编：《翻译名义集》，《大正藏》第 54 册，新文丰出版公司，1975 年，第 1138 页中栏。
④ （隋）智顗说：《妙法莲华经文句》，《大正藏》第 34 册，新文丰出版公司，1975 年，第 110 页下栏。

天等无有异。"[①] 其中，"如来所有舍利、发、牙、髭、爪，下至一分"即所谓生身舍利，"如来所有法藏十二部经，下至于一四句偈"则对应于法身舍利，两大类别的舍利均是产生功德的灵力之源，都需要作为宗教圣物被神圣以待。

《造像量度经解》之《装藏略》称："显密两教，俱有装藏之说。而悉言用舍利，中具二种，或曰四种。法身舍利作第一，生身舍利次之。故西土风俗多用法身舍利。即五部大陀罗尼以为上首，一切经咒文辞是也。五大陀罗尼者：一、佛顶尊胜咒，二、佛顶放无垢光明咒，三、正法秘密箧印咒，四、菩提场庄严咒，五、十二因缘咒也。"[②] 其中的"十二因缘咒"即"缘起法颂"，以缘起法颂为代表的五部大陀罗尼既然被称为"上首"，当然还有其他类型的经典被用作法身舍利。内蒙古巴林右旗庆州白塔出土法舍利塔内的经卷，在不同的陀罗尼经咒之外，还有小字雕印的《妙法莲华经》一部，经袱上墨书"法华经一部全身舍利在此塔中"[③]，恰好说明显、密二教的经典都可以被用作法身舍利。

（二）法身舍利塔的特殊神力

经卷作为佛陀所说经义的载体，较之珍珠、马牙、砂石之属，更容易显示出其神圣性。法身舍利不过是以经卷作为舍利的一种类型，也可将经卷视为真身舍利的一种替代或补充，瘗藏有法身舍利的塔具备其他舍利塔一般特点的同时，又因经中的宣扬而具备特殊的神力。以庆州白塔为例，该塔天宫内所藏佛经，以《根本陀罗尼》《相轮樘中陀罗尼咒》和《佛形像中安置法舍利记》三种陀罗尼经咒为大宗。据发掘简报刊布照片，《根本陀罗尼》[④] 系《无垢净光大陀罗尼经》（以下或简称《无垢净光经》）中用汉字标注的梵音咒语"根本陀罗尼呪"部分[⑤]；而《相轮樘中陀罗尼咒》之"功能法"宣称："善男子应当如法书写此呪九十九本，于相轮樘四周安置。又写此呪及功能法，于樘中心密覆安处。如是作已，则为建立九万九千相轮樘已，亦为安置九万九千佛舍利已，亦为已造九万九千佛舍利塔。亦为已造九万九千八大宝塔，亦为已造九万九千菩提场塔。"[⑥] 该"功能法"显系截取《无垢净光经》中"相

① （唐）地婆诃罗译：《佛说造塔功德经》，《大正藏》第16册，新文丰出版公司，1975年，第801页。
② （清）工布查布译解：《造像量度经解》，《大正藏》第21册，新文丰出版公司，1975年，第951页上栏。
③ 德新、张汉君、韩仁信：《内蒙古巴林右旗庆州白塔发现辽代佛教文物》，《文物》1994年第12期。
④ 德新、张汉君、韩仁信：《内蒙古巴林右旗庆州白塔发现辽代佛教文物》，《文物》1994年第12期，第16页，图三六。
⑤ （唐）弥陀山译：《无垢净光大陀罗尼经》，《大正藏》第19册，新文丰出版公司，1975年，第718页中栏。
⑥ 德新、张汉君、韩仁信：《内蒙古巴林右旗庆州白塔发现辽代佛教文物》，《文物》1994年第12期，第15页，图三三。

轮橖"部分的经文；而《佛形像中安置法舍利记》题名燕京悯忠寺僧智光集撰，部分内容标明①引自《一切如来心秘密全身舍利宝箧印陀罗尼经》（以下简称《宝箧印经》）。《无垢净光经》和《宝箧印经》的经文均宣称安置有相应经典的塔即为"佛舍利塔"或"全身舍利塔"，将这些经卷作为法身舍利供奉于内的塔最为殊胜的地方在于，经卷的置入使得塔具备了简易的功德机制。《无垢净光经》言："若有众生右绕此塔，或礼一拜或一合掌，或以一花或以一香，烧香涂香铃铎幡盖而供养者，则为供养九万九千诸佛塔已。是则成就广大善根福德之聚，若有飞鸟蚊虻蝇等至塔影中，当得授记于阿耨多罗三藐三菩提而不退转。若遥见此塔或闻铃声或闻其名，彼人所有五无间业，一切罪障皆得消灭，常为一切诸佛护念，得于如来清净之道。"②《宝箧印经》中也表达了类似的意涵："塔及形像所在之处，一切如来神力所护……若人暂见是塔，一切皆除……亦为供养礼拜塔故……其处即为一切如来护念加持。"③对于这些法身舍利塔来说，产生功德不仅限于信众供养礼拜这一端，塔影、塔铃与塔名等都是传播诸佛神力的途径，乃至"暂见是塔，一切皆除"，可以说是至为简易的传播机制。

而将这一简易发挥到极致并大获成功者非《佛顶尊胜陀罗尼经》（以下简称《尊胜经》）莫属，《尊胜经》宣称置经的塔为"如来全身舍利窣堵波塔"的同时，宣称："佛告天帝：若人能书写此陀罗尼，安高幢上，或安高山或安楼上，乃至安置窣堵波中。天帝，若有苾刍、苾刍尼、优婆塞、优婆夷、族姓男、族姓女，于幢等上或见或与相近，其影映身；或风吹陀罗尼上幢等上尘落在身上，天帝，彼诸众生所有罪业，应堕恶道、地狱、畜生、阎罗王界、饿鬼界、阿修罗身恶道之苦，皆悉不受，亦不为罪垢染污。天帝，此等众生，为一切诸佛之所授记，皆得不退转，于阿耨多罗三藐三菩提。"④上引经文往往被概括为"尘沾影覆"，即将《尊胜经》与幢、山崖、高楼、窣堵波等相结合，置经的幢等之上的尘土落在人的身上或者幢等的影子映在身上，沾了尘土或被于影下的人即可除罪不受，并得佛之授记而不退转。"尘

---

① 德新、张汉君、韩仁信：《内蒙古巴林右旗庆州白塔发现辽代佛教文物》，《文物》1994年第12期，第20—21页。

② （唐）弥陀山译：《无垢净光大陀罗尼经》，《大正藏》第19册，新文丰出版公司，1975年，第719页上栏至中栏。

③ （唐）不空译：《如意宝珠转轮秘密现身成佛金轮咒王经》《如意宝珠品第三》，《大正藏》第19册，新文丰出版公司，1975年，第711页上栏至中栏。

④ （唐）佛陀波利译：《佛顶尊胜陀罗尼经》，《大正藏》第19册，新文丰出版公司，1975年，第351页中栏。

沾影覆"功能是《尊胜经》幢出现 [①] 与流行的主要原因，《语石》即称"以是，唐时造幢，遍于十三道，精蓝名刹，甿棱相望" [②]。冀洛源通过对辽南京地区经幢与佛塔的比较，指出"辽南京地区建幢就是建塔" [③]。刘淑芬在系统考察经幢的基础上，认为经幢是"糅合了刻经、造像，并且具有宗教上特殊作用的"塔 [④]。如果我们认可其性质是塔的话，经幢可以进一步确定为法身舍利塔。

《造像量度经》中，上文讨论的《无垢净光经》《宝箧印经》和《尊胜经》均属五部大陀罗尼之列，是法身舍利的"上首"。涿州范阳乡贡进士段温恭于咸雍八年（1072 年）所撰《特建葬舍利幢记》曰："若起塔则止藏舍利，功德唯一；建幢则兼铭其秘奥，利益颇多。况尘飏影覆，恶脱福增，岂不为最胜者欤？" [⑤] 装藏有相应经典的法舍利塔除了是供养礼敬佛法的一种形式之外，更重要的是以之作为弘扬佛法的一种手段，即通过宝塔这一形象，通过"尘沾影覆"的传播机制，将经卷的法力尽可能广泛地传播。换言之，以《无垢净光经》《宝箧印经》和《尊胜经》等密教陀罗尼类经典为主要内涵的法舍利塔，"尘沾影覆"这一简易的传播机制才是塔传播佛法的关键所在。

（三）《法华经》与尘沾影覆

那么，"尘沾影覆"的机制仅限于密教经吗？考古发现有将这一机制应用于显教经的情形。上文已述，慧光塔中曾出土有仙岩寺看经院住持灵素施入的《法华经》，经尾题记之后另页又题"女弟子孔氏十六娘施财买纸并函子"，是被作为宗教圣物恭敬施入塔内的。关于灵素其人、写经起讫、慧光塔建造经过以及施经志愿等内容俱载于灵素所撰的施经发愿文（图 9），兹将该发愿文具录如下：

> □□□□□□温州仙岩寺释迦遗教比丘灵素。/ 右灵素自身当淳化三
> 年壬辰岁四月生，至 / 大中祥符五年壬子岁试经受戒为僧，至祥 / 符八年

① 《佛顶尊胜陀罗尼经》由佛陀波利译于唐高宗永淳二年（683 年），武周天册万岁元年（695 年）编入《大周刊定众经目录》。陕西富平县莲湖小学内的"永昌元年（689 年）八月"铭残石幢曾被认为是现存最早的佛顶尊胜陀罗尼经幢（陕西省文物管理委员会：《陕西所见的唐代经幢》，《文物》1959 年第 8 期），事实上，永昌元年八月是定觉寺沙门志静作《佛顶尊胜陀罗尼经序》的年月，"非建幢之时"（宿白：《敦煌莫高窟密教遗迹札记（上）》，《文物》1989 年第 9 期，第 53 页注释 16）。现存经幢以山西文水县于 2014 年发现的圣历二年（699 年）尊胜幢为最早（李淑：《新见圣历二年〈佛说佛顶尊胜陀罗尼经〉幢的文献价值》，《文献》2017 年第 5 期）。
② （清）叶昌炽：《语石》，浙江大学出版社，2018 年，第 135 页。
③ 冀洛源：《辽南京地区城镇中的经幢三例》，《文物》2013 年第 6 期。
④ 刘淑芬：《灭罪与度亡：佛顶尊胜陀罗尼经幢之研究》，上海古籍出版社，2008 年，第 103—113 页。
⑤ 陈述辑校：《全辽文》卷八，中华书局，1982 年，第 202 页。

乙卯岁四月就本州法明西院修/法华忏，刺指血和墨，书写/《妙法莲华经》一部七卷，每一右绕一礼拜一唱/名题笔写一字，至当年八月中毕工。自此而来，/目阅心游，读五百部。至景祐元年甲戌岁遇/本寺传教/□□□□□□于寺前建造/□□□□□□有半，入缘。至庆历三年癸未/二月八日，其塔告成，迎舍利、经、像入塔，斋以落成之。/而灵素谨捨此经就塔所排供养，后镇藏塔/中，永为自他瞻仰之地。但灵素谨拜手稽首：/灵山教主，本师释尊，法华会中，一切贤圣，/梵王帝释，护法天龙，满空真宰，希垂/印证。灵素窃念叨赝，宿善获齿，冣灵剖爱，/樊笼棲真，梵菀洪惟，/妙唱是曰上乘。亲友衣珠，必回缘于曩世；轮王/□□，□□□□于今生。刺血磨炯，书写早圆/□□；□□□□，读忝盈于半千。兹者恭值所/住寺前宝塔圆就，将迎舍利入镇中龛，灵素于是/以此经文衣之函幞，随藏塔内，承表敬崇。恭惟/此塔此经，随心随愿，同真谛理，成妙善根。竖穷/无尽时，横周一切处。经随塔之声，影念念（按：发愿文中原写作字体较小的“二”符号，在写本中往往表示的是上一个字的重复，此即“念”字）利生。塔/共经之威，通尘尘演法。劫坏不坏，时迁不迁。/所愿灵素，背觉而来，合尘之后，不善三业，有漏/百非，剪灭根茎，芟夷枝叶，生生之处，修行此经，世/世之时，遭逢此塔。作唯心佛事，坐自己道场。自利利/……愿生身父母、授业师资，随喜见/……恩三有，法界冤亲，同圆/菩萨二严，俱得法华三昧。谨志。

这篇发愿文不仅展示了灵素刺血写经一字一唱一绕一拜的拳拳之心和受持读诵

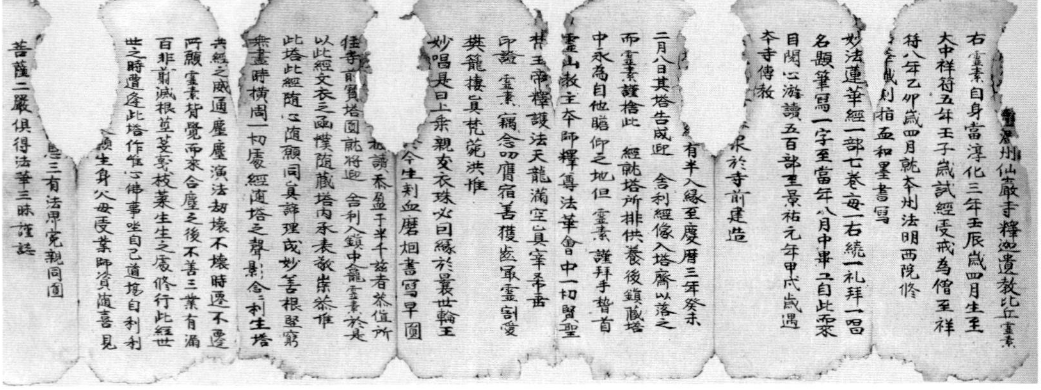

图9 温州仙岩寺慧光塔出土《比丘灵素施经发愿文》

（采自温州博物馆《白象慧光·温州白象塔·慧光塔典藏大全》，文物出版社，2010年，第252—253页）

五百遍的殷殷之情，以及由此折射出的作者对法宝恭敬崇敬的态度，更为重要的地方在于，该文为我们了解当时人们对待塔内镇藏佛经的态度提供了绝好的参考材料。

文中可见，庆祝宝塔落成最重要的活动在于"迎舍利、经、像入塔"，灵素作为看经院住持，将其刺血和墨书写并多年作为日常读诵之用的《法华经》"就塔所排供养，后镇藏塔中，永为自他瞻仰之地"，那么，如何理解"永为自他瞻仰之地"呢？文中称"恭值所住寺前宝塔圆就，将迎舍利入镇中龛，灵素于是以此经文衣之函幞，随藏塔内，承表敬崇。恭惟此塔此经，随心随愿，同真谛理，成妙善根。竖穷无尽时，横周一切处。经随塔之声，影念念利生。塔共经之威，通尘尘演法"。"衣之函幞"之语表明，对于灵素来说，函内经文是拥有灵性的圣物。灵素怀着恭敬之情完成并熟读数百遍的写经，和舍利、佛像等其他物品一样，随着宝塔的圆就而瘗入塔中，除非有破坏性的事件发生，一般来说不会再次进入人们的视野。而塔成之后，瞻仰礼拜佛塔对于僧俗来说不仅易行而且通常情况下不受时间制约，塔更因其高耸的体量往往成为远近瞩目的文化景观，并时时刻刻将经卷的法力辐射到视线可及之处。所谓"自他瞻仰之地"说的应该是瘗入舍利、佛像和佛经的佛塔，作为塔内佛经的施主，灵素希望通过将其珍视的《法华经》随藏塔内，达到翦除罪业、成佛得道的目的，而这一愿望的实现机制则体现在："经随塔之声，影念念利生。塔共经之威，通尘尘演法。"

除了"尘沾影覆"，我们找不到此偈更合适的其他解释。刺血和墨、每一字一唱一绕一拜写就并熟读满半千之数的灵素，对其所写所诵的《法华经》经义应该是相当熟悉的，他应该明了"尘沾影覆"并非直接出自此经，却将这一机制用于其舍入慧光塔的《法华经》。究其原因，灵素应当是将《法华经》视为佛塔灵力来源的法身舍利来对待的。《法华经》卷四《法师品第十》称："在在处处，若说、若读、若诵、若书，若经卷所住处，皆应起七宝塔极令高广严饰，不须复安舍利。所以者何？此中已有如来全身。"[1]《法华经》经义赋予了经卷舍利的潜能，宋人将之用作法身舍利瘗藏塔内，除了为自身及家人获得功德之外，更重要的是要借助佛塔的形象、通过"尘沾影覆"的机制来传播弘扬佛法。

---

① （后秦）鸠摩罗什译：《妙法莲华经》，《大正藏》第9册，新文丰出版公司，1975年，第31页中栏。

三、结　　语

作为佛、法、僧三宝中法宝的代表，佛经不仅是佛陀所说经义的载体，也是信徒崇拜供养的圣物——法宝。用三宝崇拜的视角来审视宋代以江浙地区为中心流行的舍利塔内奉藏写印经卷的情况，从佛经在塔中所处的地位、被瘗入塔内的处理方式以及时人的态度上分析，这些塔藏佛经不是一般的奉献给佛舍利的供养品，而应该被作为法身舍利来对待的，是"经卷是法身舍利"思想的践行。

显、密二教的经典都可用作法身舍利，装藏有法身舍利的塔除了是供养礼敬法宝的一种形式之外，更重要的是以之作为弘扬佛法的一种手段，即通过宝塔这一形象，通过"尘沾影覆"这一简易的功德机制，将经卷的法力尽可能广泛地传播。

论考古学与历史研究

钱益汇

（首都师范大学历史学院，北京，100089）

　　中国古代文化源远流长，揭示古代社会的本来面貌，探寻社会发展规律是历史研究的基本任务。长期以来，史学家们以文献史料为主要研究对象，习惯称为历史学。北宋以来出现的金石学注重对传世实物资料的研究，在历史研究中开辟了一条新的途径。近代考古学传入中国，虽然只有不足百年的历史，但它使传统历史学中单靠文字叙史的历史得以改变，传统的治史观念受到严重的冲击，考古学以其独特的叙史语言体系和方法在史学研究中担当着"重建史前史"和"证经补史"的重任，极大地开拓了传统历史学的研究方法和视野，促进了历史研究的进展。以田野调查、发掘为特征的近代考古学，因资料的可靠性与特殊性，其史料价值与传世文物相比有很大不同，特别是与仅以文献史料为研究对象相比较，它在历史研究中的作用使人耳目一新，以其强有力的生命力和发展前景为历史研究注入了新鲜的活力，考古学在历史研究中的作用更为清楚地显现出来。近年来，随着考古学和自然科技发展，大量的科学技术手段被应用于考古学科，高科技含量的新兴分支学科蓬勃发展，考古遗存中越来越多的关于人类行为和文化变迁的信息正逐步地被认识，考古学正以它独特的学科特性逐步地向人们提供了包括政治、经济、贸易、交通、商业、宗教等物质和精神范畴的历史文化信息，在新时期历史研究中起着越来越重要的作用。

一、考古学与历史学的关系

考古学的定义，在全世界范围内虽然至今没有统一的标准，但其概念本身的内涵是随着考古学科的发展而有一个历史演变的过程，一定程度上反映了考古学发展的方向。夏鼐先生认为："考古学是根据古代人类活动遗留下来的实物来研究人类古代情况的一门科学。"[①] 而在今天西方考古学界却普遍认为，考古学的理论和实践是要从残缺不全的材料中，用间接方法去发现无法观察到的人类行为[②]。西方考古学界理论权威炊格尔指出，无论是考古记录还是物质遗存，如果不与人类行为相联系就根本无法了解它们。这也是考古学唯一可以与其他学科相沟通的方面[③]。实际上，中西方在考古学概念上的分歧是与考古学产生的理论背景密切相关的，但无论如何，有着史学倾向和人类学理解下的考古学概念最终可以统一于"人类行为"或"社会过程"，因此考古学研究要做到"以物透人"。考古学的研究范围包括物质层面和精神领域。夏鼐曾指出，考古学"所要恢复的古代人类历史是要包括各个方面，不限于物质文化。考古学可以通过物质遗存的研究以了解古代社会的结构和演化，即所谓'社会考古学'，和美术观念和宗教信仰等精神文化的历史"[④]。俞伟超也指出，考古学研究中应当注意精神领域的问题[⑤]。

历史学有广义和狭义之分。广义历史学指历史科学，它的资料来源既有文献史料，也有实物资料；狭义历史学专指在近代考古学产生以前延续下来的传统方法，是以传世文献为出发点来复原人类社会历史的，或称为文献历史学。

考古学与历史学的关系，似乎是一个非常简单，甚至是一个无须讨论的问题。但对于二者关系的认识，还存在着理解上的片面甚至是认识上的偏见。有人认为考古学是为历史研究提供实物资料的，好像考古学只是发现实物资料的一个手段，掩盖了历史研究的内容。对于二者的关系，夏鼐早在 20 世纪 80 年代就明确指出。他认为，虽然考古学和历史学"同是以恢复人类历史的本来面目为目标，是历史科学

① 夏鼐：《什么是考古学》，《考古》1984 年第 10 期，第 931—935 页。
② Clarke D L. Archaeology: the Loss of Innocence. Antiquity, 1973 (47): 6-18.
③ Trigger B G. Prospects for a World Archaeology. World Archaeology, 1986, 18 (1): 1-20.
④ 夏鼐：《什么是考古学》，《考古》1984 年第 10 期，第 931—935 页。
⑤ 俞伟超：《考古学研究中探索精神领域活动的问题》，《考古学是什么》，中国社会科学出版社，1996 年，第 137—142 页。

（广义历史学）的两个主要的组成部分，犹如车子的两轮，飞鸟的两翼，不可偏废，但是二者是历史科学中两个关系密切而各自独立的部门"①。在这里，夏鼐先生明确了历史科学的概念，也进一步强调了考古学在历史研究中的作用，至今仍有指导意义。

　　长期以来，考古学与历史学形成了明显的学科隔阂，对历史学科发展造成了不良影响，对此，朱凤瀚先生曾撰专文对二者关系做了全面恰当的评述，值得深思②。文章认为，从研究对象和研究目标来看，现代考古学本质上仍当归入人文科学，亦即广义历史学中。关于考古学与狭义历史学的关系，朱先生从学术界争论较多的夏史与夏文化问题入手，重点讨论了原史考古学与狭义历史学的关系，"作为原史考古学的一种探索，将有可信性内核的文献史料同考古调查与发掘资料结合，得出带有探索性质的学术见解，应该是可行的"，而"中国的历史考古学必然会与以研究文献资料（以及各种古文字资料）为主的历史学（含历史文献学）形成特别密切的关系，二者构成了研究历史时代的历史科学的双翼"。

　　可见，考古学不管从取得实物资料的过程还是对实物资料的分析整理，以及对所反映的古代社会问题的分析讨论，是考古学研究过程的不同阶段。考古学最基本的特质就是以调查发掘获得的实物资料作为基本研究对象，而文献历史学是以文献资料为基本研究的对象；同时二者有着明显不同的理论基础和研究方法。所以考古学应该是与文献史学相并立的独立学科，有着自己的学科特性。但二者在研究方法、研究内容和研究目标上又有共同之处，无论考古学还是文献史学，都坚持实证性，用材料证明观点；考古学研究的最终目标在于通过对古代物质文化和精神文化的研究，阐明存在于历史发展过程中的规律，这与文献历史学的终极目标一致。所以，考古学与文献历史学都是历史科学的组成部分。

二、考古学在历史研究中的作用

　　中国近代考古学发轫于 20 世纪初兴起的"古史辨运动"。为寻找与传统史学论战的证据，疑古派将目光转向考古学，"他们扫除了建立'科学的中国上古史'的道路上的一切障碍物，同时使人痛感到中国古史上科学的考古资料的极端缺乏"③。

---

① 夏鼐：《什么是考古学》，《考古》1984 年第 10 期，第 931—935 页。
② 朱凤瀚：《论中国考古学与历史学的关系》，《历史研究》2003 年第 1 期，第 13—22 页。
③ 夏鼐：《五四运动和中国近代考古学的兴起》，《考古》1979 年第 3 期，第 193—196 页。

他们当时"最要注意的是求新材料……我们不是读书的人，我们只有上穷碧落下黄泉，动手动脚找东西"①。他们甚至认为"解决古史唯一的方法就是考古学"②。在这种背景下，中国近代考古学诞生。虽然当时它只为"证经补史"，只是服务于文献史学的一门工具，但毕竟是文献史学的研究危机诱发了它的产生和发展，从此中国考古学逐渐地走向成熟，与文献史学同为历史研究的左右翼。由于特殊的学术背景和大量历史记录的存在，中国考古学从一开始就存在着编史的倾向。尽管有些学者对这一问题和中国考古学的发展提出尖锐的批评③，但考古学在历史研究中仍然起着很重要的作用。

第一，考古学复原和重建中国古史。以顾颉刚等为首的"疑古"运动破而不立，于是中国考古学产生伊始便担当起重建中国古史的重任。"从傅斯年揭举古史重建，李济以考古学来实践，历经夏鼐、苏秉琦前后70年，中国考古皆以重建历史为基调。"考古学为历史研究提供了大批可资利用的资料，包括出土文献如甲骨文、金文等，还有各种大量考古实物，它们都包含着许多重要的历史信息，"凡是经过人工的、埋在地下的资料，不管它是否有文字，都可以作研究人类历史的资料"④。正是考古学一下子把历史研究延伸到整个人类的历史，但是"只有当历史的框架建设起来之后，考古学才有了对如何重建中国历史的问题进行整体思考的基础"⑤。通过考古学家们对实物资料的解释，全国各地基本上建立起较为概略的独立的考古学文化序列与古史结构，向我们展示了一个较为完整的时空框架。

史前史是一部人类社会发展史，除了传说材料没有任何文献记载，史前史的重建完全依赖于史前考古学。考古发现已经使古史传说成为历史研究的对象。史前考古学文化的发现和研究，为重建史前史提供了重要前提，因为史前史并不等于史前考古学。"从史前考古学到中国史前史要有个升华过程，即概括和抽象的过程，科学思维的过程。……从研究史前考古学到研究史前史，考古学家在思想观念上、工作上要有个转变。"⑥史前史的重建不仅要吸收人类学、民族学的成果，还要借助地质学、古生物学以及许多自然科学或新技术手段。苏秉琦不仅为重建中国史前史提出了内容和时空框架，还从宏观上系统总结了中国史前文化特征。张光直提出了"相互作

---

① 傅斯年：《历史语言研究所工作之旨趣》，《历史语言研究所集刊：第一本第一分》，中央研究院历史语言研究所，1928年，第3—10页。

② 李玄伯：《古史问题的唯一解决方法》，《古史辨（一）》，上海古籍出版社，1982年，第270页。

③ 〔美〕洛沙·冯·福尔肯霍森著，陈淳译：《论中国考古学的编史倾向》，《文物季刊》1995年第2期，第83—89页。

④ 李济：《殷墟器物：甲编·陶器》，《中国考古报告集之二》，1956年，第2页。

⑤ 北京大学考古文博学院：《考古学与中国历史的重构》，《文物》2002年第7期，第75—81页。

⑥ 苏秉琦：《关于重建中国史前史的思考》，《考古》1991年第12期，第1109—1118页。

用圈"的概念，阐明了中国古代文明形成的机制 [①]。

历史时期因为有大量文献为佐证，似乎考古学的作用显得不重要，其实不然。1928 年开始的殷墟考古是历史时期考古学最早的发掘，出土甲骨文印证了文献所载商史是信史。考古学者也依据考古资料进行了文化分期和年代学研究，确立了殷墟文化的时空框架。所以，安阳的发现，一方面把地上和地下的材料联系起来，一方面把历史和史前史联系了起来 [②]。殷墟以前的夏文化、早商文化，文献虽有所涉及，但并不能确认其为信史，考古学界对此多有努力。1959 年，徐旭生依文献发现二里头遗址，此后学者对"二里头文化"进行了分期与编年研究，并将"二里头文化"与夏文化联系起来；20 世纪 50 年代，邹衡以郑州出土的考古资料为基础，系统研究了早商文化的分期。它们与两周时期的考古学文化分期构成青铜时代完整的文化发展序列。就是在刚刚结项的"夏商周断代工程"中，考古学研究也是"夏商周断代工程"能否顺利实施并达到预期目的的基础。

自新石器时代到战国末期，文化发展呈现多元化的趋势，地域文化特征明显。苏秉琦在考古学上提出了区系类型的概念，建立起各种文化间的时空关系 [③]。李学勤曾将当时各地考古学文化划分为七个文化圈 [④]。而文化的一体化趋势不仅始终保持着，一体化的范围和程度也稳步地扩大和加深，直至秦汉帝国的建立。

由此可见，考古学向我们展示了整个先秦时期所体现的文化多元一体和连续发展的特征。历来古史学界都将先秦时期分为古史传说时期、历史时期或者分为考古史前史、夏商周三代考古等结构。近年来，张光直根据考古资料进行了整合研究，将先秦史分为四段：第一是直立人生存的时代（B.C.100 万—B.C.20 万）；第二是现代人类的出现到农业的产生（B.C.15 万—B.C.10 万）；第三是农业开始到文明起源（B.C.10000—B.C.3000）；第四是文明的开始及继续发展直到高潮（龙山文化—夏商周）。同时认为中国先秦史是一门有系统的学科 [⑤]。从这个意义上说，考古学实际上重建了一个新的先秦史体系。

总之，在历史时期，考古学与文献历史学在研究方法有着很多的相似性，但是二者的侧重点不同，前者的研究是建立在考古学基本理论和方法的框架内，使用的是考古学语言体系，历史文献起着补充说明印证的作用；而后者则相反，它是建立

---

① 张光直：《中国相互作用圈与文明的形成》，《中国考古学论文集》，生活·读书·新知三联书店，1999 年，第 151—189 页。

② 李济：《中国上古史之重建工作及其问题》，《李济考古学论文选集》，文物出版社，1990 年，第 81—88 页。

③ 苏秉琦、殷玮璋：《关于考古学文化的区系类型问题》，《文物》1981 年第 5 期，第 10—17 页。

④ 李学勤：《东周与秦代文明》，文物出版社，1991 年，第 11—12 页。

⑤ 张光直：《对中国先秦史新结构的一个建议》，《中国考古学论文集》，生活·读书·新知三联书店，1999 年，第 31—43 页。

在文献史学的基本理论框架内，考古学材料仅是说明史实揭示历史规律的证据；对于原史时期来说，虽然有文献记载可以借鉴，但记载内容多有存疑之处，需要大量考古学工作的结合与验证，考古学在其中占据极为重要的地位；而考古学在史前史研究中的作用却是文献历史学所不能比拟的，在没有文字记载的史前时期，史前史的研究则完全依靠考古学。

第二，证文献之真伪，补文献之阙如，纠文献之不足。在古史研究中尤其历史时期，考古学与文献史学的结合可以帮助解决许多长期悬而未决的问题。1928 年安阳殷墟的发掘，甲骨文使史学家对《史记》中资料的高度可靠性有了重新认识；发现的青铜器、陶器、玉器、石器、骨角器、牙器、兽骨等遗物和墓葬、建筑遗存，从不同角度反映了晚商文化的各个方面，有的能与文献相对照，有的则从根本上弥补了文献的不足。发掘出土的石雕人虎联合体，"这确实是中国艺术史的新资料，为史学界启示了一组极富刺激性的新问题"[①]。关于商代的世代谱系问题，载于司马迁《史记·殷本纪》，安阳殷墟甲骨文发现以后，王国维通过对甲骨文单字和内容的系统研究，运用"二重证据法"，证明司马迁所记载的殷代王室谱系是准确的，在此基础上，他还成功重建了殷王室的谱系，重新肯定了《史记》中原始材料的真实性。董作宾根据甲骨刻辞作了详细考证后指出，"《殷本纪》的世系与卜辞对校，自太乙至帝辛，共为十七世，是绝无违误的"[②]。

近年来的重大考古发现，一定程度上弥补了历史的缺环，并将中华文明大大推前。20 世纪 80 年代前，考古学界一直认为浙江余姚河姆渡遗址发现的距今 7000年的水稻是中国最早的水稻。90 年代在湖南道县玉蟾岩遗址发现了距今 9000 年到10000 年的水稻遗址，考古将水稻发现从距今 7000 年提前到 1 万年。2002 年湖南2 万余枚里耶秦简的发现，内涵丰富，极大地丰富和改变了关于秦历史文化和社会制度等各方面的认识，它的发现不亚于甲骨文对于商史建立的意义。

第三，引发历史研究方法论上的变革，扩大了历史研究的新领域。传统史学研究都是从文献中寻找解决问题的方法，近代考古学传入后，新史学工作者都将目光转向考古学，希图从中找出历史问题的答案。在近代学术史上，几乎每一次新发现都对学术研究产生影响，如 20 世纪初发现的甲骨文、敦煌文书、流沙坠简等，都开拓了学术新领域。从此，历史研究在方法论上发生了极大的改变，多将历史文献与考古资料结合对照，具有划时代的意义。

1921 年前后瑞典人安特生发现彩陶文化，从此中国古史研究开辟了一条寻找新

---

① 李济：《安阳发掘与中国古史问题》，《李济考古学论文选集》，文物出版社，1990 年，第 812 页。
② 董作宾：《甲骨学五十年》，台北艺文印书馆，1955 年，第 102 页。

史料的新途径。"站在中国学术史的立场看，这些发现的真实影响，为由这些新问题引起的新认识，中国史学界对于史料之范围及采集史料之方法，产生了一种革命性的变化"①。王国维更是总结性地提出地上和地下材料相结合的"二重证据法"②。20 世纪 70 年代以来出土的简帛文献越来越多地冲击着传统的历史学，几乎改写了整个上古史尤其是思想文化史的看法。

考古学在形成和发展的过程中也形成了自己有特色的研究领域，如人类起源、农业起源、文明起源、国家起源、生态环境、农业、手工业、古食谱、原料产地及远途贸易与交换、居址与墓葬、宗教信仰、埋葬习俗与社会分层结构以及社会生产组织结构等。这些都是文献史学所忽视和力不从心的领域。从这个角度来讲，考古学拓展了历史研究的新领域。当然，考古学研究也有自己无法深入的研究领域，如人的心理、语言、文学、特定历史事件等。所以，我们从事历史研究应当尽量做到考古学与文献史学的结合。

三、考古学的新发展促进了历史研究的进步

随着自然科技的新发展，考古学理论与方法日益成熟，考古学学科特性日益明显，其自身"纯洁性"日益丧失，研究领域得到进一步拓展，研究对象也逐渐细致化，考古学逐渐从以年代学为主要目的的编史体系中摆脱出来，大量吸收相关学科如自然科技、人类学、民族学等理论与方法，实现了多学科的交叉。考古学"是一个典型的与自然科学、社会科学皆相关的交叉学科"③，这样的定位有利于从考古遗存中采集到更多的社会历史信息。随着考古学的发展，许多新兴分支学科出现，如动物考古学、植物考古学、环境考古学、遥感考古学、计算机考古学、数理考古学、聚落考古学、美术考古学、民族考古学等。越来越多的学者关注如居址形式、生存系统、人口与资源控制、社会组织结构等新课题。可以说，"现有的考古新资料也可以超越传统文献的线索或近代流行的概念，启示我们新的历史问题；学者如果摒弃成见的干扰，当有可能创造古史研究的新境界"。考古学的新发展主要表现在技术手

① 董作宾：《甲骨学五十年》，台北艺文印书馆，1955 年，第 796—823 页。
② 王国维：《古史新证》第一二章（清华学校研究院讲义），《古史辨（一）》，上海古籍出版社，1982 年，第 265 页。
③ 冼鼎昌、李学勤、朱清时：《科技考古学的现状与展望》，《农业考古》2000 年第 3 期，第 17—23 页。

段、研究领域和研究方法等方面。

　　首先，考古技术是获取考古材料和提取考古信息的手段，而现代科学技术在考古学中的大量应用，使采集考古信息的方式更加多样化，田野考古方法和技术的进步使我们从考古材料中提取的信息量也成倍增加，我们的历史研究也会不断提出新课题，这是学科发展的必然。近年来计算机技术大量介入考古学，田野考古资料的管理实现电子化，运用 GIS 和 GPS 数据采集仪记录和保存考古数据，使用电子全站仪测绘和记录考古遗存；在遗存性质的分析上，考古研究者注意通过筛选、浮选、孢粉采样等传统手段，还运用微量元素分析、遗物的成分分析等手段，获取了大量的信息。

　　其次，拓展了考古学研究的学科领域，获取了更多相关的自然科学和社会历史信息，进一步开辟了历史研究的新领域，为我们从事历史研究提供大量的材料。例如传统考古学研究中，陶器只是生活用品和我们从事文化序列研究的标志物，但自然科技的介入使我们从中获得了更多的如自然环境、经济方式、社会组织、意识形态等信息；再如根据现有的考古发现与研究，甲骨文中关于农作物种类粟、黍、稻、麦的记载应该是可信的，然而它们在商代经济生活中的地位和作用等并没有完全搞清楚，商代文字记载有限，重建商代社会生活应该主要依靠考古学的研究。

　　再次，中国考古学经过多年的发展，多数地区考古学文化的编年和谱系的构建工作已基本完成，这为进一步的考古研究打下了很好的基础。人们积极思考和引入外国考古学理论与方法，学科的理论水平与方法得到很大提高，同时多学科交叉趋势明显，出现一些新兴的分支学科，获得了很多关于社会组织、社会结构与功能、宗教、人口、社会制度等深层次信息，更加注重材料的综合理解和解释。

　　在方法和经验上，中国区域内早期提倡的田野考古，得力于地质学及古生物学最多。环境考古学是考古学与地球科学、动物学、植物学等自然科学交叉而产生的新分支学科，最终目的是通过对古代人与环境关系的研究，重建古代人地关系，为人类文化的发展提供环境上的解释。生物考古是近年来兴起的一门学科，主要研究领域包括基因考古、古代人类食谱研究等，研究方法有碳、氮、氧、锶同位素比值分析法等，以探索古代人类起源、家畜起源和食谱结构等问题。通过对古代人类骨骼中的同位素、微量元素等的分析，可以了解古代人类体质形态的变异和生活环境、食物成分等。此外还进行古代社会人口学、古代居民的人种学以及古病理研究。考古研究中进行相关的定量分析时，要应用数学统计方法，如聚类分析法在古陶瓷、古钱币和古人类遗存物等课题中的应用；此外还有判别分析法、贝叶斯统计法、多元回归法和神经网络方法等多元统计方法。

最后，在考古学研究方法上，近年来发展较快的"聚落考古"，备受人们关注。"聚落考古学是在社会关系的框架之内来做考古资料的研究"[1]，它根据古代遗留下的聚落遗迹，通过对各类遗迹的历时性和共时性的研究，来探求古代的社会组织结构、社会形态产生和发展规律。

我国的聚落考古学开始于20世纪50年代的西安半坡遗址的发掘。90年代以来，我国大学和研究机构通过与国外同行合作的方式，先后在山东、河南、内蒙古等地进行区域系统调查。1995年以来，山东大学考古系和美国芝加哥自然历史博物馆合作，对山东东南部开展了八个季度的系统区域调查发现，龙山时代的聚落形态表现出更加明显的向心力和等级特征，了解到该地区从史前到历史时期聚落形态发展演变的轨迹。由此可见，区域系统调查法为我们提供了传统方法所不能获得的考古信息，在此基础上，我们还可以研究这一过程背后所蕴含着的古代人口、社会、资源、贸易和生态环境等问题[2][3]。值得一提的是，在这支中美联合考古队中，还集中了多学科的专家，在田野资料采集中使用了全站仪、GPS全球定位系统等现代科技，研究课题涉及陶器工艺、石器分析、成分分析、植硅石等多领域，获得了大量的手工业工艺、古代经济贸易、古代动植物和古代自然环境等社会历史信息，为历史研究提供了极为丰富的资料，拓宽了历史研究的视野和研究领域。

四、加强考古学与历史学的整合研究

考古学与历史学是历史科学的两个重要组成部分，它们各有自己的学科特点。随着近代考古学传入中国，它以其独特的叙史语言体系和研究方法在历史研究中担当着"重建古史"和"证经补史"的重任，从此历史研究在方法上发生了划时代的革命；考古学特有的研究领域也扩大了历史研究范畴。随着自然科学技术在考古学中的广泛应用和考古学自身的发展，考古学为历史研究提供越来越多的新材料，考古学自身研究领域的拓展为历史研究提供更为全面的社会历史文化信息。所以，在历史研究中要加强考古学与历史学的整合研究，从而推动历史研究的进步。

[1] 张光直：《考古学专题六讲》，文物出版社，1986年，第86页。
[2] 中美两城地区联合考古队：《山东日照地区系统区域调查的新收获》，《考古》2002年第5期，第10—18页。
[3] 方辉：《对区域系统调查法的几点认识与思考》，《考古》2002年第5期，第56—64页。

历史研究中，如何开展整合研究是很多学者关注的问题。我们认为应当注意以下几点。

第一，要用全局、整体的观点分析问题，开展综合研究。最近历史学界就有学者呼吁"应当注意养成全面的历史观念……对于史学研究有巨大的价值"[①]；国外历史学者也提倡"全面的历史"和"总体史"，做到"全面地说明研究对象"。考古学界也提倡整体观和综合研究，尹达先生曾指出："从某一遗址所反映的社会生活的整体中去观察分析其中个别遗物、遗迹……从全局着眼，从整体出发，去进行具体事物分析。"[②]史学工作者只有具备这种学术理念，才会在历史研究中自觉掌握考古学和历史学等知识并同时具备多种学术视野，将学科研究成果自觉地综合化，从而有利于我们多层面地复原古代社会。

第二，打破学科界限，实现多学科合作，寻找历史研究的新突破口，开辟新领域。长期以来历史学科内部的"学科分割"现象十分明显，其对史学发展有着很大的制约作用，对于这种现象已经有学者意识到并提出整改意见，认为我们应当"要采取切实措施，促进历史学内部以及历史学与其它学科之间的学科交叉、渗透与融合"[③]。研究中国上古史的学者要注重考古学资料的应用，应充分采纳自然科学研究的成果，尤其是与人有关的学科。李济早年指出，在研究中国古史应采取各个学科兼行并进的方法，"体质人类学、史前考古学和民族学等方面的知识对所有的历史学家都是有用的，它们可能是治疗狭隘局部观念的良方和最有效的矫正剂"[④]。只有具备多学科合作的意识，才能开阔学术视野，多角度多层面地解释资料，揭示社会历史真相。

第三，应当加强考古学与古文字学、文献史学等合作，相辅相成，互相促进。因为"未来的考古学将在与文献史学不断加深的整合中得到发展"[⑤]。当然，"两类材料必须防止草率的合并"[⑥]。历史研究者应当多角度地思考问题，力求从考古资料中找到新的闪光点。在研究过程中特别是进入到有文献记载的时期，文献史料与实物资料（包括出土文献如甲骨文、金文、竹简、帛书、碑文等）要尽可能地有机结合，互相印证，则会在历史研究中取得符合历史实际的结论。正如朱凤瀚先生所言："中

① 李良玉：《历史学的观念、方法与特色》，《史学月刊》2004 年第 6 期，第 18—20 页。

② 尹达：《新石器时代研究的回顾与展望》，《新石器时代》，生活·读书·新知三联书店，1979 年。

③ 李文海：《打破学科分割，促进学科交叉——对历史学学科建设的一点思考》，《历史档案》2004 年第 2 期，第 119—122 页。

④ 李济：《再论中国的若干人类学问题》，《李济考古学论文选集》，文物出版社，1990 年，第 9—18 页。

⑤ 北京大学考古文博学院：《考古学与中国历史的重构》，《文物》2002 年第 7 期，第 75—81 页。

⑥ 〔美〕洛沙·冯·福尔肯霍森著，陈淳译：《论中国考古学的编史倾向》，《文物季刊》1995 年第 2 期，第 83—89 页。

国的原史、历史考古学和狭义历史学相互间需要找到一个科学的结合点。狭义历史学要通过考古学得到印证与检验，而原史与历史考古学则要以历史文献记载为确定课题与研究途径的重要参考，在上升到研究层面时也需要藉狭义历史学做诠释。"[1]

第四，各学科要坚持本学科特性，同时学科自身都要摆出正确积极的姿态，正视"隔阂"问题，从学科自身出发，如学科语言体系应当尽量通俗化，以便让更多的其他学科认可，从而实现本身价值。考古学与历史学都有各自独立的学科特性，要实现二者的整合研究，必须解决他们各自的学科语言问题，只有这样才会有对话整合的可能。可喜的是，现在这种局面正朝着积极的方向发展。

第五，无论考古学还是文献史学，都应当充分关注国内外新的理论与方法，及时地补充新鲜血液，转换思维，要用发展的眼光和思维来吸收对方的营养，在不断发展中实现二者的整合和互相促进。

有学者在谈到中国考古学家未来发展和奋斗的目标时，提到"中国学派"，认为，"只有中国资料，不足以称中国学派，可能也成功不了中国学派。即使有特殊使用中国资料的方法，也还不能算是中国学派。所谓'中国学派'绝对不能只有一派"。我想，这个目标同样适用于文献史学工作者。

致谢：感谢山东大学考古系于海广教授审阅全文并给予具体指导！

（原载《南开学报（哲学社会科学版）》2006 年第 4 期）

---

① 朱凤瀚：《论中国考古学与历史学的关系》，《历史研究》2003 年第 1 期，第 13—22 页。

河南新郑望京楼遗址出土的动物骨骼及其反映的家养动物的差异化[*]

尤　悦[1]　陈相龙[2]　余　翀[3]　戴玲玲[4]　柴小羽[5]　吴　倩[6]

（1. 首都师范大学历史学院，北京，100089；2. 中国社会科学院考古研究所，北京，100710；3. 中山大学社会学与人类学学院，广州，510275；4. 辽宁师范大学历史文化旅游学院，大连，116029；5. 郑州嵩山文明研究院，郑州，450000；6. 郑州市文物考古研究院，郑州，450052）

一、引　　言

在中原地区文明起源和早期国家形成的过程中，动物资源特别是家养动物资源在古代人类的日常生活和精神世界中发挥了重要作用，家养动物及其副产品的开发和利用、管理和分配进一步促进了早期国家的复杂化[①]。聚落考古研究显示中原地区二里头文化时期（1735—1530 BC）出现了都邑和大、中、小型四级聚落系统，社会复杂化程度进一步加强，早期国家出现[②③]。近年来，为探讨早期国家家畜饲养业的发展，学术界对二里头文化时期的多处遗址，如偃师二里头[④⑤⑥]、登封

---

[*]　本文系国家社科基金青年项目"中原地区夏至早商时期动物考古学研究"（16CKG021）及北京市教委人文社会科学研究计划一般项目（SM201810028002）阶段性成果。

[①]　袁靖：《中国古代家养动物的动物考古学研究》，《第四纪研究》2010 年第 2 期。

[②]　Liu L, Chen X, Lee Y K, et al. Settlement Patterns and Development of Social Complexity in the Yiluo Region, North China. Journal of Field Archaeology. 2004 (29): 75-100.

[③]　许宏：《从二里头遗址看华夏早期国家的特质》，《华夏考古》2006 年第 3 期。

[④]　李志鹏、江田真毅：《二里头遗址的野生动物资源获取与利用》，《南方文物》2016 年第 3 期。

[⑤]　中国社会科学院考古研究所：《二里头 1999～2006》，文物出版社，2014 年。

[⑥]　杨杰：《二里头遗址出土动物遗骸研究》，《中国早期青铜文化——二里头文化专题研究》，科学出版社，2008 年。

王城岗 ①、登封南洼 ②、新密新砦 ③④、洛阳皂角树 ⑤、临汝煤山 ⑥ 等开展动物考古学研究。上述研究显示这一时期的家养动物有狗（*Canis familiaris*）、猪（*Sus scrofa domestica*）、绵羊（*Ovis aries*）、山羊（*Capra hircus*）和黄牛（*Bos taurus*）。根据现有资料可知，二里头文化先民继续发展猪和狗的家畜饲养业，对猪的主要开发利用方式是获取肉食资源 ⑦⑧。而原本驯化于近东地区的黄牛和绵羊 ⑨⑩ 于 2500—2000 BC传入中原地区，也被广泛饲养，丰富了人类的肉食资源。与此同时，绵羊的次级产品——羊毛在二里头遗址也得到开发和利用 ⑪。除此之外，黄牛和绵羊在宗教祭祀方面也发挥重要的作用，与历史时期祭祀活动的等级制度的形成密切相关 ⑫。

虽然学界已对二里头文化部分先民消费动物资源的方式形成一定认识，但是尚未对早期国家内部不同等级聚落开发利用家养动物的方式进行系统的对比分析，究其原因与大型聚落的研究案例较少有关。在已开展动物考古学研究的二里头文化时期的遗址中，二里头遗址面积逾 300 万平方米，是一处超大型都邑 ⑬⑭。南洼遗址面积逾 44 万平方米，属于中型聚落，是一处白陶生产地点，可能对外交换白陶 ⑮。皂角树遗址面积小于 5 万平方 ⑯，煤山遗址面积虽然 20 万平方米，但是二里头文化遗存的分

---

① 吕鹏、杨梦菲、袁靖：《动物遗骸的鉴定和研究》，《登封王城岗考古发现与研究（2002—2005）》，大象出版社，2007 年。

② 余翀：《动物遗存分析》，《登封南洼——2004～2006 年田野考古报告》，科学出版社，2014 年。

③ 北京大学震旦古代文明研究中心、郑州市文物考古研究院：《新密新砦——1999—2000 年田野考古发掘报告》，文物出版社，2008 年。

④ 戴玲玲、李志鹏、胡耀武，等：《新砦遗址出土羊的死亡年龄及畜产品开发策略》，《考古》2014 年第 1 期。

⑤ 洛阳市文物工作队：《洛阳皂角树：1992～1993 年洛阳皂角树二里头文化聚落遗址发掘报告》，科学出版社，2002 年。

⑥ 尤悦、袁广阔、赵雅楠，等：《河南省临汝县煤山遗址出土动物遗存研究》，《南方文物》2017 年第 3 期。

⑦ 杨杰：《二里头遗址出土动物遗骸研究》，《中国早期青铜文化——二里头文化专题研究》，科学出版社，2008 年。

⑧ 吕鹏、杨梦菲、袁靖：《动物遗骸的鉴定和研究》，《登封王城岗考古发现与研究（2002—2005）》，大象出版社，2007 年。

⑨ Bradley D G, Magee D A. Genetics and the origins of domestic cattle. In: Documenting domestication: new genetic and archaeological paradigms. Berkeley: University of California Press, 2006: 317-328.

⑩ Zeder M. The Domestication of Animals. Journal of Anthropological Research, 2012, 68 (2): 161-190.

⑪ 李志鹏、Brunson K、戴玲玲：《中原地区新石器时代到青铜时代早期羊毛开发的动物考古学研究》，《第四纪研究》2014 年第 1 期。

⑫ 袁靖、黄蕴平、杨梦菲，等：《公元前 2500 年～公元前 1500 年中原地区动物考古学研究》，《科技考古》第二辑，科学出版社，2007 年。

⑬ 许宏：《二里头遗址发掘和研究的回顾与思考》，《考古》2004 年第 11 期。

⑭ 赵海涛：《二里头都邑聚落形态新识》，《考古》2020 年第 8 期。

⑮ 张继华、韩国河、朱君孝：《登封南洼 2004～2006 年二里头文化聚落发掘简报》，《中原文物》2011 年第 6 期。

⑯ 洛阳市文物工作队：《洛阳皂角树：1992～1993 年洛阳皂角树二里头文化聚落遗址发掘报告》，科学出版社，2002 年。

布面积仅为其中一小部分 [①]，这两处遗址属于二里头文化时期的小型聚落。本文研究的河南省新郑市望京楼遗址面积达 160 万平方米，是二里头文化时期的一处重要城址 [②③④]，属于大型聚落。本文通过种属鉴定、数量统计、测量数据分析、死亡年龄推算等动物考古学的研究方法，尝试分析中原地区居于大型聚落的先民消费和利用动物资源的特点，比较不同等级聚落开发利用动物资源的方式和早期国家内部的差异化，进而理解中华文明形成与早期发展过程中的关键时期的社会和经济。

二、材料与方法

1. 遗址考古学背景

望京楼遗址位于河南省新郑市新村镇望京楼水库东侧（34°26′42.6″N，113°43′25.4″E），海拔约 119 米，处于豫西山地向豫东平原的过渡地带 [⑤]。2010—2011 年，郑州市文物考古研究院对新郑望京楼遗址进行了抢救性发掘，重点发掘二里头文化（T）时期和二里岗文化（G）时期的城址及相关遗存。鉴于二里头文化与二里岗文化分属不同的考古学文化阶段，本文主要对二里头文化时期的动物骨骼进行研究，二里岗文化时期的材料另行讨论 [⑥]。

二里头文化时期城址的发掘主要集中于内城的东半部，面积近 8000m²。这一区域出土的动物骨骼主要来自地层和灰坑，分属二里头文化三期（T3）和四期（T4）。田野发掘时没有使用网筛，动物骨骼以手捡的方式按考古单位收集，简单水洗后开展鉴定研究工作。二里头文化时期的 2 件动物骨骼标本经过北京大学加速器质谱实验室的测年，测年结果分别为 1634—1437 BC、1613—1446 BC [⑦⑧]。

① 袁广阔：《临汝煤山遗址 1987—1988 年发掘报告》，《华夏考古》1991 年第 3 期。
② 张松林、吴倩：《新郑望京楼发现二里头文化和二里岗文化城址》，《中国文物报》2011 年 1 月 28 日。
③ 张国硕：《望京楼夏代城址与昆吾之居》，《苏州大学学报（哲学社会科学版）》2012 年第 1 期。
④ 陈国梁：《合与分：聚落考古视角下二里头都邑的兴衰解析》，《中原文物》2019 年第 4 期。
⑤ 郑州市文物考古研究院：《新郑望京楼：2010—2012 年田野考古发掘报告》，科学出版社，2015 年。
⑥ You Y, Wu Q. The uses of domesticated animals at the Early Bronze Age City of Wangjinglou, China. International Journal of Osteoarchaeology, 2021, 31 (5): 789-800.
⑦ Reimer P J, Austin W E N, Bard E, et al. The IntCal20 Northern Hemisphere Radiocarbon Age Calibration Curve (0-55 cal kBP). Radiocarbon, 2020, 62 (4): 725-757.
⑧ Ramsey C B. Oxcal. https://c14.arch.ox.ac.uk/oxcal/OxCal.html.

2. 动物骨骼鉴定及分析方法

鉴定动物种属时参考了河南省文物考古研究院动物考古实验室和中国社会科学院考古研究所动物考古实验室收藏的现代和古代的动物骨骼标本，也参考了相关动物骨骼图谱 [1][2]。对于无法判断到种（Species）的标本，我们将其归入上级的属（Genus）、科（Family）或目（Order）中。遗址出现 1 件冠状缝呈 T 形的山羊头骨；其他具备鉴定特征点的头骨、下颌骨和颅后骨骼均属于绵羊；特征点破碎导致无法区分山羊或绵羊的羊骨判断为羊（Ovicaprid；以往研究显示中原地区绵羊数量远多于山羊，所以这些羊多属于绵羊）。判断小麂、梅花鹿和狍时，我们主要依据鹿角和下颌骨牙齿的特点辨别种属，鹿类动物的颅后骨骼多按大小归为大型鹿科动物、中型鹿科动物和小型鹿科动物。

我们使用可鉴定标本数（NISP，Number of identified specimens）和最小个体数（MNI，Minimum number of individuals）进行数量统计，参照《考古遗址出土动物骨骼测量指南》[3] 进行测量。绵羊颅后骨骼的测量数据使用梅德提出的对数指数法（Logarithmic Size Index）进行分析和比较 [4]。猪和绵羊的下颌牙齿的磨蚀程度参照格兰特的记录方法 [5]，死亡年龄推算参考勒莫因等 [6]、李志鹏 [7] 和齐德 [8] 的研究。

三、鉴定结果及相关分析

望京楼遗址 T 时期发现的动物有珍珠蚌（未定种）（*Margaritiana* sp.）、丽蚌

---

① 伊丽莎白·施密德著，李天元译：《动物骨骼图谱》，中国地质大学出版社，1992 年。
② 西蒙·赫森著，侯彦峰、马萧林译：《哺乳动物骨骼和牙齿鉴定方法指南》，科学出版社，2012 年。
③ 安格拉·冯登德里施著，马萧林、侯彦峰译：《考古遗址出土动物骨骼测量指南》，科学出版社，2007 年。
④ Meadow R H. Notes on faunal remains from Mehrgarh, with a focus on cattle (Bos). In: South Asian Archaeology 1981. Cambridge: Cambridge University Press, 1984: 34-40.
⑤ Grant A. The use of tooth wear as a guide to the domestic animals. In: Ageing and Sexing Animal Bones from Archaeological Sites. Oxford: British Archaeological Reports, 1982: 91-108.
⑥ Lemoine X, Zeder M, Bishop K J, et al. A new system for computing dentition-based age profiles in Sus scrofa. Journal of Archaeological Science, 2014 (47): 179-193.
⑦ 李志鹏：《晚商都城羊的消费利用与供应——殷墟出土羊骨的动物考古学研究》，《考古》2011 年第 7 期。
⑧ Zeder, M. Reconciling rates of long bone fusion and tooth eruption and wear in Sheep (Ovis) and Goat (Capra). In: Recent Advances in Ageing and Sexing Animal Bones. Oxford: Oxbow Books, 2006: 297-312.

（*Lamprotula* sp.）、 雉（*Phasianus* sp.）、 兔（*Lepus* sp.）、 狗（*Canis familiaris*）、 虎（*Panthera tigris*）、野猪（*Sus scrofa*）、猪（*Sus scrofa domestica*）、小麂（*Muntiacus reevesi*）、梅花鹿（*Cervus nippon*）、狍（*Capreolus pygargus*）、黄牛（*Bos taurus*）、绵羊（*Ovis aries*）和山羊（*Capra hircus*）共 14 种。此外还发现难以鉴定到具体种属的大型鹿科动物、中型鹿科动物和小型鹿科动物骨骼材料多件。

1. 数量统计

望京楼遗址 T 时期，内城东半部出土动物骨骼标本共 1847 件，其中可鉴定标本数（NISP）为 1036 件。T3 期动物骨骼的可鉴定标本数为 207 件，最小个体数（MNI）为 36；T4 期动物骨骼的可鉴定标本数为 829 件，最小个体数为 97。

非哺乳动物中，T3 期珍珠蚌（未定种）的可鉴定标本数为 1，最小个体数为 1；丽蚌的可鉴定标本数为 1，最小个体数为 1。T4 期珍珠蚌（未定种）的可鉴定标本数为 4，最小个体数为 1；丽蚌的可鉴定标本数为 12，最小个体数为 6；雉的可鉴定标本数为 2，最小个体数为 1。

哺乳动物数量及比例见表 1。T3 时期，野生动物的可鉴定标本数和最小个体数比例分别为 3.91% 和 17.64%，家养动物的可鉴定标本数和最小个体数比例分别为 96.10% 和 82.34%。T4 时期，野生动物的可鉴定标本数和最小个体数比例分别为 1.48% 和 6.74%，家养动物的可鉴定标本数和最小个体数比例分别为 98.52% 和 93.26%。可见望京楼遗址先民消费的动物资源以家养动物为主，其中猪的数量最多，T3、T4 期的可鉴定标本数比例为 55.61%、60.67%。野生动物只占很小的比例，其中梅花鹿的数量相对较多，T3、T4 期的可鉴定标本数比例为 1.46%、1.11%。

表1 望京楼遗址二里头文化时期哺乳动物可鉴定标本数（NISP）和最小个体数（MNI）

动物种属		T3 时期						T4 时期						
		NISP			MNI			NISP			MNI		
		数量	百分比		数量	百分比		数量	百分比		数量	百分比	
			百分比	合计		百分比	合计		百分比	合计		百分比	合计
野生动物	兔	1	0.49%	3.91%	1	2.94%	17.64%	1	0.12%	1.48%	1	1.12%	6.74%
	虎	1	0.49%		1	2.94%							
	梅花鹿	3	1.46%		1	2.94%		9	1.11%		3	3.37%	

续表

动物种属		T3 时期						T4 时期					
		NISP			MNI			NISP			MNI		
		数量	百分比		数量	百分比		数量	百分比		数量	百分比	
			百分比	合计		百分比	合计		百分比	合计		百分比	合计
野生动物	狍	1	0.49%	3.91%	1	2.94%	17.64%	2	0.25%	1.48%	2	2.25%	6.74%
	野猪	1	0.49%		1	2.94%							
	小麂	1	0.49%		1	2.94%							
家养动物	猪	114	55.61%	96.10%	18	52.94%	82.34%	492	60.67%	98.52%	63	70.79%	93.26%
	狗	14	6.83%		4	11.76%		44	5.43%		5	5.62%	
	黄牛	54	26.34%		2	5.88%		198	24.41%		7	7.87%	
	绵羊	2	0.98%		1	2.94%		7	0.86%		3	3.37%	
	山羊							1	0.12%		1	1.12%	
	羊	13	6.34%		3	8.82%		57	7.03%		4	4.49%	
总计		205	100.01%	100.01%	34	99.98%	99.98%	811	100%	100%	89	100%	100%

2. 家养动物的年龄结构和开发利用的主要方式

家养动物的年龄结构与人类开发利用家养动物的主要方式密切相关。以猪为例，如果人们的主要目的是获取肉产品，猪的年龄结构通常以年轻或者未成年个体为主[1][2]。对于绵羊，如果主要饲养目的是肉产品，人们会在羊达到最佳产肉的年龄阶段（如2岁）宰杀多数个体；如果主要目的是获取羊毛，则3岁以上个体的数量比例会超过60%[3]。

动物的死亡年龄的推算主要依靠牙齿萌出和磨蚀程度以及颅后骨骼的愈合程度。以往研究显示，虽然通过猪下颌牙齿萌出和磨蚀程度推算的死亡年龄与通过颅后骨骼的愈合程度推算的死亡年龄结果较为一致[4]，但是，考虑到埋藏学因素，前一种估算方法可能更为可靠[5][6][7]。下文使用牙齿萌出和磨蚀程度的方法推算猪的死亡年龄。

---

[1] 马萧林：《灵宝西坡遗址家猪的年龄结构及相关问题》，《华夏考古》2007年第1期。

[2] 李志鹏：《殷墟孝民屯遗址出土家猪的死亡年龄与相关问题研究》，《江汉考古》2011年第4期。

[3] Payne S. Kill-off patterns in sheep and goats: the mandibles from Aşvan Kale. Anatolian Studies, 1973 (23): 281-303.

[4] 马萧林：《灵宝西坡遗址家猪的年龄结构及相关问题》，《华夏考古》2007年第1期。

[5] 中国社会科学院考古研究所：《二里头1999～2006》，文物出版社，2014年。

[6] 马萧林：《灵宝西坡遗址家猪的年龄结构及相关问题》，《华夏考古》2007年第1期。

[7] Lam Y M, Brunson K, Meadow R, et al. Integrating taphonomy into the practice of zooarchaeology in China. Quaternary International, 2010, 211 (1-2): 86-90.

绵羊下颌骨数量较少，下文使用牙齿萌出和磨蚀程度以及颅后骨骼愈合程度两种方法推算其死亡年龄。望京楼遗址可用于推算黄牛、山羊和狗的死亡年龄的骨骼标本数量有限，暂不讨论。

（1）猪

T3、T4期可以反映年龄信息的猪下颌骨分别有23件、64件。为避免左右两侧重复计算，取每侧的最小个体数后相加得到用于计算年龄结构的部分，T3期有18件，T4期有43件（表2）。这一年龄结构推算的存活曲线（图1）显示，T3、T4期分别只有16.66%、6.98%的个体能够活过成年（30—52月），大量未成年个体死亡说明遗址先民养猪的主要目的是获取猪肉。

表2 望京楼遗址二里头文化时期猪年龄信息（基于下颌牙齿）

死亡年龄（月）	T3 时期		MNI		T4 时期		MNI	
	左侧	右侧	数量	百分比	左侧	右侧	数量	百分比
<1	1		1	5.56%				
3—5	1		1	5.56%		2	2	4.65%
6—8					5	10	10	23.26%
8—12	4	2	4	22.22%	6	7	7	16.28%
12—16	1		1	5.56%	2	10	10	23.26%
18—30	3	1	3	16.67%	4	8	8	18.60%
30—52	5	2	5	27.78%	3	3	3	6.98%
52—72					1	3	3	6.98%
72—96		3	3	16.67%				
合计	15	8	18	100%	21	43	43	100%

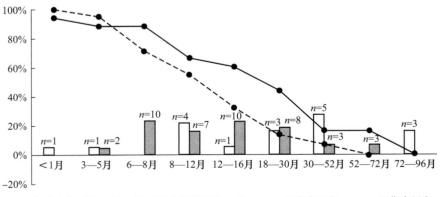

图1 望京楼遗址二里头文化三期、四期猪存活曲线（基于下颌牙齿）

（2）绵羊

T 时期可以反映年龄信息的绵羊下颌骨共 11 件。为避免左右两侧重复计算，取每侧的最小个体数后相加得到 9 件可用于计算年龄结构，这一年龄结构推算的存活曲线显示有 66.67% 的个体活过 3—4 岁，55.56% 的个体活过 4—6 岁（表 3）。

表 3　望京楼遗址二里头文化时期绵羊年龄信息（基于下颌牙齿）

死亡年龄（岁）	左侧	右侧	MNI		存活率
			数量	百分比	
<1	0	0	0	0	100%
1—2	0	2	2	22.22%	77.78%
3—4	0	1	1	11.11%	66.67%
4—6	0	1	1	11.11%	55.56%
6—8	1	3	3	33.33%	22.23%
>8	2	1	2	22.22%	0
合计	3	8	9	100%	

T3 期可供颅后骨骼愈合程度进行年龄推算的标本有 1 件，为愈合的胫骨远端；T4 期有 24 件（表 4）。齐德将绵羊颅后骨骼愈合的先后顺序分为 A 至 G 共七个阶段[1]，望京楼遗址分别发现 B、D、E 和 F 这四个阶段，其中 B、D 阶段标本数量较多且更具代表性。总体而言，各阶段颅后骨骺愈合率都超过 75.00%，说明多数绵羊为成年（30—48 月）之后的个体，这与牙齿萌出和磨蚀程度得出的结论一致。

表 4　望京楼遗址二里头文化四期绵羊颅后骨骼愈合程度及愈合率

年龄阶段（月）	骨骼及部位	愈合	未愈合	愈合率
B（6—12）	肱骨远端	4		85.71%
	盆骨髋臼	1		
	肩胛骨远端	1	1	
	合计	6	1	
D（18—30）	胫骨远端	9		91.67%
	掌 / 跖骨远端	2	1	
	合计	11	1	

---

① Zeder M. Reconciling rates of long bone fusion and tooth eruption and wear in Sheep (Ovis) and Goat (Capra). In: Recent Advances in Ageing and Sexing Animal Bones. Oxford: Oxbow Books, 2006: 297-312.

续表

年龄阶段（月）	骨骼及部位	愈合	未愈合	愈合率
E（30—48）	胫骨近端	3	1	75.00%
	合计	3	1	
F（>48）	肱骨近端	1		100.00%
	合计	1		

　　望京楼遗址绵羊的存活曲线说明遗址先民饲养绵羊的主要目的是获取次级产品（羊奶或羊毛），而非初级产品（羊肉）。佩恩认为，以获取羊奶为主要目的的存活曲线会在0—6月这个阶段出现一个明显的下降[①]，但是遗址中未发现这一年龄段的羊骨，原因除了与埋藏因素有关外，还可能获取羊奶不是人类的主要目的。中原地区农耕人群断奶后可能出现乳糖不耐症，可能导致他们没有发展以获取羊奶为主要目的的养羊方式[②]。如果对鲜奶进行加工，将其转变为奶酪或酸奶，乳糖就会降解，乳糖不耐受的人群就可以食用[③]。无论是鲜奶还是奶制品都容易变质，无法长期保存，美索不达米亚乌尔第三王朝（2111—2003 BC）的商人并不经营这类产品[④]，不是青铜时代大规模生产和消费的物品。二里头文化时期，养羊者直接食用鲜奶或奶制品的个别现象可能是存在的，但是大规模开发利用羊奶应该不是当时养羊业的主要目的，因此，我们认为获取羊毛是遗址先民养羊的主要目的。需要指出的是，望京楼遗址二里头文化时期可以提供年龄信息的羊骨总量有限、可能在一定程度上影响分析结果，上述结论还需要以后结合更多材料验证。

四、早期国家内部开发利用家养动物的差异化

　　二里头遗址作为一处早期国家都邑，是中华文明进程的核心与引领者[⑤]。在利用野生动物资源方面，李志鹏等学者发现二里头遗址的野生动物明显比中小型聚落的

① Payne S. Kill-off patterns in sheep and goats: the mandibles from Aşvan Kale. Anatolian Studies, 1973 (23): 281-303.

② 中国社会科学院考古研究所：《二里头1999～2006》，文物出版社，2014年。

③ Sherratt A. The Secondary Exploitation of Animals in the Old World. World Archaeology, 1983, 15 (1): 90-104.

④ Zeder M A. Feeding Cities: Specialized Animal Economy in the Ancient Near East. Washington DC: Smithsonian Institute Press, 1991 (28): 34.

⑤ 赵海涛、许宏：《中华文明总进程的核心与引领者：二里头文化的历史位置》，《南方文物》2019年第2期。

动物种类丰富，这与二里头遗址作为都邑可以辐辏更多资源有很大的关系[1][2]。望京楼遗址和二里头遗址都发现虎这一狩猎难度相对较大的大型食肉动物，与两者较高的聚落等级相吻合。但是望京楼遗址野生动物的丰富度远低于二里头遗址，由此可见聚落等级的差异化。那么，早期国家内部的不同等级聚落中的家养动物的种类和数量、绵羊的身体尺寸和开发利用的方式是否存在差异？我们尝试对二里头、望京楼、南洼、煤山和皂角树遗址进行分析。

1. 家养动物的种类

使用动物骨骼材料研究复杂社会时，动物种类的丰富度可能是一项指标。例如，城市比乡村开发利用的家养动物的种类可能更为丰富[3]。二里头文化时期，狗、猪和黄牛这三种家畜在各个遗址都有发现，但是绵羊只在二里头[4]、望京楼、南洼[5]和煤山[6]遗址出现，山羊只在二里头[7]、望京楼和南洼[8]遗址出现。可见，都邑和大中型聚落中家养动物的种类更丰富，而小型聚落的种类较单一。绵羊在不同的遗址是否出现、绵羊的数量变化和开发利用的方式将在下文详细讨论。山羊发现的数量极其有限，无法深入分析。

2. 家养动物的数量

二里头文化时期，家养动物在哺乳动物中的数量比例占优势。例如，二里头遗址 T3 期，家养动物占此期全部可鉴定哺乳动物的 76.6%[9]，望京楼遗址 T3 期，家养动物占此期全部可鉴定哺乳动物的 96.56%。虽然二里头遗址全部家养动物的可鉴定标本数和最小个体数的绝对数量均高于望京楼遗址，但是二里头遗址家养动物的数量比例却低于后者。原因在于二里头遗址还发现大量野生动物，如 T3 期梅花鹿的可

[1] 李志鹏、江田真毅：《二里头遗址的野生动物资源获取与利用》，《南方文物》2016 年第 3 期。
[2] 中国社会科学院考古研究所：《二里头 1999～2006》，文物出版社，2014 年。
[3] Crabtree P J. Zooarchaeology and complex societies: some uses of faunal analysis for the study of trade, social status, and ethnicity. Archaeological Method and Theory, 1992 (2): 155-205.
[4] 中国社会科学院考古研究所：《二里头 1999～2006》，文物出版社，2014 年。
[5] 余翀：《动物遗存分析》，《登封南洼——2004～2006 年田野考古报告》，科学出版社，2014 年。
[6] 尤悦、袁广阔、赵雅楠，等：《河南省临汝县煤山遗址出土动物遗存研究》，《南方文物》2017 年第 3 期。
[7] 中国社会科学院考古研究所：《二里头 1999～2006》，文物出版社，2014 年。
[8] 余翀：《动物遗存分析》，《登封南洼——2004～2006 年田野考古报告》，科学出版社，2014 年。
[9] 中国社会科学院考古研究所：《二里头 1999～2006》，文物出版社，2014 年。

鉴定标本数为 233，高于此期黄牛的可鉴定标本数 165[①]，可见野生动物影响了上述家养动物的数量比例。为排除这一干扰，下文以家养动物的数量为整体对各遗址进行比较和分析。

（1）可鉴定标本数

在以家养动物可鉴定标本数为整体的统计中，猪是各遗址中数量最多的动物，数量比例除两个低值 46.92%、52.69% 和一个高值 69.72% 外，其他都在 57.32%—61.65%。黄牛数量第二，数量比例除两个低值 12.85% 和 13.89% 外，其他都在 22.58%—30.31%（图 2）。

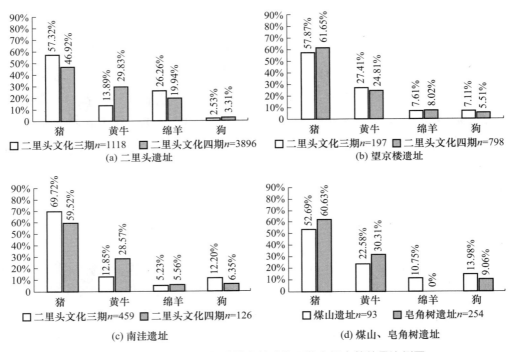

图2　二里头文化时期各遗址家养动物可鉴定标本数数量比例图

绵羊数量第三。绵羊的数量比例在各遗址中有着明显差别，其中二里头遗址 T3 期、T4 期分别为 26.26%、19.94%，望京楼、南洼遗址逐渐下降，占 5.23%—8.02%。虽然煤山遗址绵羊的数量比例高于望京楼和南洼遗址，但是前者家养动物可鉴定标本数量（n=93）偏少、对比值有影响。皂角树遗址绵羊为 0%。可见绵羊的数量比例在上述遗址中呈递减的趋势。狗的数量相对较少，比例在 2.53%—13.98%。

---

① 中国社会科学院考古研究所：《二里头 1999~2006》，文物出版社，2014 年。

（2）最小个体数

在以家养动物最小个体数为整体的统计中（图3），南洼遗址 T4 期（$n=17$）、煤山遗址（$n=10$）和皂角树遗址（$n=15$）的最小个体数均小于 20，样本量太小，不予讨论。各遗址中猪是数量最多的动物，数量比例除一个低值 57.63% 外，其他都集中在 64.29%—76.83%。绵羊的数量比例在各遗址中有着明显差别，其中二里头遗址 T3 期、T4 期分别为 28.81% 及 16.96%；望京楼遗址绵羊比例为 14.29% 及 8.54%；南洼遗址绵羊比例为 11.11%，逐渐递减。黄牛占 7.14%—11.11%，数量比例较为稳定。狗的数量比例在 3.11%—14.29%。

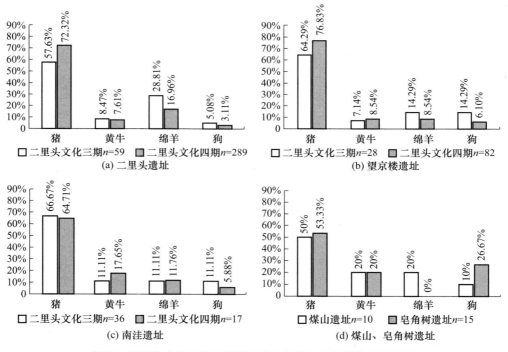

图3　二里头文化时期各遗址家养动物最小个体数数量比例图

上述各遗址中家养动物的可鉴定标本数和最小个体数的数量比例显示，猪的数量始终最多。绵羊的数量比例在二里头遗址最高，在望京楼、南洼和皂角树遗址逐渐减少，呈现随聚落等级降低而递减的趋势。

3. 绵羊身体尺寸的对数指数法分析

在对绵羊骨骼与身体尺寸的研究中，为了更加直观地对测量数据进行比较分析、增加可分析的样本量，美国动物考古学家梅德于 1984 年提出对数指数法（Logarithmic Size Index）[1]。余翀曾撰文对该方法进行了较为详细的介绍[2]。对数指数法使用时需要选择合适的成年绵羊的骨骼测量数据作为标准，将遗址中绵羊的每个颅后骨骼的测量值（X）的常用对数，与标准动物测量值（Y）的常用对数相减取其差，即 $d=\lg X-\lg Y=\lg (X/Y)$，数学含义上表示标准动物测量值 X 相对于标准动物测量值 Y 的大小（$d>0$ 时，前者大于后者；$d=0$ 时，两者相同；$d<0$ 时，前者小于后者）。在对巴基斯坦哈拉帕（Harappa）遗址第 3 期（2293—2047 BC）的分析中，梅德通过观察差值（d）范围发现哈拉帕遗址绵羊的身体尺寸大于年代更早的罗泰尔（Nausharo）遗址，他认为哈拉帕遗址的绵羊代表了与前者不同的品种，这一品种羊很可能用于产毛，也供肉食[3]。

　　本文采用梅德使用的伊朗西部一只雌性成年绵羊的测量值作为标准值（见 Meadow, 1991, Table 7.1）[4]，对中原地区二里头、望京楼、南洼和煤山遗址出土的绵羊掌骨和跖骨的宽度测量值进行比较（具体测量数据、标准绵羊测量值和 d 值范围见附属材料）。为了增加这一地域的研究对象，我们也对新砦遗址绵羊掌骨和跖骨的宽度测量值进行分析。新砦遗址面积为 100 万平方米，在新砦期（1870—1720BC）是一处大型中心聚落[5]，即当时等级最高的聚落。而二里头遗址则是 T 时期等级最高的聚落。图 4 显示新砦遗址和二里头遗址都包含一些大于标准动物（即 $d>0$）的绵羊，而望京楼、南洼和煤山遗址的绵羊都小于标准动物（$d<0$），这说明最高等级的聚落中包含一些身体尺寸较大的绵羊。图 5 可见高等级聚落的绵羊整体较其他等级聚落的身体尺寸更大，双样本异方差 t 检验显示两者差异性显著（新砦与望京楼，$p=0.008$；新砦与南洼，$p=0.005$；二里头与望京楼，$p=0.017$；二里头与南洼，$p=0.012$；煤山遗址 $n=1$，无法进行统计学分析）。而望京楼遗址与南洼遗址这类等级略低的聚落中绵羊的身体尺寸差异则非常不显著（$p=0.980$）。上述分析说明最高等级聚落中包含体格更大的绵羊，它们的身体尺寸更加多元化，这一现象是否与人类的行为（例如选择策略或经济政治策略）有关，这些由动物反映到古代人类经济和社

---

① Meadow R H. Notes on faunal remains from Mehrgarh, with a focus on cattle (Bos). In: South Asian Archaeology 1981. Cambridge: Cambridge University Press, 1984: 34-40.

② 余翀：《对数指数法在动物考古学中的应用——以新石器时代至青铜时代早期的中国黄牛属动物为例》，《考古》2017 年第 11 期。

③ Meadow R H. Harappa excavations 1986-1990: a multidisciplinary approach to third millenium urbanism. Madison: Prehistory Press, 1991: 89-106.

④ Meadow R H. Harappa excavations 1986-1990: a multidisciplinary approach to third millenium urbanism. Madison: Prehistory Press, 1991: 89-106.

⑤ 高江涛：《新砦遗址与中国古代文明起源问题》，《中原文物》2005 年第 4 期。

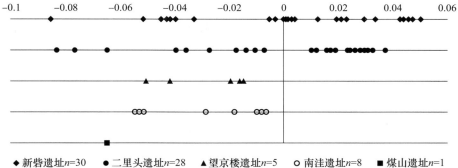

◆ 新砦遗址 *n*=30　● 二里头遗址 *n*=28　▲ 望京楼遗址 *n*=5　○ 南洼遗址 *n*=8　■ 煤山遗址 *n*=1

图 4　各遗址绵羊掌、跖骨对数指数差值（*d*）散点图

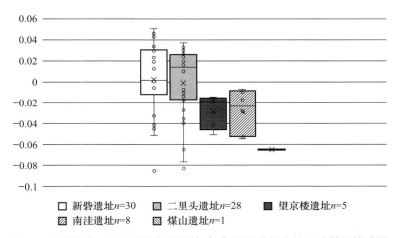

□ 新砦遗址 *n*=30　▨ 二里头遗址 *n*=28　■ 望京楼遗址 *n*=5
▨ 南洼遗址 *n*=8　▨ 煤山遗址 *n*=1

图 5　各遗址掌、跖骨对数指数差值（*d*）所见绵羊身体尺寸差异箱式图

会的问题值得我们进一步思考。需要指出的是，我们对二里头文化时期绵羊骨骼测量数据分析的样本量较为有限，可能在一定程度上影响分析结果，上述现象还需要以后结合更多的材料进行验证。

4. 遗址先民开发利用绵羊的主要方式

目前学界已对二里头、新砦等遗址先民开发利用绵羊的主要方式进行分析[1][2]，下文在这一基础上尝试分析各等级聚落之间的异同。二里头遗址 T2 期活过 3—4 岁的绵羊仅占 23.07%，到 T4 期活过 3—4 岁的绵羊占 53.23%（图 6），说明遗址先民养

---

[1]　戴玲玲、李志鹏、胡耀武，等：《新砦遗址出土羊的死亡年龄及畜产品开发策略》，《考古》2014 年第 1 期。

[2]　李志鹏、Brunson K、戴玲玲：《中原地区新石器时代到青铜时代早期羊毛开发的动物考古学研究》，《第四纪研究》2014 年第 1 期。

羊的主要目的从获取肉食资源转变为获取羊毛[1]。望京楼遗址绵羊的主要开发方式为获取羊毛，存活曲线与二里头遗址 T4 期相似。

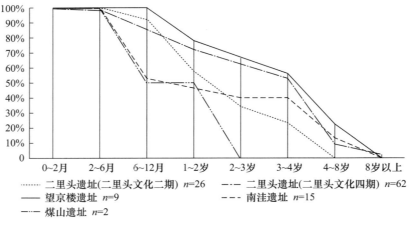

图 6　二里头文化时期各遗址绵羊存活曲线（基于下颌牙齿）

　　根据余翀对南洼遗址 T 时期出土绵羊骨骼的鉴定资料，本文推算其死亡年龄和存活曲线后发现绵羊在 6—12 月有一个非常明显的下降，下降约 50%；在 2—3 岁时存活率为 39.99%，暗示获取肉食资源是养羊的主要目的。煤山遗址的绵羊均小于 3 岁，反映了遗址先民获取肉食资源的行为。但因标本量（n=2）太少，无法探讨养羊的主要目的。上述分析可知 T3、T4 期都邑和大型聚落的养羊业以获取羊毛为主要目的，中型聚落的养羊业以肉食消费为主要目的，小型聚落的样本量太少、无法分析。羊毛加工、羊毛制品的生产和制作需要投入一定量的人力和物质成本，即使生产的羊毛仅限于自用，这些工序也需要社区（Community）内部的若干劳动力共同完成，因此在生产羊毛制品的初期阶段社区结构和组织必然随之发生变化[2]。羊毛比植物更容易吸收染料，颜色更加靓丽。近东地区的考古材料显示，早期青铜时代的马林（Malyan）遗址的行政管理者对羊毛的分配和羊毛加工业给予特别的重视[3]，说明羊毛和羊毛制品的生产、管理和分配与复杂社会相联系。二里头、望京楼遗址出现的以获取羊毛为主要目的的养羊业与其所处的较高的聚落等级相呼应。

[1]　李志鹏、Brunson K、戴玲玲：《中原地区新石器时代到青铜时代早期羊毛开发的动物考古学研究》,《第四纪研究》2014 年第 1 期。

[2]　Saña M, Tornero C. Use of animal fibres during the Neolithisation in the Middle Euphrates Valley: an archaeozoological approach. Paléorient, 2012, 38 (1-2): 79-91.

[3]　Zeder M A. Feeding Cities: Specialized Animal Economy in the Ancient Near East. Washington DC: Smithsonian Institute Press, 1991 (28): 34.

五、结　　论

　　本文利用对数指数法对中原地区早期青铜时代绵羊的身体尺寸进行比较分析，较以往对羊骨测量数据的分析方法有所突破。作为一处早期国家的重要城址，望京楼遗址的动物考古学研究说明家养动物是城市居民肉食消费的主体，家养动物的次级产品——羊毛也得到开发和利用，这为研究二里头文化时期大型聚落对动物资源的消费和利用填补重要材料。通过比较二里头文化时期的二里头、望京楼、南洼、煤山和皂角树遗址，我们发现家养动物的种类、家养动物的数量比例、绵羊的身体尺寸和以获取羊毛为主要目的养羊业，这四个方面能够体现出早期国家内部不同等级聚落开发利用家养动物的差异化。这项研究进一步丰富了学术界对早期国家社会和经济发展的认识，启示我们动物资源的开发和利用也是探索早期复杂社会的一个研究视角。

　　致谢：动物骨骼鉴定过程中先后得到河南省文物考古研究院侯彦峰老师和中国社会科学院考古研究所李志鹏老师、吕鹏老师和杨梦菲老师的帮助，郑州大学张继华老师提供南洼遗址的背景材料，河南大学贺俊老师帮助分析二里头文化时期的背景材料，首都师范大学研究生臧雅帆、刘天洋帮助处理数据，在此一并致谢！

（原载《人类学学报》2022 年第 3 期）

全球化视角诠释下的世界史
——"100 件文物中的世界史"的一个面向

闫　志

（首都师范大学历史学院，北京，100089）

汉斯·乌尔里希·奥布里斯特在《策展简史》中将策展行为定义为"一种观念的实践"[①]。一个成功的展览，应该通过视觉呈现来传递观念，进而使观众在逻辑中接受这种观念[②]。作为一个全球巡回展览，大英博物馆"100 件文物中的世界史"展览之所以在世界范围内获得强烈反响，应当归功于展览本身的设计。与一般意义上的历史展、文明展不同，"100 件文物中的世界史"并不是以"客观陈述"或"再现"历史原貌为目的，而是明确地建构一个自洽的历史情境。用英方策展团队的话讲，这是"一种世界历史（的叙事）"而不是"（普遍意义上的）世界史"。这种历史情境的呈现或者叙事，就是以全球化视角诠释世界历史。

一、什么是"全球化"

"全球化"一词最早在英语词典中出现是在 1944 年[③]。1961 年出版的韦伯大辞典

---

① 〔瑞士〕汉斯·乌尔里希·奥布里斯特著，任西娜、尹晟译：《策展简史》，金城出版社，2012 年。
② 葛斐尔：《我们为何策展：除了理念还有传达效果》，《创意设计源》2015 年第 6 期。
③ 李伯重：《火枪与账簿：早期经济全球化时代的中国与东亚世界》，生活·读书·新知三联书店，2017年，第 31 页。

中也出现了对全球化概念的解释①。尽管 20 世纪 60 年代末、70 年代初成立的"罗马俱乐部"中，不少学者在讨论有关全球问题②，但"全球化"尚未形成明晰的定义，也并不是学者关注的核心问题。进入 80 年代，在哲学社会学界风行后现代主义的同时，全球化议题首先在经济学界展开。1985 年，莱维特（Theodore Levitt）首先提出"经济全球化"概念，此后一段时间内，"全球化"一直在经济全球化的范畴里被人探讨，以致连著名社会学家哈贝马斯也将全球化定义为"世界经济体系的结构转变"。直至 90 年代，随着冷战结束、信息化时代到来以及全球问题日益凸显，全球化概念才真正进入学者的视域，日益成为重要的研究对象。

作为全球化理论研究的先驱，美国学者罗兰·罗伯森较早对全球化概念进行较为系统的定义：全球化既指世界的压缩（compression），又指世界是一个整体的意识的增强③。这一概念不仅仅是对之前经济学界普遍关注的经济全球化问题的回顾（空间意义上的"压缩"），也加入了对于文化全球化的思考④（即世界整体意识的加强），强调基于现代性的全球化"要具有大得多的流动性、'主观性'以及文化性"⑤。罗伯森将全球化过程划分为五个阶段，认为这是从 15 世纪一直延续到 20 世纪 90 年代的漫长历程。

在罗伯森具有开创性研究的影响下，大多数学者认为，经济的全球化是从 15 世纪，尤其是地理大发现时代才真正开始的，这是一个较为晚近发生的现象。而英国社会学家安东尼·吉登斯更是进一步认为，全球化是现代化的延伸，是具有现代性的全球化。在此基础上吉登斯认为，全球化可以被定义为"世界范围内的社会关系的强化，这种关系以这样一种方式将彼此相距遥远的地域连接起来，即此地所发生的事件可能是由许多英里以外的异地事件而引起，反之亦然"⑥。这种全球化在以下四个维度上展开：民族国家体系、资本主义经济体系、国际劳动分工、国际军事秩序。

吉登斯的理论完全建立在现代化的制度维度之上，对当今全球化进行思考和剖析。戴维·赫尔德则从历史和当代的不同层面系统论述全球化的几个维度，将

---

① Patomäki H, Teivainen T. Critical response to neoliberal Globalization in the Mercosur Region. Review of International Political Economy, March 2002: 40. 转引自李刚：《论戴维·赫尔德的全球化理论分析框架》，《南阳师范学院学报（社会科学版）》2009 年第 2 期。

② 罗惠敏：《全球化理论综述》，《社会》2004 年第 3 期。

③ 〔美〕罗兰·罗伯森：《全球化：社会理论和全球文化》，上海人民出版社，2000 年，第 11 页。

④ 张汝伦：《文化视域中的全球化理论：罗兰·罗伯森的全球化理论简述》，《复旦学报（社会科学版）》1996 年第 6 期。

⑤ 〔美〕罗兰·罗伯森：《全球化：社会理论和全球文化》，上海人民出版社，2000 年，第 17 页。

⑥ 〔英〕安东尼·吉登斯著，田禾译，黄平校：《现代性的后果》，译林出版社，2000 年，第 56—57 页。

全球历史变革划分为四个阶段,即前现代时期(1500年以前)、现代早期(1500—1850年)、现代时期(1850—1945年)和当代时期(1945年以来)。在这一历史划分上,赫尔德又引入四个组织指标:基础设施、制度化、分层化和互动的模式,来考察全球化历程。并依据全球化的深度、广度、速度和影响区分出四种全球化类型:密集型、分散型、扩张型和稀疏型[①]。纵观赫尔德的著作,尽管他仍然侧重现代全球化的阐释,但将全球化视角用于观察早期历史,他的理论框架还是为我们提供了启示[②]。

以上仅是全球化理论研究的代表性成果。对于汗牛充栋的全球化研究,赫尔德进行了有效的分类。他把该领域的学者思想分为三个流派,即激进全球主义者、怀疑论者和变革论者[③]。以大前研一(Ohmae Kenichi)为代表的激进全球化者认为,全球化是一个不可避免的趋势,世界上各民族都会融入这个趋势当中。这种观点一般把经济规律奉为圭臬,将单一世界市场的出现以及全球竞争规则视为历史的进步方向。而跨国组织的行为越来越使得传统的民族国家界限模糊,最终会消解国家概念,走向全球大同。而以汤普森(Thompson)为代表的怀疑论者则认为,全球化只是一个神话,只有国家间经济的互动,并没有什么经济的全球化或一体化。萨米尔·阿明虽然承认全球化的存在,但用"依附理论"阐释和批判了全球化的国际分工给第三世界带来的贫困化以及世界范围内的贫富分化现象[④]。而以罗西瑙、吉登斯等学者为代表的变革论者则主张,全球化是一个偶然现象,其基础是现代化与现代性,其未来尚不明确,未必是人类历史的趋势或方向。

很显然,依据赫尔德的分类,"100件文物中的世界史"的主旨中展现出的"全球化"面向应当属于"激进全球主义"的范畴。在展览的导言和解说中我们能够看出,展览的策划者通过"联结""相遇""共同"等词语,将全球化追溯至远古文明,并暗示这种"事实"延续至今。尽管展览同时在表现文明之间的共性,以及促进人们反思人与物之关系,但全球化既是作为上述两个面向的背景而存在,同时又与前者在因果和互动中相互纠缠。

---

① 李刚:《论戴维·赫尔德的全球化理论分析框架》,《南阳师范学院学报(社会科学版)》2009年第2期。
② 〔英〕戴维·赫尔德等著,杨雪冬等译:《全球大变革:全球化时代的政治、经济与文化》,社会科学文献出版社,2001年,第10—11页。
③ 〔英〕戴维·赫尔德等著,杨雪冬等译:《全球大变革:全球化时代的政治、经济与文化》,社会科学文献出版社,2001年,第10—11页。
④ 曹文宏:《依附理论视野中的全球化:对萨米尔·阿明的全球化理论的新理解》,《东南学术》2015年第5期。

二、"100 件文物中的世界史"呈现的全球化面向

　　"100 件文物中的世界史"的策划者在早期文明的解读中谨慎地使用了全球化视角。例如这样两件器物，出土于伊拉克的公元前 5600—前 5200 年的公牛头纹陶碗（图 1），以及来自埃及的公元前 4000 年左右的牛形化妆品调色板（图 2）。策展人对其解读是从牛的驯化和传播角度切入的。关于牛的驯化时间和地点问题至今学术界仍在争论，但是南非考古学家安德鲁·史密斯的新理论充满启发性。他认为最早的驯养动物来自生活在干旱环境中的那些纪律性强的野生兽群，这种驯化过程大约始于公元前 7000 年以后气候日益干旱的亚洲西南部和撒哈拉沙漠地区[①]。在此之前，种植小麦等农作物的行为已经在西亚等地发生[②]。牛的驯化不仅对于人类的肉食、奶制品来源具有影响，对于人类日渐成熟的农业生产也意义重大。在随后的几千年里，牛耕技术向各个地区传播，成为欧亚大陆农业的基础。当然，源于印度地区的水牛的驯化也经历了相近的过程。以牛为线索，早期农业、畜牧业的多地点起源和传播，共同构筑了一幅早期全球化的景观。

　　"100 件文物中的世界史"对全球化追溯的谨慎，主要表现在始终严格地遵循经济全球化的框架，在可求证的贸易网络中表现早期全球化的样貌。

图 1　公牛头纹碗 公元前 5600—前 5200 年 伊拉克北部
（版权归大英博物馆董事会所有，2017）

图 2　牛形化妆品调色板 公元前 4000—前 3600 年 埃及
（版权归大英博物馆董事会所有，2017）

---

① 〔美〕布莱恩·费根著，杨宁、周幸、冯国雄译：《世界史前史》，世界图书出版公司，2011 年，第 154 页。
② 〔美〕杰里·本特利、赫伯特·齐格勒著，魏凤莲译：《新全球史：公元 1000 年之前》，北京大学出版社，2015 年，第 20 页。

展览用古印度哈拉帕文明印章作为早期文明贸易的代表（图 3）。哈拉帕文明是一个在印度河流域包括今天巴基斯坦境内广泛分布的文明。大约公元前 3200—前 2600 年，是其早期阶段；公元前 2500—前 2000 年则是成熟阶段，这一时期出现了哈拉帕和摩亨佐达罗这样的大型城市。这枚印章的制作年代属于后者。哈拉帕文明的遗存中看不到宏伟的建筑，没有对统治者歌功颂德的地标，表明其社会分化并不是十分严重。同时，由于这一文明所属的地区资源贫乏、气候炎热，他们的繁荣完全依靠贸易[①]。考古资料表明，哈拉帕人是成功的商人，他们将这种带有私人属性的印章带到了今天伊朗、伊拉克等地区，显示出他们与苏美尔文明之间的商贸往来非常频繁和持久。

图 3　古印度哈拉帕文明印章 公元前 2500—前 2000 年 巴基斯坦旁遮普省

如果说古印度文明印章是从东向西看当时的贸易路线，那么王后竖琴则是从相反的角度展现了这种市场的连接。王后竖琴出土于伊拉克的乌尔遗址，制作于公元前 2500 年左右，与古印度文明印章几乎同时。虽然苏美尔社会与哈拉帕完全不同，但是在资源对外的依赖程度上却是一致的。这架竖琴上的装饰材料大多是从苏美尔地区以外进口的。牛首面部的黄金来自伊朗或埃及，青金石来自阿富汗，琴身的贝壳则来自波斯湾[②]。与埃及出土的佘盆梅海特木乃伊内棺一样，两者都反映了古代两大文明中心对于周边资源的依赖，以及古代近东—中东贸易网络的繁荣。

近东、中东地区无疑是"100 件文物中的世界史"思考古代世界的核心，这源自于它长期以来扮演着古代世界贸易网络中心的角色。公元 9 世纪以来，联结欧亚大陆的贸易体系中出现三条主要的贸易路线：北线从君士坦丁堡穿越中亚大陆；中线经巴格达、巴士拉和波斯湾，与地中海和印度洋相连；南线则将埃及的亚历山大、

---

① 〔美〕布莱恩·费根著，杨宁、周幸、冯国雄译：《世界史前史》，世界图书出版公司，2011 年，第 281—286 页。

② 吕章申主编：《大英博物馆展览：100 件文物中的世界史》，北京时代华文书局，2017 年，第 51 页。

开罗、红海一线与阿拉伯海联系起来，延伸至印度洋[①]。其中，中线和南线在很长一段时间内，由于埃及和中东地区的对立，分属于不同的贸易体系下。但是随着8世纪伊斯兰的扩张，到了9世纪将上述两大文明区域统一，这两条殊途同归的贸易路线被整合在一个由伊斯兰文明控制下的贸易网络中。而且，随着公元750年阿拔斯王朝定都巴格达，波斯湾贸易路线成为主要通道；暗礁遍布、不易通航的红海路线则成为辅助性路线[②]。13世纪蒙古人建立空前广大的帝国之后，一段时间内北线贸易（即陆上丝绸之路）迎来了最后的繁荣。伴随着帝国的迅速衰落，这条充满危险的路线也很快淡出人们的视线。然而中线和南线贸易成为联通东西的主要通道。

波斯湾和红海其实是整个印度洋贸易网络的西端。濒临印度洋的东非海港城市基尔瓦、蒙巴萨和摩加迪沙等，都成为富裕的口岸城市。展厅中一组貌似不起眼的陶瓷碎片，就是在坦桑尼亚基尔瓦港海滩上采集的（图4）。这些碎片的时代大体从公元900年到1400年。在这一时期，来自中国、伊朗、土耳其等地的货物大批进出这里，船员们随身用品也被遗弃于此。透过这些不起眼的碎片，我们能够感受到当年港口的繁忙和贸易的繁荣。

图4　基尔瓦港海滩陶瓷碎片900—1400年坦桑尼亚基尔瓦

伊斯兰文明统一了中东、近东的版图，进而控制了香料和奢侈品贸易的主要交通路线时，欧洲在高昂的贸易价格下，被迫转向海洋，寻求直接通往印度、中国的航线。经过60年不懈努力，葡萄牙人终于绕过非洲，进入印度洋。在葡萄牙的印度总督阿尔布开克的率领下，葡萄牙的小型舰队于1510年攻克印度西海岸的果阿岛[③]。在短短的数年时间里，葡萄牙人不仅控制了印度西海岸，而且搅乱了持续了数百年的印度洋贸易格局。

展览用丢勒的《犀牛》版画作为这一重大时刻的见证（图5）。在阿尔布开克攻克果阿后五年（图6），印度古吉拉特邦的苏丹为了讨好葡萄牙国王伊曼纽尔二世，向其赠送了一头犀牛。伊曼纽尔二世便向身在纽伦堡的著名画家丢勒定制犀牛的画

① 〔美〕珍妮特·L·阿布-卢格霍德著，杜宪兵、何美兰、武逸天译：《欧洲霸权之前：1250—1350年的世界体系》，商务印书馆，2015年，第134页。

② 〔美〕珍妮特·L·阿布-卢格霍德著，杜宪兵、何美兰、武逸天译：《欧洲霸权之前：1250—1350年的世界体系》，商务印书馆，2015年，第134页。

③ 〔英〕罗杰·克劳利著，陆大鹏译：《征服者：葡萄牙帝国的崛起》，社会科学文献出版社，2016年。

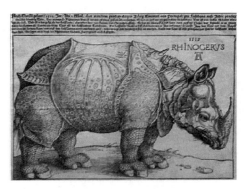

图 5　丢勒《犀牛》1550 年 德国纽伦堡

作。没有见过活犀牛的丢勒凭借别人的素描和字面描述创作了这幅作品。丢勒所绘制的这头犀牛，漂洋过海，见证了大西洋与印度洋的联通，也见证了一个新时代的到来。

"100 件文物中的世界史"并没有强调 1492 年哥伦布发现美洲大陆这个时间节点，而是把叙事放在了之后的历史进程。展览用西班牙铸造的八里尔银币（图 7）引出 16—17 世纪从墨西哥和玻利维亚到西班牙的白银之路。这条白银之路大大充盈了西班牙的国库。利用这些流入本国的美洲白银，西班牙在 1571 年的勒班陀海战中击败了奥斯曼土耳其的舰队，彻底遏制了后者的扩张步伐。

图 6　象牙雕基督像
1600—1700 年 印度果阿

图 7　八里尔银币 16 世纪 西班牙

在展线的设计当中，紧挨着八里尔银币的是日本的柿右卫门彩瓷象（图 8）。现在看来，中间缺少了非常重要的一环——中国晚明时期的文物。据统计，17 世纪上半叶，西属美洲出产的白银，有 20% 经过菲律宾流入中国。加上来自日本的白银，每年流入中国的白银总量约达 25 万至 26.5 万公斤。然而 1620 年至 1660 年持续的白银危机，致使西班牙大力限制白银出口。这一波世界范围内的经济危机，导致晚明末期白银的断流。加上天灾不断，原本实力强大的大明王朝在内外交困中灭亡了[①]。就在明清易代之际，作为太平洋贸易的主宰者荷兰人转向日本寻求瓷器等商品来源。这才成就了柿右卫门彩瓷。日本瓷器经荷兰大量销往欧洲，直接影响了18世纪欧洲瓷器制造业。由此来看，缺少了作为海上丝绸之路东端的中国，17世纪的全球经济体系就无法连接。

图8　柿右卫门彩瓷象 1650—1700 年 日本

19世纪是英国的世纪。"100件文物中的世界史"用一套韦奇伍德陶质茶具来表现如日中天的维多利亚时代，正是从贸易全球化的角度解读这一历史。历史上中国一直是西方的茶叶来源。但由于茶叶不易保存，运输成本高昂，长期以来在英国只有贵族阶层才能享用这种饮料。但是，自从英国东印度公司成功地在印度建立殖民统治之后，印度茶叶开始源源不断供应英国市场。于是饮茶成为英国各个阶层的生活组成部分。这套茶具本身也表明了使用者可能只是中等收入阶层。而英国茶汤中的佐料——糖则产自加勒比海地区的殖民地。贸易的全球化塑造了英国人的日常生活习惯，甚至使饮茶成为英国文化的一部分[②]。

21世纪的今天，我们无处不感到全球化的影响。假冒的德罗巴球衣是当今贸易全球化的缩影：德罗巴是非洲科特迪瓦人，在英格兰切尔西足球俱乐部效力；俱乐部老板是俄罗斯人，最大的赞助商是韩国三星集团；这件球衣是印度尼西亚生产的假冒产品，在秘鲁的市场上售卖。

在讲述近代以来的全球化历程时，"100件文物中的世界史"并没有选取具有重大历史意义的展品，比如著名跨国公司的产品或者代表重大全球意义的政治经济事件的文物，而是用看似普通的日常用品来表现，是为了强调全球化对于我们的生活而言已经无处不在。尽管最后一个单元充满了对当代全球化的反思，从战争、暴力到环境、能源问题，但是不难看出，"100件文物中的世界史"仍然是以积极的态度面对全球化，并且在积极地为全球化问题探索应对方式。

（原载《博物院》2017年第2期）

① 〔美〕魏斐德著，陈苏镇、薄小莹等译：《洪业：清朝开国史》，新星出版社，2017年，第2页。
② 〔英〕尼尔·麦克格雷戈著，余燕译：《大英博物馆世界简史》，新星出版社，2014年，第594页。

叙事的断裂

——"大河文明"展的叙事分析

闫 志

（首都师范大学历史学院，北京，100089）

　　"大河文明"展于 2023 年 3 月 3 日在郑州博物馆开幕。该展览是郑州博物馆与意大利都灵埃及博物馆、东方艺术博物馆、都灵皇家博物馆，以及巴拉科古代雕塑博物馆联合举办，也是中意文化旅游年的重要文化交流项目。展览汇聚了来自意大利 4 家博物馆，以及国内 14 家文博机构的 203 件展品，展示了尼罗河、"两河（幼发拉底河与底格里斯河）"、印度河，以及黄河、长江几大流域的文明历程[①]（图 1）。

图 1 "大河文明"展序厅

---

① 《大河里的文明：在中原看四大文明古国遗珍》，https//baijiahao.baidu.com/s?id=1759940404875004539&wfr=spider&for= pc2023-03-10。

　　笔者有幸成为展览大纲的主创人员，主持创作了前几版大纲文本。最终落地时，展览架构基本沿用了笔者的文本，但在部分细节和展品的分布略有出入，并且在主题的阐释和延续方面也显示出较为明显的差异。本文无意对比原大纲和展览实践之间的差异及差异产生的原因，而是重点梳理并阐述原大纲文本的理念和设计思路，并且尝试从观众视角分析原大纲叙事策略，从而提出关于展览叙事的若干原则问题。

一、宏大叙事困境下的选择

　　宏大叙事的主题展览，一直以来都是策展人的噩梦。时空范围的无限延展与展品的有限性永远都处在难以调和的矛盾和张力中。由于缺乏足够填充细节的展品，导致很难在有限空间内呈现主题所需要的完整叙事。在西方国家，即使是馆藏丰富的博物馆，也很少在基本陈列中设置宏大叙事的主题：如德国现代艺术博物馆路德维希基金会（Museum Moderner Kunst Stiftung Ludwig Wien）运营的 FOKUS 项目（即长期的陈列）虽然设定了较为明确的主题，但也把范围限制在"1945 年以后的现代主义作品，并专注于展示 20 世纪 60 年代和 70 年代反映社会现实的艺术运动，包括波普艺术、新现实主义和维也纳行动主义"[①]。

　　临时展览的形式虽然更加灵活，可以适应任何主题，但在面对宏大主题时却仍然会显得更加捉襟见肘。大多数临时展览的主题选择会聚焦在某一特定时空或特定个体。如 2015 年德国柏林国家博物馆的绘画馆展出的"波提切利——文艺复兴"展，通过"作为品牌的波提切利：20 至 21 世纪""重新发现波提切利：19 世纪"和"波提切利的时代"三个部分，运用倒序方法，把波提切利从文艺复兴的大师到被人遗忘，从被英国艺术界重新发掘到今天成为商业文化的宠儿的过程展现出来[②]。这个展览淋漓尽致地表达了艺术史是被不断塑造和重构的观念。这个在欧洲巡回展出的展览，把时间线索紧紧锁定在关于波提切利艺术史书写的几个关键节点，而探讨的外延则延伸到艺术与历史、社会和商业的关系。而 2014 年，慕尼黑老绘画陈列馆举办的"卡纳莱托－贝纳多·贝洛托笔下的欧洲"展，将 18 世纪的城市风景画家卡纳莱托（包括其甥贝纳多·贝洛托）置于城市风景画与城市地图绘制分道扬镳的交叉

---

① George A. The Curator's Handbook: Museums, Commercial Galleries, Independent Spaces. London: Thames and Hudson, 2015: 29-30.

② Hoffimann S, Montua G. Botticelli 2015-1445: The Botticelli Renaissance. London: Hirmer& V&A Museum, 2016: 23, 47, 93.

点，突出了当时新兴的制图学对卡纳莱托城市绘画的影响①②。

上述聚焦于个体的艺术展，很容易把主题的时空框架限定在可控范围内。但对于历史文化展，尤其是区域文明展，展品选择与主题叙事之间的矛盾也凸显出来，因此需要对展览叙事进行选择。2017 年，大英博物馆与中国国家博物馆联合举办了"大英博物馆 100 件文物中的世界史"。该展览的时空范围涵盖了人类文明的全部发展历程和地域。这种无以复加的宏大主题，在叙事上采取了全球史理论，凸显了每一件展品在自身历史节点上的全球性意义。实际上，策展人把宏大命题浓缩进了微观叙事，从而避免了无限细节的阐释短板③。

郑州博物馆的"大河文明"展览，同样面临着宏大命题与叙事之间的困境。首先，意大利四家博物馆作为合作方，提供了 112 件展品：其中古埃及展品 54 件，两河流域展品 58 件。展品数量过少，很难支撑尼罗河文明和"两河"文明的阐释。其次，从展品年代分布来看，古埃及文物包含了第一中间期（约公元前 2160—前 2055年）、中王国时期（约公元前 2055—前 1650 年）、新王国时期（约公元前 1550—前 1069 年）、第三中间期（公元前 1069—前 664 年）和晚王国时期（公元前 664—前 332 年）④。两河流域文物包括乌尔第三王朝（约公元前 2112—前 2004 年）、新亚述帝国（公元前 10—前 7 世纪）、新巴比伦（公元前 7—前 6 世纪），一直到公元 2 世纪。这些展品年代跨度大，且分布很不均衡，如古埃及展品以新王国时期和晚王国时期最多，主要集中在公元前 15 世纪到前 7 世纪之间；两河流域展品则以新亚述时期、新巴比伦时期，以及帕提亚时期（公元前 3—公元 3 世纪）居多，代表早期苏美尔文明的乌尔第三王朝的展品仅一件。最后，大体量、重量级文物相对较少。古埃及文物中体量较大的文物是两件中王国时期的素面木棺，以及两件晚王国时期的人形木棺。新王国时期的夫妻雕像这类典型埃及雕塑仅有一件。最具学术价值的是第三中间期的冥府书和晚王国时期的亡灵书纸草。大多数展品是古埃及墓葬中极为常

---

① 贝纳多·贝洛托是卡纳莱托的外甥和学生，经常用贝纳多·卡纳莱托的名字作画。在德国收藏的卡纳莱托的绘画有部分是贝纳多的作品，因此这个展览用两个人的名字作为标题。

② Wiedemann W. Geodetic Analysis of the View of Munich. Canaletto: Bernardo Bellotto Paints Europe. Berlin: Hirmer, 2014: 16-43.

③ 闫志:《全球化视角诠释下的世界史——"100 件文物中的世界史"的一个面向》,《博物院》2017 年第 2 期，第 77—83 页。

④ 关于古埃及各历史时期年表，参见 Shaw I. The Oxford History of Ancient Egypt. Oxford: Oxford University Press, 2000: 108，137，207，265，324，364. 传统上第一中间期以第 9 王朝希克索斯人开始统治作为开端，即公元前 2130 年（参见 Kuilper K. Ancient Egypt: From Prehistory to the Islam Conquest. Britannica Educational Publishing, 2011: 51）。但史蒂芬·赛德梅耶（Stephan Seidlmayer）认为，第 8 王朝时期，位于孟菲斯的王权便已经开始衰落。因此他把第一中间期的时间提前了 30 年。这一观点被以伊恩·肖为代表的埃及学界所重视。

见的护身符、动物木乃伊和神灵小雕像。两河流域展品则多为公元前 2 世纪到公元 2 世纪的陶器，而此时的两河流域经历了希腊化时代，并且受到了罗马和波斯文化的交相影响，其文化面貌呈现出了多元样态；但是展品清单中的各式陶器很难体现其多元的文化面貌。带有鲜明新亚述风格的展品是人像浮雕石板，但由于残损的原因，体量很小，也很难体现出亚述帝国宫廷建筑的宏伟气象。

意方展品在数量、体量、内涵各方面都很难展现"文明"叙事。即便中方策展团队提供了国内展品 69 件，并借到 22 件印度河文明的相关展品，丰富了展品的数量，但反而加重了各文明之间展品比例的不平衡（中国文物占比 34%，和古埃及、两河流域展品在数量上大体相当；但代表印度河文明的印章和陶器占比只有不到 11%）。

二、从"大河文明"到"文明古国"
——"大纲"说了什么

在"宏大叙事"命题下，如何规避展品有限性带来的困境，成为该展览策划过程中必须面对的问题。最为核心的，就是如何看待"文明"概念。

和传统上西方把"文明"视为西方社会和历史的成就，并由此产生的优越感不同，德国社会学家诺贝特·埃利亚斯（Norbert Elias）更倾向于把文明作为一个发展过程来看待。在埃利亚斯看来，文明不仅是社会结构发展的过程，而且是个体情感控制和行为变化的过程。他既批判了僵化的文明—成就观念，也批判了以帕森斯为代表的机械社会发展观念，认为后者虽然也注重社会结构的变化，但这种变化观实际上否定了人类个体的情感和行为的变化因素。因此埃利亚斯认为，文明的进程是一个包含了人类个体结构和社会结构关系的发展过程[1]。

受到埃利亚斯理论的启发，我们尝试着避免把"大河文明"概念悬置在物质文化资料所显示出的文明"成就"层面，而是将视角切换到"人"的维度。也就是说，人的生命、生活、信仰和行为，是展览设计中最为核心的内容。如果说，大英博物馆巨大的拉美西斯二世雕像、德国帕加马博物馆宏伟的伊什塔尔城门能够代表古埃

---

[1] 诺贝特·埃利亚斯著，王佩莉、袁志英译：《文明的进程：文明的社会发生和心理发生的研究》，上海译文出版社，2013 年，第 5—8 页。

及和古巴比伦的文明果实，埃及国家博物馆从涅加达文化到罗马时期海量的古埃及文物能够展现社会结构的变迁，那么此次展览中数量有限且大多小巧精致的展品，则只能从个体生存的具体情境中寻找故事。

原大纲定稿把展览分为三个单元，每个单元下分两到三组。具体结构如下。

第一单元　水体·生命·信仰
　　一组：水体与生灵
　　二组：神圣之河
第二单元　创造·开垦·建立
　　一组：黏土的创造
　　二组：农业与丰收
　　三组：城市与国家
第三单元　延续·发展·共生
　　一组：黏土的潜能
　　二组：紧靠河流的城市
　　三组：面向河流的生活

整个大纲文本的三个部分构成了三组对应关系：河流与生命、河流与文明，以及河流对当代社会的价值与意义。在第一单元中的两个小组，分别展示了水是生命之源，以及在此生命观基础上，建立的信仰体系。自从进入定居生活模式，无论是内陆山区还是滨海沿岸，人们一定会选择靠近河流的地区建立聚落。先民很早就认识到水对于生命的意义。该组展品也围绕着"水滋养生命"这一主题展开，如埃及的鱼木乃伊、鸬鹚木乃伊、葡萄形费昂斯挂件，前哈拉帕时期绘有水波纹样的陶器，以及中国史前各种材质水生物的雕刻等。基于这样的生命观，古代民族的创世神话中偏爱把水作为世界之源。如古埃及人认为创世之前的世界是一片混沌之水（努恩）[1]；美索不达米亚神话里，淡水之神阿普苏从地下引出淡水，并与咸水之神一起创造了众神[2]；而中国最古老的经典《易经》中也把世界的本源想象成"太一生水"的过程。

不仅世界的开端如此，连整个世界的运作以及生命的轮回都伴随着水的意象。古埃及人认为生命的终点是"芦苇之地"，灵魂要到达此处必须乘船而行。早在古王

---

① 中国社会科学院考古研究所编：《埃及考古专题十三讲》，中国社会科学出版社，2017 年。
② 斯蒂芬·伯特曼著，秋叶译：《古代美索不达米亚社会生活》，商务印书馆，2016 年，第 125 页。

国第二王朝时期，埃及的墓葬中就出现了船只的形象[1]。中国古人从"河图洛书"中探索出了天地万物的奥秘。在这部分中，两件纸草文献——《亡灵书》和《冥府书》，用图画和文字详细描述了人类死后如何乘船进入冥府的过程[2]，完美地诠释了尼罗河滋养出的精神世界（图 2）。

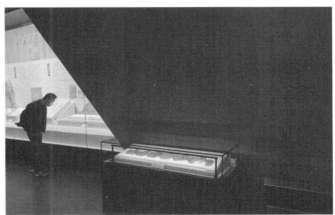

图 2 《亡灵书》及其在展厅的位置

　　如果说第一单元体现了"文明"概念中个体生命与个体行为，那么第二单元则着重强调了河流对社会结构的塑造。河岸黏土是河流对人类的另一馈赠：黏土可塑性强，经过高温后会变得非常坚固；受此启发，人类创造了陶器。陶器是定居模式下人类为应对新需求，产生的新发明。陶器以及黏土制品的出现，标志着人类社会开始了变革之路。如果陶器被还原成黏土材料，而黏土则又可以被还原成河流冲积作用下形成的地质特征。因此，在大纲框架中，陶器—黏土—河流建立了递进的隐

① 中国社会科学院考古研究所编：《埃及考古专题十三讲》，中国社会科学出版社，2017 年。
② Wilkinson T. The Rise and Fall of Ancient Egypt. New York: Random House Trade Paperbacks, 2013: 128-130.

喻链条，通过层层还原，陶器成为河流与人之关系的转喻[1]。这一部分中，我们侧重展示陶器的功能、技术，以及黏土的其他重要价值，比如楔形文字泥板即由黏土制成。

　　农业是大河文明绕不开的话题。虽然人类最初的驯化作物大多出现在多山地区（中国的驯化稻或许是例外），但把驯化作物发展成为农业经济则是在大河流域完成的。因此，我们不能以农业起源作为叙事重点，而是选择以农业发达时期，河流沿岸居民的农业观念作为视角展开叙述。例如在古埃及部分，我们选用洪水之神哈比（Hapi）的雕像作为开端，说明埃及古代农业在很大程度上依赖于尼罗河定期泛滥；闵神（Min）是古埃及的丰收之神，他的雕像代表了象岛地区独特的丰收仪式。两河流域选用塞琉西亚遗址出土的塞琉古王朝时期的陶容器，这些帕提亚风格的陶器用于盛装橄榄油、香脂、酒等液体[2]，反映出当时该地区经济作物的情况。中国文物则以汉代牛耕模型、嘉峪关魏晋农耕画像砖，以及东汉陶磨坊明器等图像、形象为主，旨在表现古代中国的农业技术、产业发展和重农主义的思想。

　　"城市与国家"是早期文明发展进程中最引人注目的里程碑。实际上，在西方语言环境中，"文明（civilization）"一词就是来源于"城市（city）"[3]，对于西方史学界来说城市的出现是文明的标志性事件。城市（国家）是人类社会理性化的产物，但它同时又是一种观念，集合了社群的集体情感，成为民族起源的神话[4]。在每一个讲述国家神话的展览中，城市或国家都是作为符号化的表征出现在展厅当中，因此，我们把这一表征拆解为三个相互独立却又隐含着内在联系的方面：建筑、文字和人。并且试图展现这些表征背后的社会现实。

　　建筑遗存是城市文明的物质见证。与以生产布局作为聚落结构的乡村社会不同，早期文明时期的城市是为了满足防御、统治和崇拜的需求（这与中世纪欧洲城市的发展差异很大），这三者都需要高大、坚固的建筑作为保障。意大利合作方提供的建筑构件，上面的纹样装饰大多和水生植物有关。我们用"城市的肌理"来隐喻河流与城市的关系，即在河边诞生的城市，河流生态自然成为城市的装饰纹样，成为肉眼可识的"肌理"（图3）。

---

[1]　关于叙事中的转喻，后文有详述。

[2]　关于帕提亚风格陶器的形制和功能，参见 Neilson C. Debevoise: Parthian Pottery from Seleucia on the Tigris. Ann Arbor: University of Michigan Press, 1934.

[3]　Mountjoy S. The Tigris and Euphrates River. New York: Chalsea House Publishers, 2005: 25.

[4]　德国哲学家恩斯特·卡西尔深刻地剖析了与国家有关的神话的生成和现实意义。参见〔德〕恩斯特·卡西尔著，范进、杨君游、柯锦华译：《国家的神话》，华夏出版社，2015年。另，参见〔美〕伊万·斯特伦斯基著，李创同、张经纬译：《二十世纪的四种神话理论——卡西尔、伊利亚德、列维-斯特劳斯与马林诺夫斯基》，生活·读书·新知三联书店，2012年，第22—28页。

图 3　装饰有水生植物的建筑构件

　　但遗憾的是，展厅中关于城市建筑的理解出现了一定程度的矛盾。例如，展厅中以一座大型独立柜展示了一座东汉陶仓楼，出土于河南焦作李河汉墓群（图 4）。博物馆方大概是想用东汉陶楼展示中国城市建筑特色，用以和其他文明进行对比。但是这种设计大概忽略了一点，即目前出土的东汉陶楼模型基本上是当时庄园经济的表征，陶楼的建造位置和功能都与城郊农业经济密不可分，而本质上不属于城市社会。而文献、考古资料中显示，以权力为核心的城市建筑，多与高大的夯土台基相关联，和这类陶楼应该有着明显区别。

图 4　"城市与国家"部分展出的
东汉陶仓楼

　　文字的产生与国家治理、经济活动的需求密不可分[①]。与此同时，由于文字的书写以载体为依托，表现为一定的形象（字形、文本等），而内容则涉及国家的制度、社会关系和经济结构等看不见的社会实存，因此文字成为沟通国家物理特征和精神气质的桥梁。此次展览中与文字相关的展品并不算丰富：作为黏土的代表，放在本单元的文字展品有公元前三千纪晚期的乌尔王朝楔形文字泥板、新亚述时期和新巴比伦时期的 8 块泥板，有古埃及新王国时期

---

① 丹妮丝・施曼特－贝瑟拉著，王乐洋译：《文字起源》，商务印书馆，2015 年，第 153—164 页。

的文字陶片（内容是赞美尼罗河）。此外增补了中国战国时期的郢爰金饼、汉代的错金虎符等。

"城市中的人"，则是用人物雕像以及与人相关的动物形象，展现城市人的生活、情感和身份。和乡村社会的均质化、单一化结构不同，城市社会构成更加复杂。这里生活的人们拥有各种身份，分属各个阶层：有统治者、公务人员、商人和手工业者，还有奴仆甚至囚犯。人的活动构成活态的城市，而展示城市环境下人多元的生存样态，则能够揭示国家社会的深层内涵。

第三单元的内容略显尴尬。按照馆方要求，希望能在展览中体现中华文明的延续性。这个要求一方面是出于弥补展品体量不足的考虑，另一方面也是想表达中华文明"从未中断"的发展特点。为延续展览的既有逻辑框架，我们仍然选择把中古以后的中华文明纳入"大河"的概念下，延续了河流—黏土的思路。原大纲把最具中国文明特色的青铜器、瓷器，视作黏土技术的延伸，用技术的发展和传承指代中华文明的绵延不绝。

第二组则再次延续第一组的模式，把转喻的符号从黏土扩展到现代水利工程成果，表现的是以现代技术条件为基础的"新大河文明"。这一部分仍然以技术作为转喻的视角，不同的是其背后的所指——当代中华文明——已不仅是古代中国的延续，而且是汇集了世界文明优秀成果的新文明样态。

为了呼应第二单元，本单元还设计了第三组——"面向河流的生活"。现代文明的一个显著特点，就是时空的延展性超越了以往任何时代，使得"现场卷入"（共同在场的环境）与"跨距离互动"（在场和缺席的连接）之间的关系变得异常复杂[①]。全球化时代是每个人和所有人得以建立联系的时代。面对现代化的"技术霸权""媒体话术""文化帝国主义"造成的文化同质化危机[②]，我们是否还有必要、有能力从传统中汲取文明的养分，这是留给当代观众的问题。因此，我们选用了与河流文化有关的民俗和非物质文化遗产，如"九曲黄河灯俗""撒拉族皮筏""江川号子"等，组成一个视听的情境，说明现代媒介（包括媒体、博物馆、文化机构等）在保持文化多样性方面做出的努力，以及在过去与现代之间我们何去何从。

---

① 安东尼·吉登斯著，田禾译，黄平校：《现代性的后果》，译林出版社，2011年，第56页。
② 汤林森著，冯建三译，郭英剑校：《文化帝国主义》，上海人民出版社，1999年，第276—289页。

三、从转喻到提喻——"大纲"为什么这样说

如果说，上述对大纲文本的描述，是展览策划者视角下的解读，那么接下来，我们将转入"观者"视角，运用叙事学理论对大纲进行文本分析，检验和反思内容设计是否能够实现展览目的。

在文学研究领域，叙事理论一直是重要的研究方法，甚至可以追溯到古希腊柏拉图、亚里士多德的时代。而叙事研究的意义不在于特定作品的内容、意义和价值，而是在于比较不同叙事间的共同之处，"以及是什么允许它们具有叙事意义上的区别"①。至 20 世纪后半叶，叙事研究突破了传统的文学批评领域，也成为其他相关艺术门类分析研究的不可或缺的利器。正如罗兰·巴特所言："对人类来说，似乎任何材料都适宜于叙事……叙事是与人类历史本身共同产生的……"②

叙事学理论包含的内容十分广泛。按照米克·巴尔的概括，叙事研究包括叙事的层次（如"故事""情节"），叙事分析路径（如语言、文本等），叙事的方法（如隐喻和转义、叙述与描述等）③。而关于叙事理论的流派，则有罗曼·雅各布森的结构主义语言学，罗兰·巴特的符号学，米克·巴尔的阐释人类学等。本文仅从叙事方法角度，针对展览大纲文本进行叙事分析。

叙事方法中最为重要和基本的修辞手法是隐喻和转喻④。雅各布森基于结构主义语言学，对这两类修辞做过经典的界定。他认为隐喻的基础是相似性，而转喻的基础则是邻近性。"隐喻是以人们在实实在在的主体和它的比喻式的代用词之间发现的相似性为基础的。而转喻则以主体与它邻近的代用词之间的接近或相继的联想为基础。"⑤"桃之夭夭，灼灼其华"，是用桃花盛开和新娘妆容之间的相似来进行词语替代，桃花和新娘之间便是隐喻关系。而新闻用语中，常用一个国家的首都指代该国政府，首都与国家之间具有意义上的邻近性或相继性，从首都可以联想到其所在的

① 杰拉德·普林斯著，徐强译：《叙事学：叙事的形式与功能》，中国人民大学出版社，2013 年，第 5 页。
② 〔法〕罗兰·巴特：《叙事作品结构分析导论》，《叙事学研究》，中国社会科学出版社，1989 年，第 2 页。
③ 参见〔荷兰〕米克·巴尔著，谭君强译：《叙述学：叙事理论导论》，北京师范大学出版社，2015 年。
④ 法国哲学家保罗·利科认为，古希腊以来，修辞学逐渐收缩为口头表达理论；而口头表达理论则归结为对修辞格的分类，而修辞格分类则又归结为比喻理论。最终比喻理论仅仅关注隐喻和换喻（即转喻）这一对修辞格。参见〔法〕保罗·利科著，汪堂家译：《活的隐喻》，上海译文出版社，2004 年，第 60 页。
⑤ 罗钢：《叙事学导论》，云南人民出版社，1994 年，第 2—3 页。

国家，因此两者便形成了转喻关系。

海登·怀特把叙事理论引入了对历史书写的分析研究。他把所有的历史书写都归纳为四种叙事策略——隐喻、转喻、提喻和反讽①。在怀特看来，后三者都属于隐喻的不同类型，但彼此之间以及和隐喻本身的关系也都存在着差别。隐喻着重于建立两个对象之间的类比关系。如苏秉琦将中国新石器时代进程描述为"满天星斗"，以此隐喻不同地理环境的考古学文化差异性。转喻则不仅体现了传统叙事学的邻近性原则，还具备部分与整体之间的关联性，而且部分能够代表整体。科林伍德的"一切历史都是思想史"，就是典型的转喻式表述。提喻和转喻相近，同样是部分和整体之关系，但提喻中的"部分"和整体中的其他"部分"地位并不相等，而是最能够代表整体本质的部分。因此怀特指出，转喻是一种还原关系，而提喻则是综合关系。历史唯物主义史学理论中，将阶级斗争描述为历史发展的动力，即是提喻的修辞。反讽本身是一种对于历史的质疑或犬儒主义的态度，其目的是在于"暗中肯定字面上断然肯定或断然否定的东西的反面"，它假定读者或听众有能力辨识"就某事物所做的描述的荒谬性，而该事物通常由隐喻、转喻或提喻赋予其形式，并在其中被指定"②。

怀特之所以运用"传统诗学和近代语言理论关于诗性语言或比喻语言"来分析19世纪的历史著作，是因为在他看来，历史事实本身是一种并不具有形式的混沌存在，只有经过历史学家意识的预构和整理，并且通过建构情节化模式、论证模式，以及有意无意地运用自身的意识形态将其整合，才能赋予历史事实以秩序化和可理解的形式，才能"将原本无法理解的变为可理解的，将原本陌生的变为熟悉的"。而这种"赋形"或转换则需要通过语言叙事来完成，因此"转义就是……必不可少而又无可回避的手段"③。

如果我们用叙事理论来分析"大河文明"的大纲，可以看出文本内部叙事方法的不连贯。在大纲的第一和第二单元，充分贯彻了转喻式的叙事方法。首先，标题本身是以"文明大多出现在大河流域"的历史认知作为预设前提，文明和大河形成了空间上的邻近性关系。其次，文明作为一种人类文化的过程和成果，内含诸多因素并拥有自身的结构。但大纲选取了黏土（陶器）、文字、与水相关的信仰，以及依河而建的城市（国家）几个方面，用举隅的方式描述河流与文明两者的邻近性关系。

---

① 海登·怀特著，陈新译，彭刚校：《元史学：十九世纪欧洲的历史想象》，译林出版社，2004年，第41页。
② 海登·怀特著，陈新译，彭刚校：《元史学：十九世纪欧洲的历史想象》，译林出版社，2004年，第41页。
③ 彭刚：《叙事的转向：当代西方史学理论的考察》，北京大学出版社，2017年，第18页。

同时，这些举隅又是作为整体的"文明"中的"部分"。因此，该叙事嵌套了两层转喻关系：其一，大河文明的叙事中，作为喻指的文明被转义到了作为喻体的"水"（河流、黏土），形成了以邻近性为原则的水平方向的转喻；其二，如果把文明看作整体，把举隅的文明元素看作部分，那么又在怀特的历史叙事学角度，形成了文明叙事的还原式转喻。转喻二和一之间是递进关系，两层嵌套在不同层位上构成了一个整体叙事。

需要说明的是，关于大河文明的转喻，实际上是以水—生命—文明之间存在因果关系的假设为基础的。而这种因果关系必定只能被用于描述早期文明阶段。从生命对水源的依赖，到定居对水资源的利用，再到农业对水利设施的需求和创造，以及因农业而汇聚形成国家，这个河流—文明因果链条在特定历史条件下才能成立。一旦进入到复杂文明阶段，推动文明发展的动力机制也更加多元和复杂。河流作为地理环境因素，在新的历史阶段，是否还能够像早期文明阶段那样，发挥相同的作用，并且与文明保持相同或相近的因果关系，我想答案应该是否定的。那么，如果文明的历史进入到了复杂阶段，原有的转喻叙事是否还能够成为有效的表述？换句话说，在大河文明基础上发展出来的更加复杂的社会，是否还能够称其为"大河文明"，便成了一个无法回避的问题。

因此，第三单元的加入给整个大纲的叙事连贯性带来了困扰。按照馆方要求，这一单元要将展品的时间下拉到中国的近古时期，目的是突出中华文明的延续性。在展览期间，相关媒体的报道显然受到这一理念的影响，把关注点也放在了"中华文明特性"议题上①。然而，这是本次展览所无法回答的问题。一方面，来自埃及、两河流域和印度的古文明展品年代有限，并没有展示伊斯兰化的埃及和两河，以及吠陀时代的古印度，因此仅从展厅中出现的展品来看，无法说明以上文明是否延续。另一方面，中华文明的延续和"大河文明"的延续是两个不同的概念。前者实际上融合了农耕文明、草原文明以及外来文明，是复杂的文明复合体；而后者则是整个中华文明发源阶段的组成部分。如果把中古和近古时代的中华文明纳入到大纲中，会给人造成中华文明停滞在"大河文明"阶段的错觉，从而忽略了其在漫长的历史中不断丰富和多样化的发展历程。与之相应的，原有的转喻基础已经不复存在，如果大纲试图保持叙事的连贯，就必须选择新的叙事方式。于是大纲在第三单元的叙事从转喻悄然变成了提喻式修辞。

在一、二单元的转喻式叙事中，举隅的文明诸要素（黏土、文字、城市国家

① 魏剑、方舟、张体义：《行走河南·读懂中国 | 文明绵延 在兹尤盛——"中华文明突出特性看河南"系列报道之一》，http://newpaper.dahe.cn/hnrb/html/2023-06/16/content_650991.htm.2023-06-17。

等），虽然也存在差异和等级上的差序，但总体而言这些要素大体较为平衡地作为局部分布在大纲结构中。在第三单元，大纲仅选择了青铜器和瓷器两个门类的器物作为展示元素：其一，两者在古代中国是最具有代表性的器物门类，具有表征符号的作用；其二，青铜器因为在铸造过程中需制作陶范，而瓷器则是陶器的升级版，所以两者被视为河流黏土的衍生物，从而与河流文明产生了微弱但可以捕捉的联系。那么，在制度文明高度发展，多元文化高度融合的历史阶段，大纲把这两种器物视作该时期文明整体的内核元素，让整个中华文化浓缩在这两种黏土的衍生物中，于是用提喻的方式将两个内涵区别很大的历史时期（包括空间内涵）连接在了一起。

但是，这种强行连接并没有能够敉平两者的差异。中华文明和大河文明的概念在大纲中仍然处于矛盾状态。提喻只是在字面上保持了叙事的连贯，却无法掩盖内容的断裂，更无法解释一个文本内叙事视角的突然转换。因为，用古埃及、古代两河流域、古印度和古代中国建构起的"大河文明"，是从发现共性视角去描述原生文明的历程。在比较的视野下，四者的相似性实际上成为转义叙事的基础，通过转义，文明之间的互通互鉴才得以符合"历史的逻辑"。而第三单元却是通过阐释中国文明是唯一延续下来的"大河文明"，建立了一个关于独特文明的叙事；这一独特性是以对其他文明的"否定"为代价，那么从观者角度来看，这一部分恰恰构成了怀特所定义的"反讽"式隐喻。从横向的共性散视到纵向的特性注视，叙事视角的转换使得原先的标题已经不再能涵盖整个展览的内容。叙事视角如果转换得不成功，便意味着叙事目的无法实现。

这涉及了"大河文明"展的目的：是想对各个原生文明进行比较，发现早期人类社会面临的带有共性的问题；还是希望通过对比不同大河流域的文明从而找到并展示中华文明的优势？即便是后者，那么也必须在严格的时空框架下进行同类元素的比较，例如同一时期的建筑、制度文化、书写体系以及宗教信仰等。否则，比较便会失去效力，不具有说服力。

大纲第二、三组的叙事实际上延续了第一组的方式，但是这种提喻的喻本置换成了现代水利设施和民俗。这种置换，或者说这组喻本的选择是否能够准确地描述"大河文明"在现当代社会历史中的存在，都是一个令人怀疑的问题。因此，这组的提喻式叙事堪称续貂。

实际展览中，把原大纲第三单元的第二、三组，即关于现代文明框架下的"大河文明"样态内容删掉，是正确的修订，避免了更多叙事方面的不确定性。

四、结　　语

　　无论我们在一个展览中如何再现或复原一个历史事件或场景，最终都是我们关于这个不在场事件（或情境）的观念的表达。因此，叙事成为表达成功与否的关键。从内容策划到形式设计，从展品遴选到表征符号的运用，总体而言，展览的本质是建构一套自洽、完整、有序、有意义的叙事过程①。大纲文本则是展览叙事的基础和集中体现。

　　"大河文明"展览大纲，试图从文明的共性入手，用转喻的方法向观众展示河流与早期文明的关系，同时也可以消解无法满足的宏大叙事。但是，中途又不得不转变目标，用提喻的方法将叙事转向中华文明的延续特性。作为展览大纲撰写者，我们在有限的时间和条件下撰写的文本，起初并没有意识到自己的叙事策略，更多是从内容和展品层面思考如何去归纳和描述一些关键性概念。但是，当大纲完成之后，却可以运用叙事理论分析和解剖，发现文本自身的问题，以期帮助今后的展览策划完善更加明确的叙事策略和结构。或许这就是本文的价值所在。

（原载《博物院》2023 年第 4 期，有修改）

---

① 　宋向光：《博物馆展陈内容多元构成析》，《东南文化》2015 年第 1 期，第 113—116、127—128 页。

通州与威尼斯的运河生态水城模式对比分析[*]

范佳翎　张子璇

（首都师范大学历史学院，北京，100089）

　　运河是人类在与大自然相处的过程中的卓越创造，是人类文明的伟大见证。运河城市不同于普通的历史城市，运河城市的兴盛、繁荣、衰落都与运河息息相关，人与水的关系也更加和谐紧密。威尼斯文化遗产保护工作历史悠久、体系健全，是意大利文化遗产保护的典范，对城市遗产保护具有里程碑意义的重要文件《威尼斯宪章》也在这里诞生，1987 年威尼斯及潟湖列入《世界遗产名录》。作为较早被列入《世界遗产名录》的运河城市以及世界著名的旅游城市，威尼斯有着成熟的文化遗产保护利用经验。北京是拥有世界遗产数量最多的城市，具有深厚的历史文化底蕴，同时又是中国大运河世界遗产项目的重要组成部分，是京杭大运河漕运的终点和文化的凝结。马可·波罗就是从威尼斯出发，经海路到达中国沿海地区，再经大运河北上到达元大都（今北京），从文化交流上增强了北京与威尼斯的纽带关系。通州作为曾经的北京水陆门户、漕运枢纽、如今的北京城市副中心，城市建设，城市的政治、经济、文化发展与威尼斯一样，均受到了运河的深刻影响，水与城紧密相连，较之其他类型的历史城市更具独特性。从运河城市的角度出发，将威尼斯与通州进行比较分析，对北京城市副中心深入发掘全球背景下的运河文化具有积极意义。

---

* 本文系首都师范大学文化研究院重大研究项目"北京城市副中心文化遗产保护利用研究"（ICS2019A）和首都师范大学历史学院研究生科研立项"中意运河城市的保护与发展模式比较分析"（2019LS08）阶段成果。

一、运河城市通州、威尼斯概况

通州位于北京市东南部，北京城市副中心所在地，是京杭大运河的北端点。历史上的通州天然河流湖泊交织、水网密布宽广，地处永定河、潮白河冲击洪积平原。通州城市的发展离不开运河，而运河兴起的基础依赖于通州发达的水系，通州境内分布有北运河、通惠河、温榆河、潮白河、凉水河、萧太后河、港沟河等众多河流。元代以来，通州成为京城重要的水陆门户、漕运重镇，通州段运河以漕运功能为主，一直延续到明清时期。清末，随着铁路事业的发展，通州段运河漕运功能逐渐没落，但因运河而产生的众多具有丰富文化内涵的文化遗产保存至今。如今，通州已成为北京城市副中心所在地，借由运河时代所积淀的深厚底蕴，以及丰富的水系资源，通州正在建设水城共融的生态城市、蓝绿交织的森林城市、古今同辉的人文城市。

威尼斯位于意大利东北部，亚得里亚海沿岸，建于面积为 550 平方公里的潟湖区域，建城至今已有 1500 余年的历史。公元 5 世纪，一些罗马难民为了逃避日耳曼人的攻击，从帕多瓦、阿奎利亚等地逃到潟湖区域，在这片被咸水浸渍的沼泽地建立居所，他们将木柱插入淤泥中，铺上防水性极好的伊斯特拉石，在伊斯特拉石上砌上砖，建起了一栋栋房子[①]。这些临时定居点逐渐成为他们的永久居所。早期的威尼斯人主要以捕鱼和制盐为生，但威尼斯具有优越的港湾条件，地处南欧的海陆交通要道，这里发展商业经济具有得天独厚的条件，威尼斯人开始竭尽一切发展其所赖以生存的海上贸易，并逐渐成为海上贸易中心，东西方物资交流的集散地。14 至 15 世纪威尼斯共和国进入全盛时期，成为意大利最强大和富有的海上贸易强国。15 世纪末，由于新航路的开辟，欧洲商业中心从地中海沿岸转向大西洋沿岸，威尼斯这座海上的财富之城逐渐衰落。如今，威尼斯继承了中世纪以来的城市风貌，整个城市被潟湖环绕，一条长约 3 公里的威尼斯大运河、177 条支流、2300 条水巷相互贯穿构成了威尼斯的运河网，组成了这座城市庞大的交通系统，成就了威尼斯独特的水路体系。

---

①   Gherardo O, Giovanni S. A Short Hist Venice. Pisa: Pacini Editore, 1999: 11.

二、水与城的关系：运河对于通州
与威尼斯的重要意义

（一）运河对于城市建设和布局风貌的影响

不论是在明清时期还是当代，通州城布局规划和风貌的形成都与运河息息相关。明代，洪武元年（1368 年）通州旧城初建，受周边自然环境和人工河道的影响，城似船形，大致呈"南方北尖"的形态。明成祖迁都北京以后，通州城的形态受到运河码头和粮仓分布的影响，作为漕运龙头、漕粮汇聚之地，通州建设了大运中仓、大运东仓、大运南仓和大运西仓。正统十四年（1449 年）为保护西仓而建新城，城市形态呈现出"西窄东宽"的形态。清代，运河漕运发展到了顶峰，并在乾隆年间打通新、旧二城。"通州城，好大的船，燃灯宝塔做桅杆，钟鼓楼的舱，玉带河的缆，铁锚落在张家湾。"口口相传的通州民谣生动描绘了通州形如漕船的城市形态。在通州古城之外，当代通州的新城发展核心区，整体呈现"中间宽、南北尖"的城市格局，并且留下了一系列与运河相关的地名。

威尼斯共和国时期，人们对潟湖的干预与改造使威尼斯的水利和建筑工程表现出了很高的技术和创新能力，多条运河如威尼斯大运河、朱代卡运河、圣马可运河和小型的水道网络逐渐清晰。随着时间推移，人与自然环境的动态互动奠定了如今威尼斯的城市肌理和水系网络。城市里共有 2300 多条水巷，它们如同威尼斯的"血管"，维持着城市肌体的正常运转。威尼斯大运河居于城市水网的主导地位，与众多小型运河、水道以及 428 座桥梁连接着城市的各个角落，共同推动着区域间的联系，塑造了城市的形状，界定了城市空间的发展状态与方向。

（二）运河对于城市经济商业发展的影响

由于水网密布，水路畅通，通州逐渐成为北京城的水陆门户、南北物资交流的枢纽，一时商贾云集，市肆繁华。金代通州因"漕运通济"而命名，元代通州已成为漕粮转运京城的关键节点。明清时期，通州粮仓具有"天子粮仓"的地位，为天子之外仓，这大大促进了通州仓储经济的发展。通州作为漕运重镇，在漕运极盛时期，每年过往上万艘漕船，年运输总量巨大。明清时期张家湾是从北运河舍舟登岸的重要码头，商贾行人云集于此。明代《通州志略》所载"通州八景"，其中的"万舟骈集"就形容了从张家湾到通州城的潞河水面上运粮船只首尾相接、浩浩荡荡的繁华景象，可见其漕运舟楫之盛①。漕运带动了通州的商业发展，明清时期通州商业繁荣，各地商人纷纷聚集于此建立商业会馆、银号。通州的皇木厂、骆驼店、竹木厂、窑厂、盐滩、江米店等这些地名散布在通州区境运河沿线，体现了漕运对通州商贸经济发展的重要影响。

由于濒临欧洲极其重要的商业通道——亚得里亚海，威尼斯具有发展海上贸易的地理位置优势。早期威尼斯靠丰富的盐和木材资源发展海上贸易，自公元8世纪起，威尼斯开始致力于供应君士坦丁堡之需，把周围地区的产品如意大利的小麦和酒、达尔马提亚的木材、潟湖的盐等物资运往君士坦丁堡，又"从君士坦丁堡带回拜占庭工业生产的珍贵织品以及亚洲供给君士坦丁堡的香料"②。在威尼斯共和国的黄金时代，整个欧洲的商品、交易和资本都是从威尼斯大运河上著名的里亚托桥流向世界各地，威尼斯垄断了欧洲和亚洲之间的贸易。威尼斯人濒临大海，通过对潟湖的改造，形成了海—湖—运立体的运输水网，依靠海上贸易，成为欧洲中世纪最富庶的商业海上强国，亦是欧洲最大的商品集散地。

（三）运河是城市文化的重要组成部分

漕运兴盛带动了京杭大运河沿线一批城镇的发展，通州作为其中一个重要的枢纽，成为运河文化的集中反映地。通州丰富的水系文化与漕运文化之间的相互作用，衍生出了独具特色的通州文化，历史上的通州"开漕节"是通州漕运文化的重要代表。通州境内的燃灯佛舍利塔、通州文庙、通州衙署遗址、贡院遗址等物质遗存也均体现了通州因运河形成的独具特色的地域文化。同时，通州文化还体现了由运河沟通的南北文化的交流与融合，通州运河船工号子是通州运河的重要文化符号，其所传达的"十万八千嚎天鬼"的喊号子场面令人惊叹。

威尼斯作为欧洲中世纪最繁忙的港口，东西方的宗教、文化与艺术均在这里交汇，整座城市汇集了众多建筑风格，城市风貌融合了东西方多种文化元素，威尼斯积累的艺术成就对西方建筑和纪念碑式的艺术发展产生了巨大的影响。运河也促进

---

① 北京市通州区地方志办公室编：《通州志略》，北京出版社，2019年。
② 〔比利时〕亨利·皮雷纳著，陈国樑译：《中世纪的城市》，商务印书馆，1985年，第57页。

了许多文学和艺术作品的创作，许多伟大的艺术家都在运河沿岸的教堂里留下了不朽的壁画和油画作品。莎士比亚的文学巨著《威尼斯商人》记述的就是发生在威尼斯大运河上里亚托桥的故事，以影视剧、话剧、歌剧等形式流传于世。根据威尼斯人马可·波罗的见闻而编纂的《马可·波罗游记》，让更多西方人认识到了遥远东方的国度，这些都构成了威尼斯的城市文化记忆，是城市的无形遗产。

三、威尼斯模式对于城市副中心文化遗产保护利用的启示

　　通州是首都门户背景下的运河城市，威尼斯是海洋贸易背景下的运河城市，不同的城市属性使通州和威尼斯在与运河互动时呈现出不同的特点，但两座城市从古至今都显现出水与城的紧密关系，现代的城市规划也体现了水城相融的发展理念。《北京城市总体规划（2016年—2035年）》提出了"一核一主一副、两轴多点一区"的空间结构定位，"一副"即指北京城市副中心，是总体规划的城市新节点所在，大运河作为城市副中心城市空间结构中的"一带"，以大运河为骨架，构建城市副中心水绿空间格局[①]。威尼斯在20世纪兴起成为意大利最受欢迎的旅游胜地，作为国际著名的历史城市、旅游城市，威尼斯在保护与利用文化遗产以及发展遗产旅游等方面具有成熟的经验。具体来看，威尼斯模式可以为城市副中心遗产保护利用与旅游发展提供以下几点启示。

（一）加强运河城市景观的恢复和整合，打造标志性景观

　　威尼斯的水网与城市的建筑、桥梁、街道相互呼应，构成了独特的城市空间环境。潟湖作为城市无形的城墙，阻挡着威尼斯城市扩张的脚步，减缓了威尼斯现代化发展的速度，威尼斯的城市布局与景观很好地保存了下来，展示出一个完整的欧洲中世纪城市的风貌，而这也是这座城市最大的旅游资源，吸引着来自世界各地的游客。圣马可广场、叹息桥、里亚托桥、水中行驶的贡多拉等一系列元素成为威尼

---

① 中国共产党北京市委员会、北京市人民政府编：《北京城市总体规划（2016年—2035年）》，中国建筑工业出版社，2019年。

斯的标志性景观，构成强烈的记忆点，冲击着游客的感官。

　　而通州作为一座历史悠久、水网密布的运河城市，应尽力恢复其独特的运河城市风貌，加强对于运河及相关水系沿岸建筑或设施的修复工作。据 2012 年发布的《大运河遗产保护规划（北京段）》文本目录统计，北京大运河物质文化遗产有 40 处，其中通州境内现存 17 处文化遗产，包括通惠河旧城段和通惠河通州段、1 处燃灯佛舍利塔、8 处桥梁码头遗址、5 处建筑古遗址。通州具有典型运河特征的历史遗迹，特别值得花大力气进行建筑修复与景观恢复。例如清代诗人王维珍诗言"无恙蒲帆新雨后，一支塔影认通州"①，燃灯塔曾是运河漕船抵达通州的视觉标识，在京杭大运河中有着特殊地位，是大运河最后一站的标志，可以不断加强和突出"一支塔影认通州"这一特点，将屹立在五河交汇处的燃灯塔打造为城市副中心的名片。通州作为曾经的漕运关键节点，留下了许多相关历史建筑、遗址，如大运中仓遗址、大运西仓遗址、八里桥、石坝、验粮楼等。还可以以运河、漕运作为主题串联重要的文化遗产点，有选择性地进行生态景观恢复建设，形成文化内涵相通、具有区域特色的完整景观体系。通过恢复和整合整座城市的水城风貌以及打造标志性景观，让穿城而过的大运河成为北京城市副中心独特的风景线，有效避免千城一面，凸显城市副中心特色，使大运河文化景观成为城市副中心的标志性符号。

（二）加大运河城市艺术与文化宣传力度，打造城市文化品牌

　　威尼斯狂欢节、威尼斯国际艺术与建筑双年展、威尼斯电影节等传统节日和现代节庆，丰富着威尼斯的城市文化，成为吸引游客的重要旅游资源，也打造了威尼斯独特的城市文化品牌。这类活动是激发历史城市遗产保护与利用的重要途径。同时，《威尼斯商人》《马可·波罗游记》等文学作品也构成了威尼斯重要的非物质文化遗产资源，尤其是《威尼斯商人》至今仍在通过影视剧、话剧、歌剧等各种形式延续其意义与价值。威尼斯的水城景观、历史建筑、节日庆典、文化活动等共同塑造了一个国际著名品牌城市，使威尼斯一直活跃在全世界游客的视线中。

　　借鉴威尼斯的经验，北京城市副中心可以加大运河城市特有运河文化的宣传力度，以大运河沿岸的非物质文化遗产为核心，通过展览、文化活动、传统节日、现代节庆等方式促进沿线文化产业繁荣发展，打造运河城市品牌。通州有着丰富的非物质文化遗产，其中与大运河的关联程度非常紧密，比如通州运河龙灯（民间舞蹈

---

① 广成、刘裕选注：《通州诗抄》，北京齐天乐园出版社，1992 年，第 118 页。

类）、通州运河船工号子（民间音乐类）、大运河的传说（民间文学类）等，体现出了通州运河文化的历史文脉，这些大运河沿岸的非物质文化遗产与当地的生产方式、生活方式、自然环境密切相关，可以与相关物质文化遗产配合，策划开展大运河题材精品文化活动，围绕大运河主题，策划一系列国际文化交流活动，进一步擦亮运河文化金名片，助推城市副中心文化事业繁荣发展。通州的"开漕节"是运河转运漕粮过程中诞生的一种古老习俗，"开漕节"作为通州特色节日就是在运河文化和漕运文化交织的历史背景下形成的，如今可以考虑于每年历史上漕运开启的日期在通州北关石坝遗址和大光楼（验粮楼）区域恢复这类饱含历史信息的传统节日活动，强化运河地域文化特点。通州运河风物故事集"大运河的传说"中有一百余篇传说故事，如八里桥的故事、乾隆游通州的奇闻逸事等，都是以运河为背景展开叙述，可以选择具有代表性的运河传说，通过搬上大银幕、设计实景水上表演、作为旅游线路主题等方式强化水城历史文化输出。通过对运河城市景观、物质文化遗产与非物质文化遗产的整合，讲好大运河历史文化故事，将大运河文化带打造成北京城市副中心的标志性文化品牌和生态品牌。

（三）加大游船模式，突出运河城市的水路交通特点

威尼斯最重要的旅游资源就是城市独特的水系景观，水路是威尼斯最重要的交通方式，威尼斯的大小河道每天接待着成千上万的游客，包括大型游轮、出租船、水上巴士和贡多拉等。游客可以选择不同的乘船方式，体验威尼斯人独特的水上出行方式，在乘船的过程中还能看到水与城的完美交融，欣赏保存完整的欧洲中世纪水城风貌。通州段北运河已经实现部分航道游船通航，可以重点考虑打造大运河水上旅游精品项目。加大游船模式，加强运河城市水系网路的修复和利用，突出一般城市不具备的运河城市特有的水路交通特点，以游船线路串联展示大运河文化生态价值。目前北京市正规划通州全境通航以及对接更大范围的京津冀北运河通航，通过修复河道恢复航道，开发更加丰富多元的游船模式。游船可以串联起运河沿线的物质文化遗存，结合运河沿岸的非物质文化遗产，打造各主题的游船路线，比如探寻大运河传说路线、大运河传统古村落路线等，使游客欣赏运河沿线美丽的运河景观和众多的历史遗迹的同时，了解运河生态水城，感受运河文化的丰富内涵。

综上所述，通州从元明清时期都城北京的水陆门户、漕运重镇，转变为如今的北京城市副中心，自始至终都保持着与运河的紧密关系，体现出生态水城的建设理念。如何在尊重通州段运河的历史文化和保护生态环境的前提下，实现健康、协调、

可持续的水城共融的城市生态是城市副中心建设的重要内容。借鉴威尼斯模式的成功经验，整合好运河城市景观，突出"以运为魂"的城市形象，以运河物质文化遗产和非物质文化遗产为核心，重构水—城—人和谐关系，实现北京城市副中心建设与大运河文化带建设合力打造的一个基本目标——水城共融，将城市副中心打造为历史文化与现代文明交相辉映、城与水和谐相融的生态城市、人文城市。

（原载《新视野》2021 年第 2 期）

考古教育：沟通公众与考古的重要桥梁
——以首都师范大学考古教育实践为例

王　涛

（首都师范大学历史学院，北京，100089）

考古教育，作为公众考古学的重要组成部分，是连接公众与考古的桥梁和途径，开展形式多样、行之有效的考古教育，对传播考古知识、培养遗产保护意识、传承文明具有重要意义。以下结合笔者所在的首都师范大学近年来开展的公众考古教育实践，对高校开展考古教育活动稍作梳理总结。

一、系列讲座：与大众分享前沿新知

从 2015 年开始，我们依托首都师范大学公众考古学中心，组织了考古文博前沿系列讲座，旨在开阔视野，博采众长，启迪新知。讲座一开始只是针对校内师生，围绕教学进度和学科热点，邀请国内外知名学者进行专题讲座，后来随着中国考古网和微信公众号等媒体传播，听众越来越多，不光校内外学生学者，还吸引了不少中老年爱好者参加。笔者专门对这些听众来源进行调查，了解到其中有不少是国博、首博等博物馆的讲解志愿者，他们借此机会补充知识，把前沿新知带给自己的讲解对象；还有一部分老年人是考古爱好者，他们退休后互相联络，互称"课友"，相约各处打卡听课，听考古讲座成为他们退休生活中的一抹亮色。

张忠培先生曾指出："大众考古的追求，是以考古启迪大众之智，应实行提高前提下的普及。'提高'是源，'普及'是流，源不竭，流长流。"[①] 有此明确指引，有众多来自社会各方听众的支持，我们的考古文博系列讲座在过去六年已持续举办了150多场，140余位来自国内外知名高校和考古文博机构的专家学者应邀授课，此外我们还和超星学术视频等机构合作，将部分讲座内容在网络发布，让优质考古知识源服务更多公众。

二、考古研学：从学习知识到关注遗产

　　培养学生是高校的核心任务，不过除了专业知识的学习，还需要培养学生的社会担当意识。有鉴于此，自2015年开始，在首都师范大学教务处指导下，历史学院率先尝试在考古学专业本科二、三年级开展专题考古研学考察实践课程。2015—2016年暑期，我们组织了主题为"从考古资源到文化遗产——丝绸之路考古研学"实践课程。师生从丝绸之路起点出发，跨越豫陕甘青，行程几千公里，一路西行，沿途举办专题学术讲座、遗址现场教学、参观各类型博物馆和考古遗址公园，师生收获很大，满载而归。我们希望通过考古研学活动，倡导一种全新的教学形式和社会实践方式，通过直接进入考古第一线、接触第一流的学者；在研学考察中，将考古学和文化遗产知识与实践充分结合，深入实地调研、分析，撰写围绕丝绸之路沿线文化遗产的研究、保护方面的调研报告，在提升学生考古专业知识的同时，培养其自身的学习能力、问题意识和实践能力，培养学生保护文化遗产的社会责任感。

　　研学过程中，我们一直提醒学生思考，如何面对抢救性发掘，除了抢救性发掘使其留有最基本的考古记录外，我们作为考古工作者还应该做些什么，我们作为社会大众又该做些什么。当考古发掘与当代社会民生发生冲突时，我们应该怎么做？谁拥有遗产，谁应该负责。学生们也将所思所想，还有专门的调查分析行诸笔端[②]，展现了当代大学生的应有之义。

　　连续多年的主题考古研学实践取得了意想不到的良好效果，深得学生和学界好评，相关成果还被评为北京市暑期社会实践优秀成果。现在，考古研学课程已成为我校考古学专业的一大亮点，也成为颇具特色的学术实践课程品牌[③]。

---

① 张忠培先生2013年给《大众考古》杂志的题词。
② 闫铭：《让"过去的遗产"与"今天的发展"和谐共处》，《遗产与保护研究》2019年第3期。
③ 王涛、钱益汇、陈宥成，等：《我们的课堂在田野——考古学专业学术考察课程实践与思考》，《教育创新：以学生为中心的教学范式转型——首都师范大学教学质量与教学改革研究文集（十三）》，首都师范大学出版社，2021年。

三、校园实践：利用所学回报社会

一年一度的文化遗产日，我校学生都会积极开展"考古开放日"系列活动。以2021年度首都师范大学"考古开放日"为例，围绕国家文物局本年度文化遗产日主题"文物照耀百年征程，考古揭示中华文明"，学生社团以通关打卡的形式，贯穿旧石器时代、新石器时代、夏商周时期、秦汉时期、唐宋元明清时期等历史阶段，以古代社会生活为切口，精选"石器打制""骨器制作""陶器制作""青铜器浇铸""汉代铜镜铭文临摹""拓片拓制""植物锤染""古代投壶"等9个深度体验项目，以明晰线条勾勒出中华文明的形成道路，让观众通过实际动手亲自体验，更好认识源远流长、博大精深的中华文明。

据统计，仅6月16日9时至14时，参与活动人数超300人次，涵盖首都师范大学美术学院、物理系、化学系、政法学院、音乐学院、生命科学学院等多院系师生。在活动现场，不同学科师生在交流中感叹先民聪明智慧的同时，也碰撞出跨学科的"思想火花"。在"青铜器浇铸"项目中，结合物理系、化学系的学科特色，延伸出对于古代铜料物理特性研究、青铜器保护化学试剂研究等话题；在"骨器制作"项目中，生命科学学院立足现代生物学研究，与考古学子探讨动物考古研究中古代动植物样品研究与现生标本研究的异同；"植物锤染"项目引发美术学院学子对古代丝织品印染技术的热烈讨论，并纷纷表示这样的活动有助于激发他们对现当代艺术品创作的灵感与思索……

6月19日还专门举办了面向校内子弟的"小小考古学家"活动专场，在前述基础上针对青年少年年龄特征进行部分调整。该活动吸引了160多个家庭参与，参与活动的青少年群体以及儿童群体，年龄涵盖1.5~13岁。经统计，参与活动的儿童及青少年，学龄前群体占比33.33%，小学阶段群体占比63.58%，中学阶段全体占比2.46%[1]。考古如同一粒种子，在孩子们心中生根发芽。

---

① 秦昱：《植根专业、凝练特色、立足校园、服务公众——记首都师范大学"考古开放日"系列活动》，《中国文物报》2019年7月9日第7版。

四、在地社区实践：从"你们"到"咱们"

考古工作需要遗址所在地的支持，同时考古工作者也需要结合考古发现与研究成果回馈社区群众。这其中，在遗址现场开展考古教育活动是最有效且可行性强的方法。对在地社区群众和中小学生进行考古普及宣传，可以帮助树立文化遗产保护意识，使他们成为基层文化遗产保护的重要力量。

2020 年和 2021 年，我们在河南中牟业王和荥阳楚湾两处遗址进行发掘，结合学生实习，专门开展了社区考古教育实践活动。在业王遗址，我们先后以面向当地群众以及黄店一中、中牟六中等中学学生为对象，在现场和校园分别开展考古普及活动，并在遗址现场布设学生手绘的考古知识和乡土历史专题卡通宣传板，供群众和孩子们参观①。在楚湾遗址，我们的教师则走进村党支部，以讲党课的形式向党员和群众介绍考古知识，普及遗产保护法律法规；在郑州发生水灾时，师生主动腾出自己房间床铺，接待受灾群众，并购置急需品慰问村民，共同应对灾情。

两年来的实践证明，社区考古教育很有成效。地方干部群众从不理解、不关心甚至影响考古发掘，变成主动支持、积极关心考古发掘工作。业王遗址所在地黄店镇把业王遗址发掘收获写进镇史，在微信公众号中结合遗址发掘成果展示当地乡土文化。楚湾遗址所在地崔庙镇主动为考古队专门安排发掘资料整理空间；遗址所在楚湾村和七村河村群众多次主动向考古队报告自家田间地头的新发现，或者把多年的收藏主动交给考古队。

五、认识与思考

结合上述四种形式考古教育的实践，我们形成了以下几点认识与思考。

首先，公众考古教育早就不是要不要开展的问题，而是怎样开展好的问题。做好对考古教育工作，就要真正了解对象，要针对不同对象开展不同形式和内容的实

---

① 宁琦：《在地社区公众考古教育的实践与思考》，《中国文物报》2021 年 1 月 29 日第 7 版。

践活动。

让考古走进中小学，是传播考古成果、引导青少年认识中华文明灿烂成就的重要方式，在孩子们心中埋下考古的种子，让他们逐渐树立起对民族文化的自信。

面向考古爱好者，让大众了解前沿新知，体验考古之美，可以丰富群众文化生活，也可以让更多公众关注考古、关心文化遗产保护工作。

面向在地社区，用浅显易懂的语言向干部群众说明考古工作的价值和意义，遗址的重要性及其对当地文化的贡献，让考古真正成为大家共同的事业。

其次，教育只是形式，沟通才是根本。学问乃天下公器，考古知识不是考古工作者的私产，回报社会是行业的本分。通过平等交流实现知识共享，是考古工作者的责任和义务。

考古学是个海纳百川的学科，通过交流分享，借鉴其他学科、其他行业的经验，可以增强考古学科的能力。

再次，对高校尤其是师范院校而言，开展考古教育大有可为。考古学专业理论联系实际的特点，田野考古中适应复杂情况、考验逻辑思维的特色，可以充分锻炼学生适应社会、服务社会的综合能力。在目前社会普遍重视考古和文化遗产的大好环境下，在历史师范生培养和中小学历史教师培训中逐渐增加考古知识，将考古研学作为课堂延伸，对于今后中小学生的培养也有重要意义。

当然，通过这些年来的实践，我们也发现，目前在考古教育方面还存在一些不足之处，具体包括以下四个方面。

第一，考古教育方式的单向度输出。目前的诸多考古教育实践，多是以考古学家为主导、以普及考古知识为主要内容的单向度输出。课程设计思路也是向大众传播考古与文物知识，灌输知识较多，而分享互动较少；缺乏受众导向的教育设计。

第二，考古教育传播对象以青少年为主，其他人群则较少涉及。尽管针对青少年开展考古教育意义重大，但是如前所述，针对不同人群（比如：在地干部群众及其他地区成人、老年人）应采取与之相应的教育策略，分对象、分层次开展，才能有的放矢，真正起到传播知识传承文化的教育目的。

第三，考古教育内容还有待提高科学性与系统化。扎实认真的考古学研究是开展公众考古教育的坚实基础，不过，面向大众的考古教育不同于考古学专业教育，既不能太过专业，又不能丧失科学性。一方面，不能一味夸大考古工作的浪漫、有趣的地方，这可能误导了部分公众（尤其是准备报考大学考古学专业的中学生），要让大家认识到考古学是一门严谨的科学；考古工作也和其他工作一样，有其艰辛甚至枯燥的一面。另一方面，不能为了迎合部分公众的好奇心理，过多强调文物的经济价值，让公众真的以为考古就是"挖宝""挖墓"。

第四，目前考古教育实践形式丰富多样，但缺少理论探讨与总结。教育是门学问，如何开展教育，对象、层次、形式等如何选择，都需要认真研究。考古文博工作者需要与教育工作者加强联系，才能把考古教育这个特殊领域做好做实，真正让考古成为人民的事业。

总而言之，如同公众史学、应用人类学在各自学科出现一样，公众考古学的出现是考古学发展到一定阶段的必然产物，是学科与社会之间交互影响的真实体现。立足中国实际，目前还无法给公众考古学下一个准确定义，放眼国际考古学界似乎也没有统一认识，但这不妨碍我们对这一领域进行进一步的思考和实践。无论如何，我们必须直面这个在当代社会图景下关怀过去的学科领域。随着时间的推移，考古学和当代社会方方面面的联系不会减少，只会更多，这种种的联系，组成了公众考古学要关注的诸多领域。而这其中，考古教育至关重要，采取何种形式，从考古学家单向度输出到知识共享、理念共享，还有很长的路要走。

（原载《中国文化遗产》2022 年第 2 期）

后　记

　　《首师考古集——首都师范大学考古学专业成立二十周年文集》一书的出版工作，是在系主任袁广阔教授主持下，考古学专业全体教师集体讨论进行的。文集收录的文章，均为各位老师在首都师范大学工作期间独著或主导撰写的文章，大多是在此前发表的基础上小幅修改；另有几篇文章是首次发表。文章基本代表了我系各位老师近几年的研究方向。文集由王涛分类、统稿，袁广阔审定。

　　文集出版过程，科学出版社编辑给予大力支持；我系学生崔明旻、王一笑、宋瑞、王悦、郝博远等参加了部分文章的校对工作，谨此一并致谢。

王涛谨识

2024 年 9 月